Erich Schöndorf

Von Menschen und Ratten

Über das Scheitern der Justiz im Holzschutzmittel-Skandal

VERLAG DIE WERKSTATT

Die Deutsche Bibliothek – CIP-Einheitsaufnahme

Schöndorf, Erich:
Von Menschen und Ratten : über das Scheitern der Justiz im Holzschutzmittelskandal / Erich Schöndorf. - Göttingen : Verl. die Werkstatt, 1998
ISBN 3-89533-251-8

Lotzestraße 24a, 37083 Göttingen

Gesamtherstellung: Verlag Die Werkstatt
Titelbild: Volker Zapke, Grafik-Design
Gedruckt auf Umweltpapier „Öko 2001“ (75% aus Altpapier, 25% Frischfaser aus Durchforstungsholz)

ISBN 3-89533-251-8

Inhalt

Vorbemerkung

Um die Veröffentlichung des vorliegenden Buches nicht aus juristischen Gründen zu gefährden, wurden einige Personen anonymisiert, einige Namen getilgt oder verändert. Insbesondere die Herstellerfirmen und ihre Repräsentanten werden nicht oder nur mit Abkürzungen genannt, die in Rede stehenden Chemikalien erhielten andere Namen. Dies geschieht nicht aus Furcht vor juristischen Auseinandersetzungen, sondern im Wissen darum, was finanzielle und wirtschaftliche Macht vor Gericht bewirken kann. Auch ändert es nichts am Wahrheitsgehalt der Geschichte – und bei der Erörterung der Problematik spielt die Identität der Verantwortlichen keine Rolle.

Vorwort

von Günter Wallraff

Wer eine andere Person körperlich mißhandelt oder an der Gesundheit schädigt, wird (...) bestraft", lautet der Paragraph 223 des Strafgesetzbuches. Eine klare Aussage – eigentlich.

Das vorliegende Buch beweist, daß die Wirklichkeit anders aussieht. Schließlich weiß der Autor Erich Schöndorf, wovon er schreibt. Als Staatsanwalt hat er viele Jahre lang den Staat vertreten – und zwar in bester Absicht, im Glauben an Gerechtigkeit.

Dabei hat er erfahren, daß die in unserem Grundgesetz festgeschriebene Gleichheit vor dem Gesetz nicht mehr und nicht weniger als ein Wunschziel ist, von dem wir in der Praxis allzu oft allzu weit entfernt sind.

Bei den Recherchen für meine Bücher über die Arbeitswelt bin ich selbst immer wieder auf das von George Orwell so treffend beschriebene Phänomen, daß alle Tiere gleich, einige aber eben gleicher als andere sind, gestoßen. Als ich die Praktiken der Boulevard-Presse durchleuchtete, bot sich mir und meinen Lesern ein erschreckendes Bild des Umgangs mit der Wahrheit in der Redaktion eines mehrfachen Auflagen-Millionärs. Aufgrund dieser Veröffentlichungen war ich einer Prozeßflut ausgesetzt, bei deren Bewältigung ich lernte, daß Recht zu bekommen vor allem damit verbunden ist, dessen Durchsetzung bezahlen zu können.

Die Dritte Gewalt in unserem Staat, die Justiz, könnte und sollte ein Korrektiv für die Fehlleistungen der anderen Gewalten sein. Sie ist es, wie das vorliegende Buch beweist, nicht. Im Gegenteil trägt sie oftmals zur Ungerechtigkeit bei.

Es muß sich dringend vieles ändern. Das wird im nötigen Ausmaß nur dann gelingen, wenn viele Menschen die Branchen, in denen sie tätig sind, auch mitgestalten und mitverändern können: d.h. Kontrolle von unten durchsetzen. Das erfordert grundsätzlich Kraft, fast immer Ausdauer, und wenn es ans sogenannte „Eingemachte" geht, aber auch und vor allem Zivilcourage und Mut.

Erich Schöndorf hat den Mut, sich mit weiten Teilen seiner für uns alle so wichtigen Branche anzulegen. Er schreibt aus der von mir besonders geschätzten Sicht des Selbst-Erlebten – aus der Sicht desjenigen, der, wenn er aufrichtig ist, vor jedem Gericht dieser Welt zwei Finger heben kann.

Der Umgang mit der Wahrheit ist die vielleicht wichtigste Sache im gesellschaftlichen Zusammenleben. Die Justiz hantiert mit der Wahrheit – manchmal recht, manchmal schlecht. Wie dieser Umgang mit der Wahrheit mitunter vonstatten geht, dokumentiert Erich Schöndorf in diesem Buch an einem Beispiel, das uns – in letzter Konsequenz – alle betrifft.

Erich Schöndorf beschreibt anschaulich, wie diejenigen, die über die entsprechende Wirtschaftsmacht verfügen, die Wahrheitsfindung und mithin die Rechtsprechung beeinflussen können: durch den Einsatz einer entsprechenden Anzahl und Auswahl von renommierten Rechtsanwälten, durch den Kauf von Gutachtern und ihrer Studien, durch Desinformation und Einschüchterung der Gegenseite, von Staatsanwälten und Richtern.

In „Von Menschen und Ratten" wird der Nachweis geführt, daß die Justiz in ihrem derzeitigen Zustand Teil der Probleme ist, die wir haben, nicht etwa Teil von deren Lösung.

Köln, im September 1998
Günter Wallraff

Diese Geschichte handelt von giftigen Holzschutzmitteln und kranken Menschen. Von cleveren Anwälten und coolen Sachverständigen. Von ergebenen Vorgesetzten und schwindelfreien Seilschaften. Von einsamen Rechtswissenschaftlern. Von mutigen und feigen Richtern. Von großen Konzernherren mit kleinen Herzen und von kleinen Leuten, die große Hoffnung machen. Und von anderen Dingen mehr. Die Geschichte ist lang. Ich war mit ihr als Staatsanwalt befaßt – über ein Jahrzehnt. Strafrechtlich wurde sie im Dezember 1996 abgeschlossen. Zuende ist sie aber noch lange nicht.
Um sie zu verstehen muß man einige ihrer Eckdaten kennen.

Die Geschäftsgrundlage

Am Anfang der Geschichte steht ein Abfallproblem. Dieses war um die Jahrhundertwende im Zuge einer boomenden Farben- und Waschmittelindustrie und eines ebenso expandierenden Textil- und Papiermarktes entstanden. Die zur Produktion benötigten Grundstoffe – Natron- und Kalilauge – gewann die chemische Industrie auf dem Wege der Elektrolyse aus Stein- und Kochsalz. Ein an sich einfaches Verfahren, das allerdings einen Haken hatte: Bei der Zerlegung der Salze fiel Chlor an, ein äußerst aggressives Gas, das aufwendig entsorgt werden mußte. Mit wachsender Laugenproduktion eskalierte schließlich das Chlorproblem. Die Entsorgungskosten drohten die Gewinne aus dem Laugengeschäft aufzufressen. Von Ludwigshafen bis Leverkusen sannen die Unternehmen auf Abhilfe.

Ähnliche Sorgen hatte fast zeitgleich eine andere Branche: die Kohleindustrie. Die Expansion der Stahlproduktion ließ die Nachfrage nach Koks, dem Brennstoff der Hochöfen, in die Höhe schnellen. Bei der Verkokung von Steinkohle entstand unter anderem Naphthalin, eine Teerölverbindung. Die Naphthaline waren, ebenso wie das Chlor aus der Salzelektrolyse, Abfall – und es gab eine Menge davon: Pro erzeugter Tonne Stahl fielen sieben Kilogramm Naphthalin an. Auch im Ruhrgebiet dachte man über alternative Lösungen nach.

Nun sind Chemiker von Haus aus kreativ und Industriebosse haben nur eins im Kopf: möglichst hohe Gewinne machen. Da war die Lösung des Problems nur eine Frage der Zeit. Ein Blick hinüber zur Mathematik brachte die Unternehmer schließlich auf eine faszinierende Idee. Wenn Minus mal Minus Plus ergab, dann mußte auch aus zwei Abfällen ein Wirtschaftsgut zu machen sein. Als man daraufhin Chlor und Naphthalin miteinander reagieren ließ, entstand eine Substanz mit einer hochinteressanten Eigenschaft: Das gechlorte Naphthalin verfügte über eine extrem biozide Wirkung, war also giftig. Und zwar vor allem für Insekten und Pilze.

Nun mußte nur noch ein Markt für das neue Produkt geschaffen werden. Auch da fiel den intelligenten Männern von Rhein und Ruhr bald etwas ein. Waren nicht zahlreiche Hölzer, die Menschen als Werk- und Baustoffe benutzten, dem Angriff von Holzbock und Holzpilz schutzlos ausgeliefert? Bahnschwellen zum Beispiel ebenso wie Telefonmasten, Schiffsrümpfe und frisch geschlagene Stämme?

Das war die Geburt des chemischen Holzschutzes. Mit ihm traten die traditionellen Methoden der Holzkonservierung in den Hintergrund, gerieten vielfach in Vergessenheit. Dazu gehören die Festlegung eines optimalen Fällzeitpunktes, die Auswahl der richtigen Baumart, die Beachtung konstruktiver Besonderheiten beim Produkt. Der chemische Holzschutz jedoch bedeutete schon bald einen riesigen Markt. Bereits in den dreißiger Jahren reichte in Deutschland das Abfallchlor nicht mehr aus, die Nachfrage zu befriedigen.

Das schadete nicht. Der Holzschutzmarkt war längst fest etabliert und Chlor war überall billig einzukaufen. Die Profite der Konzerne aus den Geschäften waren beachtlich. Obwohl eine Einsatzmöglichkeit für das neue Produkt noch weitgehend gemieden wurde: die in Wohnhäusern. Das hatte seinen Grund. Von Chlornaphthalin ging eine gewisse Geruchsbelästigung aus; die Mittel stanken und waren daher für das Wohnumfeld weniger geeignet.

Das sollte sich bald ändern. Zunächst hatte es während der Wiederaufbauphase nach dem zweiten Weltkrieg so ausgesehen, als wollten sich die Deutschen auch in ihrem Wohnbereich neu orientieren. „Modern“ war angesagt. Altes landete auf der Deponie. Kunststoffe dominierten plötzlich das Heim. PVC-Böden statt Dielen, Nierentische aus Plastik statt aus Massivholz.

Lange dauerte die Plastikzeit jedoch nicht. Im Wohnbereich begann bereits Ende der sechziger Jahre die Renaissance des alten Bau- und Werkstoffes Holz. Eine Spezies, die Jahrtausende auf oder unter Bäumen gesessen hat, kommt davon so schnell nicht los. Das überputzte Fachwerk wurde wieder freigelegt, Wohnzimmerwände mit Nut- und Federbrettern verkleidet und die als Schlafzimmer ausgebauten Unterdachbereiche erhielten zumindest an den Schrägen und Kopfenden, wo die Betten standen, ebenfalls Holzverschalungen. Für Hausbars und Hobbykeller waren Kiefer und Esche obligatorisch. Holz stand wieder für Behaglichkeit und Heimeligkeit.

Mit dieser Entwicklung ging eine andere, noch erstaunlichere, Hand in Hand. Wie von Geisterhand gesteuert wurden Deutschlands Männer von einem Evolutionsschub heimgesucht. Praktisch über Nacht mutierten sie massenhaft vom homo sapiens zum homo faber domesticus, dem intelligenten Heimwerker. Eine Vielzahl neuer Werkstoffe und vor allem Werkzeuge, vom elektrischen Bohrer über die Winkelschleifmaschine bis zur Stichsäge halfen ihnen auf die Sprünge. Für Ein- und Ausbauten, Reparaturen und Verschönerungen war nun der Hausherr selbst zuständig.

Die Strategen in der chemischen Industrie beobachteten diese Entwicklung aufmerksam und sahen ihre Chance gekommen, dem chemischen Holzschutz ein neues Feld zu eröffnen. Man brauchte nur noch den alten Mitteln ihren fürchterlichen Geruch zu nehmen und konnte dann mit der Eroberung der Wohn- und anderer Zimmer beginnen. Es dauerte nicht lange, da war die Rezeptur gefunden: ölige Holzschutzmittel auf Lösemittelbasis mit den bioziden Verbindungen Pentachlorphenol (PCP) und Lindan. Die eine hochwirksam gegen Pilze, die andere tödlich für alle Insekten; nicht mehr stinkend sondern eher betörend duftend, dazu leicht zu verstreichen und immer noch preisgünstig. Die Grundstoffe, Erdöl und Chlor, waren konkurrenzlos billig. Immer noch Chlor, das wie bei den Vorläufern in den sogenannten Wirkstoffen, nunmehr PCP und Lindan statt Naphthalin, steckte.

Den Treibsatz für den Markterfolg lieferte die Werbung. „Sichern Sie Ihre gebauten Werte“ war ihr Grundtenor, und damit appellierte sie an die Erfahrungen und Ängste einer Generation, deren Vertreter in ihrem Leben mitunter schon zweimal alles verloren hatten. Dabei suggerierte man den Kunden eine permanente Bedrohung sämtlicher am und im Haus verbauten Hölzer durch gefräßige Insekten und heimtückische Pilze, die Balken aushöhlen und Bretter brüchig und unansehnlich machen.

Andere Anzeigen kündeten von der Leichtigkeit des Seins durch Holzschutzmittel. Pinselschwingende Frauen in Bikinis auf Haushaltsleitern, die Holzkonstruktion eines sonnendurchfluteten Bungalows streichend; ebenfalls dürftig bekleidete Kleinkinder in holzgefaßten Sandkästen: Sommer und Holzschutzmittel, geradezu abwegig, auch nur einen Gedanken den möglichen Schattenseiten der Glücksbringer zu widmen. – Eine geschickte Werbung, mit deren Hilfe vor allem in den siebziger Jahren Millionen Liter der Holzschutzmittel unter die Heimwerker und in deren Wohnungen gebracht wurden.

Allerdings eine Werbung mit zwei Schönheitsfehlern. Zum einen war die Geschäftsgrundlage des chemischen Holzschutzes im Wohninnenbereich, nämlich die Gefährdung der dort verbauten Hölzer durch Pilze und Insekten, gar nicht gegeben. In Deutschlands Nachkriegswohnungen hatten Holzschädlinge nämlich keine Chance mehr. Vor allem Zentralheizung und Staubsauger hatten die Schädlinge ihrer notwendigen Lebensgrundlagen: einer Mindestfeuchte von 18 Prozent für einen Befall durch Pilze und zehn Prozent für einen durch Insekten, beraubt.

„Die Folge ist", schrieb Professor Anton Schneider vom Institut für Baubiologie und Ökologie in Neubeuern in einem Gutachten, „daß holzschädliche Insekten seit etwa 1960 nahezu ausgestorben sind. Und Pilzbefall kam schon immer außerordentlich selten vor und war stets die Folge konstruktiver Mängel oder Bauschäden." Der Holzbock auf der Roten Liste!

Kein einziger Liter biozidhaltiger Holzschutzmittel hätte also berechtigterweise in Wohnungen verstrichen werden müssen. Vom zweiten Schönheitsfehler der Holzschutzmittel-Werbung und deren juristischen Folgen handeln die folgenden Kapitel.

Eine erste Mogelei

Um es vorweg zu sagen: Das Holzschutzmittel-Verfahren gehörte eigentlich nicht nach Frankfurt am Main, seine juristische, nämlich strafrechtliche Bearbeitung nicht in die Hände Frankfurter Staatsanwälte. Das Verfahren wurde gewissermaßen in die Mainmetropole gemogelt, geschoben, getrickst. Mit guten Gründen allerdings, wobei diese Gründe weniger juristischer als pragmatischer Art waren. Unzulässig, rechtlich verboten war die hessische Erledigung der Angelegenheit indessen nicht.

Frühjahr 1984. Die Interessengemeinschaft Holzschutzmittel-Geschädigter, eine Selbsthilfegruppe aus dem Bergischen Land bei

Köln, erstattet bei der Staatsanwaltschaft in Frankfurt eine Strafanzeige. Man hatte die Angelegenheit nicht der Post anvertraut, sondern war persönlich erschienen, um dem zuständigen Staatsanwalt den Fall ausführlich erläutern zu können.

Vor allem in den siebziger Jahren, so die Schilderung der Interessengemeinschaft, seien in Deutschland große Mengen Holzschutzmittel in Wohnräumen verstrichen worden. Weil die Farben und Lasuren aber giftige Bestandteile, insbesondere die bereits erwähnten chemischen Verbindungen PCP und Lindan enthalten hätten, seien viele Bewohner der behandelten Räume krank geworden. Über 40 Hersteller hatten die Anzeiger mittlerweile ausgemacht. Der mit Abstand Fetteste von ihnen, der unangefochtene Marktführer, war in Düsseldorf ansässig. Die betroffenen Unternehmen hatte die Interessengemeinschaft mit Namen und Firmensitz alphabetisch geordnet aufgelistet. Eine zweite, weitaus längere Liste enthielt Namen und Anschriften von Geschädigten. 200 oder 300, „eine erste Fraktion“.

Die Frage des Staatsanwaltes, der übrigens Dieter Kellermann hieß und zu dem noch einiges zu sagen ist, warum es die Initiative gerade nach Frankfurt verschlagen habe, wo sich Düsseldorf als Sitz des Marktführers geradezu aufdränge, beantworteten die Gäste wahrheitsgemäß: Die Firma sei schließlich eine Tochter eines nahegelegenen Großkonzerns, der seine Hand, wie man am kirchturmgroßen Firmenemblem über den Rheinauen ersehen könne, schützend über die gesamte Region gelegt habe. Von daher hielten sich die Erwartungen, die man an ein dort angesiedeltes Ermittlungsverfahren stellen könne, in Grenzen.

Der Staatsanwalt hatte schnell verstanden. Auch ihm war bekannt, daß der Mutterkonzern vielen tausend Menschen Arbeit und Brot gab und vielen Sport- und Trachtenvereinen ein unverzichtbarer Sponsor war – vom Fäßchen Kölsch bis zur Flutlichtanlage. Als Bearbeiter zahlreicher Zuhältereiverfahren wußte er nur zu gut, daß schützende Hände oft auch fordernde Hände sind. Dieses eingespielte System von Geben und Nehmen würde sicherlich so schnell niemand aus der betroffenen Region stören wollen. Auch nicht die objektivste Behörde der Welt, die Staatsanwaltschaft.

Das war schnell Konsens in der Frankfurter Gesprächsrunde. Unterschiedliche Meinungen gab es eigentlich nur hinsichtlich Zeitpunkt und Modalitäten der prognostizierten Verfahrenseinstellung durch die Düsseldorfer Strafverfolgungsbehörde. Während die Interessengemeinschaft von der brutalen Erledigungsweise –

Ablehnung der Einleitung eines Ermittlungsverfahrens wegen offensichtlicher Unbegründetheit binnen drei Wochen nach Anzeigenerstattung – ausging, traute Staatsanwalt Kellermann seinen niederrheinischen Kollegen etwas mehr Taktgefühl zu: Einstellung des Verfahrens nach einer Anstandsfrist von drei Monaten unter Berücksichtigung eines zuvor eingeholten Alibi-Kurzgutachtens.

Wenn also nicht Düsseldorf, warum dann Frankfurt? – Mit Frankfurt verbanden die Bittsteller große Hoffnungen. Die Stadt im Herzen Hessens stand für eine fortschrittliche Justiz, die sich auch schon mit großen Namen angelegt hatte. Und selbst unter Zugrundelegung eines Worst case-Szenarios, nämlich einer überraschenden Chemiefreundlichkeit der Ermittler vom Main wäre noch nicht alles verloren gewesen. Vielleicht, so die Überlegung, würden diese ja ganz im Interesse des ortsansässigen Chemiematadors, die Chance nutzen, dessen rheinischem Widersacher eins auf die Mütze zu geben. Zwar hat das Frankfurter Unternehmen mit Holzschutzmitteln nichts am Hut, konkurriert aber hinsichtlich vieler anderer Produktbereiche mit dem rheinischen Branchenriesen.

Staatsanwalt Kellermann mußte sich jetzt nur noch vergewissern, daß es auch Geschädigte im hiesigen Raum gab. Dann war er nach der gesetzlichen Regelung ebenfalls zuständig, dann galt der Grundsatz: Wer zuerst kommt, mahlt zuerst. Darauf war die Interessengemeinschaft vorbereitet und legte diverse Namen und Anschriften Geschädigter aus dem Frankfurter Raum vor. Jetzt konnte Staatsanwalt Kellermann das Verfahren in Frankfurt „anhängig machen“. Keine ganz saubere Lösung, denn üblicherweise ermittelt in solchen Fällen die für den Firmensitz zuständige Behörde. Eine Zuständigkeit zweiter Klasse halt, aber wie der berühmte Freispruch zweiter Klasse juristisch voll gültig.

92 Js 8793/84 lautete das Aktenzeichen des Verfahrens. Auf dem Aktendeckel stand: gegen unbekannt wegen Körperverletzung pp.

Noch ein paar Worte zu Staatsanwalt Kellermann beziehungsweise zum real existierenden Klima in der Frankfurter Ermittlungsbehörde: Zwei Jahre später veröffentlichte Kellermann in der Zeitschrift „Kriminologische Bibliographie“ einen Aufsatz, in dem er sich mit der Frage auseinandersetzte, ob der Erfolg eines Umweltstrafverfahrens immer von der Verurteilung eines Täters abhänge. Der Autor verneinte und vertrat die Auffassung, daß oft schon das bloße Ermittlungsverfahren seinen guten Zweck erfülle, weil zum Beispiel Firmenverantwortliche sich dadurch veranlaßt sehen, Produktionsverfahren zu ändern oder zweifelhafte Produkte vom Markt zu nehmen. Prompt widersprach in einem zweiten Aufsatz die Frankfurter Rechtsanwältin Regina Michalke. Die Rechtsstaatlichkeit verbiete es, Ermittlungsverfahren für politische Zwecke einzusetzen. Als die Umweltabteilung der Staatsanwaltschaft wieder einmal bei ihrem Behördenleiter versammelt war, knöpfte der sich den Kollegen Kellermann gehörig vor und überzeugte ihn eindringlich von der Fehlerhaftigkeit seiner und der Richtigkeit der anderen Meinung.

Damals hat mich diese harsche Kritik irritiert. Heute ärgert sie mich zwar immer noch, aber ich habe zwischenzeitlich ihren Hintergrund verstanden. Der ehemalige Behördenleiter, mittlerweile weiter auf der Karriereleiter nach oben gestiegen, sowie die Rechtsanwältin und ihr Lebensgefährte, der ebenfalls als Anwalt im Holzschutzmittel-Verfahren noch eine zentrale Rolle spielen wird, sind ein Team. Gemeinsam mit hochrangigen Universitätsprofessoren widmen sie sich innerhalb einer Arbeitsgemeinschaft vor allem dem Gedanken der Entkriminalisierung.

Das darf nicht mißverstanden werden. Da geht es nicht um Abbau von Kriminalität, sondern um Eindämmung ihrer Verfolgung. Man möchte verhindern, daß das Strafrecht auf immer neue Felder, wie beispielsweise den Wirtschafts- oder Umweltbereich, ausgedehnt wird. Es soll sich vielmehr auf seinen historisch gewachsenen Kernbereich beschränken. Das mag Außenstehenden nicht sogleich einleuchten, aber auch Insider wissen das oft schlecht einzuschätzen. Vielleicht dokumentiert sich in diesem Engagement der Zeitgeist einer juristischen Spaßgesellschaft, die Problemen nach Möglichkeit aus dem Weg geht.

Es könnte natürlich auch sein, daß die Männer und Frauen der Arbeitsgemeinschaft dem Zeitgeist weit voraus sind und sich einfach nur vorstellen, daß ein entfesseltes Strafrecht auch einmal mit den Repräsentanten eines Systems abrechnen will, das sich mehr um die Privilegien einer Minderheit als um die Belange der einfachen Leute gekümmert hat, das die schnelle Mark im Auge hatte und nicht die Veränderung der Erdatmosphäre. So gesehen hieße Entkriminalisierung einfach nur Vorbeugen, Daseinsvorsorge in eigener Sache.

Dieter Kellermann ist mittlerweile befördert und zum Leiter der Amtsanwaltschaft ernannt worden. Man könnte auch sagen, er ist behördenfreundlich entsorgt worden.

Er bearbeitete das Verfahren nur wenige Monate, dann wurden ihm diverse Parteispendenverfahren übertragen und er mußte das Holzschutzmittel-Verfahren abgeben. Für zwei wichtige Weichenstellungen blieb ihm aber noch Zeit. Für die Beauftragung des Bundeskriminalamtes mit den polizeilichen Ermittlungen – eine Entscheidung, die sich schon bald als ausgesprochen glücklich erweisen sollte – und für die Erarbeitung eines umfangreichen Fragebogens, der an die Geschädigten verschickt wurde und einen ersten, aber schon überaus gründlichen Einblick in die Problematik erlauben sollte.

Über einen Zwischenwirt, der den Braten früh genug gerochen hatte, kam das Verfahren schließlich zu mir. Kollege Kellermann gab mir Starthilfe.

„Paß auf, die wollen das Ding nicht", warnte er.

„Und warum nicht?" wollte ich wissen.

„Es ist ihnen zu unsicher, zu politisch – Buchstaben, darauf stehen die!"

Buchstabendezernate heißen in der Staatsanwaltschaft die Arbeitsbereiche, in denen die sogenannte allgemeine Kriminalität bearbeitet wird, eben die klassischen Straftaten: Diebstahl und Unterschlagung, Vergewaltigung und Raub, Urkundenfälschung und Untreue, Körperverletzung und Beleidigung, Mord und Totschlag, und so weiter. Berufsanfänger beginnen meist in den Buchstabendezernaten, aber auch langgediente Staatsanwälte, die schon das eine oder andere Sonderdezernat hinter sich haben, wollen manchmal wieder ins Buchstabendezernat zurück. Back to the roots – und das hat seinen Grund.

Der kleine Bankräuber

Horst Röder ist Anno 1979 knapp 43 Jahre alt und wohnt zusammen mit seiner 70jährigen Mutter in der Falkstrasse in Frankfurt am Main/Bockenheim. Seit über 25 Jahren schon ist er als Lagerarbeiter bei der Firma VDO in der Sophienstrasse tätig, gerade mal zehn Minuten zu Fuß von seiner Wohnung entfernt. Gefehlt hat er noch nie. Hobbies pflegt er eigentlich keine. Ab und zu geht er zur Eintracht ins Stadion. Fußball interessiert ihn zwar nicht sonderlich, aber dort ist er nicht allein. Im Stadion blüht er inmitten der Fans im Block D so richtig auf. Aber die Rüpeleien, die es dort regelmäßig gibt, mag er nicht. Jeden Freitag spielt er ein paar Stunden Skat in der Kneipe „Bei Elli" eingangs der Friesengasse. Hier verkehren unauffällige Menschen wie er, überwiegend Looser, von denen es viele gibt in der großen Stadt und vor allem in Bockenheim. Egon, der Kellner, ist schwul, aber Elli, die Wirtin ein Pfundskerl. Sie spielen um kleine Biere, die in Frankfurt Schöppchen heißen. Nach vier oder fünf Runden geht Horst Röder nach Hause, sagt der Mutter gute Nacht und setzt sich vor den Fernseher. Dabei trinkt er noch eine Flasche Henninger Export und gegen elf legt er sich ins Bett. Horst Röder raucht nicht und ist auch noch nie in Urlaub gewesen – mit einer Ausnahme: An seinem dreißigsten Geburtstag hat er mit seiner Mutter eine Busfahrt nach Rothenburg ob der Tauber unternommen. 59,- DM pro Person, zwei Essen inklusive.

Am 4. Juli 1979 geht er wie immer um viertel vor sieben aus dem Haus. Doch diesesmal läßt er das mächtige Firmengebäude der VDO rechts liegen und begibt sich zur Straßenbahnhaltestelle Bockenheimer Warte. Mit der Linie 21 fährt er Richtung Innenstadt. An der Haltestelle Hauptwache steigt er aus, läuft vielleicht zehn Minuten zur Töngesgasse. Dort befindet sich das Waffengeschäft „Dotzfeld". Eine knappe Stunde muß er noch warten bis das Geschäft öffnet. Dann ist er der erste Kunde. Einen Trommelrevolver hätte er gern, nach Möglichkeit etwas preiswertes. Für 39,- DM ersteht er ein Billigmodell, immerhin eine Nachbildung des legendären Derringers. Welche Munition er benötige, fragt die Verkäuferin, Schreckschuß oder Gas? Horst Röder lehnt dankend ab und verläßt das Geschäft.

Dann läuft er ziellos durch die Stadt. Den neu erworbenen Schießprügel hat er sich in die Innentasche seines Sakkos gesteckt, wo dieser mangels ausreichender Fixierung Hupfbewegungen macht. Um halb zehn erreicht Horst Röder die Konstablerwache. Ein Stück weiter befindet sich eine Zweigstelle der Frankfurter Sparkasse. Ein paar Minuten lang beobachtet er von der gegenüberliegenden Straßenseite aus die Filiale. Es ist Monatsbeginn, daher herrscht schon am Morgen reger Betrieb. Horst Röder ist ganz ruhig, als er den Geschäftsraum betritt. Zielstrebig geht er zu einem der beiden Schalter, holt seinen Revolver aus der Sakkotasche, zielt damit knapp über die Köpfe der Bankkunden und sagt seinen Spruch: „Das ist ein Überfall – Geld her". Als er dem Kassierer die Plastiktüte reicht, sind schon alle Alarmknöpfe gedrückt, die automatische Kamera macht Aufnahmen im Zehn-Sekunden-Takt.

Während der Bankbetrieb nur kurzzeitig zum Erliegen kommt, füllt der Kassierer die Tüte mit 8000,- DM aus registrierten Geldscheinen, die speziell für Eventualitäten dieser Art an der Auszahlungsstelle bereitgehalten werden. Bevor Horst Röder die Filiale verläßt, kontrolliert er noch einmal die Beute. Auf den Fotos der Überwachungskamera sieht man später sein überraschtes Gesicht. Er geht zum Schalter zurück, ist für einen Augenblick unhöflich und verlangt barsch auch noch das Hartgeld. Auch dieser Wunsch wird ihm erfüllt. Aber schon auf der Treppe am Eingang erfährt sein Unternehmen ein abruptes Ende. Zwei Polizeibeamte vom 400 Meter entfernten Polizeirevier, bei dem der Alarm aufgelaufen ist, haben sich mangels Funkwagen zu Fuß zum Tatort begeben und überwältigen ihn. Dabei zerreißt die Plastiktüte und diverse Scheine fallen zu Boden. Später fehlen fast 4000,- DM. Im Polizeiprotokoll steht: Scharfer Ostwind.

Schon die Beamten vom K 12, der für Raubdelikte zuständigen Abteilung der Frankfurter Kripo, lassen Horst Röder wieder laufen. Keine Untersuchungshaft, weil keine Fluchtgefahr besteht – wo will er auch hin? Am nächsten Tag jedenfalls geht der Mann aus Bockenheim wieder zur Arbeit. Dort und zu Hause erzählt er nichts von seinem gescheiterten Coup. Bei der späteren Vernehmung des Bankkassierers fragt die Polizei, ob er Angst, vielleicht sogar Todesangst anläßlich der Tat empfunden habe. Nein, antwortet dieser, es sei der dritte Überfall in diesem Jahr gewesen und er habe da schon einige Routine. Aber ärgerlich sei die Sache wegen des bankinternen Schreibkrams, der bei solchen Sachen anfalle, trotzdem gewesen.

Ein Vierteljahr später klage ich Horst Röder wegen schwerer räuberischer Erpressung an, der Strafrahmen beträgt fünf bis 15 Jahre. In der Vergangenheit habe ich vergleichbare Fälle, die nicht gerade selten sind, in der Hauptverhandlung meist als minderschwere Fälle im Sinne des Gesetzes angesehen. Dann reduziert sich die Untergrenze des Strafrahmens auf zwei Jahre und die können sogar noch – vor allem bei Ersttätern – zur Bewährung ausgesetzt werden. Als die Hauptverhandlung gegen Horst Röder stattfindet, bin ich in Urlaub. Ein Kollege vertritt die Anklage. Er sieht in der Tat einen ganz normalen Raubüberfall und beantragt eine Freiheitsstrafe von siebeneinhalb Jahren. Das Gericht verurteilt Horst Röder, der nicht vorbestraft ist, zu fünfeinhalb Jahren Gefängnis.

Weil der Angeklagte sich keinen Verteidiger leisten kann, ist ihm vom Gericht ein Pflichtverteidiger gestellt worden. Pflichtverteidiger bekommen pro Verhandlungstag 300,- oder 400,- DM. Das rechnet sich für die meisten nicht. Sie müssen an einem Vormittag mehr verdienen, allein um die Büromiete und ihre Angestellten zu bezahlen. Daher halten sich Pflichtverteidiger eher zurück. Kämpfend –

das ist zeitintensiv – erlebt man sie selten, sieht man einmal von Berufsanfängern ab, die während dieser Zeit nichts versäumen. Der Pflichtverteidiger von Horst Röder legt Revision ein. Auf eine Begründung verzichtet er. Wenig später sind die fünfeinhalb Jahre rechtskräftig. Als Horst Röder die Ladung zum Strafantritt erhält, steht er bei mir auf der Matte. Daß er ins Gefängnis soll, nach Butzbach zudem, ist ihm völlig unerklärlich. Dahin kommen doch nur Kriminelle. Er sieht gottserbärmlich aus. Ja, er ist nach der Geschichte an Diabetes erkrankt, erzählt er.

Horst Röder muß seine Strafe nicht antreten. Er ist aufgrund seiner Erkrankung dauerhaft haftunfähig. 1989 stirb er.

Das ist die Heimat des Strafrechts immer noch: die einfachen Fälle. Dort punktet es. Dort fährt es die Beute ein, die es an anderen Stellen nicht macht. Einfache Fälle bedeuten einfache Täter und einfache Taten.

Einfache Täter, das sind Dummköpfe, Tölpel. Menschen, die schon bei der Wahl der Straftat ins Fettnäpfchen treten. Horst Röder war ein solcher Tölpel. Wer heute noch Banken überfällt und sich mit dem bereitgelegten Registriergeld zufrieden gibt, hat nicht mehr alle Tassen im Schrank. Die regelmäßig mitgeführte Schreckschußpistole macht, auch ungeladen, die Tat zu einem qualifizierten Fall und treibt die gesetzliche Strafandrohung auf mindestens fünf Jahre. In unseren Knästen sitzen Serienräuber Strafen ab, für die man sich das eine oder andere Kapitalverbrechen leisten kann.

Einfache Täter entscheiden sich nicht nur für falsche Straftaten. Sie machen üblicherweise auch noch andere Fehler: Vor Gericht sind sie frech, aufmüpfig, uneinsichtig. Manche provozieren sogar. Das macht sie zur sicheren Beute des Strafrechts. Ebbi Thust, der Boxpromotor aus Wiesbaden, angeklagt vor dem Landgericht Frankfurt wegen Erpressung von Peter Graf, hätte vielleicht eine Chance gehabt, das Gericht davon zu überzeugen, daß es sich bei den erhaltenen achthunderttausend DM um ein Schweigegeld und nicht um die Beute aus einer Straftat gehandelt hatte. Er aber machte mit großen Auftritten im Gerichtssaal und in der Gerichtskantine, wo er die Speisekarte verlangte, den großen Fehler, der Justiz die Show zu stehlen. Da hatte er den Bogen überspannt. Mit drei Jahren Freiheitsentzug, vollständig verbüßt, bezahlte der Dummkopf für seine Kabinettstückchen.

Einfache Täter fallen in mannigfaltiger Weise aus dem Rahmen, manche, indem sie an ihrer Kleidung als Angehörige unterer sozialer Schichten zu erkennen sind. So war es auch bei Horst Röder. Seine soziale Situation, seine Lebensweise wies ihn als Außenseiter aus.

Und gerade Außenseiter hat die Justiz im Visier – Konrad Lorenz läßt grüßen. Abweichler werden nicht nur bei Graugänsen bestraft. Einfache Täter sind nur gut für einfache und daher leicht aufklärbare Taten. Hätte sich Horst Röder, fragt man fassungslos, nicht wenigstens eine polizeiferne Filiale aussuchen können und hätte er sich nicht eine Mütze ins Gesicht ziehen können, wenn es für einen Motorradhelm nicht reichte?

Wie die Erfahrung zeigt, schlägt die Justiz gerade dort am härtesten zu, wo die Beweislage am klarsten ist, wo die Ausführung der Tat am meisten zu wünschen übrig läßt. Bestraft die Justiz insgeheim also auch Dummheit? Täter intelligent angelegter Straftaten kommen günstiger weg. Honoriert die Justiz kriminelle Leistung?

Was noch wichtig ist für den Erfolg des Strafrechts: Delikte müssen den überlieferten Vorgaben folgen, müssen sich auf den bewährten Feldern strafbaren Verhaltens ereignen. Es geht um klassische Delikte, klassische Begehensweisen. Um Körperverletzung, Raub oder Mord sollte es sich jedenfalls handeln, bei den Tatwaffen um Knüppel, Messer oder Pistolen. Wenn es sein muß auch in modernen Ausgaben wie Baseballschläger und Pumpguns.

Auf den neuen Gebieten des Strafrechts wird die Justiz hingegen schnell unsicher. Da wird zum Beispiel eine Giftgasfabrik nach Libyen verkauft. Die Darmstädter Justiz schafft diese Hürde nicht.

In dem Fall, der im folgenden näher untersucht wird, geht es um Körperverletzung durch den Verkauf von Holzschutzmitteln, von ganz normalen Haushaltschemikalien also. Doch auch das ist fremdes Land. Und: Es sind keine einfachen Täter, keine Dummköpfe, keine Außenseiter. Sie begehen keine Stümpereien, die die Richter von ihren Skrupeln befreien. Kein Heimspiel für die Strafjustiz. Verständlich auch von daher die vom Kollegen Kellermann wiedergegebene Skepsis der Vorgesetzten.

Gehören die Firmenbosse überhaupt vor das Strafgericht? Ein knappes Jahr nach Anzeigeerstattung gibt es plötzlich wieder gute Gründe, genauso zu verfahren, wie man es anfangs von den rheinischen Kollegen erwartet hatte – gäbe es da nicht den bösen Satz, wonach das Strafrecht die Kleinen henkt und die Großen laufen läßt.

Können Menschen so krank sein?

Staatsanwälte sind von Natur aus neugierig und manche sind besonders neugierig. Zur letzteren Sorte schien Staatsanwalt Kellermann zu gehören. Denn in dem knapp 30 Seiten starken Erhebungsbogen, den er konzipiert und den Geschädigten zugeschickt hatte, fehlte keine Frage. Alter und Geschlecht, Größe und Gewicht, Familienstand, Ernährungsgewohnheiten, Medikamenteneinnahme, Kosmetika, Alkoholverzehr und Zigarettenkonsum – alles wollte er wissen. Die Leser der Regenbogenpresse hätten ihre helle Freude daran gehabt. Selbstverständlich interessierten den Kollegen auch Angaben zu den Holzschutzmitteln. Welches Fabrikat wurde wann, durch wen angewendet? Wurden vorgeschriebene Schutzmaßnahmen beachtet? Wurde mehrfach gestrichen? Wieviel Liter wurden verstrichen? Wieviel Quadratmeter Holz wurden damit behandelt? In welchen Räumen? Holzart? Holz vorbehandelt?

Schließlich Check der gesundheitlichen Entwicklung der Geschädigten. Wie war deren Gesundheitszustand vor dem Kontakt mit den Mitteln und wie danach? Gab es Veränderungen nach einer Sanierung oder nach einem Auszug, und wie ging es Haustieren und Zimmerpflanzen?

30 Fragenkomplexe mit einem Mehrfachen an Detailfragen auf 27 Seiten des Erhebungsbogens sollten ein erstes Licht ins Dunkel dieses ungewöhnlichen Falles bringen, sollten vor allem aus einfachen Heimwerkern und ihren Familienangehörigen gläserne Menschen machen.

Als die ersten Fragebögen zurückkommen, konzentriert sich mein Interesse bald auf Seite 15. Sie ist reserviert für die Gesundheitsbeeinträchtigungen der Befragten.

Können Menschen so krank sein? Können Menschen 20, 30 oder 50 Krankheiten gleichzeitig haben? Schmerzen und Beschwerden und Defekte im ganzen Körper, in allen Gliedern? Und das alles von einem oder zwei Kanistern ordnungsgemäß verstrichenen Holzschutzmitteln?

Die meisten der Anzeigeerstatter reklamieren gesundheitliche Einbußen in einem abenteuerlichen Umfang. Seite 15 des Erhebungsbogens reicht nicht aus, auch wenn die Rückseite mitbenutzt wird. Die Geschädigten legen Blätter bei. Seitenlang sind die Krankengeschichten.

Ist Müdigkeit eine Krankheit? Oder Symptom einer Gesundheitsbeschädigung oder körperlicher Mißhandlung, um beim gesetzlichen Tatbestand zu bleiben? Viele Geschädigte haben diesen Begriff ganz an den Anfang ihrer Krankengeschichte gesetzt. Damit komme ich nicht klar, denn die meisten Menschen kennen das umgekehrte Problem, Schlaflosigkeit, und wären liebend gerne ab etwa Mitternacht müde. Wenig später ist die Welt insoweit wieder in Ordnung. Fast alle, die Müdigkeit angegeben haben, leiden auch unter Schlafstörungen – fein differenziert nach Einschlaf- und Durchschlafstörungen. Beides aber zusammen? Müde und nicht schlafen können? Irgendwie merkwürdig.

Auch von viel Alltäglichem, dessen „Krankheitswert" zunächst nicht einleuchtet, wird berichtet: Schweißausbrüche, Haarausfall, Durst, Heißhunger auf Eier, Milch und Zucker. Allerdings rauben ergänzende Angaben diesen Begriffen schnell ihre medizinische Unschuld. Die Schweißausbrüche setzen schon bei kleinsten körperlichen oder geistigen Anstrengungen ein, vor allem aber nachts. Pfützen, schreibt eine Geschädigte, hätten morgens auf ihrem Bauch gestanden. Er sei fast weggeflossen, schreibt ein anderer. Zwei Wäschewechsel pro Nacht seien nötig gewesen. Haarausfall trifft ganz junge Menschen, schreitet schnell voran und beraubt die Betroffenen ihres gesamten Körperhaars. Auf einer Geschädigtentagung im Mai 1985 begrüßt eine junge Frau die Anwesenden, indem sie ihre Perücke vom kahlen Schädel zieht. Keine Haare mehr, keine Augenbrauen, keine Wimpern, nichts mehr.

Dann wieder gänzlich Widersprüchliches, wenn auch nicht in einer Person. Hohen Blutdruck haben die einen, zu niedrigen die anderen. Gewichtsabnahme – Gewichtszunahme, Aggressionen – Depressionen, ständig erhöhte Temperatur – kalte Füße und Hände.

Dann kommen schließlich die „Exoten": Fehlgeburten, Störung der Libido, Hautverfärbungen, Absterben der Zehen- oder Fingernägel, Nachbluten bei Bagatellverletzungen, Ringe in den Augen, Verlust der Ausdrucksfähigkeit.

Selbstverständlich auch klassische Beschwerden werden angegeben: Kopf- und Magenschmerzen, Kreislaufstörungen, Durchfälle, Ekzeme, Infektionen, Muskel- und Gelenkschmerzen.

Manche Berichte lesen sich wie düstere Sience-Fiction-Geschichten. Der ehemalige Postsekretär, Ende 30, leidet nach der Behandlung seiner Wohnung mit einem Holzschutzmittel laut ärztlicher Diagnose an einem hyperkinetischen Herzsyndrom. Ein ganzes Jahr lang kommt es nachts zu Anfällen von Todesangst, Herzrasen, Zittern des Körpers und der Gliedmaßen. Jede zweite Nacht, ein ganzes Jahr lang, spritzt ihm der Notarzt Valium 10 und Baralgin. „Tagsüber“, schreibt er, „hatten wir Angst vor der Nacht und nachts fürchteten wir uns wieder vor dem Tag. Das Leben war zur Hölle geworden.“

Ein 66jähriger Diplomingenieur, auch seit über zehn Jahren arbeitsunfähig, der sein Haus aus finanziellen Gründen weder aufgeben noch sanieren kann, hat sich außerhalb der Behausung immer wohler gefühlt. Jetzt aber verläßt er das Haus nicht mehr für längere Zeit, weder an den Wochenenden noch zu Urlaubszwecken. Er hat Angst vor dem immer wiederkehrenden gesundheitlichen Abstieg, vor der Wiederkehr der Beschwerden nach der Rückkehr in die Wohnung. Nur im Winter, wenn in den geheizten Räumen die Giftkonzentration weiter steigt, verläßt er das Haus. Für drei Monate geht er dann nach Spanien.

Nach einigen Jahren des Aufenthalts in ihrem behandelten Bungalow kleben der 50jährigen Studienrätin, der die Ärzte unter anderem eine latente Gicht ohne Harnsäureerhöhung attestiert hatten, mehrmals pro Nacht die Augenlider auf den völlig trockenen Augäpfeln fest. Sie habe sich angewöhnt, schreibt sie, mit je zwei Fingern die Augenlider von den Augäpfeln zu lösen, jedesmal in der verschlafenen Angst, die Augäpfel zu zerreißen. Auch sei sie manchmal nachts vor Luftmangel hochgeschreckt, nachdem ihre trockene Zunge am Gaumen festgeklebt sei.

Hin und wieder entbehren diese Schilderungen nicht einer gewissen Komik. Aber dann rücken ganz andere Begriffe die Dinge wieder zurecht: Leukämie, aplastische Anämie, Verfall in Geisteskrankheit, Suizid.

Fast alle Anzeigen sind Familienanzeigen. Sämtliche Mitglieder der Hausgemeinschaft melden sich krank. Das gilt allerdings auch für die Haustiere, nach deren Befinden auf Seite 18 gefragt wird. Viele Betroffene vermelden den frühen und unerklärlichen Tod ihrer Liebsten nach Renovierung oder Neubezug. Von zahlreichen Krankheiten ist zudem die Rede. Dabei gibt es offenbar keine Unterschiede zwischen den einzelnen Arten. Hunde, Katzen, Hamster, Meerschweinchen, Papageien, Wellensittiche, sogar Goldfische und Piranhas sind betroffen.

Aber nicht allein die Angaben zu den medizinischen Fragen sind auffällig. Wo am Anfang des Bogens nach Nikotin- und Alkoholkonsum gefragt wird, heißt es regelmäßig „nein“ oder, selten, „unregelmäßig“. Drei überzeugte Raucher und vielleicht genausoviel Freunde des guten Tropfens – das ist die bescheidene Ausbeute der ersten gut 50 Fragebögen. Damit hat man als Staatsanwalt seine Probleme und zieht Täuschung ins Kalkül. In der Frankfurter Behörde hatte seinerzeit gerade die Cognacflasche auf dem Schreibtisch mit dem Strafgesetzbuch gleichgezogen.

Die betroffenen Familien konnten sich zudem über außergewöhnlich viele Kinder freuen. Grob geschätzt waren es durchschnittlich drei, bei einem statistischen Mittelwert von 1,7. Auch diese Besonderheit ist weder über Staats- noch über Religionsangehörigkeit zu erklären. Daß aber weder bei diesen Angaben noch bei denen zu den Rauch- und Trinkgewohnheiten Mogelei oder Zufall im Spiel waren, das sollte erst einige Zeit später seine überraschende Erklärung finden.

Irgendwann fiel mir der eher bescheidene Rücklauf der Fragebögen auf – er betrug nur circa 30 bis 40 Prozent. Das begründete neue Zweifel. Ziemlich sauer und noch mehr ratlos rief ich schließlich die Chefin der Interessengemeinschaft an und konfrontierte sie mit den mickrigen Antwortzahlen.

„30 Prozent," fragte sie ungläubig. „So viele?" Das war harter Tobak. Juristen können zwar nicht rechnen, aber mit einfachen Zahlen kommen sie schon zurecht. „Können sie sich vorstellen," konterte die Wortführerin, „was es für todkranke Menschen bedeutet, einen 30seitigen Fragebogen auszufüllen, ihn einzutüten und zur Post zu bringen? Vielleicht sollten sie sich aber einfach nur noch einen Augenblick gedulden."

Was heißt Nachweis?

Richter dürfen einen Angeklagten nur verurteilen, wenn dessen Täterschaft und Schuld bewiesen sind. Zwar verlangt das Recht keinen hundertprozentigen Nachweis, aber mit viel weniger gibt es sich auch nicht zufrieden. Die der Verurteilung zugrunde liegenden Umstände müssen mit an Sicherheit grenzender Wahrscheinlichkeit feststehen. Zweifel schaden nur dann nicht, wenn sie rein theoretischer Natur sind, also keinen realen Bezug erkennen lassen. Ansonsten stehen Zweifel, vor allem wenn es sich um vernünftige Zweifel handelt, einer Verurteilung entgegen.

Ob nun eine Wahrscheinlichkeit ausreichend nahe an der Sicherheit siedelt, oder ob beispielsweise das dezidierte Leugnen eines Angeklagten echte Zweifel begründet oder lediglich als reine Luftnummer – im Juristenjargon: als Schutzbehauptung – abgetan werden kann, darüber entscheidet der Richter auf der Grundlage seiner persönlichen Überzeugung. Dabei ist er allerdings nicht gänzlich frei. Seine Überzeugung muß nachvollziehbar sein, muß vor allem die Gesetze der Logik und der allgemeinen Lebenserfahrung berücksichtigen. Der Richterspruch muß Akzeptanz beanspruchen dürfen, sonst kassiert ihn die nächste Instanz.

Diese Ausführungen sind eine kleine Kostprobe aus den zahlreichen Versuchen in der wissenschaftlichen Literatur und Rechtsprechung, die richterlichen Entscheidungsgrundlagen zu bestimmen. Viel mehr ist bisher nicht dabei herausgekommen. Eine verbindliche Handlungsanleitung fehlt immer noch. Viele Begriffe, mit denen gearbeitet wird, sind unbestimmt oder leiden unter Unschärfen – was zum Beispiel ist ein „bloß theoretischer" Zweifel? – und werden zudem noch der subjektiven Bewertung des Richters überantwortet. Man mag dieses Verfahren in Ordnung finden, schon allein deswegen, weil ein besseres bislang offenbar noch nicht vorgeschlagen wurde. Dennoch: Zwischen Freiheit und Gefängnis liegen allerlei Unwägbarkeiten.

Das Strafrecht hat von daher ein existentielles Problem: das Fehlurteil. Man versteht darunter in erster Linie die Verurteilung eines Unschuldigen (und nicht den Freispruch eines Schuldigen). Bleiben wir zunächst dabei. Keine Strafjustiz will unter gesellschaftlichen Normalbedingungen Unschuldige hinter Gitter bringen. Weil aber ihre primäre Aufgabe in der Verurteilung von Angeklagten besteht, und sie daher nicht den Freispruch zur Regel machen will, ist sie ganz versessen auf Verfahren mit reduzierten Zweifeln an Täterschaft und Schuld der Angeklagten. Diese Sachlage vermutet sie immer dann, wenn Angeklagte geständig sind, denn wer gesteht schon eine Straftat, wenn er sie nicht begangen hat? Das ist jedenfalls die Regel. Falsche Geständnisse gibt es zwar auch, nicht nur gegenüber der Polizei – sei es, weil ein Beschuldigter endlich seine Ruhe haben will, oder anderweitig begründete Schuldgefühle gegenüber dem Opfer ihn dazu zwingen. Sie sind aber die Ausnahme. Und in diesen Fällen wäre ein Fehlurteil ja auch nicht das Problem der Justiz.

Dankbar ist die Justiz auch für gute Zeugen, wenn es denn nicht zum Geständnis kommt. Das sind vor allem die unmittelbaren Tatzeugen, Personen, die den fraglichen Vorfall beobachtet haben. Wenn sie keine besonderen Beziehungen zum Angeklagten haben, hält man sie für glaubwürdig und hat in der Regel wenig Skrupel, ihre Angaben zur Grundlage der Verurteilung zu machen: „... Dieser Sachverhalt seht fest aufgrund der detaillierten, in sich widerspruchsfreien Aussage des Zeugen X. Es sind keine Gründe dafür ersichtlich, daß der Zeuge bewußt die Unwahrheit gesagt hat."

Da macht es auch nichts, daß Zeugen wissenschaftlicherseits ihre Unschuld längst verloren haben. Wie die zahlreichen von Sozialwissenschaftlern und Psychologen durchgeführten Tests gezeigt haben, stehen Zeugenaussagen stets unter dem Vorbehalt des Irrtums. Insider bei Gericht wissen: Zwischen fünf und 50 Meter schwanken die Entfernungsangaben von Zeugen, die von ein und derselben Stelle aus einen bestimmten Vorgang beobachtet haben. Waren es ein, zwei oder sechs Schüsse, die der Täter abgegeben hat? Zwei Zeugen, zwei Wahrheiten. Genügend Zeugen, und jede Version findet ihre Bestätigung. Trotzdem: Der Tatzeuge steht bei Gericht immer noch hoch im Kurs.

Spannend wird es allerdings in den Verfahren ohne Geständnisse und ohne zwingende Beweismittel, in Indizienprozessen. Sie haben es in sich. Hier muß sich die „Wahrheit", die Überzeugung von einem bestimmten Tatablauf, aus der Summe bloßer Verdachtsmomente, bloßer „Anzeichen" ergeben.

Keine Frage, in vielen Fällen hat die Justiz auch den Indizienprozeß voll im Griff. Wenn die Fingerabdrücke des Verdächtigen am Tatort gefunden werden, die Beute bei ihm sichergestellt wird und vielleicht noch ein paar einschlägige Vorstrafen verlesen werden können, ist er fällig. Seine Einlassung, das Diebesgut tags zuvor von einem Unbekannten gutgläubig, wenn auch preisgünstig, in einer Gaststätte erworben zu haben, nötigt den Richtern und Staatsanwälten nur noch ein müdes Lächeln ab.

Oft aber wird es eng in den Indizienprozessen. Das sind dann die Fälle, in denen man sich stets noch ein paar zusätzliche Indizien gewünscht hätte. Aber alle fehlenden Indizien sind Nährboden für Zweifel. Wann ist das Puzzle ausreichend bestückt, wann sind genug Mosaiksteinchen zusammengetragen, um ein Bild zu erkennen?

Die spektakulärsten Fehlurteile waren Ergebnisse von Indizienprozessen. So zum Beispiel der Fall des Landwirts Johann Lettenbauer, der wegen der Tötung seiner Tochter Maria und deren zweijährigen Sohnes Arthur am 27. November 1947 vom Schwurgericht in Lindau am Bodensee zu zehn Jahren Zuchthaus und anschließender Verwahrung verurteilt worden war. Erst 18 Jahre später, nachdem die wahren Täter von einem Mitwisser an die Polizei verraten worden waren, kam er wieder in Freiheit. Oder die Sache mit dem sogenannten Kälberstrickmörder Hans Hetzel, dem sein Metzgerberuf zum Verhängnis wurde. Ein Gutachter glaubte festgestellt zu haben, daß das Opfer mit einem Kälberstrick erdrosselt worden war, der im übrigen niemals sichergestellt wurde. Ein halbes Dutzend Gegengutachter war im Wiederaufnahmeverfahren vonnöten, um zu belegen, daß auch die Strangulationsmerkmale am Hals der Toten ausschließlich fiktiven Charakter hatten: Es handelte sich um natürliche Hautverfärbungen. Aber da saß Hans Hetzel schon 16 Jahre im Zuchthaus. Vielleicht gehört auch der Fall Vera Brühne in diese Reihe, ganz sicher aber der Fall der Maria Rohrbach, den Professor Jäger 1967 seinen Gießener Studenten erzählte. Er belegt wie kein anderer die Risiken des Indizienprozesses:

Am 18. April 1958 verurteilte das Landgericht Münster/Westfalen die 28jährige Hausfrau Maria Rohrbach wegen Mordes zu einer lebenslangen Freiheitsstrafe. Aufgrund der Hauptverhandlung waren die Richter zu der Überzeugung gelangt, daß die Angeklagte ein Jahr zuvor ihren Ehemann Hermann Rohrbach in der ehelichen Wohnung erschlagen hatte. Mit Ausnahme des Kopfes waren die Leichenteile des Opfers in verschiedenen Gewässern rund um Münster gefunden worden. Der Verdacht war auf die Angeklagte gefallen, weil es in der Ehe der Rohrbachs nicht immer zum Besten gestanden hatte und es zwischen den Eheleuten öfters zu Gewalttätigkeiten gekommen war, wobei die Ehefrau unüblicherweise zumeist die Oberhand behalten hatte.

Zum Verhängnis wurde der jungen Frau aber erst das Gutachten des Leiters der Kriminaltechnischen Abteilung des Bayrischen Landeskriminalamtes. Der hatte nämlich aus den Funden am Tatort eine faszinierende Geschichte zusammengebaut. Zunächst ordnete er die geringen Blutspuren aus der Rohrbach´schen Wohnung dem Opfer zu, weil darin diverse, üblicherweise auch in Malerfarben enthaltene Schwermetalle gefunden worden waren, und Hermann Rohrbach oft Anstricharbeiten verrichtet hatte.

Aus der Tatsache, daß im Kohleofen der betreffenden Wohnung Thallium und Quecksilber festgestellt worden waren, schloß der Sachverständige, daß dort der Kopf des Opfers verbrannt worden war. Quecksilber ist nämlich zu 50 Prozent in Zahnfüllungen aus Amalgam enthalten und Thallium war nach Auffassung des Sachverständigen über die Aufnahme der Celiopaste, einem gebräuchlichen Rattengift, in den Kopf des Opfers gelangt. Das fragliche Rattengift wiederum sollte dem Ehemann über Malvenblütentee verabreicht worden sein. Denn bei der Obduktion der Leiche Hermann Rohrbachs waren im Darm sogenannte Sternhaare gefunden worden, die auch in Malvenblüten enthalten sind. Malvenblütentee mußte als Bindeglied herhalten, weil er das einzige tiefblau-violette Nahrungsmittel ist, mit dem das aus Sicherheitsgründen ebenfalls tiefblau gefärbte Rattengift unauffällig verabreicht werden konnte.

Das Opfer in der ehelichen Wohnung mit Rattengift betäubt, dann erschlagen, zerstückelt, der Kopf im Ofen verbrannt, der Rest anderweitig entsorgt. Als Täter kam nur die Ehefrau in Frage. Der Faszination dieser Geschichte konnten sich weder Staatsanwaltschaft noch Gericht entziehen.

Daß die Angeklagte nur vier Jahre im Gefängnis, das damals noch Zuchthaus hieß und auch eins war, verbringen mußte, verdankte sie dem extrem niederschlagsarmen Sommer 1959. In einem trockengefallenen Bombentrichter fand ein Spaziergänger den Kopf des Ermordeten. Im Wiederaufnahmeverfahren hakte die Verteidigung nach. Sternhaare, so wurde festgestellt, sind in zahlreichen Pflanzenfamilien vorhanden, nicht nur in der Malve. Die in den Blutspritzern enthaltenen Schwermetalle stammten aus der Dielenfarbe, die der Erkennungsdienst bei der Sicherung der Spuren mit abgekratzt hatte. Und Thallium war als allgegenwärtiges Umweltgift im Ruß sämtlicher Kohleöfen der damaligen Zeit vorhanden, deutete also nicht auf die Verbrennung eines Menschen hin, der mit Rattengift malträtiert worden war. Maria Rohrbachs Verteidiger hatte sich sogar eine Rußprobe aus dem Ofen des Sachverständigen besorgt. Auch sie war Thallium-positiv. In der zweiten Auflage des Prozesses wurde Maria Rohrbach 1961 freigesprochen.

Es gibt eine Reihe von Hinweisen darauf, daß die genannten und weitere Fehlurteile in der deutschen Strafjustiz Wirkung gezeigt haben, daß sie dafür gesorgt haben, daß man noch vorsichtiger mit derart gelagerten Fällen umgeht. Die Leiden des Unschuldigen schon bei seiner Verhaftung, dann im Prozeß und vor allem während seiner nicht endenwollenden Haft sind für viele Menschen, und dazu zählen auch Juristen, bis ins Unerträgliche nachvollziehbar. Es gibt den Satz des bekannten Rechtsgelehrten Gustav Radbruch, wonach es besser sei, tausend Schuldige laufen zu lassen, als einen Unschuldigen zu verurteilen. Dieser Satz mag aus einer solchen Erfahrung entstanden sein.

Der darin enthaltenen Forderung allerdings wird in der Realität kaum entsprochen. Die Justiz leistet sich schon ein paar mehr Unschuldige hinter Gittern. Die Gesellschaft, die sehr wohl weiß, daß viele Straftaten geschehen, und die zähneknirschend hinnimmt, daß schon über die Hälfte aller Delikte mangels polizeilicher Aufklärung nicht sanktioniert werden, will keine Freisprechjustiz bezahlen, einen Apparat, der auch noch dem Rest – und dann sogar im Namen des Volkes – die Ahndung verweigert.

Dennoch: Mit Indizienprozessen der problematischen Art tun sich die Richter regelmäßig schwer. Eine generell schlechte Beweislage und die darauf gründende Angst vor einem Fehlurteil, vor der Verurteilung eines Unschuldigen, bescheren trotz besagter Verurteilungszwänge dem Indizienprozeß, jedenfalls aus der Sicht der Anklagebehörde, eine schlechte Ausgangsposition.

Um solch ein Indizienverfahren handelte es sich im vorliegenden Fall. Zwar war es kein klassisches Beispiel, zumal die „Täter", also die Personen, die die inkriminierten Anstrichmittel hergestellt und vertrieben hatten, hinlänglich bekannt waren und ihre Handlungsweisen auch nicht in Abrede stellten. Die entscheidende Frage drehte sich vielmehr um die Giftigkeit der verkauften Mittel. Hatten die Ausdünstungen der damit behandelten Holzverkleidungen die Bewohner krank gemacht? Ein medizinisch-toxikologisches Indizienverfahren stand an, denn diesbezüglich gab es kein Geständnis, keine Zeugen, die etwas erzählen konnten über die biochemischen Abläufe in einem mit den Emissionen belasteten Körper. Vor allem existierte, soweit ersichtlich, keine toxikologische Zauberformel, kein naturwissenschaftliches Gesetz, das verbindlich Auskunft über die schädliche Dosis für die jeweiligen Bewohner gegeben hätte.

Und das Verfahren hatte noch zusätzliche Tücken. Einmal fehlte – jedenfalls auf der Grundlage der Mitteilungen in den Fragebögen – ein identisches oder wenigstens gleichartiges Krankheitsbild als Folge des Holzschutzmittel-Kontaktes. Einzig eine üppige Symptomenvielfalt war sämtlichen Anzeigeerstattern gemein.

„Ein Stoff und tausend Beschwerden", spotteten später die Rechtsanwälte der Beschuldigten und wiesen immer wieder darauf hin, daß wirklich „alles dabei" sei. Von A bis Z reichten die Symptome, von Allergien bis Zittern, von Augenbrennen bis Zahnfleischbluten. „Wo bleibt", frohlockten sie, „die Monotonie der Symptome?" Die war für sie unverzichtbare Voraussetzung für die Verknüpfung von Holzschutzmittel-Einfluß und Krankheit.

Im Contergan-Fall, dem ersten und bislang auch spektakulärsten Produkthaftungsfall, war das seinerzeit ganz anders gewesen. Die Kinder, deren Mütter während der Schwangerschaft das Thalidomid-haltige Schlafmittel Contergan der Firma Chemie Grünenthal eingenommen hatten, erkrankten gleichförmig an einer sogenannten Phokomelie, einer in der Regel beidseitigen Mißbildung der Gliedmaßen, bei der Arme und Beine nicht ausgebildet, und Hände sowie Füße am Rumpf angewachsen waren. Dazu kam eine Begleitsymptomatik in Form des „Thalidomid-Gesichtes“: Mißbildungen an den Ohren, Wucherungen von Blutgefäßen, Gesichtslähmungen, Sattelnase. Diese immer wiederkehrenden Krankheitsbilder waren zweifellos ein gewichtiges Indiz für die Zusammenhänge zwischen Conterganeinnahme seitens der schwangeren Mütter und der Erkrankung der Kinder.

Darüber hinaus hatte der Holzschutzmittel-Komplex noch ein Zeitproblem. Aus den Fragebögen ergab sich, daß die wenigsten Anzeigeerstatter unmittelbar nach dem Kontakt mit den bioziden Mitteln erkrankt waren. Bei den allermeisten hatten sich die Symptome erst Wochen, Monate oder sogar Jahre später eingestellt. Das ist einer Zuordnung der Beschwerden zu den Lasuren nicht förderlich. Von Ursachen erwartet man eine promptere Wirkung.

Dazu kommt, daß innerhalb längerer Zeiträume stets mit der Möglichkeit konkurrierender Ursachen gerechnet werden muß. Das gilt insbesondere im Hinblick auf die zahlreich geklagten Allgemeinbeschwerden, die naturgemäß auf mannigfaltige Art ausgelöst werden können. Kopfschmerzen beispielsweise, ein oft aufgeführtes Symptom in den Fragebögen, entstehen als Folge von Nikotin oder Alkoholgenuß, von Streß und Ärger, von lauter Musik und langem Fernsehen, von Kreislauferkrankungen, von Hirntumoren, Wetterfühligkeit und sogar von Ausdünstungen biologischer Lösemittel und anderen Dingen mehr. Je länger die in Frage stehenden Zeiträume sind, desto größer ist die Chance konkurrierender Ursachen, zum Zuge zu kommen. Dann indiziert Krankheit nach Holzschutzmittel-Einfluß nicht unbedingt auch Krankheit durch Holzschutzmittel-Einfluß.

Man kennt das Problem im Zusammenhang mit asbestbedingten Erkrankungen. Daß diese enorm lange Vorlaufzeiten haben, ist eine medizinisch gesicherte Erkenntnis. Und trotzdem, wenn sich Jahrzehnte nach der Exposition bei dem Asbestarbeiter eine Lungenfunktionsstörung einstellt, wird man nie ganz sicher sein, ob die

Krankheit nicht etwa durch Tabakrauch oder ganz allgemein durch Luftverschmutzung oder eine entsprechende genetische Konstellation ausgelöst worden ist.

Auch diesbezüglich hatte es die Strafjustiz im Conterganverfahren einfacher. Obwohl dort keine klassischen Akutfälle zur Diskussion standen, gab es kein Zeitproblem. Im Gegenteil: Etwa ein dreiviertel Jahr nach Markteinführung des Medikamentes begann die Mißbildungswelle und ein Dreivierteljahr, nachdem das Medikament vom Markt genommen worden war, ebbte sie wieder ab.

Aufnahmewege / Toxikologie

Pentachlorphenol – kurz: PCP – ist der Hauptwirkstoff in den Holzschutzmitteln. Die Reinsubstanz besteht aus farblosen Nadeln, das technische Produkt aus braunen Schuppen. Chemische Formel: C_6Cl_5OH, fünf Chloratome am sechseckigen Phenolring. Hergestellt wird die Verbindung durch direkte Chlorierung des Phenols oder durch alkalische Hydrolyse aus Hexachlorbenzol. Molekulargewicht 266,3. Dampfdruck 0,8 x 10 hoch minus 4 mbr bei 20 Grad Celsius – ein wesentlicher Teil des Problems, denn er bedeutet, daß Pentachlorphenol nicht gerade schwerflüchtig ist. Die Verbindung hat einen gewissen Hang zur Gasphase. Daran ändert sich auch nichts, wenn die feste Substanz in aliphatischen Kohlenwasserstoffen gelöst und als Holzschutzmittel auf Holzbretter gestrichen wird. PCP bleibt dann nicht in oder auf dem Holz fixiert, sondern dampft aus.

Zum Beispiel in die Luft behandelter Wohnräume. Dann kann es von den Bewohnern aufgenommen, „inkorporiert“ werden. Das geschieht in erster Linie via Atmung, aber auch über die Haut oder sogar oral, also über den Magen-Darm-Trakt.

Die inhalative Aufnahme (durch die Atmung) spielt im Holzschutzmittel-Bereich zweifelsfrei die erste Geige. Dicht dahinter folgt aber schon die dermale Inkorporierung (über die Haut). PCP lagert sich nämlich mit Vorliebe an Gewebe an. Der Münchner Chemiker Istvan Gebefügi, ein Pionier auf dem Gebiet der PCP-Analytik und der Erforschung seiner Aufnahmewege, hat die entsprechenden Präferenzen der Substanz ermittelt: Baumwolle an erster, Schurwolle an zweiter und Synthetic an dritter Stelle. Über belastete Kleidung und Bettwäsche erfolgt auf diesem Wege praktisch eine Kontamination rund um die Uhr.

Die orale Aufnahme erfolgt über den Umweg belasteter Nahrungsmittel. PCP ist nämlich, wie auch andere chlorierte Kohlenwasserstoffe, leicht fettlöslich. Was das bedeutete, darüber hatte ich mich im Rahmen eines anderen Umweltverfahrens wenige Monate zuvor informieren können. Die Mieter einer neben einer chemischen Reinigung gelegenen Wohnung hatten Strafanzeige erstattet, weil sie sich von den Perchlorethylen-Dämpfen des Betriebes beeinträchtigt fühlten. Perchlorethylen, ein chlorierter Kohlenwasserstoff wie das PCP, findet wegen seiner hervorragenden Fettlöslichkeit, mithin seiner Fähigkeit, Fettflecken aufzulösen, in chemischen Reinigungen Anwendung.

Tatsächlich erschnüffelte die Polizei hohe PER-Konzentrationen in den Betriebsräumen, wo das Personal schweigend, aber mit roten Augen die Kunden bediente. In der Wohnung der Anzeigeerstatter versagten allerdings die Riechorgane der Beamten. Um dem Steuerzahler teure Luftanalysen zu ersparen, verfielen die Umweltpolizisten auf eine fast geniale Idee. Sie legten einen Köder aus: ein halbes Pfund gute Butter, verpackt. Nach nur einem Tag war die Butter wegen einer zu hohen PER-Belastung nicht mehr zum Verzehr geeignet.

Über diese drei Aufnahmewege – inhalativ, dermal und oral – gab es unter den Wissenschaftlern eigentlich keinen Streit. Aber schon bei der nächsten Frage, der nach dem Verbleib der Chemikalien nach ihrer Inkorporierung, begann sich das toxikologische Karussell zu drehen. Ein erheblicher Teil des aufgenommenen PCPs würde sicher unverändert, vor allem über die Nieren, ausgeschieden werden. Unklar blieben aber die entsprechenden Zeiträume. Die in der Literatur gehandelten Halbwertzeiten reichten von wenigen Stunden bis über drei Wochen. Verkompliziert wurde das alles noch durch die Tatsache, daß das ausgeschiedene PCP nicht unbedingt als solches aufgenommen sein mußte. PCP entsteht nämlich teilweise erst im menschlichen Körper durch Verstoffwechselung von Hexachlorbenzol, Hexachlorcyclohexan und Pentachlornitrobenzol. Ein anderer Teil des aufgenommenen PCPs wird erst nach seiner Metabolisierung (Veränderung im Zuge des Stoffwechsels) zu wasserlöslichen Glukuroniden ausgeschieden. Das begründet übrigens den begrenzten Wert von PCP-Messungen im Blut und Urin: Die unterschiedlichen Metabolisierungsraten sowie die relativ kurzen Halbwertzeiten liefern immer nur Momentaufnahmen von der Giftbelastung.

Unbeantwortet bleibt schließlich auch die Frage, wieviel der

Substanz im Körper gespeichert wird, vor allem im Körperfett beziehungsweise in den fettreichen Organen.

Wie dem auch sei: Die Inkorporierung bestimmter PCP-Mengen durch Bewohner entsprechend behandelter Räume stand fest. Aber was bedeutete das für die Gesundheit der Betroffenen?

PCP, sagen die Toxikologen, ist für Warmblüter generell giftig. Das folgern sie aus dem LD_{50}-Wert für diese Substanz, der in Bezug auf die orale Aufnahme durch Ratten 28 bis 250 Milligramm pro Kilogramm Körpergewicht beträgt. LD_{50} steht für „Letale Dosis 50 Prozent“ und beschreibt diejenige Stoffmenge, die die Hälfte eines bestimmten Tierkollektivs binnen fünf Tagen nach Verabreichung tötet. Eine etwas makabere Methode. Aber die in Tierversuchslabors heimischen Toxikologen sind nicht zimperlich.

Anläßlich einer Durchsuchung der Tierstation einer großen, unter anderem pharmazeutisch orientierten Tochterfirma einer noch größeren Frankfurter Chemiefirma wegen des Verdachts ungenehmigter Versuche mit Hunden können wir am Büro der Leiterin der Tierversuchsstation den Satz lesen: „Seit ich die Menschen kenne, liebe ich die Tiere.“ An anderen Stellen hieß das einmal: „Arbeit macht frei“ oder „Jedem das Seine“. Aber der Vergleich hinkt natürlich. Trotzdem gut, daß Beagles nicht lesen können.

Bevorzugt ermittelt man LD_{50}-Werte an Ratten – wohl als späte Rache an dem gefürchteten Nahrungskonkurrenten, Krankheitsüberträger und Kinderfresser. Wo auf Ratten verzichtet wird, sind Hamster und Kaninchen an der Reihe. Was uns fehlt ist das richtig böse Versuchsobjekt, das uns jegliche Skrupel erspart. Die Fußballfans von Inter Mailand sind da vielleicht schon einen erheblichen Schritt weiter. Auf einem großen Transparent forderten sie im Sommer 1996 beim Spiel gegen den FC Neapel: „Schluß mit den Tierversuchen – nehmt Neapolitaner!“

Wie giftig PCP für den Menschen ist, folgt aus diesen Angaben allerdings nicht. Ein Blick in die toxikologische Literatur läßt indessen Böses ahnen. Von zahlreichen Todesfällen beim Umgang mit PCP wird da berichtet. Schauplatz ist oft die Dritte Welt, zum Beispiel Sarawag auf Borneo, wo in einem Sägewerk die frisch geschlagenen Edelhölzer für den Transport nach Japan und Europa präpariert wurden. Zu diesem Zweck badete man sie in einer zweiprozentigen PCP-Lösung. Binnen 18 Monaten starben neun Männer, die regelmäßig ohne Schutzkleidung am Tauchbecken gearbeitet hatten und mit den Armen in die Flüssigkeit gekommen waren.

Ihrem Tod gingen stets die gleichen Symptome voraus: Fieber bis 42 Grad Celsius, Übelkeit, Bauchschmerzen, Atemnot und Krämpfe. Oder Rhodesien, wo PCP-Natriumlösungen als Schneckengift versprüht wurden. Dort starb ein Arbeiter, dem der Sprühnebel nur kurz ins Gesicht geweht wurde.

Auch die Erste Welt ist betroffen. In Australien kamen fünf Arbeiter zu Tode, die 1,5-prozentige PCP-Lösung als Unkrautvernichtungsmittel in Ananasfeldern und Zuckerrohrplantagen einsetzten. Die Obduktion ergab jeweils markante Befunde an Lunge, Leber, Niere und Milz, vor allem Einblutungen, nekrotische Veränderungen, Ödeme und eine Organvergrößerung. In St. Louis/USA wurden in einer Kinderklinik 20 Säuglinge mit PCP vergiftet, nachdem Bettwäsche, Kleidung und Windeln mit einem PCP-Zusatz gewaschen worden waren. Zwei Säuglinge starben mit der bekannten Symptomatik sowie hoher Atemfrequenz und hohem Puls. Sechs Säuglinge konnten durch einen Blutaustausch gerettet werden.

Von Todesfällen wird aber auch nach oraler PCP-Aufnahme berichtet. Menschen trinken PCP-haltige Holzschutzmittel oder Pflanzenschutzmittel in suizidaler Absicht oder irrtümlich. Der finale Schluck beträgt zwei Gramm PCP – einen Mundvoll herkömmlicher Holzschutzmittel.

So eindrucksvoll diese Beispiele auch sein mögen, verbindliche Aussagen für die Beurteilung der Folgen einer Holzschutzmittel-Exposition erlauben sie nicht. Stets handelt es sich um sogenannte Akutfälle, um die Anwendung hoher Dosen in kurzen Zeiträumen, um eine starke Exposition also. In unserem Holzschutzmittel-Fall geht es allerdings um sogenannte chronische Verläufe, um die Zuführung kleinster Giftmengen über lange Zeiträume. Darüber schweigt sich die Literatur weitgehend aus.

Es könnten Beeinträchtigungen des allgemeinen Wohlbefindens eintreten, heißt es vorsichtig. Es seien auch psycho-vegetative Störungen möglich. Dann folgen regelmäßig zahlreiche Allgemeinbeschwerden: Kopfschmerzen, Schwindel, Müdigkeit, Muskelschmerzen, Atemnot, Schwitzen, Appetitlosigkeit, Konzentrationsstörungen und Depressionen. Das ähnelt schon sehr den Aufzählungen auf Seite 15 der Fragebögen, ist aber wenig konturiert und daher nur begrenzt aussagefähig. Soviel aber ist den Fallsammlungen und den Berichten der Ärzte und Toxikologen schon zu entnehmen: PCP ist nicht ohne. Es ist ein Gift, das schon einige Eintragungen im Register hat. Für das Verfahren bedeutet das weiterzusuchen, an der Sache kann etwas dran sein. Mehr nicht. Ein Beweis für die Schädlichkeit der Chemikalien in Holzschutzmitteln steht noch in den Sternen.

Anwälte kommen

Der Marktführer aus dem Rheinland und sein ärgster Konkurrent aus dem Hamburger Raum haben Anwälte beauftragt. Sie melden sich mit Vollmacht zu den Akten, nachdem sie – zwecks Unterbrechung der Verjährung – durch die Staatsanwaltschaft schriftlich von dem anhängigen Ermittlungsverfahren informiert worden sind.

Die Rechtsanwälte Dr. Schiller und Kügler sind von der Nummer eins mit dem Mandat versehen worden. Sie kommen aus Frankfurt. Rechtsanwalt Joachim Kügler war einmal Staatsanwalt. In den sechziger Jahren hat er die Ermittlungen im Frankfurter Auschwitzverfahren geführt. Weil man der Polizei nicht so recht traute, fuhr Staatsanwalt Kügler mit der Bundesbahn und mit Handschellen im Gepäck durch das Land und sammelte die Mörder und ihre Helfer persönlich ein. Auch in der fast zweijährigen Hauptverhandlung hat er die Staatsanwaltschaft vertreten. 17 der zum Schluß noch 20 Angeklagten wurden schuldig gesprochen; sechs davon erhielten eine lebenslange Freiheitsstrafe. Nur ein Tropfen Gerechtigkeit im Meer von Auschwitz, aber ein deutscher Tropfen.

Befördert hat man den Staatsanwalt allerdings nicht. Da ist die Justiz unnachgiebig. Nestbeschmutzung wird nicht honoriert. Daraufhin hat Joachim Kügler zum Rechtsanwalt umfirmiert und zählte danach zu den sogenannten Rolls-Roys-Anwälten in Frankfurt am Main – teuer, aber immer sein Geld wert.

Dr. Wolf Schiller kenne ich aus dem Studium. Er ist Kettenraucher. Während der fünfstündigen Klausuren im ersten Staatsexamen hat er um die 35 Filterzigaretten konsumiert. Er lebt auch sonst nicht unbedingt auf ein hohes Alter hin, arbeitet samstags und halbe Sonntage und macht nur zwei Wochen Urlaub im Jahr. Eine davon verbringt er regelmäßig in Pamplona, während der Stierkämpfe im Juli. Dann wandelt er auf Hemmingways Spuren. Er leistet sich darüber hinaus ein 100.000,- DM teures Auto. Manchmal überhole ich ihn auf der Eckenheimer Landstraße mit der Straßenbahn. In der Frankfurter Rundschau war vor ein paar Jahren ein Leserbrief veröffentlicht, der nur aus einer Frage bestand: „Warum fahren große Männer große Autos?“ Warum es kleine tun, weiß man ja. Aber ganz ohne Flachs: Rechtsanwalt Dr. Schiller kann sich das alles leisten, er ist erste Sahne und gehört wie sein Kollege zu den Topverdienern in der Stadt.

Für den Konkurrenten aus Norddeutschland tritt Rechtsanwalt von S. auf. Er gehört zu einer großen Münchener Kanzlei, 19 Anwälte stehen allein im Briefkopf. Hauptakteur dieser Fabrik ist ein bekannter Politiker mit viel Fortune, auch in eigner Sache. Irgend jemand hat ihm den Namen Old Schwurhand verpaßt, weil er einmal als Zeuge vor Gericht einen Meineid geschworen hatte. Bestraft wurde er allerdings deswegen nicht, weil ihm ein Sachverständiger einen Blackout bescheinigte. Genau zum Zeitpunkt seiner Falschaussage soll er gänzlich unorientiert gewesen sein, nicht früher und auch keinen Tag später, als er in Bonn wieder in seinem Abgeordnetenbüro saß. Er brachte es bis zum Bundes-Innenminister.

Die betroffenen Firmen hatten offenbar einiges in ihren Rechtsschutz investiert und dabei wohl eine gute Wahl getroffen. Kaufleute werfen ihr Geld schließlich nicht zum Fenster hinaus.

Rechtsanwalt von S. will die Ermittler sprechen und die Akten einsehen. Duplikatakten befinden sich im Bundeskriminalamt in Wiesbaden, das ja noch von meinem Vorgänger mit den Holzschutz-Ermittlungen betraut worden war. Zu dieser Angelegenheit noch ein paar Erläuterungen:

Die Staatsanwaltschaft ist nach dem Gesetz die Herrin des Ermittlungsverfahrens. Sie bestimmt, wo es langgeht, delegiert aber einen Teil ihrer Befugnisse, vor allem die, die mit der Schnüffelarbeit zu tun haben, an die Polizei. Beschuldigten- und Zeugenvernehmungen, Beweismittelsicherung und Observationen beispielsweise – das machen die Damen und Herren von der Schutz- und Kriminalpolizei. Sie sind, dieser Ausdruck ist hochoffiziell, die Hilfsbeamten der Staatsanwaltschaft. Das verursacht kein böses Blut mehr. Denn in der Realität bedeutet das längst Arbeitsteilung und Teamwork. Die Polizei hat ihre eigenen Bereiche. Das ist in Ordnung so, denn Polizeibeamte haben ja auch eigene Ideen, und auf der kriminalistischen Ebene sind sie ihren Auftraggebern sowieso überlegen.

Das Bundeskriminalamt wird in der Folgezeit bei der Bereitstellung von Manpower großzügig sein. Anders als sonstwo erkennt man dort schnell strafrechtlichen Handlungsbedarf. Wiesbaden wird sich für das Verfahren als eine wichtige Stütze erweisen.

Drei Beamte sind federführend mit dem Fall betraut. Bernd M., ein Oberkommissar aus Delmenhorst, hat Elektrotechnik studiert. Schlechte Berufschancen in seiner norddeutschen Heimat haben ihn nach Wiesbaden verschlagen. Ein Polizist mit Kenntnissen in Naturwissenschaften ist im Umweltbereich genau richtig. Über entsprechende Zusatzkenntnisse verfügt auch der zweite Oberkommissar, Reinhard Sch. Er hatte zunächst Großhandelskaufmann gelernt, war dann drei Jahre lang als Fernmelder der Bundeswehr für die Überwachung der Ostseezugänge verantwortlich, um schließlich wieder in seinem erlernten Beruf zu arbeiten. Acht Jahre später wechselte er zum Bundeskriminalamt. Bernhard F., ein waschechter Erster Kriminalhauptkommissar, war in seiner Jugendzeit gar als Bergmann tätig. Die drei Beamten der „AG Holzwurm", so der interne Name der Ermittlungsgruppe, werden in den kommenden Monaten und Jahren beweisen, daß die Wiesbadener Behörde richtig lag, als sie zur Optimierung der Ermittlungsarbeit auf die Zusatzqualifikation sogenannter Seiteneinsteiger setzte. Wer schon tausend Meter unter Tage erfolgreich nach Kohle gesucht hat, der wird auch im Sumpf des Verbrechens fündig.

Ich bestelle Rechtsanwalt von S. nach Wiesbaden. Die Beamten vor Ort sind bemüht, ihm alles recht zu machen. Ein Kopiergerät ist vorbereitet. Das will der jedoch nicht, nimmt dafür aber das Kaffeeangebot an. Dann setzt er sich mit seinem Begleiter in den Aktenraum und beginnt Aktenteile auf Band zu diktieren. Die Kommissare und ich rätseln über diese ziemlich ungewöhnliche Vorgehensweise. Zuerst glauben alle an einen Bluff. Der Rechtsanwalt will seine Gegner verunsichern. Kommissar M. hat schließlich eine bessere Begründung: Rechtsanwalt von S. rechnet mit seinem Mandanten auf Stundenbasis ab, Diktieren dauert eben länger als Kopieren.

Mittlerweile hat dieser Abrechnungsmodus an Beliebtheit gewonnen. Vor allem in großen Büros liegen neben den Gesetzbüchern die Stoppuhren. Die Stundenlöhne sind nicht schlecht: 900,- DM, demnächst wird die Schallmauer durchbrochen.

Rechtsanwalt von S. diktiert geschlagene vier Stunden und trinkt dabei einigen Kaffee. Dann bittet er um ein Gespräch. Dazu braucht er neuen Kaffee. Er raucht Kette, Senoussi ohne Filter aus der Flachschachtel.

Rechtsanwalt von S. ist ein bulliger Mittvierziger und kein Leichtraucher. Er ist, wie es unter Strafverfolgern heißt, eine harte Sau. Rhetorisch geschickt, vorsichtig taktierend, raumfüllend ohne aufdringlich zu sein, bestätigt er die dunklen Ahnungen aus dem Briefkopf. Er fragt zunächst, wann wir das Ermittlungsverfahren einstellen werden. Dann will er wissen, ob wir die Giftkonzentrationen in den behandelten Wohnungen kennen.

„Etwa fünf Mikrogramm pro Kubikmeter Raumluft" antworte ich ihm.

„Fünf Millionstel Gramm", bestätigt er mich. „Das war vor kurzem noch für die Chemiker tabu. Das lag außerhalb ihres Meßbereichs." Rechtsanwalt von S. lacht und fährt fort: „Und kennen Sie die Grenzwerte für PCP?"

„Einen ADI-Wert gibt es schon mal nicht!"

„Aber zum Beispiel einen MAK-Wert, von der Deutschen Forschungsgemeinschaft für den Arbeitsplatz festgelegt: 0,5 mg pro Kubikmeter Luft. Wissen Sie, was das heißt? Arbeiter vertragen acht Stunden am Tag, fünf Tage die Woche, 500 Mikrogramm PCP pro Kubikmeter Raumluft, ohne Beschwerden! Der für den Wohnbereich geltende MIK-Wert beträgt immerhin noch 60 Mikrogramm. Dabei sind ausdrücklich Alte, Kranke und Kinder mit berücksichtigt bei einem 24stündigen Aufenthalt in den betreffenden Räumen – aber wer bleibt schon rund um die Uhr im Haus? Und dann wollen Ihre Anzeigeerstatter, gestandene Männer und Frauen, bei fünf Mikrogramm todkrank geworden sein?!"

Rechtsanwalt von S. nimmt einen Schluck landeseigenen Kaffee und zieht an seiner Zigarette.

„Wissen Sie eigentlich, daß PCP praktisch überall vorhanden ist, im Boden, im Regenwasser, im Hühnerfleisch? Und wissen Sie eigentlich auch, daß wir alle PCP im Blut haben, Sie, ich, mein Begleiter, alle die hier im Haus arbeiten, nicht nur diejenigen, die Holzschutzmittel verstrichen haben? Die Gifte sind ubiquitär."

Dann holt er ein paar Blätter aus seiner Aktentasche und reicht sie mir über den Tisch.

„Sehen Sie mal, ich habe Ihnen einige Tabellen mit Zahlen zur PCP-Belastung der Bevölkerung zusammengestellt. Die Holzschutzmittel-Leute liegen zwar in Führung vor den Kollektiven ohne jeglichen Holzschutzmittel-Kontakt, aber nur ganz knapp. Jedenfalls ist dies kein Vorsprung, der ihren bedauerlichen Krankenstand erklärt."

Ich verstaue die Unterlagen in meiner Tasche. Rechtsanwalt von S. ist noch nicht fertig.

„Wieviel Strafanzeigen haben Sie?"

„Vielleicht 400 oder 600."
„Bundesweit?"
„Ja, und zwei aus Brasilien."
„Hatten Sie schon mal Verfahren mit so vielen Anzeigen?"
„Ein paar Warenterminverfahren lagen darüber."
„Trotzdem, 600 Anzeigeerstatter sind viel in einem Verfahren – oder?"
„Relativ viel, sicher."
„Dann erkläre ich Ihnen jetzt einmal, daß 600 Anzeigen im Holzschutzmittel-Verfahren relativ wenige sind, gelinde gesagt. Wissen Sie, wieviel Wohnungen in Deutschland mit Holzschutzmittel behandelt sind? 2,4 Millionen, gut 20 Prozent des Gesamtbestandes. Ein Zehntel Promille davon – das ist Ihr Anzeigenkollektiv. Ehrlich: Nehmen Sie diese Exoten ernst?"
Schließlich spricht Rechtsanwalt von S. noch den Fall Groschke an. Ob er uns erinnerlich sei? Die sechsköpfige Familie aus der Nähe von Bremen hatte in ihrem neu erbauten Haus über 150 Liter Holzschutzmittel verstrichen und war dann, so die Angaben im Fragebogen, komplett krank geworden. Symptome ohne Ende bei der ehemals kerngesunden Familie.
„Einer Ihrer Vorzeigefälle, nicht wahr?"
„Ein wichtiger Fall, sicher."
„Er hat allerdings einen erheblichen Nachteil – aus Ihrer Sicht, nicht aus meiner." Rechtsanwalt von S. lacht und raucht.
„Wir hören."
„Familie Groschke hat Aldocolor verstrichen, stimmt`s?"
„Wenn Sie es sagen."
„Aldocolor ist wirkstoff-frei. Keine Biozide. Im Gegenteil, alles Natur, wie Sie sagen würden. Merken Sie was?"
Dann verabschieden sich der Rechtsanwalt und sein Begleiter und fahren mit vollen Tonbändern gen Süden.

Ein Telefonat

Staatsanwälte kontern den häufigen Vorwurf, sie stellten Ermittlungsverfahren zu oft und zu schnell ein, gerne mit der Feststellung, eine Einstellung zu begründen sei üblicherweise schwieriger, als eine Anklageschrift zu schreiben. Das ist noch nicht einmal falsch. Aber fest steht auch, daß Staatsanwälte sich vor allem im Rahmen schwieriger und umfangreicher Verfahren mit einer frühen Einstellungsverfügung oft eine Menge Arbeit ersparen können. Das führt den Ermittler in Versuchung.

Das Holzschutzmittel-Verfahren hätte man gut und gerne schon nach dem Besuch des Münchner Rechtsanwaltes einstellen können. Die banale aber nachvollziehbare Begründung, daß unter Berücksichtigung der vielen unspezifischen Symptome und der nicht überschrittenen Grenzwerte letztlich ein Kausalzusammenhang zwischen dem Verkauf der Holzschutzmittel und den geltend gemachten Beschwerden der Kunden jedenfalls nicht mit der für eine Anklageerhebung erforderlichen Sicherheit – so eine Standardformulierung – begründet werden könne, hätte genügt. Eine Einstellung würde der zu erwartenden Beschwerde der Geschädigteninitiative mit großer Wahrscheinlichkeit standhalten, zumal die für diese Entscheidung zuständige Instanz, die Generalstaatsanwaltschaft, mit ihrer kritischen Einstellung zu diesem Verfahren schon zuvor nicht hinter dem Berg gehalten hatte.

Doch da war etwas, das diesen Weg nicht gangbar machte. Es war der inzwischen nicht abreißende Fluß von Strafanzeigen, die täglich eingehenden Fragebögen mit ihren detaillierten Darstellungen von Krankengeschichten und Familienschicksalen, ihren sorgfältigen Recherchen, hinter denen viel Überzeugung steckte und auf die der Irrtumsstempel einfach nicht passen wollte.

Wenn die Vorwürfe der Anzeigeerstatter zutrafen, dann hatte sich in Deutschland eine Chemiekatastrophe riesigen Ausmaßes ereignet. Wenn sie sich hingegen als haltlos erweisen sollten, dann war der entsprechend große Irrtum einmalig. – Eine spannende Sache, herauszufinden, was tatsächlich geschehen war und damit ein zusätzlicher Anreiz für die Fortführung der Ermittlungen.

Die Leute vom BKA drängten mittlerweile auf eine Reise nach Berlin zum Bundesgesundheitsamt. Das stand seinerzeit für Kompetenz und Verantwortung und hatte noch einen Ruf zu verlieren. „Wenn es einer weiß, dann die“, sagte Kommissar F. und buchte einen Flug in die damals noch geteilte Stadt. Um ein Haar hätten wir den allerdings nicht angetreten. Rechtsanwalt von S. meldete telefonisch aus München, daß voraussichtlich bald alle Zweifel in Sachen Holzschutzmittel beseitigt seien. Ein weltberühmter Toxikologe arbeite an einem Gutachten und das stehe kurz vor seiner Vollendung.

In Tutzing am Starnberger See hatte sich eine Familie 1969 einen Traum erfüllt: ein wunderschönes Zweifamlienhaus mit Blick auf den See. Auf die Holzverkleidungen in den Innenräumen waren ca. 100 Liter PCP-haltige Holzschutzmittel verstrichen worden, das Produkt des Marktzweiten. Schon bald war die Ehefrau massiv erkrankt: Kopfschmerzen, Abgeschlagenheit, Müdigkeit, Leistungsminderung, eine wäßrige Rhinitis, ekzematöse Hautveränderungen im Gesicht und auf dem Kopf, Gehstörungen, morgendliches Erbrechen, starker Gewichtsverlust sowie eine Lebererkrankung, für die es keine klassische Erklärung – Alkohol oder Medikamente – gab. Der Ehemann, ein Chemie-Professor, der viel außer Haus war, litt ebenfalls an entsprechenden Symptomen, allerdings weniger stark.

Kurzerhand verklagte die Familie die Herstellerfirma vor der Zivilkammer des Münchner Landgerichts auf Schadenersatz – und erhielt nach langem Gutachterstreit 1977 erstmalig Recht. Dagegen war die Herstellerfirma in die Berufung gegangen. Das nunmehr zuständige Oberlandesgericht befand die Auffassung der beklagten Firma, daß es nun an der Zeit sei, ein Obergutachten einzuholen, für richtig und schloß sich auch dem Gutachtervorschlag der Firma an. Professor Dr. Schlatter sollte es sein, ein renommierter Toxikologe der Eidgenössischen Technischen Hochschule in Zürich. Ein Glücksgriff, meinte man, denn für was sonst stand die Schweiz, wenn nicht für Qualität und Neutralität, also Eigenschaften, die auch für Gutachter wichtig sind.

Am nächsten Tag greife ich zum Telefon und erreiche Professor Schlatter um 17 Uhr noch im Institut. Ich will wissen, wann er sein Gutachten dem obersten bayerischen Gericht in München vorlegen wird, denn dann ist es drei Tage später als Kopie auch in Frankfurt, es sei denn, die Münchner Richter vermuten eine politische Schweinerei.

1982 war das der Fall gewesen. Frankfurter Jugendrichter, die mit Nötigungsanklagen gegen junge Demonstranten, die ein Pershing-Atomraketendepot der amerikanischen Streitkräfte im Stadtteil Hausen blockiert hatten, befaßt waren, baten die bayerische Justiz um Übersendung von Akten ähnlichen Inhalts. Dort hatten nämlich kurz zuvor Lastwagenfahrer einen Grenzübergang nach Österreich blockiert, um gegen irgendwelche Bonner Steuerpläne zu protestieren. Der bayerische Ministerpräsident hatte den Brummipiloten noch Mut gemacht, indem er ihnen vor Ort zusicherte, daß ihr Tun keine strafrechtlichen Konsequenzen haben werde. Tatsächlich stellten die Traunsteiner Staatsanwälte sämtliche Ermittlungsverfahren gegen die Blockierer ein. Die hiesigen Richter hätten nun allzu gerne gewußt, wie es den bayerischen Strafverfolgern gelungen war, den Nötigungsvorwurf aus der Welt zu schaffen, um vielleicht mit gleichem Geschick den jungen Pershing-Gegnern aus der Patsche zu helfen. Dem wollte die bayerische Justiz aber keinen Vorschub leisten und verweigerte die Aktenübersendung, die an sich schon wegen des Grundsatzes der kollegialen Zusammenarbeit zwischen Behörden eine Selbstverständlichkeit gewesen wäre.

Zurück zu Professor Schlatter und meinem Telefonat mit ihm. Ich will also wissen, wann er mit seinem Gutachten soweit ist. Professor Schlatter spricht schwyzerdütsch, ist aber gut zu verstehen.

„Herr Staatsanwalt", sagt er, „das kann ich Ihnen nicht sagen im Augenblick. Wissen Sie, was wirtschaftlich von dem Ergebnis meines Gutachtens abhängt? Enorm viel! Da muß ich mir gut überlegen, was ich schreibe. Das kann einige Zeit noch dauern!"

Er hatte tatsächlich „wirtschaftlich" gesagt und nicht wissenschaftlich. Damit war die Schlatter-Schiene abgehakt. Den Zettel mit seiner Telefonnummer warf ich weg. Wir konnten nach Berlin fahren.

Ein paar Jahre später würde mir Professor Schlatter wieder begegnen. Diesmal leibhaftig und mit seinem Gutachten.

Zu Gast in Berlin

Zu fünft treten wir die Reise an. Die „Holzwürmer" vom BKA haben noch einen Kollegen mitgenommen, der zwar in einer ganz anderen Abteilung tätig ist, aber in Berlin Schutzmann gelernt hat. Seit seiner Versetzung nach Wiesbaden plagt ihn Heimweh. Er hat noch einen Koffer in Berlin oder ein paar Handschellen. Es gibt Wünsche, die muß ein Dienstherr erfüllen.

Drei Stunden stehen uns die Fachleute des berühmten Amtes im Konferenzsaal des Max-von-Pettenkoffer-Instituts Rede und Antwort.

Nein, an der Holzschutzmittel-Geschichte sei nichts dran, heißt es. Man habe ja bereits Ende der siebziger Jahre umfangreich geforscht, sei den Vorwürfen nachgegangen. Von den zahlreichen Beschwerdeführern, die sich bis dahin an das Amt gewandt hätten, habe man 100 Familien ausgesucht, um sie eingehend zu untersuchen und zu befragen. Und was sei dabei herausgekommen? Alles mögliche, aber jedenfalls keine Dosis-Wirkung-Beziehung!

Wir bitten um Erläuterung. Dr. K. hat das Wort.

„Sehen Sie, wenn Sie mit Giften in Kontakt kommen, zum Beispiel indem Sie sie über die Nahrung aufnehmen, dann machen diese Gifte unterhalb einer bestimmten Dosis keine oder keine meßbaren Effekte. Steigern Sie nun die Giftaufnahme, wird irgendwann der kritische Bereich erreicht, und je mehr Sie von dem Gift aufnehmen, umso stärker reagiert der Körper. Das ist ein feststehender Erfahrungssatz der Toxikologie: Je höher die Dosis, um so stärker ist die Wirkung. Nehmen wir ein Beispiel..."

„Alkohol!"

„Richtig! Je mehr Sie trinken, um so schöner wird die Welt. Ein Glas merken Sie kaum, bei zehn spinnen Sie und bei 30 sind Sie tot!"

Das war mir neu. Diese schlimmen Erfahrungen waren in meiner Behörde noch nicht gemacht worden. Dr. K. brachte die Sache aber schnell wieder ins Lot:

„Wodka, Herr Staatsanwalt, und zwar doppelte!"

„Das war bei den Holzschutzmitteln anders?"

„Ja, es gab keinen klaren Zusammenhang zwischen der Belastung der Probanden und der Intensität und Häufigkeit ihrer Beschwerden. Menschen mit 100 Mikrogramm PCP im Blut waren gesünder als solche mit 30 Mikrogramm. Diese Ergebnisse lassen sich mit toxischen Ursachen nicht in Zusammenhang bringen. Da müssen Sie andere Krankheitsauslöser ins Kalkül ziehen – vorsichtig formuliert."

„Schon richtig, aber uns beeindrucken die zahlreichen Strafanzeigen doch sehr, 1000 sind es mittlerweile und 300 Familien haben Fragebögen ausgefüllt."

Jetzt kommt Dr. K.: „Darf ich Ihnen eine kleine Geschichte erzählen, die sich im vergangenen Frühjahr hier in Berlin ereignet hat? Wir erhielten Hinweise, daß eine Charge chilenischer Äpfel, die über eine Handelskette vertrieben wurde, unzulässig hohe Rückstände eines Spritzmittels enthielt. Über Rundfunk haben wir vor dem Verzehr gewarnt, und wir haben auf die Wirkungen einer Intoxikation hingewiesen: Schwindel, Erbrechen, Tachikardie und Durchfall. Wenige Stunden später meldeten sich die ersten Opfer, die nach dem Genuß der Äpfel unter den genannten Symptomen litten. Sie fragten uns nach Gegenmaßnahmen und Spätfolgen. Aber dann stellte sich heraus: Die Äpfel aus Südamerika waren gar nicht belastet. Im Gegenteil, sie stammten von einer Biofarm. Wissen Sie, von was ich rede?"

„Sie sprechen von Einbildungseffekten!"

„Nicht nur, auch von Zufällen. Einige Konsumenten der Äpfel sind sicher auch krank geworden, weil sie die Sorte nicht vertragen oder vorher zu fett gegessen hatten. Aber entscheidend ist sicherlich die Suggestionswirkung. Menschen erfahren, daß ein von ihnen verwendetes Produkt krank machen kann und schon stellen sich die Symptome ein. Selbst wenn das alles nicht stimmt."

„Vor Holzschutzmitteln haben Sie aber nicht gewarnt."

„Aber die Medien! Im Fernsehen wurde darüber berichtet, in verschiedenen Zeitungen. Angst hat die Leute krank gemacht!"

„Aber was ist denn mit denen, die schon vorher krank waren?"

Jetzt hat Dr. K. wieder das Wort. „Das ist nicht viel anders. Haben Sie sich Ihre Anzeigeerstatter einmal näher angesehen, ich meine hinsichtlich Beruf und Alter?"

„Alle Berufe, Ingenieure vielleicht überrepräsentiert – und Mittelalter."

„Richtig, Mittelalter. Aber nochmals zu den Berufen. Man achtet natürlich nicht so darauf. Ingenieure fallen auf, weil sie sich ein tolles Häuschen nach eigener Planung gebaut haben – Lehrer! Sind die nicht massenhaft vertreten?"

„Möglich..."

„Zählen Sie mal durch! Lehrer sind in diesem Zusammenhang Trendsetter, geben den Ton an. Sie fragen sicher, wie das kommt. Seien wir doch mal ganz ehrlich. Was macht ein Lehrer nach Beendigung seines Studiums? Er heiratet, und zwar eine Lehrerin. Mehr steht ihm ja auch nicht zu, und umgekehrt. Und was macht der Lehrer zehn Jahre später? Er baut seiner Lehrerin ein Haus, vorher ging das nicht, denn Lehrer müssen selbst als Doppelverdiener lange sparen, bis es für die Hütte reicht und Verschuldung kommt ja für Beamte nicht in Frage. Ja, und dann gibt es den bekannten Baustreß. Man baut nur einmal, sagt der Volksmund. Aber irgendwann ist das Haus fertig und man kann einziehen. Danach kommt eins zum anderen. Die Kinder sind mittlerweile groß und frech, und auch die Ehe ist im Eimer, denn auch Lehrerehen halten im Schnitt nur sieben Jahre. Nebenbei gesagt: Selbstverständlich haben die Lehrer auch Xylatech ins Haus gestrichen. Und jetzt muß nur noch eins passieren um das Holzschutzmittel-Drama in Gang zu setzen: Das Lehrerehepaar muß den „Stern" lesen. Dort steht schwarz auf weiß, daß Xylatech alle möglichen Symptome macht. Auch die der Lehrerfamilie nach Baustreß und persönlicher Frustration so um die 40.

Und der Lehrer greift natürlich sofort zur Feder, das ist ja etwas, was er kann, und Zeit dazu hat er ja auch. Und er wendet sich an Hinz und Kunz, an uns, an Sie, ans Fernsehen."

„Das klingt wie..."

„Ganz richtig: Sagen Sie nicht Holzschutzmittel-Krankheit. Sagen Sie ruhig Midlife crisis."

Ich fliege am selben Tag allein zurück, die BKA-Beamten werden zwei Tage später kommen, unrasiert, müde, aber hoch zufrieden. In der Maschine lasse ich die Geschichte noch einmal Revue passieren. Über Dessau kommen erste Zweifel.

Die Angstgeschichte haut nicht hin. Aus den Angaben in den Fragebögen wurde nämlich deutlich, daß die Anzeigeerstatter meist schon monate- und jahrelang krank waren, bis sie erstmals von den Holzschutzmitteln als möglicher Krankheitsursache hörten. Als der „Stern" mit seinen großen Holzschutzmittel-Reportagen 1982 und 1984 unter den Titeln „Gefahr im Gebälk" und „Dioxin im Kinderzimmer" eine breite Öffentlichkeit erreichte, war der größte Teil der Mittel längst verstrichen, waren die Bewohner schon bei Dutzenden von Ärzten vorstellig geworden. In den „Stern"-Geschichten fanden sie sich schließlich wieder. Diese Berichte öffneten ihnen endlich die Augen im Hinblick auf die Ursache. Keine einzige Familie war mir bekannt, die erst dann krank wurde, nachdem sie von dem schwerwiegenden Verdacht erfahren hatte.

Und auch die Geschichte von der Midlife crisis war nicht stimmig. Regelmäßig sind in den behandelten Häusern alle Bewohner erkrankt. Die junge Familie nebst Eltern oder Schwiegereltern und natürlich auch der Student in der Einliegerwohnung. Nun kann man sich ja gut vorstellen, daß die Eltern eines kriselnden Ehepaares im Angesicht dieses Elends ebenfalls Symptome entwickeln, auch daß die Kinder entsprechend reagieren, wenn die Eltern im Dauerclinch liegen. Daß dies aber schon bei den Säuglingen der Fall sein kann, sogar bei Neugeborenen, läßt sich kaum vorstellen. Und gerade die sind besonders krank, vor allem wenn die Mütter während der Schwangerschaft selbst Holzschutzmittel verstrichen haben, also den Ausdünstungen in besonderer Weise ausgesetzt waren. Den jungen Mann in der Einliegerwohnung wird das, was sonst im Haus vorgeht, wenig interessieren. Er hat andere Sorgen, aber krank ist er auch.

Und dann die Haustiere, die in den Fragebögen allesamt als krank oder früh verstorben ausgewiesen werden. Psychiater von der amerikanischen Ostküste berichten zwar von Katzen, die aus Solidarität ihren Frauchen aus dem zwanzigsten Stock ins Freie folgen, aber daß Meerschweinchen und Goldhamster von der Krise der Eltern ihrer kleinen Besitzer dahingerafft werden, ist ohne neurotische Einflüsse kaum denkbar. Und daß die große Krise um die Lebensmitte ganze Kollektionen von Zimmerpflanzen vom Ficus benjaminus bis zum Alpenveilchen zum Verwelken bringt, wäre wohl nur für hartgesottene Esoteriker nachvollziehbar, für die die Leidensfähigkeit auch grüner Pflanzen ausgemachte Sache ist.

Kurz vor dem Frankfurter Flughafen kam mir noch ein Gedanke: War das Anzeigerkollektiv wirklich so sehr krisengeschüttelt, wie behauptet? Davon stand in den Fragebögen nichts. Statt dessen gab es ungewöhnlich wenige Trennungen oder Scheidungen in den betreffenden Familien. Und deuteten nicht auch der geringe Alkohol- und Zigarettenverbrauch, die zahlreichen sportlichen Aktivitäten und die große Kinderzahl der Betroffenen auf eher harmonische Beziehungen hin, auf eine positive Grundtendenz? Wer setzt noch jenseits religiöser oder kultureller Zwänge vier oder fünf Kinder in die Welt? – Doch nur Familien, die optimistisch in die Zukunft schauen, für die Leben Sinn macht. Sicher keine Zweifler und keine Miesepeter.

Da hatte uns die Berliner Behörde offenbar einen großen Bären aufbinden wollen. Ganz schön mutig, sie hatte alles auf eine Karte gesetzt. Mit gutem Grund, wie sich später herausstellen sollte. Sie hatte vabanque gespielt und sich der Logik der Anlage- und Warenterminbetrüger bedient: Je höher das Renditeversprechen, umso mehr Kunden fallen darauf herein. Dreistigkeit ist der Schlüssel zum Erfolg.

Wir werden weitermachen. Jeden Tag einen kleinen Schritt. Vielleicht ist der Weg irgendwann zuende. Am Ergebnis des Berlin-Besuches jedenfalls wird das Verfahren nicht scheitern.

Erkenntnisse zur Dunkelziffer

Menschen reagieren sehr unterschiedlich auf Gift. Daß gerade bei der chronischen Zufuhr von Kleinstdosen der eine Betroffene gesund bleibt während der andere erkrankt, gehört zur Grunderfahrung der Toxikologie. Nicht jeder Raucher erkrankt an Lungenkrebs, noch nicht einmal jeder Kettenraucher (sondern „nur“ 30 Prozent);

ähnliches gilt für Gefäßkrankheiten. Dennoch zweifelt niemand mehr an der krankmachenden Wirkung des Tabaks. Neun von zehn Lungenkrebskranken sind Raucher.

Von daher war es weder zu erwarten noch im Rahmen der Beweisführung erforderlich, daß alle Bewohner Holzschutzmittel-behandelter Häuser erkrankt waren. Andererseits würde es beweismäßig eng werden, wenn, wie von Rechtsanwalt von S. gemutmaßt, tatsächlich nur ein kleiner Bruchteil – ein Zehntel Promille – der Betroffenen auch tatsächlich erkrankt wäre. Vor allem deshalb, weil die Anzeigeerstatter regelmäßig vom gesundheitlichen Niedergang ganzer Familien oder doch der meisten Familienmitglieder berichtet hatten. Es wäre schon einigermaßen seltsam, wenn zwar unter ähnlichen Expositionsbedingungen 80 oder sogar 100 Prozent der Mitglieder einzelner Familien erkrankt wären, aber nur 0,1 Promille der betroffenen Familien.

Anders gesagt: Wenn die fünf Kranken unter 100 in vergleichbarer Weise Holzschutzmittel-exponierten Personen zufällig einer einzigen Familie angehören, dann sucht man die Ursache der Beschwerden besser außerhalb der Holzschutzmittel-Problematik.

Von daher erschien es wichtig, einen ungefähren Überblick über die tatsächliche Erkrankungsquote exponierter Personen zu bekommen. Aber wieviel Menschen waren überhaupt Holzschutzmitteln ausgesetzt? Rechtsanwalt von S. hatte davon gesprochen, daß in jedes fünfte Haus Holzschutzmittel eingebracht worden seien. Das mochte stimmen, aber darunter befanden sich sicher massenhaft Objekte, die ausschließlich Kleinstmengen abbekommen hatten – ein gestrichener Deckenbalken im Flur, ein Treppengeländer, ein Fensterrahmen. Fast sämtliche Anzeigeerstatter berichteten von großflächigen Anwendungen – 30, 60, 100 Liter auf 200 Quadratmeter Holz und mehr. Diese Fälle interessierten mich.

Für das Statistische Bundesamt in Wiesbaden war das kein Problem. Mit einer Fehlerquote von nur fünf Prozent könne man mir sagen, hieß es von dort, wie viele Wohnungen in welcher Weise betroffen und wie viele Bewohner krank geworden seien. Dazu wähle man nach dem Zufallsprinzip ein paar hundert Wohnungen aus und schicke dann einen Interviewer in die als repräsentativ geltenden Objekte. So einfach sei das. Allerdings nicht ganz billig.

Die Sache war mir nicht geheuer, vom Geld ganz abgesehen. In Gedanken sah ich unmotivierte Studenten mit Erhebungsbögen an den Haustüren klingeln und Hausbewohner, die sich einmal mehr mit einem Zeitschriftenwerber konfrontiert sahen. Vielleicht gab es ja eine ganz unspektakuläre Methode, Näheres über eine mögliche Dunkelziffer und ihre Hintergründe zu erfahren. In diesem Zusammenhang fiel mir eine Geschichte ein, die mir mein Zimmerkollege einige Zeit zuvor erzählt hatte.

„Kennst Du noch meine ältere Schwester, das Schönchen?" hatte er mich gefragt.

„Na klar, Claudia oder so ähnlich."

„Richtig, sie hat vor ein paar Jahren einen Börsianer geheiratet."

„Die Sorte, die morgens um neun Uhr schon die erste Million in den Sand setzt?"

„Ein paar sind ihm allerdings geblieben. Mit der einen hat er sich in Kronberg ein Haus gebaut. Alles Holz, innen und außen, und dann Holzschutzmittel drauf. Ein halbes Jahr später waren beide krank wie Sau. Meine Schwester, alle Schleimhäute kaputt, verstehst Du, nichts mehr drin mit bumsen! Da haben sie sich vor einem halben Jahr scheiden lassen und das Haus verkauft. Natürlich keinen Ton gesagt. Aber bitte, ...!"

Vielleicht war das die Alternative zum wahrscheinlich recht teuren Weg über das Statistische Bundesamt: Sich einfach im Kollegenkreis umhören, ein bißchen fragen und gegebenenfalls nachhaken. Keine klassische Ermittlungsmethode, ganz sicher, aber normal war an diesem Verfahren sowieso nichts.

Ein anderer Kollege, schon etwas weiter in der Hierarchie nach oben geklettert, offenbarte sich ebenfalls, zumindest teilweise.

„Sie wissen noch in welcher Abteilung ich damals war? Wir haben ja einige, sagen wir mal, spektakuläre Dinge gemacht."

Hatten sie. Zum Beispiel beim ehemaligen hessischen Ministerpräsidenten die Wohnung gefilzt, was dieser dann übel nahm.

„Und dann gab es Whisky, wir haben seinerzeit massenhaft Whisky verkonsumiert, alle, auch die Frau Abteilungsleiterin, allein um uns von den Billigtrinkern im dritten Stock abzugrenzen." Gemeint waren Teile der Behördenleitung inklusive Anhang, welche sich auf die Cognacmarke „Mariacron", ein Kaufhallenprodukt, eingetrunken hatten.

„Dann habe ich meine Wohnung mit Holz verkleidet und kräftig Xylatech gestrichen. Das war´s dann. Ich habe keinen Schluck Whisky mehr trinken können, bin auf Bier umgestiegen, aber das funktionierte schließlich auch nicht mehr. Heute trinke ich jeweils samstags noch eine Flasche Edelpils."

„Was passiert, wenn es zwei oder drei Flaschen werden?“

„Die Hölle, der Körper gerät völlig aus der Fassung. Man glaubt, es geht zuende.“

Alkoholintoleranz – viele Geschädigte haben es auf Seite 15 des Fragebogens vermerkt.

Hat der Kollege sonst noch Beschwerden? Er kann damit leben, aber dafür muß er einiges tun.

Unsere zweite Schreibkraft wußte von einem gestrichenen Wohnzimmer zu berichten, in dem es ihrer Mutter regelmäßig schlecht ging. Drei- oder viermal sei die alte Dame dort schon ohnmächtig geworden. Natürlich habe man die Holzschutzmittel in Verdacht, wo sie ja beruflich mit der Angelegenheit befaßt sei und die Dinge verfolge. Aber kürzlich habe der Vater, von dem die Idee mit dem Holzschutzmittel seinerzeit hergerührt habe und auch umgesetzt worden sei, die Diskussion beendet. „Schluß jetzt“ habe er gebrüllt, nie mehr wolle er noch einmal ein Wort davon hören.

„Stehen eigentlich auch Fertighäuser im Verdacht?“ wollte der Erste Kriminalhauptkommissar vom Landeskriminalamt Wiesbaden anläßlich einer Dienstbesprechung in Frankfurt am Main wissen. Seit dem Bezug eines Fertighauses leide seine Ehefrau unter anderem an einer Leberfunktionsstörung, obwohl sie keinerlei Alkohol trinke und selbst Weinbrandbohnen meide.

Fertighäuser waren regelmäßig mit erheblichen Mengen an Holzschutzmitteln behandelt. Sein Begleiter, ein Kriminaloberkommissar aus dem selben Haus, berichtete von seinem Schwiegervater, der sich im Sommer die meiste Zeit in seinem Gartenhäuschen aufhalte, das er im vergangenen Jahr mit irgendeinem Holzschutzmittel gestrichen habe. Mittlerweile könne er kaum noch laufen und sei bei einem Neurologen in Behandlung. Während des Urlaubs auf Mallorca sei er allerdings beschwerdefrei.

Keiner meiner Gesprächspartner und Informanten hatte Anzeige erstattet oder war anderweitig, etwa bei der Geschädigteninitiative oder bei irgendwelchen Gesundheitsbehörden vorstellig geworden. Alle gehörten Sie zu der Dunkelziffer, die offenbar viel größer war, als es die Rechtsanwälte wahrhaben wollten. Allmählich wurde mir auch klar, warum Betroffene nichts unternehmen beziehungsweise anonym bleiben wollen: Weil ihnen die Ursachen ihrer Krankheit noch gar nicht bekannt sind, weil sie das Unabänderliche vergessen wollen, weil sie sich schämen und weil sie sich schuldig fühlen. Und vielleicht, von Fall zu Fall, weil sie als Verkäufer ihres behandelten

Hauses Regressforderungen fürchten. – 1000 Anzeigeerstatter, sämtlich Familien, sind plötzlich wieder eine Riesenmenge.

Wenig später komme ich auch hinter das Rätsel der Familie Groschke, die, so Rechtsanwalt von S., krank geworden ist, obwohl sie ihr Haus mit Wirkstoff-freien Mitteln behandelt hat. Im dicken Pack der übersandten Unterlagen findet sich ganz am Ende ein unauffälliges internes Firmenschreiben. Mitten in dem umfangreichen Text heißt es: „... sollten wir unbedingt die giftigen Bestandteile aus unseren als biozidfrei deklarierten Mitteln nehmen.“

Und auch für die vom Rechtsanwalt vorgelegten Normwerte, das heißt PCP-Belastungswerte nichtexponierter Personen, die sich von den Werten der Holzschutzmittel-Verwender nur geringfügig unterschieden, gab es eine Erklärung außerhalb des anwaltlichen Erwartungsbereichs. Professor Wassermann vom Toxikologischen Institut der Universität Kiel wies mich seinerzeit auf Untersuchungen des Münchener Chemikers Istvan Gebefügi hin. Der hatte festgestellt, daß zahlreiche Autoren bei der Ermittlung der sogenannten Hintergrundbelastung wenig Sorgfalt an den Tag gelegt hatten und auch stark PCP-belastete Personen berücksichtigt hatten – halt nicht aus dem Holzschutzmittel-Bereich, dafür aber beispielsweise aus der erheblich PCP-belasteten Lederimprägnierung.

Ein alter Toxikologen-Trick übrigens. Man verzichtet auf die risikoreiche Manipulation der Meßwerte und sorgt statt dessen durch eine entsprechende Zusammenstellung des Kontrollkollektivs für eine handfeste Hintergrundbelastung. Das ist dann fast schon die ganze Miete: Was alle im Blut haben, kann nicht schädlich sein.

Professor Wassermann wird der Staatsanwaltschaft in der Folgezeit mit zahlreichen Auskünften und einem interessanten Gutachten dienlich sein. Er kann seinem Publikum Aha-Erlebnisse vermitteln und neue Perspektiven aufzeigen. Auf einer Tagung spreche ich ihn auf die dem Laien in der Tat sehr niedrig erscheinenden Belastungen in den behandelten Wohnungen an. Fünf Millionstel Gramm PCP in einem Kubikmeter Luft, nicht gerade viel, möchte man meinen.

„Mit Zahlen“, antwortet der Kieler Toxikologe, „kann man viel machen. Gehen Sie doch mal auf die molekulare Ebene. Wissen Sie, wieviel PCP-Moleküle in Ihrem Kubikmeter Luft enthalten sind? – Sechshundert Milliarden!“

Prozessual ist Professor Wassermann aber ein Risiko. Denn er bezieht Standpunkte, redet Klartext und nennt auch schon mal Täter beim Namen. Er ist ein politischer Toxikologe. Das sind viele andere zwar auch, aber mit entgegengesetzter Zielrichtung und geschickter Tarnung. Wer sich des hervorragenden Sachverstandes von Otmar Wassermann in einem Prozeß bedient, riskiert, daß er seinen Mann umgehend durch einen Befangenheitsantrag verliert. Wo das endet, wird sich später noch zeigen.

Arzt ohne Titel

Karl-Rainer Fabig war kein gewöhnlicher Arzt. Der Mann aus Hamburg-Langenhorn tanzte in mehrfacher Hinsicht aus der Reihe. Nicht nur, daß er keinen Doktortitel führte. Er besaß auch keinen. Dabei sagt man dem Doktortitel der Medizin doch nach, daß er mit nicht allzuviel Arbeit verbunden ist. Mäuse wiegen, Mäuse vergiften, Mäuse töten und nochmals wiegen, dann die Differenz berechnen und das Ergebnis diskutieren zum Beispiel. Wie dem auch sei, Karl-Rainer Fabig hatte darauf verzichtet. Daneben – oder sagt man besser statt dessen? – war Karl-Rainer Fabig ein politisch denkender Mensch und auch entsprechend aktiv. Allerdings nicht im für Ärzte üblichen Hartmannbund, sondern – noch während seiner Studienzeit – in Gruppierungen, die sich um die Einhaltung von Menschenrechten kümmerten. So hatte er sich gegen den Krieg der Amerikaner in Vietnam stark gemacht, hatte an Demonstrationen teilgenommen und das Land nach Kriegsende mehrfach besucht. Ihn interessierten die Folgen der amerikanischen Entlaubungsaktionen.

Zwischen 1961 und 1971 haben amerikanische Flugzeuge im Rahmen der Operation „Range Hand“ riesige Mengen Entlaubungsmittel über Südvietnam versprüht. 44 Millionen Liter Agent Orange, 20 Millionen Liter Agent White und acht Millionen Liter Agent Blue. 43 Prozent der bewaldeten und 44 Prozent der anbaufähigen Fläche des Landes gerieten unter die Sprühschwaden der Flieger, insgesamt 13 Prozent der Gesamtfläche des Landes. Durch die Vernichtung der Vegetation und insbesondere des Dschungels sollten die Nachschubwege der Vietcong sichtbar und für das amerikanische Militär erreichbar gemacht werden.

Agent Orange, das Hauptgift: Dahinter verbargen sich zu gleichen Teilen die chemischen Verbindungen 2,4 D und 2,4,5 Trichlorphenoxyessigsäure, kurz 2,4,5-T genannt. Zwei hochwirksame Herbizide, Pflanzenvernichtungsmittel also.

Vor allem 2,4,5-T, ein Derivat des Trichlorphenols, galt als ungemein giftig, nicht nur für grüne Pflanzen. In Vietnam fand Karl-Rainer Fabig all seine Befürchtungen bestätigt. Die ehemals so tapferen Vietcongs saßen müde und ausgepowert unter den wenigen noch verbliebenen Bäumen und konnten sich über nichts mehr freuen. In der Bezirkspoliklinik Tay Minh, der Provinz, die am stärksten besprüht wurde, präsentierte man dem Hamburger Arzt schwerste Mißbildungsgeburten: am Bauch zusammengewachsene Kinder, Kinder mit Vorderhirnfehlbildungen und nur einem Auge mitten in der Stirn, Kinder mit verkrüppelten Gliedmaßen und dem Contergan-Schadensbild.

Im Tu-Du-Hospital in Ho-Chi-Minh-Stadt sind Dutzende von Mißbildungstotgeburten in großen Glasgefäßen konserviert. „Völlig neuartige Wesen, Teilmenschen, Fleischklumpen, organische Einzelteile“, wie Karl-Rainer Fabig die Disponate in einem Aufsatz bezeichnete, waren geboren worden.

Am Viet-Duc-Krankenhaus in Hanoi informierte Professor Ton-That-Tung über die Verzehnfachung des seltenen primären Leberzellenkarzinoms nach Beginn der Besprühung. Auch andere Tumore hatten zugenommen in Vietnam. Fabig sah Hirntumore bei Kindern, die einen riesigen Wasserkopf haben und ein Nasen-Rachen-Schleimhauttumor eines 16jährigen Jungen, groß wie ein Kürbis.

Eine junge Frau blieb ihm ganz besonders in Erinnerung. Sie war an einem Julitag im Jahr 1969 20 Kilometer westlich von Da Nang in die Sprühnebel amerikanischer Flugzeuge geraten. Die beiden Kinder, die sie danach geboren hatte, waren verkrüppelt und sie selbst zum Skelett ohne Kraft abgemagert. Ihre Arme und Beine, dünn wie Bambusästchen, zitterten und ihre Gesichtsmuskeln zuckten unentwegt. Wenn sie dem Doktor aus Deutschland Tee nachschenkte, griff sie meist beim ersten Mal neben der kleinen Tonkanne ins Leere. Aber sie war immer freundlich und klagte nie.

Schließlich lernte Karl-Rainer Fabig Frau Dr. Ngoc Phuong kennen. Die Ärztin aus Vietnam hatte sich intensiv mit den Menschen aus den besprühten Gebieten und ihren Krankheiten befaßt. Für sie und ihre Kollegen gab es keine Zweifel: Agent Orange war für den schlechten Gesundheitszustand der Menschen, ihre Tumore und Mißbildungen verantwortlich. Es enthielt nämlich, als produktionsbedingte Verunreinigung des 2,4,5-T, erhebliche Mengen Dioxin, eine extrem giftige Verbindung. Insgesamt, so schätzten die vietnamesischen Ärzte, waren in den zehn Jahren des chemischen Krieges zwischen 240 und 500 Kilogramm der giftigsten Dioxinvariante über Südvietnam verteilt worden. Mit 85 Milligramm dieser Verbindung, vertraute Dr. Ngoc Phuong dem deutschen Arzt an, könne man amerikanischen Berechnungen zufolge sämtliche Einwohner New Yorks umbringen – eine für ehemalige Nordvietnamesen vielleicht gar nicht so schlimme, möglicherweise gar verlockende Perspektive.

Von ihr erfuhr er zudem, daß auch Deutschland seine Finger im Agent Orange-Spiel gehabt habe. Als dem amerikanischen Hersteller Dow Chemical infolge der großen Nachfrage der Army die Puste ausgegangen sei, habe die Firma C. H. Boehringer Sohn mit hunderten Tonnen T-Säure ausgeholfen. Auch diese Chargen seien hochgradig mit Dioxinen verunreinigt gewesen, weil man aus Kostengründen auf die Anwendung eines sauberen Produktionsverfahrens verzichtet habe, obwohl dieses von einem firmeneigenen Chemiker entwickelt worden war. Richard von Weizsäcker hatte seinerzeit das Sagen bei dem Unternehmen.

In seiner Praxis in Hamburg-Langenhorn behandelte Karl-Rainer Fabig Anfang der achtziger Jahre eine größere Zahl von Patienten, die ihn mit fast identischen, bisher erfolglos behandelten Beschwerdebildern konsultierten. Müde, blaß und kraftlos, ohne Antrieb und Interesse saßen sie ihm gegenüber, klagten über ständige Kopfschmerzen, Schwindel und Vergeßlichkeit. Er wußte zunächst wenig mit ihnen anzufangen, denn den Hintergrund der diffusen Beschwerden vermochte er nicht zu erkennen.

Obwohl er das Gefühl hatte, das Beschwerdebild irgendwo anders schon einmal gesehen zu haben, fiel der Groschen erst, als eine seiner Patientinnen beim Verlassen der Praxis die Türklinke verfehlte und erst beim zweiten Versuch den Weg ins Freie fand. Da hatte er wieder die junge Frau im Hospital in Vietnam vor Augen, die ihn so freundlich mit Tee bewirtet hatte.

Daß es eine Verbindung zwischen Hamburg und Vietnam geben konnte, das erfuhr Karl-Rainer Fabig auch von Dr. Hayek, einem in der Hansestadt als Oberarzt tätigem Pediater, also einem Arzt für Kinderheilkunde. Der hatte nämlich festgestellt, daß sich die Fälle von Holoprosenzephalie, einer schweren Mißbildung des Gehirns, in Hamburg zwischen 1976 und 1979 verzehnfacht hatten – von einem Fall pro 53.349 Geburten auf einen Fall pro 5.200 Geburten. Diese Anomalie war auch in Vietnam nach dem Einsatz von Agent Orange aufgetreten, und zwar erstmalig. Die Eltern der Hamburger Geschädigten hatten überwiegend in Gebieten gewohnt, wo das

Herbizid 2,4,5-T hergestellt wurde, und die Wohnhäuser genau in Windrichtung der dioxinhaltigen Verbrennung lagen.

Beim Studium der Karteikarten seiner Problempatienten stellte Fabig fest, daß eine große Zahl der betroffenen Frauen als Kindergärtnerinnen im nahegelegenen Großkindergarten arbeiteten. Aber mit Herbiziden, beruhigte ihn die Leitung, werde dort nicht umgegangen.

Der Architekt des Kindergartens informierte ihn allerdings darüber, daß die großflächigen Holzverkleidungen in den Räumen mit Pentachlorphenol- und Lindan-haltigen Holzschutzmitteln gestrichen worden seien. Aus dem Lexikon der Chemie, das seit geraumer Zeit im Bücherregal neben dem für Ärzte obligatorischen Nachschlagewerk „Pschyrembel" stand, erfuhr er dann den Rest: Pentachlorphenol enthält Dioxine. So nah sind sich Vietnam und Deutschland in dieser Hinsicht.

Als Karl-Rainer Fabig seine Erfahrungen aus Indochina Jahre später im Holzschutzmittel-Prozeß, zu dem er als Sachverständiger geladen war, vortragen wollte, winkte das Gericht ab. An diesen Dingen sei man nicht interessiert, denn die gehörten nicht zur Sache.

In einem Prozeß um betrügerische Warentermingeschäfte hatte mir seinerzeit der Vorsitzende das Wort entzogen, als ich einen Geschädigten fragte, ob er es nicht anstößig finde, mit dem Tod von Menschen Geschäfte zu machen. Der Zeuge hatte zuvor erklärt, daß er vor dem prozeßgegenständlichen Warentermingeschäft vergeblich versucht habe, sein Geld in den lukrativen Waffenhandel mit der Dritten Welt zu investieren. Richter geben sich regelmäßig viel Mühe, ihre Verfahren nicht in den Ruch des Politischen kommen zu lassen.

Aber damit war die Geschichte, die Karl-Rainer Fabig am 14. Dezember 1985 in einem Hinterzimmer eines schmucken Hotels in Lüdenscheid im Sauerland seinen Zuhörern – Betroffenen aus der Holzschutzmittel-Szene und neugierigen Kollegen – erzählte, noch nicht zuende.

Als nächstes ließ er seine Holzschutzmittel-exponierten Patienten auf Dioxinbelastungen untersuchen. Und wurde fündig. Danach konzentrierte er seine Aufmerksamkeit auf die Gehirne der Probanden. Sowohl seine deutschen Holzschutzopfer, als auch die vietnamesischen Agent Orange-Kranken waren besonders auffällig im neurologischen Bereich. Symptome wie Zittern, Muskelzucken und motorische Störungen deuteten auf Defekte in den zentralen Nervenschaltstellen, auf Hirnschäden. Fabig spekulierte kühn auf einen gestörten zerebralen Blutfluß und schickte eine ausgesuchte 121 Personen starke Gruppe dioxinexponierter Patienten zu dem Radiologen Dr. Biehler zur sogenannten Spectuntersuchung. Biehler injizierte den Patienten Technetium, eine radioaktive Markersubstanz, die in hohem Maße lipophil ist und daher sofort an die fettreichen weißen Blutkörperchen andockt. Innerhalb kurzer Zeit verteilt sich so die Markersubstanz im gesamten Körper, auch im Hirn. Die Sensoren eines Tomographen, einer Art Geigerzähler, ermitteln dann über die radioaktive Strahlung des Technetiums den Durchblutungsgrad und die Fließgeschwindigkeit des Blutes im Gehirn.

Das Ergebnis war hochinteressant: Bei siebzig Prozent der Patienten innerhalb der Dioxin-belasteten Gruppe wurde im präfrontalen Hirnbereich eine abnorme, in der Regel verminderte Durchblutung festgestellt. Innerhalb einer nicht belasteten Kontrollgruppe waren es nur zehn Prozent.

Das Publikum war sichtlich angetan von dem, was ein Nichtpromovierter ihnen da erzählte. „Jetzt erzähle ich Ihnen noch die Geschichte vom Waschzwang, dann ist die Sache rund“, kündigte er an.

Damit machte er es noch einmal spannend. Die schon etwas zurückliegende Geschichte vom Waschzwang ging so: Ein Patient litt unter dem Zwang sich ständig waschen zu müssen. Eine Zwangsneurose, wie sie beispielsweise auch der ungleich weiter verbreitete Putzfimmel darstellt. Der Waschzwang ist eine sehr unangenehme Geschichte, nicht nur weil er bald zu schweren Hautschäden führt. Der Patient begab sich schließlich in psychiatrische Behandlung. Ein Vertreter der Freudschen Lehre therapierte ihn und fragte ihn unentwegt nach dem nackten Großvater unter der Dusche, doch ohne Erfolg. In den Tiefen der Patientenseele war nichts zu finden. Der Kranke war es leid und schoß sich eine Kugel in den Kopf. Als er im Krankenhaus aus seiner Bewußtlosigkeit erwachte, war der Waschzwang weg. Den nämlich hatte er sich aus dem Gehirn geballert.

Unser Gehirn ist arbeitsteilig organisiert. Es ist in Funktionsbereiche eingeteilt, die jeweils ganz spezielle Aufgaben wahrnehmen. Ein Teil ist zuständig für das rechte Bein, ein anderer für das linke, ganz andere wiederum für das Sehen, Riechen oder Schmecken. Auch unser Optimismus, unsere Ängste und unser Sozialverhalten werden von fein abgegrenzten Hirnarealen übernommen.

Karl-Rainer Fabig erklärte das den Anwesenden in aller Ausführlichkeit. Die wollten als nächstes natürlich wissen, was mit den von der Minderdurchblutung betroffenen Hirnbereichen los ist.

„Betroffen sind fast ausnahmslos die präfrontalen Hirnbereiche 3, 4, 6a-alpha, 6a-beta, 7, 8 und 9“, antwortet Rainer Fabig. „Dort sitzen die Steuerungszentren für Motorik, Koordination und von Bewegungen, aber auch für die Lebensfreude und den Antrieb. Und genau diese Dinge sind bei den Holzschutzmittel-belasteten Patienten massiv gestört.“

Da paßte also sogar der Wirkort noch zur Symptomatik. Das war für die Schulmedizin zuviel. Die Männer von Rang nahmen umgehend den nicht spezialisierten und nicht promovierten Kollegen unter Feuer. Die festgestellte zehn- bis zwanzigprozentige Abweichung des Blutflusses von der Norm liege noch innerhalb der Toleranz hieß es, und es sei nicht sichergestellt, daß die Patienten anläßlich der Spectuntersuchung wie erforderlich zwei Stunden lang ruhig gelegen hätten.

Bis heute hat die deutsche Medizinbranche den Mann aus Hamburg nicht ernst genommen. Andernorts hat er mehr Erfolg. Karl-Rainer Fabig ist häufiger Gast internationaler Veranstaltungen. Im August 1998 sprach er beispielsweise auf Einladung der schwedischen Umweltbehörde vor dem Dioxin-Kongreß in Stockholm. Dort stellte er den Fall eines amerikanischen Holzfabrikanten vor, der seine Fabrikgebäude 1973 mit den aus Deutschland importierten Holzschutzmitteln des Marktführers behandelt hatte und danach krank geworden war. Die zwischen 1990 und 1997 durchgeführten sechs Spect-Untersuchungen des Gehirns und fünf Dioxin-Analysen im Blut bestätigten einmal mehr die These des Hamburger Arztes: Die Verminderung der Hirndurchblutung korrelierte direkt mit der Menge der im Blutkreislauf gemessenen Dioxine.

Dioxin und eine Absage

1976 – der Vietnamkrieges war gerade seit einem Jahr zuende – machte die Schlüsselsubstanz der Fabigschen Erkenntnis erstmals auch in Europa Furore. Bei einem Unfall in der Chemiefabrik Icmesa nahe der norditalienischen Kleinstadt Seveso wurden Dioxine freigesetzt. 7.000 Menschen mußten umgesiedelt werden, 50.000 Tiere starben. Seitdem steht der Begriff Dioxin für extreme Toxizität. Keine andere Chemikalie hat in so kurzer Zeit die Bevölkerung so umfassend für die Gefahren synthetischer Gifte sensibilisiert.

Das Dioxin-Grundmolekül besteht aus zwei über Sauerstoffbrücken verbundenen Benzolringen. Je nachdem, wieviel Chloratome sich nun an den Ecken der Benzolringe anlagern und wo sie festmachen, sind 75 Varianten möglich. Sie entstehen – wie im Fall des Agent Orange – als Verunreinigung bei der Herstellung von 2,4,5-Trichlorphenoxyessigsäure aus 2,4,5-Trichlorphenol oder bei der Herstellung von Pentachlorphenol.

Die Giftigkeit der Dioxine nimmt mit abnehmendem Chlorierungsgrad zu. Am giftigsten sind die Tetra-Dioxine, also die Verbindung mit vier Chloratomen, unter diesen wiederum ist das 2,3,7,8-Tetrachlordibenzoldioxin, Summenformel C_{12} H_4 O_2 CL_4 Spitzenreiter, die Variante also, bei der die Chloratome an den beiden äußeren Positionen der Benzolringe sitzen. Dieses wunderschön symmetrische Dioxin ist die Verbindung, die seinerzeit in Norditalien in die Umwelt gelangte und heißt daher auch Seveso-Dioxin. Man hätte sie selbstverständlich auch Vietnam-Dioxin nennen können, aber die Details des amerikanischen Chemiekrieges in Südostasien waren der Öffentlichkeit 1976 noch nicht bekannt.

2,3,7,8-TCDD ist die giftigste je von Menschenhand hergestellte Verbindung. Ob 85 Milligramm tatsächlich alle Einwohner New Yorks töten könnten, wie die vietnamesische Ärztin dem Hamburger Arzt erzählt hatte, muß offen bleiben. Europäische Toxikologen benutzen Meerschweinchen, um die Giftigkeit zu veranschaulichen. Ein Millionstel Gramm genügt, um einen der süßen Nager umzubringen. Und selbst das am wenigsten toxische Oktachlordibenzodioxin ist immer noch so giftig wie Zyankali.

Anläßlich des Dioxin-Hearings im Deutschen Bundestag am 25. März 1985 hatte ein Abgeordneter sich nach natürlichen Dioxin-Vorkommen erkundigt. Doch die gibt es nicht, so dumm ist kein Ökosystem. Die großen Verharmloser unserer Chemiegesellschaft spekulieren gleichwohl immer wieder auf das natürliche Vorkommen der inkriminierten Substanzen, um ihnen dann Unbedenklichkeit zu bescheinigen. Jahre später, im sogenannten Amalgamverfahren, betonten die Hersteller immer wieder, daß Quecksilber, ein wesentlicher Bestandteil der Zahnplomben, auch in der Erdkruste vorkomme und bei Vulkanausbrüchen sogar in die Atmosphäre gelange. Das ändert allerdings nichts an dem Grundsatz, daß es nicht, zumal in weit höherer Konzentration, in den menschlichen Mund gehört.

Daß der Holzschutzmittel-Inhaltsstoff Pentachlorphenol auch Dioxine enthielt – selten das besonders giftige Tetra-, aber teilweise in beachtlichen Mengen schon das Pentadioxin – war eigentlich kein Geheimnis. Zu einer toxischen Karriere hatte es wahrscheinlich deswegen nicht gereicht, weil die Dioxinanalytik im Bezug auf den menschlichen Körper zunächst sehr schwierig war. Im schwedischen Uppsala war Professor Rappe die erste Adresse für die Bestimmung menschlicher Dioxinbelastungen. Aber auch er bediente sich einer wenig modernen Methode. Für seine Untersuchungen benötigte er ein Gramm Körperfett des Patienten, das ist immerhin ein Würfel mit einer Kantenlänge von gut einem Zentimeter. Nicht, daß die meisten Betroffenen den nicht hätten entbehren können, aber der notwendige chirurgische Eingriff schreckte doch so manchen.

1986 gab es an der Ruhruniversität in Bochum in Sachen Dioxinanalytik von Humanproben einen Durchbruch. Professor Fidelis Selenka und seinem Mitarbeiter, dem Biochemiker Dr. Wolfgang Eckrich, gelang erstmals die Dioxinanalyse menschlichen Bluts mittels eines Gasgrammatographen mit nachgeschaltetem Massenspektrometer. Vom Blutwert konnte problemlos auf die Körperbelastung geschlossen werden.

Die Neuerung aus Bochum beeinflußte massiv die Holzschutzmittel-Diskussion. Zwei Dinge rückten in greifbare Nähe: Über die Dioxinbestimmung konnte die Giftkarriere eines Menschen dargestellt werden, denn Dioxine sind mit einer Halbwertzeit von zehn Jahren nur sehr langsam abbaubar und dokumentieren so die Giftaufnahme über eine lange Zeit. Die PCP-Analytik kann letzteres, wie erwähnt, nicht. Infolge der schnelleren Abbaubarkeit dieser Verbindung liefert sie immer nur eine Momentaufnahme der Giftbelastung.

Über die Dioxinanalytik aber konnte zudem die Herkunft der Schadstoffe festgestellt werden. Jede PCP-Charge hatte wegen der immer unterschiedlichen Produktionsbedingungen ein ganz typisches Isomeren-Mischungsverhältnis, so daß die damit hergestellten Holzschutzmittel eine ganz spezifische Kennzeichnung besaßen: den chemischen Fingerabdruck. Das war das Zauberwort. Wenn – im Idealfall – das Dioxinmuster im Blut der Geschädigten mit dem im nicht ganz leeren Kanister übereinstimmte, war klar, woher die Belastung kam. Dann konnte man andere Dioxinquellen als Ursache ausschließen.

Daß die Dioxine letztlich auch für die Erkrankung der belasteten Menschen verantwortlich waren, wurde, gewissermaßen als toxikologisches Axiom, unterstellt: Eine Substanz mit dieser fast unvorstellbaren Giftigkeit macht notwendigerweise krank.

Die Interessengemeinschaft der Holzschutzmittel-Geschädigten hatte schnell die Initiative ergriffen und das Haus ihrer Geschäftsführerin für eine erste Probemessung zur Verfügung gestellt. Dr. Eckrich hatte den Rest im Holzschutzmittel-Kanister ebenso analysiert, wie die behandelten Hölzer in der Wohnung, den Hausstaub, die Raumluft und das Blut der Bewohner. Sogar die Außenluft war auf Dioxine überprüft worden.

Das Ergebnis war beeindruckend. Die Säulengrafiken der jeweiligen Messungen waren praktisch identisch. Lediglich das Ergbenis der Außenluft, die unbelastet war, wich ab. Euphorie machte sich breit. Die Herkunft des Agens konnte bestimmt, sein Weg dokumentiert und die Gesunheitsschäden konnten endlich objektiviert werden.

Innerhalb weniger Tage hatten wir zehn Häuser ausgesucht, die großflächig mit Holzschutzmitteln behandelt und deren Bewohner markant erkrankt waren. Professor Selenka und Dr. Eckrich führten die Beprobungen durch. Überall im Lande liefen jetzt die Exhauster, wurden Holzbalken abgeraspelt und Menschen zur Ader gelassen. Vor der Analyse fragte ich wegen der nicht unerheblichen Kosten noch einmal bei meinem Behördenleiter nach.

„30.000 DM – ein Batzen Geld. Sagen Sie mal, kommen denn wenigsten die meisten Geschädigten aus Hessen?“

„Sicher nicht, eher aus Nordrhein-Westfalen, dem größten Bundesland.“

„Dann vergessen Sie die Geschichte. Wir zahlen doch nicht für andere Bundesländer!“

Zwei alte Hasen

Länder-Finanzen und Auswirkungen von Dioxinen sind zwei Paar Schuhe. Gleichwohl haben sie direkt miteinander zu tun. Kein Geld für weitere Ermittlungen bedeutet: keine weiteren Ursache-Auswirkungen-Erkenntnisse im Holzschutzmittel-Fall. Es lohnt sich also, sich nicht einschüchtern zu lassen und auf der Dioxinschiene weiterzumachen. Sie ist und bleibt ein heißer Tip bei der Suche nach den Gründen für die Ursache der Beschwerden der Anzeigeerstatter.

Kann man den millionsten Teil eines Gramms TCDD, der ein Meerschweinschen tötet, irgendwie noch mit bloßem Auge erkennen? Ich versuche mir eine Vorstellung von der Giftigkeit dieser Verbindung zu machen und höre mich dazu um. Achselzucken unter diversen Medizinern. Dr. Schmidt, Toxikologe am Zentrum der Rechtsmedizin in Frankfurt am Main, hilft mir weiter: Nein, der millionste Teil eines Gramms TCDD ist nur noch unter dem Mikroskop sichtbar. Hergestellt werden solche Kleinstmengen durch fortlaufende Verdünnung einer bestimmten, größeren, Ausgangsmenge. Genau derselben Methode bedient sich im übrigen auch die Homöopathie. Deren Arzneimittel enthalten am Ende oft nur noch wenige Moleküle der Wirksubstanz oder gar keine – was die Homöopathen allerdings nicht weiter irritiert, ist ihrer Meinung nach die Wirkenergie doch längst ins umgebende Medium übergegangen.

Ich versuche es andersherum: Irgendwie muß diese extreme Giftigkeit doch anschaulich zu machen sein. Was bedeutet zum Beispiel der Sprung von einem millionstel Gramm zu einem ganzen Gramm? Rechnerisch lassen sich damit eine Million Meerschweinchen umbringen. Das ist die doppelte Anzahl der in der Bundesrepublik lebenden Meerschweinchen. – Ein Gramm Heroin, das weiß ich aus meiner Zeit im Rauschgiftdezernat, ist eine kleine Messerspitze voll. Dioxine sind etwas leichter, also kann man mit einer guten Messerspitze TCDD die deutschen Meerschweinchen gleich zweimal umbringen. Bei einem Dampfdruck von 1,5 x 10 hoch minus neun Millibar ist es zwar nur schwer flüchtig, diffundiert aber wie auch PCP und Lindan leicht über die Feinstaubphase in die Raumluft.

Irgend jemand gibt den Tip, den Chemiker Wilhelm Sandermann aus Lahr im Schwarzwald zu kontaktieren. Der sei schließlich der Entdecker des „Seveso-Dioxins."

Der emeritierte und sympathische Professor bestätigt meine Sicht der Dinge und erzählt bereitwillig die ganze Geschichte: Professor Sandermann war nach dem Krieg an der Bundesforschungsanstalt für Forst- und Holzwirtschaft in Hamburg mit der Entwicklung von Holzschutzmitteln der zweiten Generation befaßt. Es ging dabei vor allem um die Ablösung der viel zu giftigen Chlornaphthaline und organischen Quecksilberverbindungen. Das von ihm vorgeschlagene PCP erwies sich aber ebenfalls – aufgrund diverser Zwischenfälle bei der Produktion – als giftig, was man auf die Leichtflüchtigkeit der Verbindung zurückführte. Bei dem Versuch, PCP durch ein schwerflüchtiges Derivat zu ersetzen, gewann der Chemiker schließlich bei der Erhitzung von Pentachlorphenol Octachlordibenzodioxin. Als nächstes versuchten die Wissenschaftler, diese

Substanz gewissermaßen als „Probe“ auf synthetischem Wege herzustellen, indem sie Dibenzodioxin in Anwesenheit von Eisenchlorid und Jod chlorierten. Das Ergebnis war eine bräunliche kristalline Substanz. Man hielt sie zunächst auch wegen des fast identischen Schmelzpunktes für das erwartete Octachlordibenzodioxin.

Wegen vordringlicher anderer Arbeiten mußten nun die Forschungen an diesem Dioxinderivat unterbrochen werden. Professor Sandermann stellte die Kristallschale mit dem Syntheseprodukt einstweilen auf seinen Schreibtisch.

„Drei Tage später war es passiert, die Haut an Wangen und Kinn rötete sich und kribbelte, und es bildeten sich Komedonen und Pusteln – eine astreine Chlorakne. Gleichzeitig stellte sich eine extreme Mattigkeit ein und ich konnte nicht mehr schlafen. Und dann noch Vergeßlichkeit. Ich mußte verschiedene Vorlesungen abbrechen, weil mich mein Gedächtnis im Stich ließ.“

„Dann war da kein Octa in der Schale?“ fragte ich.

„Leider nicht. Nachdem noch andere Mitarbeiter beim Umgang mit der neuen Substanz erkrankt waren, und wir herausgefunden hatten, daß sie gegenüber Termiten viel giftiger wirkte, als das bereits hergestellte Octa, wußten wir, daß wir etwas Neues entwickelt hatten. In der Hautklinik des Unikrankenhauses in Hamburg-Eppendorf fand man dann die Lösung: Es war das 2,3,7,8-TCDD.“

„Kann ein Dioxinkranker bei der Aufklärung von anderen Vergiftungen helfen?“ wollte ich wissen.

„Nur nach seinem Tod“, antwortete Professor Sandermann. „Die Skandinavier haben mir 100.000 DM für meine Leiche geboten. Als Chemiker bin ich nicht der richtige Mann für Sie. Aber vielleicht noch ein kleiner Tip aus eigener Erfahrung: Neben Mattigkeit und Konzentrationsschwäche ist Impotenz ein charakteristisches Symptom einer Dioxinvergiftung. Fragen Sie immer danach.“

„Gehen Sie von einer korrekten Beantwortung aus?“

„Bauen Sie den Leuten eine Brücke, fragen Sie nach vorübergehender Impotenz – aber was Sie in jedem Fall brauchen, ist ein Arzt mit einschlägigen Kenntnissen. Und da hätte ich jemanden für Sie.“

Professor Spiegelberg, bis 1984 Direktor der Psychiatrischen Klinik des Bürgerhospitals in Stuttgart, hat viel Erfahrung mit Dioxinschäden. Bereits 1961 untersuchte er ein Kollektiv von 31 Arbeitern der Firma Boehringer Ingelheim in Hamburg, die bei der Herstellung von Chlorphenol mit 2,3,7,8-TCDD in Kontakt gekommen waren. Dabei fand er nicht nur Schäden an Haut und Schleimhäuten, sowie an den inneren Organen, sondern auch am Nervensystem. Hier waren es zur Überraschung des Arztes vor allem massive psycho-pathologische Einbußen wie Antriebsminderung, Interessen- und Initiativnachlaß, Affektstörungen und depressive Verstimmungsmomente sowie Störungen von Libido und Potenz. Daneben traten bei vielen Patienten Gedächtnis- und Konzentrationsstörungen auf. Bei regelmäßigen, bis 1983 dauernden Nachuntersuchungen, stellte Professor Spiegelberg zudem einen progredienten Krankheitsverlauf fest. Das heißt: Einzelne Symptome verstärkten sich, obwohl die Person dem Schadstoff längst nicht mehr ausgesetzt war.

Das Phänomen der psychopathologischen Schäden nach Einfluß von TCDD war für die Wissenschaft eine kleine Sensation. Professor Bürger-Prinz, der Großmeister der forensischen Psychiatrie, glaubte seinerzeit sogar, damit sei die Ursache der endogenen (aus inneren Ursachen entstandenen) Depression gefunden.

Ich erreiche Professor Spiegelberg zu Hause. „Wenn Sie so wollen, Herr Staatsanwalt", versichert er mir, „ich kann Ihnen jeden Dioxinkranken diagnostizieren. Nach 35 Jahren beherrscht man das."

Dann aber die Entäuschung: „Nein, ich stehe Ihnen für Ihre Ermittlungen nicht zur Verfügung."

Ich will natürlich wissen, warum nicht.

„Wissen Sie", antwortet er, „die ganze Sache hat ihren Reiz verloren. Die Grünen haben sich ihrer angenommen. Die Angelegenheit ist politisch geworden, da mag ich mich nicht mehr beteiligen."

Er hilft mir dennoch weiter. Zwei seiner Schüler sind am Ball geblieben.

Psychiater einmal anders

Der Heydt und Dr. Bort arbeiten als Psychiater am Bürgerhospital in Stuttgart. Über die Medien hatten sie erfahren, daß zahlreiche Bewohner Holzschutzmittel-behandelter Häuser über massive Gesundheitsbeschwerden klagten, die diese unter anderem auch auf das in den Wirkstoffen Pentachlorphenol enthaltene Dioxin zurückführten. Einige der Symptome entsprachen denen, die ihr Lehrer Professor Spiegelberg bei den Dioxin-exponierten Hamburger Arbeitern gefunden hatte. Das Thema interessierte sie. Konnte es sein, daß das Supergift auch im Wohnbereich zugeschlagen hatte? Die beiden Ärzte konzentrierten sich auf die psychopathologischen Einbußen als klassische Indikatoren einer Dioxinschädigung.

Zwischen Juli 1985 und Mai 1986 wurden insgesamt 30 Holzschutzmittel-exponierte Probanden – überwiegend Bewohner Holzschutzmittel-behandelter Wohnungen, aber auch Maler und Handwerker – im Rahmen eines eintägigen ambulanten Aufenthaltes im Bürgerhospital auf psychopathologische Schädigungen untersucht. Geprüft wurden Leistungsvermögen, Konzentration, Merkfähigkeit, Genauigkeit, Ablenkbarkeit, Reaktionsfähigkeit und Durchhaltevermögen. Zur Ermittlung der Reaktionsfähigkeit mußten die Patienten durch Knopfdruck am sogenannten Wiener Determinationsgerät auf optische und akustische Signale reagieren. Die Merkfähigkeit wurde über das Nachsprechen von Zahlen oder das Nacherzählen von Geschichten ermittelt, und zur Feststellung der Auffassungsgabe kam der D 2–Test zur Anwendung. Dabei waren unter Zeitdruck bestimmte Buchstaben von ähnlichen Konfigurationen zu unterscheiden. Darüber hinaus wurden die Persönlichkeitsveränderungen erfaßt. Bei den entsprechenden Tests ermittelten die Ärzte über verschlüsselte Fragen Stimmungslage und Lebenseinstellung.

Bei etwa der Hälfte des Patientenkollektivs konnten die Wissenschaftler keine auffälligen Befunde erheben. Sieben Testpersonen hingegen wiesen massive Störungen im Bereich der Leistungsfähigkeit auf, was auf eine hirnorganische Beeinträchtigung schließen ließ. Diese Patienten waren zum Beispiel nicht mehr in der Lage, eine längere Reise zu planen. Schon der Zugfahrplan überforderte ihre geistigen Fähigkeiten deutlich, so daß sie auf eine Begleitperson angewiesen waren. Genau diese Störungen standen auch bei den Dioxinuntersuchungen von Professor Spiegelberg im Vordergrund. Sechs Personen zeigten zudem Befunde, die auf eine Persönlichkeitsveränderung hindeuteten, wie zum Beispiel Antriebs- und Willensschwäche sowie Affektlabilität. Aus aktiven, freundlichen Menschen waren reizbare und mißgestimmte Zeitgenossen geworden.

Für Dr. Heydt und Dr. Bort war dies ein hochsignifikantes Ergebnis, das noch nach unten hätte korrigiert werden müssen. Denn die Testpersonen hätten in intellektueller Hinsicht wohl über dem Durchschnitt gelegen, sie seien eigentlich viel zu schlau gewesen.

„Das lag am Auswahlverfahren“, konstatierten sie. „Vor allem gehobene Berufsgruppen sind unserer Einladung gefolgt. Und wenn Sie einen IQ von 140 haben, dann liegt der nach einer toxischen

Schädigung mit 110 immer noch über dem Durchschnitt. Und: Viele, die wir eingeladen haben, konnten einfach nicht kommen. Sie waren nicht reisefähig. Die Allerkränksten standen uns gar nicht erst zur Verfügung."

Der Hals-Nasen-Ohren-Spezialist

Es war zum Verrücktwerden. Gerade hatte der junge Hagener Orthopäde seine Sauna mit astfreiem Lärchenholz getäfelt und mit einem speziellen, für Naßzellen geeigneten Holzschutzmittel gestrichen, da begannen die Beschwerden: Gelenkschmerzen, Kopfschmerzen, Schlafstörungen, Kreislaufbeschwerden und Herzjagen, ein markanter Konzentrationsverlust. Komischerweise waren die Symptome unmittelbar nach einem Saunagang besonders stark, und auch, wenn er in der holzvertäfelten Halle seines Sportvereins trainiert hatte, fühlte er sich schlecht. Als sich schließlich noch Ohrengeräusche einstellten, konsultierte der Arzt einen Kollegen.

Der Hals-Nasen-Ohren-Facharzt Dr. Schöpfer stellte zunächst ein ganz normales Hörvermögen fest und auch die HNO-Spiegeluntersuchung zeigte keinen krankhaften Befund. Dann untersuchte der Spezialist für Neuro-Otologie den Nystagmus des Patienten. Weil die drei Elemente des menschlichen Gleichgewichtsorgans – Auge, Ohr und Muskelapparat – miteinander in Verbindung stehen und sich gegenseitig beeinflussen, kann der Arzt zum Beispiel durch einfache Reizung des Ohres – etwa durch Einleitung von kalter oder warmer Luft – Augenbewegungen provozieren.

Gesunde Menschen verfügen über ein typisches Augenbewegungsmuster, vor allem mit parallelen Bewegungen. Im vorliegenden Fall war das anders. Die Augenbewegungen des Patienten waren ungewöhnlich schnell und völlig asynchron. Die Diagnose: Zentrale Störung im Hirnstamm. Von dort nämlich werden, wie die Medizin ganz sicher weiß, die Augenbewegungen gesteuert.

Schon wenig später erschien der Patient erneut und zeigte Dr. Schöpfer einen Artikel, den er im „Stern" gefunden hatte. Unter dem Titel „Gefahr im Gebälk" hatte die Journalistin Elvira Spill über Erkrankungen durch Holzschutzmittel berichtet. „Das sind meine Symptome", war sich der Patient sicher und berichtete von seiner behandelten Sauna und dem auffälligen Zusammentreffen von Saunabetrieb und Krankheitsbeginn.

Unter Saunabedingungen, das heißt, bei einer Lufttemperatur von 60 bis 80 Grad Celsius und einer annähernd 100prozentigen Luftfeuchtigkeit, steigt die Ausgasungsrate der Holzschutzmittel-Wirkstoffe beziehungsweise deren Konzentration in der Umgebungsluft um das fünf- bis zehnfache an. Dabei findet auch eine besonders starke Aufnahme über die Haut statt. Unter den Anzeigeerstattern gab es eine Reihe von Saunageschädigten. Immer, so erzählte später ein anderer Betroffener, wenn er sich besonders elend gefühlt habe, sei er zum Entspannen in die Sauna gegangen – und noch erschöpfter herausgekommen.

Der Hagener Orthopäde hatte sich seine Krankheit bei nur drei Saunagängen eingehandelt. Im übrigen Haus gab es keine Holzschutzmittel. Irgendwann später konnte er wieder Tennis spielen, allerdings nicht mehr in der holzvertäfelten Sporthalle. Auch die Hotels im Süden, wo der Einsatz von Insektensprays zum Zimmerservice gehört, mußte er meiden. Seine Sauna ist nach eingehender Sanierung aber wieder voll benutzbar.

Eine ganz wichtige Information hatte der Patient seinem Arzt noch gegeben: Daß es mittlerweile eine Holzschutzmittel-Geschädigten-Initiative gebe. Wichtig deshalb, weil Dr. Schöpfer aufgrund seiner Erfahrungen mit seinem Kollegen hellhörig geworden war. Indizierte ein gestörter Nystagmus möglicherweise eine Holzschutzmittel-Vergiftung?

Bei der Interessengemeinschaft der Holzschutzmittel-Geschädigten stieß er auf offene Ohren. Zahllose Geschädigte stellten sich zur Verfügung. Dr. Schöpfer untersuchte deren Nystagmus – mit allen Schikanen, durch Kalt- und Warmreizung des Innenohres, durch Bewegungsprovokationen, indem die Patienten auf einem Stuhl gedreht wurden, oder durch visuelle Verfolgung einer Lichtquelle im dunklen Raum. Regelmäßig fand er dabei massiv gestörte Augenbewegungsmuster. Besonders auffällig erschienen ihm die Komplettbefunde bei betroffenen Familien.

Vater, Mutter, Kind, Kind, Kind: sämtliche Mitglieder Holzschutzmittel-exponierter Familien litten unter Störungen der Augenmotorik.

Von 200 Holzschutzmittel-belasteten Personen wiesen 90 Prozent diesen Befund auf. Unter den 8.000 Elektronystagmogrammen, die Dr. Schöpfer von „Normalpatienten“ erstellt hatte, wichen nur zehn Prozent von der Norm ab.

Geschichten um Sandoz

August 1985. „Hessen 5“, das Boot der Frankfurter Wasserschutzpolizei, ist zu einer Patroullienfahrt ausgelaufen. Nach einem trockenen Sommer führt der Main Niedrigwasser. Bei herrlichem Sonnenschein relaxen sich die Beamten durch die Schicht, natürlich nicht ohne ab und an die Umgebung zu inspizieren. Wasserschutzpolizisten fehlt die angespannte Hektik ihrer Kollegen vom Land. Sie sind halt immer noch eher See- als Ballermänner und haben die Ruhe weg.

Bei Flußkilometer 32,8 in Höhe des Stadtteils Niederrad, passieren sie eine kleine Insel. Aus dem dichten Uferbewuchs führen Plastikrohre über die trockengefallene Uferböschung in den Fluß. Die Beamten legen an und überprüfen die Angelegenheit. Auf der kleinen Maininsel gibt es einen Campingplatz. Die PVC-Rohre gehören zu einer Reihe von Wohnwagen, in denen Dauercamper leben, die sich auf diesem Wege ihrer Abwässer entledigen. Bei den Campern handelt es sich durchgängig um männliche Singles, deren bügerliche Existenz gescheitert ist und die sich gerade noch auf die Insel retten konnten. Alkohol, Arbeitslosigkeit, Obdachlosigkeit und Scheidung – solche Abstiege gehen schnell, in den Großstädten noch schneller. Die Gesellschaft will so etwas nicht wahrhaben.

Als Staatsanwalt erlebt man das häufig. Im Mai 1990 machte mich in der Frankfurter Rechtsmedizin der Sektionsgehilfe auf ein halbes Dutzend Schuhkartons aufmerksam, die hinter den Obduktionstischen an der weiß gekachelten Wand standen. Darin befanden sich die blank gekochten Schädel und Knochenteile der Opfer des Frankfurter „Pennermörders“. Seinerzeit waren sieben Obdachlose, die auf Parkbänken in den Grünanlagen der Innenstadt übernachteten, von einem geistesgestörten Täter mit einem Hammer erschlagen worden. Zwei der Opfer trugen für jeweils fünfzehntausend DM Gold im Zahnersatz, das jetzt warm aus den Kartons herausleuchtete. Sie waren also einmal sehr wohlhabend gewesen. Das hatte sie aber nicht vor ihrem kläglichen Schicksal bewahrt. So tief kann man fallen.

Die Niederräder Inselcamper bekam ich im September 1985 auf den Schreibtisch. Die Beschuldigten räumten den Vorwurf der Gewässerverschmutzung unumwunden ein. Viel sei da aber nicht in den Main geflossen, die meiste Zeit seien sie nämlich bei Freunden in der Stadt gewesen. Die Toilettenabwässer der Nacht, okay, aber eigentlich auch nicht mehr. In der Spüle sei das Kochgeschirr unter fließendem Wasser gesäubert worden. Spülmittel benutze man keine.

Nachdem ich mich zunächst noch einmal im Strafgesetzbuch-Kommentar vergewissert hatte, daß man auch ein bereits verschmutztes Gewässer noch weiter verschmutzen kann, erhob ich gegen 15 Personen vor dem Amtsgericht Frankfurt am Main Anklage wegen vorsätzlicher Verunreinigung eines Gewässers.

Im Spätherbst 1986 fanden sukzessive die Verhandlungen statt. Alle Angeklagten erschienen pünktlich, frisch gewaschen und kleinlaut. Anwälte hatten sie sich nicht geleistet. Sämtliche Verfahren wurden gegen Bußgeldzahlungen zwischen 500 und 800 DM eingestellt. So menschlich und entgegenkommend war die Justiz. Die Angeklagten müssen das anders gesehen haben. Tief betroffen, obwohl nicht bestraft, verließen sie den Gerichtssaal. Einer von ihnen brach bei der Verkündung der Entscheidung weinend zusammen.

Zeitgleich hatte sich 300 Kilometer weiter südlich eine andere Gewässerverunreinigung ereignet. In der Baseler Chemiefabrik Sandoz waren bei einem Brand im Herbizidlager giftige Löschwässer in den Rhein geflossen. Der Fluß wurde auf einer Länge von mehreren hundert Kilometern schwer geschädigt. Bis Karlsruhe waren – um es über die kulinarische Schiene anschaulich zu machen – alle Aale verendet. Große Mengen Herbizide gelangten auf diesem Weg in die Nordsee und sind mittlerweile, teilweise jedenfalls, in Scholle und Hering wieder zu uns zurückgekommen.

In Deutschland war man sehr gespannt, wie die Schweizer Justiz diesen Fall behandeln würde. Keine Frage, die Giftfirma hätte gegen Brände Vorsorge treffen müssen, hätte zum Beispiel Auffangbecken für Löschwasser bauen müssen. Die Schweizer Justiz aber unternahm praktisch gar nichts. Das Ermittlungsverfahren gegen die Firmenverantwortlichen wurde eingestellt, eine Gerichtsverhandlung fand nicht statt.

Als diese Nachricht durch die Medien ging, sprach mich ein Kollege in der Cafeteria des Gerichtes an. Er wollte wissen, ob es stimme, daß in der Umweltabteilung „so ein Idiot“ die Camper aus Niederrad angeklagt habe. Ich mußte notgedrungen bejahen, nannte aber keine Namen.

Danach wurde es noch einmal spannend. Die Wasserschutzpolizei rief an und bat um eine Entscheidung in folgender Sache: Greenpeace hatte eine politische Aktion angekündigt. Um gegen den umfassenden Mißbrauch der Gewässer, insbesondere durch die Industrie, zu protestieren, wollten sich die Umweltschützer zu Hunderten am Frankfurter Mainufer aufstellen, selbstverständlich in Höhe der größten einheimischen Chemiefabrik, und dann auf Kommando – für Getränke war bestens gesorgt – in den Fluß pinkeln. Das sei schließlich eine gemeinschaftlich begangene Gewässerverunreinigung, meinte der gesetzestreue Beamte, bei der jedem einzelnen der Gesamterfolg zugerechnet werde. Von daher also keine Bagatelle. Die Umweltabteilung der Staatsanwaltschaft empfahl dringend, sich zum fraglichen Zeitpunkt mit sämtlichen Schiffen aus dem Staub zu machen.

Aber zurück zur Schweizer Justiz. Sie war in Sachen Sandoz so untätig nun auch wieder nicht. Als ein Künstler die biologischen Folgen der juristisch folgenlosen Rheinverschmutzung demonstrierte, indem er in ein fischbesetztes Aquarium das gleiche Gift einbrachte, das anläßlich des Brandes bei Sandoz in den Rhein gelangt war und diesen Vorgang auch noch filmen und im Fernsehen übertragen ließ, schlug sie zu. Es gab eine saftige Geldstrafe wegen Tierquälerei.

Die synchronen Geschichten aus Niederrad und Basel machen deutlich, daß das Umweltrecht den gleichen Vorbehalten ausgesetzt ist, wie die üblichen strafrechtlichen Bereiche: Es hängt die Kleinen, während es die Großen laufen läßt.

Dabei war das Umweltstrafrecht mit vielen Vorschußlorbeeren ins Rennen gegangen. Es galt als Hoffnungsträger innerhalb eines modernen Strafrechts, das sich endlich auf die echte Kriminalität konzentrieren wollte. Schutz der menschlichen Lebensgrundlagen, Schutz der Gesundheit – da ging es endlich um Handfestes, anders als auf den Gebieten von Ladendiebstahl und Schwarzfahren, Drogenkonsum und Soldatenbeleidigungen, wo Strafverfolgung immer schwerer zu legitimieren war und oft kaum mehr zwischen Täter und Opfer differenziert werden konnte.

Die in das Umweltstrafrecht gesetzten Erwartungen sind aber von Anfang an enttäuscht worden. Privatleute, Bauern, kleine Gewerbetreibende sind die Kunden der Umweltabteilung. Die einen, weil sie beim Umbau im Hof eine kleine Deponie mit leeren und nicht ganz leeren Farbdosen angelegt haben, die anderen, weil sie die Klärgrube ihres Aussiedlerhofes mangels Anschluß an das Kanalnetz mit einem Überlauf in den nahen Graben versehen haben. Wieder anderen wird die Fassadenreinigung zum Verhängnis, bei der die sauren

Reinigungsabwässer ohne vorherige Neutralisation in die städtische Kanalisation gelangen.

Und schließlich gibt es auch hier Tölpel und Pechvögel. An ihrer Spitze stehen die zahlreichen jungen Männer aus Jugoslawien, Polen, Rumänien und Rußland, die den Ölwechsel an ihren Schrottautos am hellichten Tag auf der grünen Wiese vornehmen. Sie halten das, ganz im Gegensatz zu den anderen, die in dieser Situation spontan zum Telefon greifen und das zuständige Polizeirevier anrufen, für zulässig oder wenigstens für eine Bagatelle. Die Strafen indessen sind saftig geworden. In den achtziger Jahren wurden diese Verfahren noch gegen Zahlung von 500 DM an Greenpeace eingestellt; heute gibt es Strafbefehle von 1.500 DM an aufwärts plus Kosten für die Entsorgung des verschmutzten Erdreichs durch die Feuerwehr. Es kann also teuer werden.

Damit keine Mißverständnisse aufkommen: Deutsche entsorgen ihr Motoröl auch an falschen Plätzen – das aber nachts.

Keine Frage, all diese Verhaltensweisen sind nicht in Ordnung, verdienen Sanktionen. Aber im Verhältnis zu Großereignissen wie beispielsweise dem von Basel sind sie Peanuts. Erst recht sind es Peanuts im Vergleich zu den zahlreichen Verschmutzungen unserer Umwelt, die immer noch legal vonstatten gehen, wie zum Beispiel die Luftverschmutzung durch die Herstellung und den Betrieb von Autos, die immer noch so durstig sind wie eh und je. Wer die ASU versäumt, wird zur Kasse gebeten, aber wer Autos mit einem Verbrauch von 15 Litern Super anbietet, bleibt unbehelligt. Um es mit Berthold Brecht zu sagen: Was ist der Überfall auf eine Bank gegen die Gründung einer Bank? Warum bestrafen wir die Kleinen so hart? Und warum die Großen überhaupt nicht?

Die erste Attacke

Ein paar Wochen nach der Sandoz-Geschichte, an einem Montag, dem ersten Arbeitstag nach einem Kurzurlaub, finde ich einen Zettel auf meinem Schreibtisch. Jemand aus der Hierarchie der Behörde möchte mich sprechen. Ich gehe allein, mein Abteilungsleiter ist dienstlich verhindert. Das ist schlecht, denn solche Herausforderungen pflegen wir üblicherweise im Team zu bestehen.

„Ich habe Sie herbestellt, weil ich mich mit Ihnen noch einmal über das Holzschutzmittel-Verfahren unterhalten will. Letzte Woche war ich bei der Generalstaatsanwaltschaft. Wissen Sie, was man dort über Sie gesagt hat? Sie seien längst kein objektiver Staatsanwalt mehr, verwechselten Rechtsanwendung mit Politik. Es ist das Wort grüner Spinner gefallen. Ob das alles so stimmt, soll mal dahingestellt bleiben. Aber ich denke, es ist an der Zeit, daß das Verfahren eingestellt wird."

Spontan kann ich nicht viel sagen, denn ich bin einigermaßen überrascht: „Das Verfahren kann ich jetzt noch nicht einstellen, die Ermittlungen sind noch nicht abgeschlossen."

„Aber die Ermittlungen dauern doch nun schon drei Jahre, denken Sie doch einmal an die Beschuldigten!" wird mir entgegengehalten.

„Ich denke selbstverständlich auch an die Beschuldigten, aber auch an die Geschädigten."

„Sind Sie eigentlich noch objektiv?" werde ich gefragt. „Prüfen Sie das bitte!"

„Dann nehmen Sie mir das Verfahren doch einfach weg, das können Sie doch", entgegne ich. „Stellen Sie es selbst ein, oder suchen Sie sich einen, der es macht!"

„Nein, unter der Einstellungsverfügung steht Ihr Name!"

„Das tut er nicht, jedenfalls jetzt noch nicht!"

Spätestens an diesem Tag hatte sich das Schicksal meines weiteren beruflichen Werdegangs entschieden. Der Apparat mag solche Antworten nicht, und er hat ein Gedächtnis wie ein Elefant.

Die Frage nach meiner Objektivität habe ich seinerzeit als Provokation verstanden. Staatsanwälte reagieren auf solche Vorwürfe empfindlich, worin das Problem unter anderem begründet ist. Heute denke ich anders über die Frage und auch über ihre korrekte Beantwortung. Ist man nach ein, zwei oder drei Ermittlungsjahren in derselben Sache noch objektiv? Manche im Justizapparat verwechseln Objektivität mit Gleichgültigkeit. So verstanden war ich seinerzeit längst nicht mehr objektiv.

Biochemischer Wirkmechanismus

Was verbirgt sich hinter dem Prädikat „toxisch"? Was heißt „giftig", außer, daß mit Kleinstmengen der betreffenden Substanz Meerschweinchen und Ratten zu Tode gebracht werden können? Was macht ein giftiger Stoff, zum Beispiel Pentachlorphenol, wenn er vom Menschen aufgenommen worden und in dessen Blutkreislauf gelangt ist? Läßt sich ein Wirkort oder ein Zielorgan bestimmen? Kann man sagen, was auf der zellulären Ebene, vielleicht sogar der molekularen Ebene, geschieht, läßt sich also ein biochemischer Wirkmechanismus beschreiben? Oder ist der Körper eine Blackbox, die uns jeglichen Einblick verwehrt und uns über das Zustandekommen der Wirkungen nur spekulieren läßt?

Für die Beantwortung der Frage, ob die von den Anzeigeerstattern vorgebrachten Beschwerden auf Holzschutzmittel zurückzuführen sind, wären Kenntnisse über die Vorgänge im Körperinneren von großem Vorteil. Denn dann könnte vielleicht etwas zur Plausibilität einzelner Symptome gesagt werden, je nachdem, ob sie beispielsweise an den Zielorganen der Substanz aufgetreten sind, oder in einem neutralen, unbelasteten Bereich.

Tierversuche ermöglichen erste Blicke in den tierischen Organismus. Makabre Kuriosität: Begründungen von Tierversuchen leben regelmäßig vom Tod der Tiere, deren Körper zuletzt seziert werden.

Die Erkenntnisse daraus helfen aber nicht viel weiter. Die vergifteten Ratten, Kaninchen und Meerschweinchen wiesen oftmals Gewichtszu- oder Abnahmen der inneren Organe wie Leber, Niere, Nebenniere, Lunge, Milz auf. Vor allem an der Leber zeigten sich unterschiedliche Phänomene: Bläschenbildung im Lebergewebe, degenerative Veränderungen des Lebergewebes und Veränderungen der Mitochondrien und Organellen der Leberzellen. Darüber hinaus wurden Verdickungen von Harnblasenrand und Zentralvenen beschrieben.

Auch die Obduktion menschlicher Opfer von PCP-Vergiftungen ergab wenig Erhellendes über die spezifischen Wirkweisen der Verbindung. Das Chaos im Körperinneren erlaubte keine derartigen Schlüsse: Blutstauungen in Lunge, Leber, Nieren und Milz, Blutandrang im Gehirn, Erweiterung des Hirnkammersystems, Verfettung der Leberepitelien, herdförmiges Lungenemphysem und umschriebene Blutungen. Verschmälerung der Nebennierenrinde, fleckenförmige Abblassungen der Herzmuskulatur, Blutseen in der Milz, überall Zellnekrosen, abgestorbenes Gewebe.

Von vielen künstlichen oder natürlichen Stoffen, die die Menschen bewußt zur Erzielung bestimmter Wirkungen, zum Beispiel in der Medizin einsetzen, kennt man den biochemischen Wirkmechanismus nicht. Zwar wissen wir, daß die Verabreichung von Lachgas zu so tiefer Bewußtlosigkeit des Patienten führt, daß schmerzfreie chirurgische Eingriffe möglich sind. Warum das aber so ist – was sich im Gehirn des Patienten im Detail abspielt, wie die Bewußtlosigkeit funktioniert und was sich hinter ihr verbirgt –, das ist unbekannt. Auch die Wirkung von Valium, einem sehr effektiven Psychopharmakum aus der Familie der Benzodiazepine, können wir, bezogen auf die Vorgänge im zellulären Bereich nicht beschreiben. Es ist nicht mehr als eine Vermutung, daß der Effekt der Benzodiazepine durch Wirkungsverstärkung der Gamma-Aminobuttersäure am Rezeptor vermittelt wird. Aber wir wissen es nicht. Und erst recht wissen wir nicht, warum das eine Benzo-Derivat müde macht und das andere angstlösend wirkt. Wir wissen nur, daß es so ist, und das genügt zumeist ja auch.

Solche Wirkstoffe werden im übrigen zumeist auch nicht gezielt hergestellt. Sie sind bei Tests gefunden worden, durch Ausprobieren beliebiger Substanzen an Tieren, Menschen oder Zellkulturen. Sie sind Zufallstreffer. Trial and error – Versuch und Irrtum – sind trotz verstärkter Bemühungen auf dem Gebiet des Drug designs, der gezielten Molekülveränderung, immer noch die großen Türöffner in der Pharmakologie.

Im Lexikon der Chemie heißt es, daß Pentachlorphenol-Einfluß zur Entkopplung der oxidativen Phosphorylierung führt. Was das bedeutet, bleibt zunächst wegen toxikologisch-juristischer Verständigungsschwierigkeiten im Unklaren. Ich lese mich durch einige Dissertationen zum Thema PCP, unterhalte mich mit den Chemikern des Bundeskriminalamtes, dann wird diese hochwissenschaftliche Behauptung transparent. Wie bereits 1954 durch In-Vitroversuche an isolierten Rattenleber-Mitochondrien festgestellt wurde, blockiert PCP in menschlichen Zellen die Synthese energiereicher Phosphate – ein Zellmechanismus, der zur Speicherung der aus der Nahrung aufgenommenen Energie dient. Als Folge dieser Sperre wird diese Energie nicht abgespeichert, um bei Bedarf abgegeben werden zu können, sondern sofort unter hohem Sauerstoffbedarf als Wärme freigesetzt. Gleichzeitig können wegen des Fehlens von Energiereserven andere Stoffwechselvorgänge, wie zum Beispiel die Oxidation von Fetten, nicht ablaufen. Neben der Verhinderung der Speicherung scheint PCP auch die Freisetzung von Energie aus energiereichen Phosphaten zu verhindern.

Kurz: PCP stört den Zellstoffwechsel, den Energiehaushalt der Zellen. Unter PCP-Einfluß verbrennt die Zelle die zugeführte Energie völlig bedarfsunabhängig. Einwirkung von PCP bedeutet die Verschleuderung von Energie.

Jetzt werden die merkwürdigen Nacht-Geschichten der Anzeigeerstatter verständlich. Wenn die Menschen schlaflos und schwitzend mit erhöhter Temperatur, mit schnellem Puls und beschleunigter Atmung im Bett liegen, verbrennen sie – wenn man so will – ihr Abendessen. Die Zerschlagenheit am nächsten Morgen ist nur logisch. Die Reserven sind verbraucht. Wie bei dem Auto, das im Leerlauf mit angetipptem Gaspedal Stunde um Stunde mit unnötig hoher Drehzahl betrieben wird und heißläuft. Wenn die Reise schließlich beginnen soll, ist der Tank leer.

Die Wirkweise des Lindans ist ebenso gut erforscht: Lindan ist ein Nervengift, geringe Konzentrationen erzeugen an den Nervenmembranen Übererregbarkeit, bei höheren Dosen tritt Lähmung ein. Dazu verhindert Gamma-HCH die Repolarisation der Nervenzellen, das heißt, sie können nach der Weitergabe des Impulses nicht ins Ruhestadium zurückkehren, sondern werden in der Erregungssituation mit der Übermittlung fortlaufender Impulssalven belassen. Das heißt: Unter Lindan-Einfluß versagt die Steuerung vor allem der Muskelzellen durch das Nervensystem. Auch dieser Mechanismus macht einige der oft geklagten Beschwerden der Holzschutzmittel-Anwender plausibel: Muskelzuckungen, Krämpfe, epileptische Symptome, sensorische sowie motorische und auch mentale Fehlleistungen.

Über den biochemischen Wirkmechanismus der Dioxine kann nur spekuliert werden. Wissenschaftler vermuten, daß vor allem das TCDD nach Bindung an einen spezifischen Rezeptor in den Zellkern eingeschleust wird und dort die Synthese von Proteinen und Enzymen beeinflußt. Dieses als Enzyminduktion bezeichnete Phänomen hat die Beschleunigung von Stoffwechselvorgängen zur Folge. Das bedeutet, daß körpereigene, vor allem aber auch körperfremde Stoffe verstärkt abgebaut werden. Was das konkret für das weitere biochemische Geschehen heißt, ist unbekannt, so daß dem Dioxineinfluß insoweit keine bestimmten Beschwerden zugerechnet werden können.

Eine andere Theorie liefert aber schon bessere Ergebnisse: Das Grundgerüst des Dioxinmoleküls ähnelt in auffälliger Weise der Struktur der beiden Schilddrüsenhormone Thyroxin und Trijodthyronin. Es wird von daher als möglich angesehen, daß diese Substanzen auf zellulärer Ebene miteinander in Interaktion treten und die Dioxine die Schilddrüsenhormone verdrängen. Als Folge käme es zu einer Funktionsstörung der Schilddrüse, des Organs, das für die Steuerung des Wärme- und Energiehaushalts des menschlichen Stoffwechsels zuständig ist. Das wiederum könnte erklären, warum unter Holzschutzmittel-Einfluß so häufig über erhöhte Temperatur, Gewichtsverlust, Appetitlosigkeit, beschleunigte oder auch verlangsamte Herzfrequenzen, Hautverdickungen, Haarausfall und Hirsuthismus (männliches Behaarungsmuster bei Frauen) geklagt wird.

Es sind dies alles keine gesicherten Erkenntnisse. Über die feststehenden oder nur vermuteten biochemischen Wirkmechanismen lassen sich aber eine große Zahl von Holzschutzmittel-Symptomen erklären. Ursache und mutmaßliche Wirkung beziehungsweise vermutete Ursache und ihre Wirkung sind über das Kriterium der Plausibilität miteinander verbunden. Das ist mehr als nichts.

Der Neurologe

Dr. Kurt Lohmann ist Neurologe. 1982 eröffnet er gemeinsam mit zwei Kollegen in Schleswig eine Praxis. Schon ganz am Anfang ist er mit einem Krankheitsbild konfrontiert, das er zunächst nicht zuordnen kann. Die medizinischen Parameter sind unauffällig, aber die Patienten sind krank. Sie sind müde und antriebsarm, haben ständig Kopfschmerzen, leiden unter Unruhe und Angst und sind in ihrer Motorik erheblich beeinträchtigt. Eine Krankheitsursache läßt sich nicht finden. Dr. Lohmann denkt zunächst an Tumore oder multiple Sklerose, aber das ist unzutreffend. In der Folgezeit häufen sich die Fälle, und der junge Neurologe begreift sie bald als eine Herausforderung. Nachts und an Wochenenden sitzt er über den Unterlagen der nicht diagnostizierbaren und auch nicht therapierbaren Patienten und sucht nach dem Auslöser der geheimnisvollen Krankheit. Dabei fällt ihm auf, daß die meisten Betroffenen etwa 30 bis 40 Jahre alt sind und relativ gehobenen Berufsgruppen angehören. Bei allen ist ein plötzlicher und unerklärlicher Karriereknick festzustellen. Wie aus heiterem Himmel bricht ein persönlicher und beruflicher Werdegang einfach zusammen. Mehr bringt Dr. Lohmann zunächst nicht in Erfahrung.

Im Mai 1984 kommt Klaus B. in die Praxis. Der 34jährige aus Flensburg leidet unter dem bekannten Krankheitsbild. Was ihn für Dr. Lohmann so interessant macht ist sein Beruf: Er ist Starfighterpilot. Ins Cockpit von Kampfjets kommen nur die Gesündesten der Gesunden und die mit der besten genetischen Ausstattung, denn die

Arbeitsbedingungen dort sind hart und das Gerät ist teuer. Einmal Eiche immer Eiche, weiß der Arzt aus Erfahrung. Wer so fit ist, daß er Starfighter fliegen kann, wird nicht über Nacht einfach krank. So war es Klaus B. aber ergangen. Kaum, daß er sein neues Haus bezogen hatte, wurde aus dem sportlich voll durchtrainierten und psychisch hoch belastbaren Piloten ein kränkelnder Mann, der Angst hatte, in die Maschine zu steigen. Für Dr. Lohmann gab es nun keine Zweifel mehr, daß ein massiver externer Faktor für den Breakdown des Patienten und seiner Leidensgenossen verantwortlich war.

Die zeitliche Nähe des Krankheitsbeginns von Klaus B. zum Bezug des neuen Heims brachte ihm ein Phänomen in Erinnerung, auf das er bei der Befragung der anderen Patienten gestoßen war. Auf die Frage nach den Hobbies hatten diese regelmäßig geantwortet: keine, Hausbau. Jetzt war das neue Haus im Zentrum des diagnostischen Interesses. Dr. Lohmann investierte nochmals eine Menge Zeit, die ihm im übrigen keine Kasse vergütete, und befragte sein Problemkollektiv noch intensiver, als er das grundsätzlich schon zu tun pflegte. Mit welchen Stoffen kommen die Patienten in Kontakt? Was gab es in den neu gebauten Häusern an Besonderheiten? Welche Chemikalien wurden ins Haus eingebracht? Letztere hatte Dr. Lohmann schon im Verdacht, denn Neurologen wissen, daß es chemische Verbindungen gibt, die neurotoxische Wirkungen entfalten.

Als er nach der neuen Befragungswelle schließlich auf die Taste seines PCs für den kleinsten gemeinsamen Nenner drückte, erschien der Begriff „Chemikalien". Alle Geschädigten der nicht diagnostizierbaren Art waren mit toxischen synthetischen Verbindungen in Kontakt gekommen. Der nächste Tastendruck machte Differenzierungen deutlich: In 70 Prozent der Fälle bedeutete das Holzschutzmittel. Der Rest verteilte sich auf berufliche Expositionen: Chemiearbeiter, Laboranten, Maler, Landwirte und Chemiker. Hätte Dr. Lohmann seine Praxis 500 Kilometer weiter südlich betrieben, wären sicher auch Winzer unter seinen Patienten gewesen und ein dort massiv eingesetztes Insektizid wäre genannt worden. Aber an der Nordsee wächst ja kein Wein. Dazu später mehr.

Was Dr. Lohmann noch herausfand, paßte zur Diagnose Chemikalien- beziehungsweise Holzschutzmittel-induzierte Erkrankungen. Wenn die betroffenen Patienten ihr Haus verließen, linderten sich ihre Beschwerden. Es sei denn, sie fuhren ins holzverkleidete Ferienhaus nach Dänemark.

Dr. Lohmann geht auf Nummer sicher und betreibt eine umfangreiche Ausschlußdiagnostik. Er checkt alle in Betracht kommenden alternativen Krankheitsursachen, auch die aus dem psychiatrischen Bereich. Dazu stellt er die Patienten stets seinem Kollegen, einem Psychotherapeuten vor.

Und er hat auch schon das Phänomen der eingebildeten Kranken im Auge. Fast alle seine Patienten kommen zu ihm – und das fragt er in jedem Fall ab – ohne eigene Diagnosen, sie pochen also nicht darauf, Holzschutzmittel-krank zu sein, wie es die Verteidiger gerne unterstellen.

Pro Quartal ordnet Dr. Lohmann gut 100 seiner Patienten dem Chemikaliensyndrom zu. 70 davon sind Holzschutzmittel-Geschädigte. Als er später in der Hauptverhandlung aussagt, hat er über 2.000 Holzschutzmittel-geschädigte Patienten diagnostiziert.

Dr. Lohmann ist ein starker Typ, kann seine Gesprächspartner überzeugen. In den USA, sagt er, sei man in Sachen Umweltmedizin viel weiter als hierzulande. Dort sei man sich einig, daß circa 15 Prozent aller Erkrankungen umweltbedingt seien. In kalifornischen Gerichten gäbe es sogar schon chemiefreie Räume.

Auf die Ergebnisse des Dr. Lohmann reagiert die Schulmedizin mit einem müden Lächeln – sie hat ihre Grenzwerte und Leute mit ganz anderem Renommee. Für die Beweisführung im Strafverfahren sind die Lohmanns, Fabigs, Heydts, Borts und Schöpfers – 1986 allesamt noch Nobodies – jedoch wichtige Mosaiksteinchen.

Ein juristisches Problem

Die Rechtsanwälte des Marktführers haben sich bisher zurückgehalten. Jetzt kommen sie mit einem Pfund. Innerhalb eines umfangreichen Schriftsatzes sprechen sie die Verjährungsfrage an. Als hätten wir mit dem Kausalitätsproblem nicht schon genug zu tun! Nun auch noch eine juristische Nuß. Die Anwälte sind der Auffassung – und die vertreten sie offensiv und mit großem Nachdruck – daß das Ermittlungsverfahren wegen Verfolgungsverjährung einzustellen sei.

Im Gesetz steht, daß das Delikt der Körperverletzung, gleichgültig, ob vorsätzlich oder fahrlässig begangen, fünf Jahre nach seiner Beendigung verjährt. Beendigung heißt Vollendung und das bedeutet: wenn die Tat begangen ist. Eine Körperverletzung ist begangen, sobald die Handlung des Täters zu einer Gesundheitsbeeinträchtigung des Opfers geführt hat. Mit anderen Worten: wenn die Holzschutzmittel die ersten Beschwerden verursacht haben. Fast alle Anzeigeerstatter haben in den siebziger Jahren gestrichen und sind auch in dieser Dekade krank geworden. Nur die Zusammenhänge haben sie erst viel später bemerkt. Darauf kommt es aber im Strafrecht nicht an. Selbst wenn ein Opfer seinen Täter gar nicht kennt und nicht einmal kennen kann, läuft die Zeit zugunsten des Verbrechers. Nach fünf Jahren hat der Dieb gewonnen, nach zehn Jahren der Bankräuber. Nur der Mörder hat keine Chance. Seine Tat verjährt nie.

Ein Straftäter, so heißt es in der Begründung des Gesetzgebers, müsse auch einmal wieder ruhig schlafen können. Daß das viele Opfer ein Leben lang nicht mehr können, spielt dabei offenbar keine Rolle. Unter Berücksichtigung der herrschenden Meinung wären also praktisch sämtliche Schadensfälle schon bei Anzeigenerstattung im Frühjahr 1984 verjährt gewesen.

Das ist unsinnig. Das Holzschutzmittel-Delikt ist kein normales Körperverletzungsdelikt, sondern eher ein „Dauer-Körperverletzungs-Delikt". Das ist allerdings in der Rechtsprechung und in der juristischen Literatur noch nicht vorgekommen. Bei den herkömmlichen Dauerdelikten – Freiheitsberaubung etwa – ist man sich schon einig, daß die Straftat erst mit der Freilassung oder Befreiung des Opfers beendet ist und erst dann die Verjährungsfrist läuft. Sonst käme es zu dem paradoxen Ergebnis, daß ein Täter, der sein Opfer besonders lang einsperrt, also über fünf Jahre, dessen Strafanzeige nicht mehr fürchten muß, weil seine Straftat schon verjährt ist, während der Zauderer, den bereits nach einem Jahr der Mut verläßt, vor den Kadi käme. Beim Dauerdelikt wird der rechtswidrige Zustand vom Täter bewußt aufrecht erhalten. Im Holzschutzmittel-Bereich ist es jedenfalls ähnlich: Die täglich neu aus dem Holz ausgasende Giftfracht hält die Beschwerden der Bewohner auf pathologischem Niveau. Unter diesem Aspekt dauert das durch Holzschutzmittel begangene Körperverletzungsdelikt so lange an, bis die Bewohner ausziehen oder ihre Häuser sanieren, bis zum Ende der Exposition eben.

Eine sinnvolle Lösung, aber sie stand gegen die unangefochtene Lehrmeinung, wonach Körperverletzungsdelikte nun einmal ausnahmslos keine Dauerdelikte sind und somit der üblichen Verjährungsregelung unterliegen. Diese Hürde kann eigentlich nur über ein qualifiziertes Gutachten genommen werden. Und sie muß genommen werden, sonst ist das Verfahren mangels unverjährter Masse erledigt.

Es gibt einen Weg, das Hindernis zu nehmen. Dr. Lothar Kuhlen ist Privatdozent für Strafrecht an der Universität Frankfurt und befaßt sich unter anderem mit dem Thema der strafrechtlichen Produkthaftung. Er ist wohl der einzige Jurist mit diesem Schwerpunkt in Deutschland. Er sagt mir ein Gutachten zur Verjährungsfrist zu und liefert es wenige Monate später auch ab. Dr. Kuhlen kommt zu dem Ergebnis, daß die Schulmeinung in Bezug auf die Verjährungsfrage zu revidieren sei. Bei Körperverletzungsdelikten im Zusammenhang mit Holzschutzmittel-Verwendung beginnt die Verjährung erst, wenn die Gifteinflüsse enden.

Das ist vom Ergebnis her nicht mehr als gerecht. Bei allem Verständnis für den Täter: Das Zeitelement im Rahmen der von ihm initiierten schleichenden Vergiftung, dem der Verbraucher schon in medizinischer Hinsicht zum Opfer fällt, weil er die Zusammenhänge erst erkennt, wenn alles zu spät ist, darf nicht auch noch den Täter von strafrechtlicher Verfolgung freistellen. Die Verjährungsregelung soll widerstreitende Interessen gerecht ausgleichen, aber nicht dem Täter als Schlupfloch dienen und dem Opfer als Falle.

Das Gutachten von Dr. Kuhlen wird erstaunlicherweise vom gesamten Frankfurter Justizapparat akzeptiert, seine Auffassung zur Verjährungsfrist einhellig geteilt. Es wird noch Furore machen. Alle, die mit der Sache zu tun haben, wollen es lesen und fordern es in den kommenden Monaten und Jahren an. Es wird die einschlägige juristische Diskussion maßgeblich beeinflussen.

Es gibt aber auch Kritik im Zusammenhang mit diesem Gutachten. Einer aus der Hierarchie – es war eine weitere Zusammenkunft anberaumt, um das Verfahren seiner Einstellung ein Stück näher zu bringen – war außer sich.

„Sie haben ein Rechtsgutachten in Auftrag gegeben, sind Sie denn wahnsinnig?“ herrscht er mich an. „Sie sind doch der Jurist und für die juristischen Fragen zuständig, was brauchen Sie ein externes Gutachten?“

Meine Hinweise auf die überragende Bedeutung der Verjährungsfrage, die Notwendigkeit ihrer verbindlichen Klärung, bevor noch mehr Kraft und Geld in das Verfahren investiert werden und die Tatsache, daß selbst der Bundesgerichtshof bei schwierigen Fragen Gutachtenaufträge an Universitäten vergibt, überzeugen ihn nicht.

Eigentlich hätte ich ja auch ein bißchen stolz sein können bei soviel Vertrauen in meine Fähigkeiten, aber es ging offenbar um etwas ganz anderes.

„Wieviel hat das Gutachten gekostet?“

„12.000 DM.“

„Wir werden prüfen, ob Sie uns diesen Betrag erstatten müssen!“

Ich mußte nicht. Monate später teilte mir ein Mitarbeiter des Generalstaatsanwalts, der mit der Bearbeitung der Angelegenheit beauftragt worden war, mit, daß die Untersuchung einen Haftungstatbestand nicht ergeben habe. Er beschwichtigte mich sogar noch: „Da hat der Chef halt mal einen schlechten Tag gehabt.“

Leitsymptome und Beschwerdemuster

Folgen die Symptome der Anzeigeerstatter tatsächlich dem Chaosprinzip, sind sie ein wüster Haufen ohne jegliche Ordnung, ohne Zusammenhänge? Oder steckt verborgen im Wust der Beschwerden eine Systematik, ein Prinzip, eine Regel?

Die Vielfalt der Symptome ist für die Rechtsanwälte ein gefundenes Fressen, denn sie verbietet ihre Zuordnung zu einem bestimmten Auslöser – jedenfalls nach der Logik der Verteidigung. Wie schon gesagt, kein schlechtes Argument. Zuordnung kommt von Ordnung.

Die Holzwürmer haben einen Computer organisiert, das war nicht einfach und auch heute noch haben die Strafverfolger ab und an mit Engpässen auf diesem Gebiet zu tun. Kreativität nutzt da nur bedingt. Ein Frankfurter Kriminalhauptmeister der Umweltpolizei, der zur Bewältigung eines entsprechenden Mißstandes innerhalb eines umfangreichen Müllverschiebeverfahrens selbstlos den eigenen Computer zum Einsatz gebracht hatte, wurde schnell zurückgepfiffen: Amtliche Daten und Zahlen gehörten nicht auf private PCs. Das wars dann. In Wiesbaden gab es seinerzeit allerdings keine so gravierenden Probleme mit der modernen Technik.

Nach 200 Fragebögen erstellen wir den ersten Ausdruck, gespannt folgen wir dem Papier, das aus dem Drucker kommt und halten die Luft an. Dann löst sich die Spannung langsam und macht zunächst Erleichterung und schließlich fast Begeisterung Platz. Wie die Peaks auf dem Meßstreifen der Gaschromatographen schießen einzelne Symptome aus dem Beschwerdebrei heraus. Einsam an der Spitze:

Müdigkeit und Mattigkeit. Dann – gleichauf im Rennen – Hautanomalien, Kopfschmerzen, Infektanfälligkeit, Antriebsschwäche, Schlafstörungen, Schwitzen, Konzentrationsschwäche. Es existieren offenbar Leitsymptome.

Am nächsten Tag spielen wir ein bißchen mit dem Computer. Wir teilen die Beschwerden nach Organen differenziert in Gruppen auf und erstellen eine entsprechende Säulengraphik. Danach sind 40 Prozent der Beschwerden internistischer Art, 22 Prozent betreffen den neurologischen Bereich, 20 die Haut, 16 den psychiatrischen und zwei Prozent schließlich gehören zur Endokrinologie, also zu hormongesteuerten Prozessen.

Dann bilden wir Untergruppen. Nach dem Zufallsprinzip wählen wir zehn, 20, und 35 Fragebögen aus und lassen den Computer neue Säulen malen. Wieder eine Überraschung, oder schon keine mehr: Das Säulenmuster bleibt praktisch gleich: 40 : 22 : 20 : 16 : 2. Das Mischungsverhältnis der Beschwerden ist konstant – ein Hinweis auf eine irgendwie geartete Ordnung in den Krankheitsbildern. Es gibt Leitsymptome und ein Beschwerdemuster.

Wir wollen mehr wissen, als der Computer verrät. Zum Beispiel ob es womöglich typische Krankheitsabläufe gibt, die die Fragebögen nicht verraten haben. Existieren im Detail charakteristische Symptom-Kombinationen?

„Wir müssen zu den Leuten hin," sagt Kommissar F., „wir müssen ihre Geschichten orginalgetreu hören, müssen fragen und hinterfragen. Ferndiagnosen reichen nicht."

Familie G.

Zwei Wochen später brechen wir auf. Die 50 Familien, die wir im Visier haben, sind nach dem großflächigen Verstreichen der Produkte des Marktführers und seines norddeutschen Konkurrenten sämtlich schwer erkrankt. Mein Einsatz beschränkt sich zumeist auf ein Gebiet im Radius von 150 Kilometern um Frankfurt. Die BKA-Beamten bedienen die Ferne, das sind sie so gewöhnt. Neben dem Colt tragen sie die Zahnbürste. Sie sind immer auf Achse, überall heimisch. Sozusagen fahrendes Volk.

Die Familie G. ist ortstreuer. Das unauffällige Haus in der kleinen westfälischen Stadt Anröchte hat sie im Jahr 1986 zunächst angemietet und ein halbes Jahr später gekauft. Dr. G. war niedergelassener Arzt und schon von daher für das Verfahren hochinteressant. Denn Ärzte, so unser Kalkül, sind eher als Nichtmediziner in der Lage, Krankheiten zu erkennen, Symptome zu deuten und Ursachen zu bestimmen. Eines konnte Dr. G. eindeutig: druckreif ins Mikro diktieren. Es wurde mit anderthalb Stunden meine kürzeste Vernehmung. Zum Vergleich: Die längste währte acht Stunden. Die betreffende Familie hatte allerdings auch fünf Kinder, die sich ab und zu mal zu Wort meldeten.

Beim Einzug in das neue Haus, dessen sämtliche Zimmer im ersten Stock an Wänden und Decken mit Holz verkleidet waren, erfreute sich die Familie G. noch bester Gesundheit. Doch das Glück im neuen Heim währte nur drei Monate.

Dann litt der junge Arzt immer häufiger an Infektionskrankheiten, vorwiegend Bronchitis und Naseninfekten. Zuvor hatte er auf der Intensivstation eines Krankenhauses gearbeitet und dabei hochinfektiöse Erkrankungen, unter anderem Tbc behandelt, ohne dabei selbst krank zu werden, nicht einmal banale Infekte waren aufgetreten. Doch während sich sein Gesundheitszustand verschlechterte, wurde Dr. G. antriebslos, zu nichts hatte er mehr Lust. Zusätzlich stellte sich bei ihm eine lähmende Müdigkeit und ein gesteigertes Schlafbedürfnis ein. Unabhängig von seiner Schlafdauer war er morgens wie zerschlagen und hatte Blei in den Knochen. Kopfschmerzen waren an der Tagesordnung, Depressionen veränderten seine Persönlichkeit. Im November 1987 erkrankte er an einer Leberentzündung. Sie zwang ihn zu häufiger Bettruhe, was seine Genesung aber nicht förderte. Das Schlafzimmer befand sich im ersten Stock des Hauses, das Kopfteil des Bettes unmittelbar unter der holzverkleideten Dachschräge.

Der gesundheitliche Abstieg der 36jährigen Ehefrau begann zeitgleich im Frühjahr 1987. Sie verlor fünf Kilogramm Körpergewicht, obwohl sie bei einer Körpergröße von 1,76 Meter nur 56 Kilo gewogen hatte. Ihre Kräfte wurden von Tag zu Tag weniger. Sie war kaum mehr in der Lage, ihre einjährige Tochter zu heben oder Treppen zu steigen. Sie lag mehr als sie stand. Nachts schwitzte sie heftig und morgens war sie wie gerädert, als hätte sie Schwerstarbeit geleistet. Apathie und Depressionen brachten sie an den Rand des totalen Zusammenbruchs.

Die beiden 1983 und im Januar 1986 geborenen Kinder der Familie hatten ihre Zimmer unter dem Dach im ersten Stock. Die Fenster befanden sich an der Südseite, die Räume heizten sich wegen schlechter Isolierung im Sommer stark auf. Der Sommer war auch die hohe Zeit der Infekte der Kinder. Erstaunt registrierte Dr. G., daß seine Kinder gerade in der warmen Jahreszeit, wenn sich die Schar im Kindergarten von der Wintergrippe erholt hatte, ständig über Infekte klagten. Das waren zudem keine Bagatellen, keine Erkältungen im üblichen Sinn. Pausenlos traten eitrige Lungenentzündungen, kombiniert mit Asthma, auf – 14mal im Sommer 1987. Pro Kind. Es bestand Erstickungsgefahr. Auf dem Nachttisch des Vaters lag ständig ein Intubationsbesteck parat, um gegebenenfalls bei seinen Kindern einen Luftröhrenschnitt vornehmen zu können. Er benötigte es allerdings nicht, weil Spritzen und Cortisonzäpfchen das Schlimmste verhinderten.

Der Gesundheitszustand der zudem blassen und apathischen Kinder besserte sich allerdings immer dann, wenn sie mit ihrer Mutter hin und wieder für einige Wochen zur Großmutter nach Marl an den nördlichen Rand des Ruhrgebiets fuhren. Obwohl es dort viele Schlote gab, wie es Frau G. ausdrückte, ging es den Kindern schon nach wenigen Tagen deutlich besser. Mit der gleichen Geschwindigkeit verschlechterte sich aber ihr Gesundheitszustand wieder, wenn sie in ihr Haus nach Anröchte zurückgekehrt waren.

Dieses Phänomen ließ Dr. G. erstmals an eine im Haus liegende Krankheitsursache denken, zumal sowohl seine Ursachenforschung als die weiterer Kinderärzte zu keinem Ergebnis geführt hatte.

Ein Zufall brachte schließlich die Wende. Ganz nebenbei erzählte ein Nachbar, daß die Vorbesitzer der Wohnung ebenfalls gesundheitliche Probleme hatten. Das stimme schon, erklärte die ehemalige Bewohnerin dem Arzt, der sich telefonisch mit ihr in Verbindung setzte. Pausenlos sei sie krank gewesen in diesem Haus, vor allem aber müde und kaputt. Ihr Mann sei beruflich meist unterwegs und dann gesund gewesen. An den Wochenenden in Anröchte aber habe sich das immer schlagartig geändert. Fix und fertig wäre er gewesen, habe „gehustet wie ein Pferd". Die Nachbarn hätten ihn schon angesprochen. Am schlimmsten aber sei es ihrer Tochter ergangen. Sie sei ständig erkältet, matt und müde sowie ohne Konzentration gewesen, habe oft Fieber gehabt. Ein Leistungssturz in der Schule sei die Folge gewesen. Und: „Alle Pflanzen sind eingegangen!"

Danach zog die Familie der Vorbesitzer in eine andere Wohnung. Nicht wegen gesundheitlicher Probleme – die Zusammenhänge hatte man nicht gesehen – sondern wegen einer Mietpreiserhöhung. Den dreien ging es bald viel besser.

Jetzt richtete sich der Verdacht des Dr. G. auf die Holzdecken im Haus, zumal er in diversen Zeitungen von der Holzschutzmittel-Problematik gelesen hatte. Der Erbauer des Hauses bestätigte ihm den Einsatz von Holzschutzmitteln. Sämtliche Holzverkleidungen im ersten Stock seien mit insgesamt 26 Litern gestrichen worden. Er bringt noch einen Kanister vorbei mit dem nicht verarbeiteten Rest, weil darauf die Wirkstoffe vermerkt sind. Dr. G. hat über ein toxikologisches Thema promoviert, liest nach. Dann entfernt er die Holzdecken, auch die Tapeten, reinigt Teppiche und Kleider. Nach sechs Monaten ist die Familie wieder gesund.

Expositionszeit: Anderthalb Jahre. Noch mal gutgegangen.

Familie H.

So viel Glück hatte der 49jährige Werner H. aus Straßlach am Inn nicht. Der Regierungsamtmann ist inzwischen pensioniert. Auch er hat Holzschutzmittel verstrichen, aber nur in einem Zimmer seines Hauses. Das aber liegt im Dachgeschoß und ist das Schlafzimmer. Die nach Süden geneigte Schräge endet wie bei der Familie G. über dem Kopfteil der Betten. Als Amtmann hat er gelernt, genau Buch zu führen. Er hat seine Geschichte aufgeschrieben:

„Krankheitsverlauf (ab Sommer 1976); Einbau einer mit Xylalun behandelten Holzdecke im Schlafzimmer, die ca. 60 cm über unseren Köpfen endete (Mansarde). Die nachstehende Auflistung ist deshalb so umfangreich, weil ich von Anfang an die Vermutung hatte, daß es irgendeinen Zusammenhang geben würde zwischen den verschiedenen Krankheitsbildern, und mir deshalb alles, was mir auffiel, auf Zettel notiert habe.

Kopfbereich: Hautausschlag an Stirn und Kopfhaut, Haarausfall, Entzündungs-Hitzegefühl im Kopf, ständig Kopfschmerzen, Schwindelgefühle, Gedächtnisverlust, Augen treten aus den Höhlen, brennen, vertrocknen, Blutergüsse in den Augen, jeden Morgen Blut in der Nase, Zunge pelzig, salziger Geschmack, Ausschlag im linken Ohr, Gesichtsknochen scheinen aufzuquellen, Unterkiefer paßt nicht mehr.

Oberkörper: Fünf Spontanpneus – anfallartig auftretende Atemrythmusstörungen, jede Nacht Atemnot, intensives Gefühl zu ersticken, schlucke oft monatelang Schleim, oft Schmerzen im Lungenbereich, Krämpfe in den Bronchien, häufige Erkältungen, Leberschaden chronisch, hohe Blutfettwerte, Leber zumindest lange Zeit tastbar, ständige Schmerzen im Oberbauch, häufig auch stechend, Gewichtszunahme, unter Arm und Leistengegend häufig Abszesse, Knacken der Halswirbel und Handgelenke, starke Verspannungen ziehen mir manchmal den Rücken förmlich krumm, fast ununterbrochenes Brennen in der Speiseröhre, sehr häufiges Brennen im Brustkorb, auch dort, wo die Rippen vorne zusammenstoßen, manchmal inneres Vibrieren, Gefühl, als wären die Rückennerven entzündet, häufiges Händezittern, Mageneingang schließt – vermutlich durch ständige Entzündungen – nicht mehr, Magen wirkt geschwollen (bei Spiegelungen: großer Magen, hatte immer kleinen), eineinhalb Jahre lang Herzrythmusstörungen, hatte das Gefühl, daß Herzmuskel entzündet, Speiseröhre manchmal zugeschwollen, daß ich kaum essen kann, Körper häufig wie im Fieber, kann aber nicht schwitzen, als ob Blut in den Adern kocht, Durchblutungsstörungen an Händen und Füßen, häufig Übelkeit.

Unterleib: Häufig Infektionen im Darm-After-Penisbereich, Operation deshalb; Harnröhrenschlitzung, Hämorrhoidenschnitte, Darmkrämpfe, Verdauung kaputt, Knieschmerzen und Krachen im rechten Knie.

Allgemeine Auswirkungen: Sieben Jahre andauernde Schlaflosigkeit, Gedächtnisverlust, Atemrythmusstörungen, Atemnot, ständig ungeheuere Müdigkeit, Libidoverlust."

Auch die Ehefrau ist krank geworden nach dem Bezug des behandelten Schlafzimmers. Sie leidet unter Gelenk- und Knochenschmerzen, Haarausfall, an vielen Infekten. 1984 – das Paar hat in der Zeitung von möglichen Zusammenhängen zwischen Holzschutzmitteln und schwerer Erkrankung gelesen – werden die Bretter entfernt und das Dachgeschoß nicht mehr bewohnt. Danach vermindern sich die Beschwerden der Familie H. allmählich. Auch das hat Werner H. akkurat festgehalten:

„Ich möchte vorausschicken, daß man es kaum in Worte fassen kann, was es für mich bedeutet hat, sieben Jahre lang mit einem geschwollenen Gesicht und blutendem Ausschlag an Stirn und Wangen herumlaufen zu müssen und immer wieder danach gefragt zu werden. Ich habe mein Gesicht vor sechs Jahren das letzte Mal im Spiegel gesehen, das hat mir genügt. Ich weiß heute nicht mehr, wie ich aussehe.

Selbstverständlich war ich bei vielen Ärzten, aber keiner konnte mir helfen. Hautausschlag und Entzündungen der Gesichtshaut und im Ohr ist nach Ausbau der Holzdecke vor einem Dreivierteljahr langsam zurückgegangen. Dagegen habe ich noch ständig Kopfschmerzen und Schwindelgefühle. Auch viele Wochen andauernde Entzündungszustände im Kopf habe ich noch. Im Juli war ich in der Notaufnahme eines Krankenhauses, übrigens nicht das erste Mal, weil ich so merkwürdige Gefühle im Kopf hatte, verbunden mit starkem Händezittern und Gleichgewichtsstörungen, daß ich glaubte, dicht vor einem Gehirnschlag zu stehen. Ich war nicht in der Lage, mit geschlossenen Augen auch nur einen Schritt zu tun. Starkes Händezittern habe ich auch sonst oft.

Mein Gedächtnis ist sehr schlecht geworden: Ich erkenne Leute nicht, mit denen ich beruflich mehrmals schon zu tun hatte, erinnere mich praktisch nie an Aktenvorgänge: Vor einiger Zeit habe ich eine Fördersache, bei der es um 500.000 DM ging, zweimal gemacht, konnte die Sache gerade noch abbiegen. Leute kommen zu mir und sagen, sie hätten vor ein paar Tagen etwas mit mir besprochen, ich weiß es einfach nicht mehr.

Die Augen vertrocknen nachts immer noch und die Zunge ist pelzig und schmeckt salzig. Ich habe übrigens das Gefühl, als wäre das so ähnlich wie nach Alkoholgenuß: Salzmangel und Flüssigkeitsverlust.

Obwohl ich jetzt grundsätzlich nicht mehr ohne Schlaf bin – man muß sich das vorstellen, ich war es sieben Jahre lang – bin ich trotzdem immer ungeheuer müde. Ich bin schon mehrfach vom Stuhl gefallen, hab mir deshalb einen Stuhl mit hoher Rückenlehne gekauft (auch wegen der Rückenschmerzen), um auch im Büro so eine Art Halbschlaf machen zu können, manchmal liege ich auch auf dem Boden der Toilette; manchmal kann ich Besuchern nicht in die Augen sehen, weil es mir vor Müdigkeit die Augen derart verdreht, daß man es merken würde. Bei Besprechungen nicke ich oft ein. Kann mir dienstliche Vorgänge nicht merken, muß immer so tun, als ob.

Oft schrecke ich nachts noch auf und ringe nach Luft, ich halte das aber für keine körperlich bedingte Störung.

Die Atemrythmusstörungen und häufige Atemnot sind mir geblieben. Es ist so, als ob der Körper vergessen hätte, wie das Atmen geht. Ich gehe dann sehr schnell und versuche im Rythmus des Schreitens wieder mit dem Schnaufen in Takt zu kommen. Wenn es schlimmer wird, und das ist bestimmt einmal wöchentlich der Fall, dann verlasse ich das Haus und gehe zu einem in der Nähe gelegenen Krankenhaus, dort renne ich dann auf und ab, weil ich mir sage, wenn es schlimmer wird, bin ich schon da. Ich war schon öfter in diesem Zustand auch drin und wurde geröntgt, war aber nichts, das will im übrigen aber nicht alles besagen, ich war auch vor dem letzten, nachgewiesenen Spontanpneu in der Röntgenschirmbildstelle und man hat nichts gesehen. Offenbar habe ich durch starkes Atmen die Lunge am Zusammenfallen gehindert. Ich konnte bisher das Verlassen des Büros noch verbergen, allerdings denkt mein Vorgesetzter, ich verlasse unerlaubt das Haus, offenbar um Einkäufe zu tätigen, er sagt aber nichts zu mir. Was soll ich aber machen, ich kann doch nicht jedesmal japsend zu ihm gehen und sagen, jetzt ist es wieder soweit. Lang halt ich das nicht mehr durch."

1992 hat Werner H. noch einmal angerufen. Er stehe für das Verfahren leider nicht mehr zur Verfügung und könne auch keinesfalls an einer Gerichtsverhandlung teilnehmen. Seine Beschwerden beruhten nämlich nicht auf Holzschutzmitteln, sondern seien aller Wahrscheinlichkeit nach von einer Starkstromleitung verursacht, die an seinem Haus vorbeiführe.

Das macht die Wiesbadener Holzwürmer neugierig. Auf einer Fahrt nach München machen sie einen kleinen Abstecher nach Straßlach. Eine Hochspannungsleitung finden sie in der Nähe der Wohnung von Werner H. nicht. Für viele Holzschutzmittel-Geschädigte sind Streß-Veranstaltungen tabu. Dazu gehören auch Gerichtsverhandlungen.

Die Herbers

Familie Herber wohnt in Schwollen, ein kleiner Ort im Hunsrück inmitten einer ausgeräumten Landschaft. Düsenjäger im Tiefflug begrüßen den Besucher. Obwohl die Gegend laut und leer ist, sind die Menschen freundlich. Herbers haben ihren Anwalt einbestellt und Pflaumenkuchen gebacken. Darf der zur Vernehmung angereiste Staatsanwalt mitessen, ohne sich in Abhängigkeit zu begeben? Drei Stücke, selbst mit viel Sahne, so beschließe ich, reichen für eine Befangenheit nicht aus.

20 Liter Holzschutzmittel hat die Familie 1974 in ihr Haus gestrichen, auf 120 Quadratmeter nordische Fichte. Das Produkt stammt vom Hauptkonkurrenten des Marktführers. Vier Stunden erzählen Herr und Frau Herber von ihrem Schicksal und dem ihres 18jähri-

gen Sohnes. Zum Schluß gibt mir Frau Herber noch die Kopie eines Briefes, den sie im Mai 1986, „als alles noch ein bißchen frischer war und neuer“, an die Hersteller geschrieben hat:

„Als wir hier wohnten, beklagte ich mich oft bei meinem Mann: ‘In diesem Haus halte ich es nicht aus, hier werde ich verrückt’. Er meinte, ich hätte sicher Heimweh. Dann fiel uns allen auf, daß wir hier nicht schlafen können. Bei mir hieß es dann, ich hätte Dickdarm- und Bauchspeicheldrüsenentzündung. Dann mußte ich zeitweise künstlich ernährt werden. Ich bekam Pickel und Geschwüre, die Haut juckte am ganzen Körper. An den Fingergelenken bildeten sich blitzartig rote, wahnsinnig juckende Verdickungen. Die Fußsohlen schwollen an, wurden rot und kribbelten. Die Zunge brannte und ich verlor zeitweise den Geschmack. Ekzeme auf der gesamten Körperfläche, in den Augenbrauen sowie an den unmöglichsten Stellen gesellten sich hinzu. Sie näßten andauernd und überhaupt juckte es am ganzen Körper. Ich kratzte mir dauernd die Beine blutig. Auch unser Sohn. Wir waren dauermüde und oft wie betrunken. Ein Kind, das so blaß und schlapp ist, dauernd Kopf- und Bauchschmerzen hat, kann nicht gesund sein, sagten wir uns.

Im Sommer 1975 machten wir auf Anraten eines Arztes in den Dolomiten Urlaub. Nach wenigen Tagen ging es mir dort so gut, daß ich fast alles wieder essen konnte. Auch die anderen waren hier fit. Zuhause begann schließlich wieder die leidige Tour. Zwischenzeitlich ließ ich mir die Mandeln entfernen. Im Krankenhaus ging es mir gut. Ich konnte gut essen und schlafen und nahm sogar etwas zu. Bei der Einlieferung wog ich nur 45 Kilogramm. Daheim waren nach einer gewissen Zeit die alten Beschwerden wieder da. Unser Sohn hatte laufend über 40 Grad Fieber, Erkältungen und Nasenbluten. Wir ließen ihm auch die Mandeln herausnehmen. Es änderte sich aber nichts. Im Januar 1983 machten wir auf Gran Canaria Urlaub. Dorthin flüchtete ich, weil meine damalige Ärztin mich in die Diagnostik-Klinik nach Wiesbaden schicken wollte. Meine Därme bluteten; sie meinte, es sehe nach Krebs aus. Auf Gran Canaria ließen bereits nach zwei Tagen die Därme nach zu bluten, die Haut glättete sich und die Pickel bzw. Geschwüre (die sich richtig in die Haut eingruben und Narben hinterließen) verschwanden zusehends.

Überhaupt ließen alle Beschwerden nach. Mein Hunger nach frischer Luft wurde gestillt. Zuhause kam alles nach und nach wieder zum Ausbruch. Von diesem Urlaub zehrte ich fast ein halbes Jahr; auch mein Mann. Dann war ich wieder so krank wie vorher. Ich merkte, daß ich immer nervöser wurde. Diesmal ging es nicht nur bis zu Gleichgewichtsstörungen, sondern ich wurde öfters ohnmächtig. Die Ärztin fürchtete einen Nervenzusammenbruch. Man schickte mich zum Nervenarzt. Der konnte nichts feststellen. 'Sie sind kein Fall für mich', erklärte er mir. Meiner Ärztin sagte ich dann, daß ich ein Gefühl habe, als würde mir das Gehirn im Hinterkopf schweben. Alles half nichts. Der HNO-Arzt verordnete was für eine bessere Gehirndurchblutung. Ich war so müde, daß ich auf der Straße hätte schlafen können. In meiner Nase schälte sich die Haut. Ich riß immer die Fenster auf und meinte, ich bekäme nicht genug Sauerstoff. Ich suchte auch oft einen Orthopäden auf, da mir vom kleinen Finger bis in die Zehenspitzen alles unerklärlich schmerzte. Er konnte mir auch nicht helfen.

Ich wechselte den Arzt und man schickte mich wieder zum Neurologen; auch unseren Sohn, der ebenfalls umkippte. Er hat auch vor Kopfschmerzen geschrien. Der blickte wieder nicht durch. Auch die EEGs brachten nichts. Mir verordnete er absolute Ruhe, autogenes Training und keinerlei Medikamente. Daraufhin ging ich zu einer Diplom-Psychologin, die sich die größte Mühe gab. Es waren Einzelstunden, damit ich mich wirklich gut entspannen sollte. Aber es funktionierte nicht. Sie sagte mir, daß ich viel zu aufgedreht bin.

Dann mußten mein Sohn und ich wegen der starken Beschwerden zur Computer-Tomographie des Schädels. Wir kamen wieder nicht weiter. Alle hatten wir Haarausfall, Pickel, waren sehr müde, nervös und aggressiv. Die Kopfschmerzen bei unserem Sohn führten schließlich zum Erbrechen. Er litt ebenfalls unter Konzentrationsschwäche, konnte schließlich keinen Sport mehr treiben und es wurde ein bedenklicher Eisenmangel bei ihm festgestellt.

Mein Mann, der noch nie im Leben Kopfschmerzen hatte, beklagte sich jetzt auch darüber. Er schwitzte jede Nacht die Wäsche naß und hatte Knochen- und Gelenkschmerzen. Als man auf dem Kreiswehrersatzamt seine Röntgenaufnahmen zu sehen bekam, musterte man ihn sofort aus (er hatte seinen Wehrdienst als Pionier und später Kanonier längst abgeleistet, sollte aber laufend zu Reserveübungen kommen). Irgendwann hatten wir den Verdacht: Wenn es außerhalb des Hauses (Urlaub usw.) besser ist, muß doch was im Haus sein. Auch als wir von Januar bis April 1976 in Tübingen lebten, ging es uns gut. Ich suchte während dieser vier Monate keinen Arzt auf. Als wir schließlich alles überdacht und zurückverfolgt hatten, kamen wir zu dem Schluß, daß es nur unsere Holzdecken sein können. Daraufhin setzten wir uns mit der Fa. Beinbech in Verbindung. Diese erkundigte sich bei der S. GmbH. Wir erhielten schließlich über unseren Lieferanten Ihr Schreiben vom 11. Oktober 1984.

Wir ließen im November 1984 unser Blut untersuchen und den Hausstaub. Wie befürchtet wurde PCP festgestellt. Dies war das schwierige Wort auf dem Kanister, den ich im Keller aufbewahrt hatte, falls ich etwas nachkaufen müßte. Dieses Mittel hatte ja einen wunderschönen seidenmatten Glanz. Für uns war die Sache immer noch nicht klar, wir wollten sicher gehen. So schönes Holz, welches mit so viel Liebe eingebaut wurde, da müssen die Beweise schon stichhaltig sein, sonst kriegt man es nicht fertig, alles rauszuschmeißen.

Hinzu kommt, daß wir gern noch ein Kind gehabt hätten, was vor allem durch meinen Gesundheitszustand, den man besser als Krankheitszustand bezeichnen würde, nicht möglich war. Das Risiko wäre uns auch für das Kind zu groß gewesen. Was uns diese Angelegenheit an Lebensfreude genommen hat, ist nicht mehr gutzumachen. Ich war oft nicht einmal fähig, für die Familie zu kochen. Jetzt hat mir Dr. Eckrich auch erklärt, wieso es mir beim Kochen immer so schlecht wird. Durch die Erwärmung und die hohe Luftfeuchtigkeit würde das PCP mit seinen Verunreinigungen verstärkt ausgasen. Wir haben die ganzen Jahre über Gesellschaften nach Möglichkeit gemieden. Es war uns einfach nicht danach zumute und ich kann nicht einmal Kaffee vertragen und kann außerhalb schon gar nichts essen. Seit circa zehn Jahren kann ich Fett, Zucker und Salz nicht mehr verdauen. Ich verwende nur Ahornsirup, Kräutersalz und spezielle Fette und Öle und nehme täglich circa einen halben Liter Milch zu mir. In unserer Familie wird kein Alkohol getrunken und keiner raucht.

Ich bin auch bei einem Psychologen gewesen. Als er erfuhr, daß wir PCP im Haus haben, brach er sofort die Therapie ab und meinte: ‘Ich verdiene gern Geld, aber in einem solchen Fall ist eine Therapie sinnlos.’ Dauernd mußte ich zu irgendeinem Arzt, konnte oft selbst nicht fahren und weiß nicht, wieviele Stunden ich so unterwegs war. Kein Arzt und kein Heilpraktiker konnte mir anhaltend helfen. Ich konnte keine Medikamente mehr vertragen. Auch der dauernde Eisenmangel bei mir konnte nicht behoben werden. Ein weiterer Arzt stellte fest, daß meine Leber den ‘Kram’ nicht mehr verarbeitet. Außerdem hätte ich eine Ichiämie der rechten Hemisphäre mit partiellem Sitz im Stirnhirn. Diese würde bei mir Herzinsuffizienzen auslösen. Er erklärte mir, dies seien meine Herzbeschwerden mit Atemnot bis zur Todesangst. Dann war das der immer wiederkehrende Heißhunger auf Calcium.

Man konnte mir mit nichts mehr eine Freude machen, ich wollte immer nur meine Ruhe haben. Dies ging soweit, daß in unserem Haus kein Radio mehr eingeschaltet werden durfte. Jeder mußte sich absolut ruhig verhalten. Ich war oft nicht ansprechbar und wollte niemanden sehen. Ich hatte eine wahnsinnige Angst und konnte nicht erklären, wovor. Überhaupt fühlte ich mich wie in einem Teufelskreis und hatte laufend Selbstmordgedanken. Ich sagte mir dauernd, daß es so nicht weitergeht. Meine Gesichtszüge veränderten sich. Ich bekam schließlich Angst vor mir selbst. Alle fragten, was mit mir ist, da ich wie umgewandelt wäre und nicht mal mehr lachen könnte. Ich verkroch mich.

Ich konnte diese Fragerei nicht mehr ertragen. Ich schämte mich. Es war einfach unerträglich. Mit meinen rot-entzündeten Augen, den Pickeln, dem blassen Gesicht, den dünnen Haaren, mit Ekzemen und der Juckerei konnte man wirklich nicht unter die Menschen gehen.

Immer wieder frage ich meine Angehörigen, ob man mir das ansieht. Ich habe laufend das Gefühl, als sei mir die Haut zu eng und dann noch das fürchterliche Jucken in den Ohren. Der bittere Geschmack auf der Zunge und der Brechreiz gehen mir auch ‘auf den Wecker’. Oft ist mir eiskalt und die Gliedmaßen schmerzen, sie sind bläulich-rot verfärbt und feucht. Ich habe öfters Muskelzucken und vor meinen Augen tanzen Flusen. Ich weiß nicht, ob ich an alles gedacht habe; aber es ist das Wesentliche.

Ich habe die Sache bis jetzt nicht unnötig erzählt, auch unser Anwalt weiß noch nichts davon. Ich schäme mich, als junger Mensch so kaputt zu sein. Ich mag auch nicht dauernd die selbe ‘Platte’ abspielen.

Seit ich weiß, daß in meinem Körper PCP ist – einige Schlußberichte stehen wie erwähnt noch aus –, nehme ich spezielle Moor- und Kohlepräparate. Die saugen das Gift im Verdauungstrakt auf. So komme ich einigermaßen über ‘die Runden’. Allerdings wirken sie höchstens acht Wochen, dann muß ich wechseln. Auch die Chlorakne ist, seit ich so verfahre, zurückgegangen. Außerdem muß ich einen Stoffwechselaktivator einnehmen, alles auf biologischer Basis. Nehme ich kurze Zeit nichts ein, habe ich wieder Pickel und Schmerzen. Dr. Eckrich von der Ruhr-Universität hat nun, wie Dr. Alsen, geraten, das Holz herauszureißen. Auch Tapeten und Teppichböden müßten raus, weil sich das Gift inzwischen darin festgesetzt hat. Matratzen und Federbetten müssen wir ebenfalls erneuern, die Möbel mit Seifenlauge abwaschen. Kleidung und Gardinen müssen gründlich gewaschen werden. So schwer es uns fällt, aber dies wird nun umgehend gemacht."

Mit Gisela Herber geht es trotzdem gesundheitlich weiter bergab. Erst Jahre später, lange nach meinem Besuch, wendet sich das Blatt. Im städtischen Krankenhaus von Idar-Oberstein trifft sie auf Dr. Wi. Der Arzt aus Südostasien macht ihr Mut. Er sagt: „Sie sind nicht verrückt. Sie haben die gleichen Symptome wie die Menschen in Vietnam, die von den amerikanischen Flugzeugen besprüht wurden." Dr. Wi ortet den zentralen Schadensort der Patientin im Darmbereich. Gisela Herber testet entsprechende Medikamente. Sie sagt: „Entscheidend sind gutes Essen, gutes Wasser, gute Luft." Und natürlich auch ein giftfreies Haus, das sich die Familie zwischenzeitlich gebaut hat. Gesund ist sie noch nicht, aber das Schlimmste hat sie hinter sich.

Der Tod ist auch dabei

Gar zu oft ist auch der Tod mit von der Chemiepartie. Professor Manz hat diese Zusammenhänge innerhalb seiner Boehringer-Studie eindrucksvoll zeigen können. Von 1.520 ehemaligen Arbeitern der 1984 geschlossenen Lindan- und Dioxin-verseuchten Hamburger Chemiefabrik waren 1990 bereits 356 verstorben. 144, ein gutes Drittel, waren Karzinomen zum Opfer gefallen, 22 hatten sich das Leben genommen. Somit lag das Krebsrisiko um 50 Prozent und das Suizidrisiko 300 Prozent über der Norm.

Viele chronisch Chemikalien-Kranke, kommentiert Professor Manz die erschreckende Selbstmordquote, halten den Leidensdruck irgendwann einmal nicht mehr aus. Täglich Schmerzen, täglich gesundheitliche Probleme, pausenlos Arztkontakte und Medikamente, die nicht helfen – das bringt selbst die Ehepartner der Kranken an den Rand der Verzweiflung. Zudem falle ins Gewicht, daß die Gifte vornehmlich die Befindlichkeit beeinträchtigten und den Betroffenen die Lebensfreude nähmen. Da sei der Weg zum Suizid nicht mehr weit. Eine Reihe von Patienten hat der Arzt gerade noch vor diesem Schritt bewahren können.

Für Klaus Steinhorst waren alle Hilfen vergeblich. Mit 17 Jahren bezog der Schüler aus Braunschweig das ausgebaute und holzverkleidete Dachgeschoß im elterlichen Haus. 15 Liter Xylatech waren dort zur Anwendung gekommen; er selbst hatte die Profilbretter „Nordische Fichte" zweimal beidseitig mit dem Holzschutzmittel – Farbton Palisander – gestrichen. Fünf Jahre lang wohnte Klaus Steinhorst in seinem kleinen Paradies. Und wurde krank und kränker.

Zuerst waren es Schmerzen in beiden Kniegelenken wie bei Sportverletzungen. Eine solche Diagnose bot sich sogar an, denn Klaus Steinhorst spielte Fußball und lief in seiner Freizeit täglich 10.000 Meter. Die Therapie des Mannschaftsarztes von Eintracht Braunschweig, den er aufgrund seiner Beschwerden aufsuchte, schlug jedoch nicht an. Spritzen, Einreibungen und Bestrahlungen brachten keine Besserung. Statt dessen entwickelte sich ein umfangreiches Krankheitsbild: Bronchitis, ein Magenleiden, Kreislaufschwäche, Müdigkeit, Infekte ohne Ende; in den Fragebogen der Staatsanwaltschaft trägt Klaus Steinhorst 1984 insgesamt 59 Symptome ein, einmal mehr alles von A bis Z, von Abwehrschwäche bis Zahnfleischbluten.

Eine Lehre als Betriebsschlosser mußte er wegen mehrerer Zusammenbrüche aufgeben, eine Ausbildung zum Bauzeichner schaffte er unter großen Schwierigkeiten.

Ein Heilpraktiker und wiederum nicht die Schulmedizin tippte auf einen toxischen Hintergrund seiner Beschwerden und riet ihm schließlich zum Auszug aus der Wohnung. Er zog daraufhin nach Bad Harzburg in eine unbehandelte Wohnung.

Mit Datum vom 3. August 1982 schreibt er an die Firmenmutter des Holzschutzmittel-Herstellers. Am Ende seines Briefes heißt es: „... hoffe ich, daß Sie mir helfen können, um wieder gesund zu werden."

Die Firma antwortet am 10. August auf einen Brief des Vaters mit ähnlichem Inhalt: „Hinsichtlich Ihrer Pläne, die raumklimatischen Verhältnisse in Ihrem Haus durch den Ausbau aller mit Holzschutzmitteln behandelter Holzteile zu verbessern, dürften wir Ihnen mitteilen, daß aus unserer Sicht hierzu keine Veranlassung besteht."

Fünf Jahre später zog Klaus Steinhorst in das Haus seines Bruders nach Hildesheim. Dort ging es ihm zeitweise besser, aber die Zeit im behandelten Dachgeschoß hatte ihre Spuren hinterlassen. Die angefangene Fachoberschule konnte er nicht fortsetzen und schließlich kehrte er zurück ins elterliche Haus nach Braunschweig.

Die Eltern opfern sich auf, suchen Ärzte und Krankenhäuser. In Nürnberg finden sie einen Arzt für Naturheilverfahren, der eine

Entgiftung durchführen will. Alle drei Wochen fahren Vater und Sohn dorthin. Noch kann Klaus Steinhorst eine Strecke selbst hinter dem Steuer sitzen.

Die Schulmedizin ist längst aus dem Rennen, macht die Sache im Gegenteil noch viel schlimmer. Denn sie stempelt Klaus Steinhorst, weil ihre Apparate nichts anzeigen, zum Simulanten. Von einem psychovegetativen Syndrom ist die Rede. Der vertrauensärztliche Dienst berichtet von einer vermehrten Selbstbeobachtung des Patienten, der dabei anscheinend von pseudo-medizinischen Gedankengängen beeinflußt werde.

„Wenn Sie krank sind ohne Befund," sagt der Vater von Klaus Steinhorst heute, „dann sind Sie erledigt."

Klaus Steinhorst kämpft um die Kostenübernahme seiner Krankenkasse für einen Aufenthalt in einer Klinik für Ganzheitsmedizin in Bad Rappenau, er bettelt schließlich darum, will auch alle Fahrtkosten selbst übernehmen. Vergeblich. Schließlich begibt er sich in Behandlung von Rainer Fabig. Der Hamburger Spezialist für Chemikalienkrankheiten diagnostiziert, daß sein Patient in geradezu typischer Weise Holzschutzmittel-geschädigt sei. Für den Werksarzt der Mutterfirma indessen ist das, wie er an die Krankenkasse des Patienten schreibt, allenfalls ein schlechter Scherz.

Klaus Steinhorst wird immer schwächer, liegt oft danieder. Er hat schlimme Schmerzen, verträgt keine normale Nahrung mehr. Schließlich nimmt er nur noch Kefir und Babykost zu sich. Gegen die Schmerzen verschreibt der Arzt schließlich Morphium.

Die Eltern kaufen ihm im Sommer 1989 ein Keyboard, denn Klaus Steinhorst macht gerne Musik und komponiert auch selbst. Sie versuchen alles, aber sie wissen schon, daß ihre Möglichkeiten begrenzt sind. „Das war so furchtbar," sagt der Vater, „das kann man sich nicht vorstellen."

Am 12. August 1989, an einem Samstag, als die Eltern zum Einkaufen kurz außer Haus sind, erhängt sich Klaus Steinhorst im mittlerweile sanierten Dachgeschoß seiner elterlichen Wohnung genau dort, wo sein schlimmes Schicksal dreizehn Jahre zuvor begonnen hatte.

Auch Anja W. war ein sportlicher Mensch. In ihrer Freizeit ging sie schwimmen oder spielte Tennis. Mit 36 Jahren begann die diplomierte Landespflegerin noch einmal ein Studium: Kunstgeschichte war immer schon ihr großes Hobby. 1988 zog sie von Oldenburg an ihren Studienort Wien, wo sie in der Altstadt eine kleine Wohnung fand. Die Massivholzmöbel eines bekannten schwedischen Herstellers strich sie mit einem PCP-haltigen Holzschutzmittel, das es in Österreich noch überall zu kaufen gab. Dann begann der gesundheitliche Abstieg der, wie die Mutter erzählt, bis dahin kerngesunden jungen Frau. Sie wurde heiser, so daß die Stimme manchmal versagte, bekam Probleme mit Blase und Nieren. Ihre Knochen verformten sich, sie hatte ständig leichtes Fieber und magerte zusehends ab. Sie war dauernd müde und hatte zu nichts mehr Lust. Ängste und nachlassende Konzentrationsfähigkeit hinderten sie daran, ihre Doktorarbeit fertigzustellen. Und schließlich entzündete sich noch das Auge, in das ihr Jahre zuvor als Folge einer Star-Erkrankung eine künstliche Linse implantiert worden war.

Anja W. ging zurück zu ihren Eltern nach Oldenburg. Nach einer weiteren Operation am Auge, bei der die künstliche Linse wieder entfernt wurde, mußte sie eine entstellende Spezialbrille tragen. Ihre Beschwerden besserten sich etwas, aber die Wende schaffte sie nicht mehr. Angst und Depressionen hielten sie gefangen. Schließlich fuhr sie noch einmal mit dem Zug nach Österreich. In Kufstein sprang sie von der Wildbachtal-Brücke in den Tod.

Jahre nach den Ermittlungen bei den betroffenen Familien zeigt sich das wahre Ausmaß der Schäden, die die Holzschutzmittel-Gifte angerichtet haben. Viele Mitglieder der Interessengemeinschaft Holzschutzmittel-Geschädigter der ersten Stunde müssen nun aufgeben. Zahlreiche derjenigen, die die unvorstellbare Leistung erbracht haben, die Geschädigten zu organisieren und die Menschen im Lande gegen den erbitterten Widerstand interessierter Mächte über die Gefahren biozider Holzschutzmittel zu informieren – eine Aufgabe, an der Staat und Wirtschaft kläglich gescheitert sind –, können nicht mehr. Krebs, Krücken und Rollstühle kennzeichnen viele Schicksale. Bei Helga Zapke, der unermüdlichen Mitarbeiterin der Interessengemeinschaft, häufen sich die Todesanzeigen ehemaliger Vereinsmitglieder. Sie zählt sie nicht und bereitet sie auch nicht statistisch auf. Aber sie sagt Ende 1997: „Ich glaube nicht, daß in irgendeinem anderen Verein so viele Menschen sterben."

Zu den Toten gehört auch Elvira Spill. Die Journalistin war in einem Holzschutzmittel-behandelten Haus an Krebs erkrankt und hatte aus dieser eigenen Betroffenheit heraus Recherchen über das Problem angestellt. Ihre beiden Berichte, „Gefahr im Gebälk" und „Dioxin im Kinderzimmer", 1982 und 1984 im „Stern" veröffentlicht, erreichten Tausende von Menschen und markieren einen Meilenstein im Kampf der Holzschutzmittel-Geschädigten um ihre Rechte. Elvira Spill ist am 6. Oktober 1996 an ihrer Krebserkrankung gestorben.

Besuchs-Erfahrungen

Nein, eine durchgängige Monotonie der Symptome, wie sie die Verteidiger forderten, gab es nicht. Die Betroffenen hatten nicht völlig gleiche Beschwerden. Nicht jeder litt zum Beispiel unter Kopfschmerzen. Aber es gab andere Übereinstimmungen.

In vielen Häusern trifft man auf schwer angeschlagene, verbrauchte Menschen. Nur wenige sind, wie die bereits erwähnte Familie G., wieder voll erholt. Die Erwachsenen sind blaß und leise, sitzen in ihren Sesseln wie Boxer in der Ringecke. Vergeblich sucht man nach Leben in den Gesichtern. Die Augen blicken traurig, mutlos, ohne Freude, resigniert. Die Menschen sind kaum mehr zu einer körperlichen Anstrengung fähig. Nicht nur, daß Starfighter-Piloten nicht mehr fliegen können, auch Fliesenleger und Zimmerleute müssen ihre Berufe aufgeben. Tennis- und Skiausrüstungen landen in Abstellkammern, und alle Betroffenen wollen nur noch schlafen. Doch selbst nach zwölf Stunden im Bett sind sie nicht erholt. Sie fühlen sich zerschlagen, wie gerädert, sind schweißgebadet. Im Schnitt wechseln sie nachts zweimal die Wäsche.

Auch die geistigen Kräfte lassen nach. Vergeßlichkeit und Konzentrationsschwäche fordern ihren Tribut. Hausfrauen bewältigen ihren Tag nur noch mit einer umfangreichen Zettelwirtschaft und vergessen oft den Braten im Ofen. Am eigenen Leibe erlebe ich, was das heißt. Völlig untypisch für die Menschen in der Pfalz kommt niemand aus der Familie L. in Gundersheim auf die Idee, mir während der fünfstündigen Vernehmung in ihrem mittlerweile sanierten Haus einen Kaffee anzubieten. Und mit dem Diplom-Ingenieur Karl S. aus Arnsberg im Sauerland stehe ich einen halben Tag lang in der Küche und diktiere dort auf Band. Die Erinnerung an die schlimmen Dinge der vergangenen Jahre kostet ihn soviel Kraft, daß wir noch nicht einmal den Weg ins Wohnzimmer finden.

Lehrer bewältigen den Streß im Klassenzimmer nicht mehr und scheitern angesichts von zwei Dutzend feixenden Schülern. Dozenten bringen keine Vorlesung mehr über die Bühne. Auch die Psyche ist betroffen. Unruhe, Angst, Depressionen.

Vor Ort sehe ich auch, was sich hinter dem Begriff der Antriebsschwäche verbirgt. Nichts mehr wollen, nur noch das Notwendigste tun, Aufgabe der Mitarbeit im Sportverein, in der Elternvertretung, im Kirchenvorstand, kompletter sozialer Rückzug. Das toxische Null-Bock-Syndrom. In Amerika hat man die Sache auf den Punkt gebracht: Wie wenn der Stecker rausgezogen ist.

Kinder sind in ähnlicher Weise auffällig. Apathisch, am Mittag schon oder noch in den Betten liegend, ein feuchtes Tuch auf der heißen Stirn, Rolläden geschlossen. Die kleineren laufen oft wie besoffen im Kreis.

Eine auffällige Infekthäufigkeit bildet die zweite Säule der Erkrankung. Wir haben mittlerweile begriffen, daß neben der klassischen Entzündung wie Lungen- oder Halsentzündung zahlreiche andere Symptome, beispielsweise Brennen und Reizungen der Augenbindehäute, des Hals-Nasen-Rachenraums, des Zahnfleisches, Bronchitis, Prostatitis und vor allem die Pilzerkrankungen von Haut, Magen, Darm, Finger- und Zehennägeln als Infekte zu deuten sind. Medizinisch exakt ausgedrückt handelt es sich dabei um den Zustand nach dem Eindringen von Mikroorganismen in einen Makroorganismus, zum Beispiel von Viren in den Menschen. Das ist enorm wichtig, denn diese Dinge können eine gemeinsame Ursache haben. Wer macht die Tür so bereitwillig auf? Ist die Immunabwehr vielleicht doch entscheidend beteiligt?

Hautirriationen sind ebenfalls allgegenwärtig. Welke, wunde, schlaffe, großporige, dünne, schuppige, marmorierte, gerötete Haut, Hautflecken, Hautjucken, Hautverfärbungen, Hautrisse, Hautausschläge, übermäßige Hautpigmentierungen, Furunkel, Ekzeme, Pickel.

Die Chlorakne ist glücklicherweise weniger vertreten. An ihr erkranken vornehmlich Chemiearbeiter nach akuten Dioxin-Einflüssen. Einer von ihnen, Konrad Wertz, der bei Boehringer Ingelheim gearbeitet hatte, mußte sich nach einer Dioxin-Vergiftung im Jahre 1953 jährlich einer Dermaprasion, einem Abschleifen der Haut unterziehen. Auf ihrem langen Weg aus den Fettdepots über die Talgdrüsen ins Freie machen die Dioxine aus Menschenhaut Elefantenleder. Aber auch was die Holzschutzmittel-Geschädigten vorzuweisen haben, ist schlimm genug.

Was der Computerausdruck schon angedeutet hat, bestätigt sich vor Ort: Es gibt ein Holzschutzmittel-Syndrom. Ein zwar vielgestaltiges, aber dennoch typisches Krankheitsbild, bestehend aus einer

Primärsymptomatik in Form eines markanten körperlichen und geistigen Leistungsknicks, zahlreichen Hautirritationen und einer auffälligen Infekthäufung sowie einer Sekundärsymptomatik, bei der Schlafstörungen, nächtliches Schwitzen, Haarausfall, Verdauungsstörungen, Muskel-und Gelenkschmerzen im Vordergrund stehen.

Noch etwas machen die Ermittlungen vor Ort deutlich: Das Holzschutzmittel-Syndrom läuft zunächst an der kurzen Leine der Exposition. Die Beschwerden sind an die Giftquelle, das heißt an das behandelte Haus, gebunden. Vor dem Einzug beziehungsweise der Renovierung waren alle Betroffenen gesund, im großen und ganzen jedenfalls.

Danach beginnt der gesundheitliche Abstieg, aber schon kurze Abwesenheit vom Haus führt zu spürbaren Besserungen. Das Wochenende in den Bergen, der Kurztrip an die See. Normale Ferien, zwei oder drei Wochen, läßt manche schon wieder all das Schlimme vergessen. Der Einwand der Hersteller, im Urlaub gehe es eben allen gut, das sei sein wesentlicher Zweck, verliert seine Bedeutung angesichts nicht weniger Ausnahmen: Wenn die Ferienhäuser mit Schutzmitteln gestrichen waren, wenn in den Hotels gegen Moskitos die chemische Keule eingesetzt wurde oder wenn in den Weinbergen rund um die Pension gesprüht wurde, wenn also für die Kontinuität der Gifte gesorgt war, wurde der Urlaub schnell zum Horrortrip.

Wenn der Aufenthaltsort indessen giftfrei war, erholten sich die Menschen rasch. Dann schadete es noch nicht einmal, wenn es sich bei dem neuen Domizil um die Intensivstation eines Krankenhauses handelte. Der Kronberger Bankdirektor Horst Liefheit wurde nach einem schweren Infarkt in die Universitätsklinik eingeliefert und schon auf der Intensivstation, als es noch um Sein oder Nichtsein ging, seine zahlreichen Allgemeinbeschwerden los.

Entsprechende Differenzierungen gab es selbst innerhalb der Häuser. Am kränksten waren diejenigen, die ihre Schlafzimmer unter das Dach verlegt hatten und mit ihren Köpfen einen halben Meter unter den verkleideten Schrägen lagen. Wenn diese Räume dann noch der Sommersonne ausgesetzt waren, potenzierten sich die Beschwerden nochmals, denn hohe Temperaturen lassen PCP und Lindan verstärkt ausgasen. Christa Edler, eine frühpensionierte Postsekretärin aus Mannheim, hatte das Kopfteil ihres Bettes an einen dicken, jahrhundertealten Balken gerückt, der, wie sie berichtete, das Holzschutzmittel wie ein Löschblatt aufgesogen hatte. Dafür zahlte sie mit ihrer Gesundheit. Auch Saunen und enge Kellerbars erwiesen sich stets als Giftfallen.

Generell fühlten sich die Betroffenen, mit Ausnahme der Bewohner sonnenorientierter Dachzimmer, im Winter kränker als im Sommer, ein Umstand, der einfach mit dem reduzierten Lüften während der kalten Jahreszeit erklärt werden kann. Kinder waren aufgrund ihres noch nicht voll entwickelten Entgiftungsorgans stärker betroffen als Erwachsene; Hausfrauen klagten über stärkere Beschwerden als ihre berufstätigen und daher oftmals nicht zu Hause weilenden Ehemänner.

Wo sich die Risikofaktoren häuften, wurde es für die Betroffenen eng. Der achtjährige Christian Sander wurde am Abend des 6. Januar 1986 von seiner Großmutter in seinem Zimmer in verstörtem Zustand gefunden. Er war nicht ansprechbar, völlig verwirrt. Christian war unmittelbar nach seiner Geburt in ein kleines Zimmer im Dachgeschoß gezogen, dessen Decken und Böden mit Holzschutzmittel behandelt waren. Schon bald verfiel das Kind gesundheitlich und mußte mehrfach stationär behandelt werden. Der von den Eltern alarmierte Kinderarzt, Dr. Pöser, wies Christian in eine Kinderklinik ein. Dort lag er zwei Tage apathisch im Bett und erbrach oft stundenlang nach Azeton riechenden Schleim. Mit Hilfe einer Nährstofftropfinfusion erholte er sich schließlich und konnte nach zwei Wochen nach Hause entlassen werden. Dort allerdings verschlimmerten sich seine Beschwerden wieder, am 20. Februar war das Kind erneut im Krankenhaus. Danach sanierten die Eltern das gesamte Haus. Drei Jahre dauerte es noch, bis Christian wieder einigermaßen gesund war. Ohne die Klinikeinweisung am 6. Januar 1986 – da waren sich die Ärzte einig – wäre das Kind gestorben. Entscheidend für seine Genesung war die Beendigung des Gifteinflusses in der Klinik.

Die Betroffenen können auch viel vom Schicksal ihrer Haustiere erzählen. Unter deutschen Dächern kommen die kleinen Zwei- und Vierbeiner sowieso unmittelbar nach den Kids.

Schon die normalen Krankheiten der Tiere sind auffällig: Praktisch alle sind gesundheitlich angeschlagen, verlieren die Haare, krampfen, verweigern die Nahrung und sterben allzu früh. Richtige Schmunzelgeschichten sind dabei. Familie Österreich berichtet eine auffällig Beobachtung an ihrem Hund. Der war zur Strafe für sein ständiges Bepinkeln des Teppichs im Wohnzimmer in die Garage umquartiert worden. Dort erholte sich das insgesamt angeschlagene

Tier sehr rasch und lernte auch wieder, auf die vorgesehene Art und Weise sein Geschäft zu machen. Danach durfte er wieder zurück ins Haus, wo sich die Probleme allerdings nach wenigen Tagen erneut einstellten. Diese Dinge führten wieder auf direktem Weg in die Garage und nach wenigen Wochen wieder zurück. Das Drama endete erst, als das Haus saniert war.

Damit hatte die Familie Österreich unbeabsichtigt ein an der Umweltklinik in London entwickeltes Nachweisverfahren für Chemikalienkrankheiten angewendet. Dort werden die Patienten abwechselnd völlig giftfrei isoliert und dann gezielt der inkriminierten Chemikalie ausgesetzt. Wenn sich damit die fraglichen Symptome hervorrufen beziehungsweise abstellen lassen, gilt der Stoff als überführt.

Was mich besonders interessiert, ist der endokrinologische Aspekt. Die Embryo-Toxizität von PCP ist zwar anerkannt, soll aber erst bei einer Belastung der betreffenden Tiere im Milligrammbereich akut werden. An diesem Schwellenwert wecken die Beobachtungen der Tierfreunde allerdings erhebliche Zweifel. Diese berichten nämlich schon unter normalen Expositionsbedingungen, das heißt Gifteinflüssen im Mikrogrammbereich, von extremen Auffälligkeiten.

Dr. Maschmeyer aus der Nähe von Bremen, ein Facharzt für innere Krankheiten, erzählt, daß es seinem Zwergpapageienpaar nach Bezug der neuen Wohnung trotz laufend wiederholter Brutversuche nicht gelungen sei, lebende Junge auszubrüten. Aus insgesamt sechs Gelegen mit zusammen siebenundzwanzig Eiern seien nur zwei völlig dystrophe Junge geschlüpft, die gleich danach eingingen.

Die Bernhardinerhündin der Familie Zapke erlitt Mitte der siebziger Jahre eine Fehlgeburt, die tierärztliche Diagnose lautete: mazerierter Fötus und bedeutete, daß der Embryo im Mutterleib vertrocknet und von der Hündin in Form einzelner Knochenteile ausgeschieden worden war. Im Holzschutzmittel-behandelten Kaninchenstall der Familie Rous wurden die Tiere kaum noch trächtig. Die wenigen Jungtiere kamen mit Mißbildungen zur Welt. Später suchte sich eine Gans in diesem Stall ihren Unterschlupf und brütete fünf Eier aus, davon waren lediglich zwei befruchtet. Eines der beiden Jungtiere hatte drei vollständig ausgebildete Beine.

Selbstverständlich, das sind keine, wie die Wissenschaft es ausdrückt, kontrollierten Tierversuche. Es sind Beobachtungen im Zusammenhang mit Holzschutzmittel-Expositionen, mehr nicht.

Aber sie deuten darauf hin, daß die aus den klassischen Tierversuchen abgeleiteten Schwellenwerte nicht stimmen und viel zu hoch angesetzt sind. Um den Faktor tausend ungiftiger sind die Milieus, in denen die Tiere dieses Ermittlungsverfahrens ihre bösen Erfahrungen mit ihrer eigenen Gesundheit und der ihrer Föten gemacht haben.

Ein wichtiger Antrag

Die Feststellung, daß das Verhalten eines Menschen ursächlich geworden ist für die Verletzung eines fremden Rechtsguts, reicht für die strafrechtliche Haftung des Täters nicht aus. Die Verletzung muß schuldhaft geschehen sein, also vorsätzlich oder fahrlässig. Vorsatz ist Wissen und Wollen des tatbestandsmäßigen Erfolgs. Mehr nicht. Jurastudenten im ersten Semester verstehen unter der vorsätzlichen Tat regelmäßig eine von langer Hand geplante Tat. Dieser Irrtum hält sich bei einigen bis zum Examen und länger.

Auch wenn der Täter den tatbestandsmäßigen Erfolg, zum Beispiel den Tod eines Menschen, nur ins Kalkül zieht, nur für möglich und nicht für sicher gehalten, ihn aber billigend in Kauf genommen hat, liegt vorsätzliches Verhalten – in Form des sogenannten bedingten Vorsatzes – vor.

Im Zentrum des Fahrlässigkeitsvorwurfs wiederum steht die Verletzung einer Sorgfaltspflicht. Der Täter muß pflichtwidrig gehandelt haben. Im Holzschutzmittel-Fall widmen wir uns zunächst bevorzugt dieser Schuldform. Daß die Verantwortlichen ihre Kunden vorsätzlich geschädigt haben, klingt zunächst doch sehr abenteuerlich.

Welche Pflichten treffen den Hersteller und Vertreiber von Waren? Er muß dafür Sorge tragen, daß die Verbraucher gesundheitlich keinen Schaden nehmen. Hinsichtlich dieser allgemeinen Feststellung besteht in der Rechtswissenschaft noch Einigkeit. Wie sieht das aber konkret aus? Wie verhält es sich beispielsweise, wenn das fragliche Produkt erst nach einer gewissen Zeit des Vertriebs in Verdacht gerät, die Kunden zu schädigen? Das Landgericht Aachen hat im Contergan-Einstellungsbeschluß eine fortschrittliche Antwort gegeben.

In dem zugrunde liegenden Verfahren ging es unter anderem um die Frage, wann und in welcher Weise die Verantwortlichen der Herstellerfirma Chemie Grünenthal auf die sich häufenden Meldungen über schwere Nebenwirkungen hätten reagieren müssen. Zunächst schlägt das Gericht zwei wichtige Pflöcke ein: Wenn die Schädlichkeit eines Produktes feststeht, muß der Hersteller handeln. Und: im umgekehrten Fall, wenn die Schädlichkeit nicht feststeht, ist der Hersteller aber nicht grundsätzlich von seiner Handlungspflicht entbunden. Er hat vielmehr immer dann tätig zu werden, wenn mehrere ernst zu nehmende Meldungen den Verdacht gegen das Produkt begründen. Die Details ergeben sich aus den Umständen des Einzelfalles. Der Hersteller muß um so früher handeln, je schwerer die behaupteten Gesundheitsschäden sind. In diesem Zusammenhang spielt es insbesondere eine Rolle, ob die Schäden vorübergehender Art sind oder sich vielleicht als irreversibel erweisen. Auch auf die Häufigkeit der Schäden kommt es an und auf den Wert des Produkts. Im Fall des Contergans hieß letzteres: Welchen therapeutischen Wert hatte das Medikament? War es vielleicht lebensnotwendig und unersetzbar? Oder war es ein „Luxusmedikament"?

Das „Wann" der Herstellerreaktion ist eine Abwägungsfrage. Den dafür geltenden Obersatz hat das Aachener Landgericht deutlich formuliert: Das Interesse des Verbrauchers, sich durch die Einnahme des Arzneimittels keine Schädigung seiner Gesundheit zuzuziehen, gehe dem Interesse des Arzneimittelherstellers an einem uneingeschränkten Vertrieb seines Präparates vor. „Die Gesundheit ist das höherwertige Rechtsgut", so die Aachener Richter.

Und auch bei der Frage, welche Maßnahmen vom Hersteller zu treffen sind, betont das Landgericht die Priorität der Verbraucherinteressen. Entscheidend komme es darauf an, wie sich der Schutz des Verbrauchers am besten verwirklichen lasse. Für die einschlägige Entscheidung hat das Gericht diverse Möglichkeiten ins Kalkül gezogen: Unterrichtung von Ärzten und Verbrauchern, Einführung der Rezeptpflicht und Zurückziehen des Mittels vom Markt. Im Contergan-Fall hatten sich die Hersteller in entscheidender Weise falsch verhalten. Als die Firma Chemie Grünenthal ihren Renner am 26. November 1961 – vier Jahre nach Markteinführung, zwei Jahre nach den ersten Fällen von Robbengliedrigkeit im Zusammenhang mit der Einnahme von Contergan und knapp drei Monate nach der Veröffentlichung zahlreicher Schadensfälle durch die Kinderärzte Dr. Wiedemann und Dr. Lenz – zurückzog, war die Katastrophe bereits geschehen.

Der Fahrlässigkeitsvorwurf beinhaltet immer auch die Feststellung, daß der Erfolg, die Rechtsgutverletzung also, vorhersehbar war. Hätten die Verantwortlichen, so fragt man, mit dem Schaden rechnen müssen? Oder lag dieser so sehr außerhalb der Wahrscheinlichkeit, der Lebenserfahrung, daß man ihn dem Beschuldigten nicht zurechnen kann?

Was also wußten die Hersteller der Holzschutzmittel von der Gefährlichkeit ihrer Produkte? Hatten sie vielleicht selbst Versuche angestellt? Waren sie von dritter Seite, von Ärzten und Wissenschaftlern, vielleicht sogar von den Firmenmüttern gewarnt worden? Gab es möglicherweise Hinweise von Kunden?

Dazu wissen wir reichlich wenig. Wir haben uns – vielleicht zu sehr? – auf die Kausalitätsebene konzentriert.

„Wir müssen unbedingt in die Firma", sagt mein Abteilungsleiter, ein junger „alter Hase", für den ein Ermittlungsverfahren erst dann interessant wird, wenn es so gut wie verloren erscheint.

Ich bin eher skeptisch, obwohl wir bei einer Probedurchsuchung einige Monate zuvor recht erfolgreich waren. Die Farbenfirma im westlichen Niedersachsen – ebenfalls auf der Liste der Hersteller und nicht gerade eine Klitsche – hatte, wie sich aus den Unterlagen im Schreibtisch des Geschäftsführers zweifelsfrei ergab, ihre Holzschutzmittel auf der Basis von Altölen hergestellt. Diese hatte sie, freilich unentgeltlich, von einem großen deutschen Mineralölunternehmen bezogen.

Der Marktführer aber, so denke ich, hat doch mittlerweile seine Aktenbestände gesäubert und das Belastungsmaterial beseitigt, wenn es denn so etwas gibt. Mein Abteilungsleiter ist da anderer Meinung: „Meinen Sie, da rechnet ein Mensch damit, daß wir kommen?"

„Jeder weiß, daß wir seit vier Jahren ermitteln!"

„Sie vergessen, daß wir nach Nordrhein-Westfalen fahren, da sitzen die Konzerne so sicher wie in Bayern."

Nordrhein-Westfalen – seit 1966 stellt die SPD in dem bevölkerungsreichsten Bundesland die Regierung. Da sind aller Orten Freundschaften und Übereinkünfte entstanden. Da hat man sich arrangiert, da haben auch Industrie und Justiz gelernt, miteinander auszukommen. Und jetzt ausnahmsweise eine Frankfurter Zuständigkeit!

Staatsanwälte und Polizeibeamte dürfen nicht ohne weiteres und nach Lust und Laune in fremden Wohnungen und Geschäftsräumen schnüffeln. Als Teil der Privatsphäre sind diese Örtlichkeiten grundsätzlich geschützt. Die Zeiten, in denen das anders war, liegen noch nicht lange zurück. Manche haben sie in böser Erinnerung. Eine Durchsuchung ist, von den berühmten Eilfällen abgesehen, nur aufgrund eines richterlichen Beschlusses zulässig. Und der Richter stellt den Beschluß nur aus, wenn zu vermuten ist, daß die Durchsuchung zur Auffindung von Beweismitteln führen wird.

Nun darf man allerdings nicht glauben, daß nur alle Jubeljahre einmal eine Wohnung durchsucht wird. Solche Maßnahmen sind vielmehr an der Tagesordnung, gehören zum Alltag in der Bundesrepublik. Ich selbst habe während meiner Zeit bei der Staatsanwaltschaft Dutzende von Durchsuchungsbeschlüssen erwirkt. Hingegen sind in nur dreien meiner Ermittlungsverfahren Telefone abgehört worden – eine streng regulierte und ebenfalls nur aufgrund richterlichen Beschlusses zulässige Maßnahme. Aber mit der Exotik der Telefonüberwachung ist es mittlerweile auch vorbei. Die steigende Kriminalität, ihre intelligenter gewordene Organisation und natürlich auch die ständige Erweiterung der gesetzlichen Eingriffsvoraussetzungen treibt auch diese Zahlen in die Höhe: in Hessen von 500 im Jahre 1992 auf 665 im Jahre 1996. Eine Steigerung von über 30 Prozent in fünf Jahren.

Am 25. September 1988 stellt der Ermittlungsrichter beim Amtsgericht Frankfurt am Main auf Antrag der Staatsanwaltschaft im Verfahren 92 Js 8793/84 zwei Durchsuchungsbeschlüsse aus. Einen für den Marktführer am Niederrhein, den anderen für den Tabellenzweiten aus Norddeutschland.

Die Durchsuchung

Durchsuchung – Drecksarbeit, jedenfalls in Großverfahren. Die erste halbe Stunde lebt von den überraschten Gesichtern der Betroffenen, die zweite von der eigenen Neugierde, die dritte aber schon vom Frust, und was danach kommt, ist noch grausamer. In Rauschgiftverfahren durchwühlt man schmutzige Absteigen, in Wirtschaftsverfahren sind es prallvolle Leitzordner, die nicht nur durchgeblättert, sondern mindestens quergelesen oder sogar sorgfältig studiert werden müssen. Stundenlange Knochenarbeit, auf die die Evolution den Menschen nicht vorbereitet hat.

Am 14. Oktober 1988 stehen wir auf der Matte. Zwei Staatsanwälte, 40 Beamte des Bundeskriminalamtes, hoffentlich motiviert, jedenfalls aber ausreichend bewaffnet. Völlig unverfänglich sind wir in acht Mercedes-Limousinen, sämtlich mit Wiesbadener Kennzeichen und Stummelantenne am Heck, auf dem Parkplatz vor dem Verwaltungsgebäude vorgefahren.

Auf die Sekunde genau um 10 Uhr – in Norddeutschland ist ein zweites Kontingent zeitgleich im Einsatz – betreten wir das Gebäude. Mein Abteilungsleiter, der in jedem Menschen einen potentiellen Straftäter sieht, wird schon beim Pförtner fündig. Dort liegen die „Grundregeln für staatsanwaltschaftliche Durchsuchungen in Geschäftsräumen", die drei Wochen zuvor von der Sekretärin eines Geschäftsführers an die verschiedenen Abteilungen der Firma versandt wurden. Der Text beginnt mit dem Satz: „Beamte zur Geschäftsleitung führen, auch wenn ein anderer Besuchswunsch geäußert wurde." Im Text heißt es weiter: „Verschlossene Behältnisse auf Verlangen öffnen, im übrigen keine aktive Mitwirkung (keine Standortbezeichnung für Akten, keine Vorlage oder Herausgabe)." Von den Rechten der Strafprozeßordnung soll nach dem Wunsch des Verfassers dieser Anleitung ausgiebigst Gebrauch gemacht werden. Ein klein wenig eitel ist man allerdings auch, denn es heißt unter anderem: „Schlüssel für Schränke herausgeben, um Beschädigungen zu vermeiden."

Durch das Foyer, in dem uns eine Besuchergruppe aus Japan freundlich zulächelt, gelangen wir schnell zur Geschäftsleitung, wir hatten keinen anderen Wunsch geäußert. Auf Seiten des Bundeskriminalamtes hat Frau K.-S. heute das Sagen. Die Frau mit dem Doppelnamen absolvierte nach ihrem Jurastudium die Kriminalrätinnen-Laufbahn in der Wiesbadener Behörde, sie ist somit etwas

Besonderes. Sie muß dem anwesenden Geschäftsführer – sein Kompagnon wird wenig später aus Brüssel einfliegen – den Durchsuchungsbeschluß aushändigen und ihn von der geplanten Maßnahme in Kenntnis setzen.

Das bereitet ihr unerwartet Schwierigkeiten. Sie ziert sich ernstlich; offenbar ist es ihr peinlich, unbescholtenen Bürgern so massiv zur Last zu fallen. Während sie diverse Formulierungen ansatzweise durchprobiert, drängeln von hinten die Kommissare. Einer von ihnen schiebt sich schließlich vor und erlöst die Kriminalrätin, indem er ihr den Beschluß freundlich aus der Hand nimmt und ihn dem Geschäftsführer unter Aufsagen erläuternder Worte übergibt. Dann kann es losgehen.

In Deutschland wird alles aufgeschrieben und alles abgeheftet und nichts weggeworfen. Mehrere tausend Leitzordner stehen und hängen in den Büros und vor allen Dingen in einem zentralen Aktenraum. Die Beamten blättern, lesen ohne Pause. Zwischendurch lassen sie sich in der Kantine wortlos und von säuerlichen Blicken begleitet Kaffee zum Vorzugspreis für Mitarbeiter servieren. Am späten Nachmittag steht fest: Wir brauchen noch einen Tag. Nach der Versiegelung sämtlicher Räume fahren wir zu einem nahegelegenen Hotel. Die Frage, ob wir „von der Holzschutzfirma" kommen, bejahen wir wahrheitsgemäß. Daraufhin gibt man uns die Zimmer um die Hälfte billiger. Am Abend des nächsten Tages ist die Aktion beendet. Wir haben ca. 5.000 Leitzordner gecheckt und nehmen 800 mit.

Sechs Monate dauert die Auswertung der Beweismittel in den Wiesbadener Amtsstuben. Vier bis sechs Polizeibeamte und mein Abteilungsleiter, den die Fahndungswut einmal mehr gepackt hat, lesen sich Tag für Tag durch die Akten, sortieren die fallrelevanten Blätter aus und kopieren sie. Mein Abteilungsleiter zahlt für sein Engagement einen nicht zu geringen Preis: Er verdirbt sich die Augen, ist seitdem Lesebrillenträger. Aber er weiß: Es gibt Schlimmeres auf der Welt.

Die Beute

Wilhelm Proszek und seine Ehefrau Sophia aus Wesel am Niederrhein sind nicht mehr die Jüngsten. Er ist nach dreißig Jahren unter Tage mit fünfzig in Rente gegangen, sie war und ist Hausfrau und putzt ab und zu noch mal das Pfarrhaus. Drei Kinder haben die Proszeks großgezogen, einen Enkel gibt es auch. Im April 1977 wenden sie sich in einem Brief an die Firma. Wir haben das Schreiben in einem Ordner gefunden, der mit „Kundenpost“ gekennzeichnet war. Es fiel mir bei der Durchsicht auf, weil es in altdeutscher Schrift abgefaßt war, auf liniertem Papier, akkurat und fehlerlos, sicher nicht die erste Fassung und ich habe es vor Ort sogleich gelesen – „Altdeutsch“ hatten wir noch in der Schule. Es hieß da:

„Nach langem Nachdenken haben wir uns nunmehr entschlossen, Sie um Rat zu fragen.“ Dann folgt, nach den persönlichen Lebensumständen, die eigentliche Geschichte:

„Unsere jüngste Tochter hat uns leider von Anfang an viele Sorgen bereitet. In der Schule gehörte sie zu den weniger guten Schülern und eine Lehre als Friseuse hat sie schon bald abgebrochen. Wenig später war sie mit einem jungen Mann aus Kerkrade befreundet, den wir alle nicht mochten. Als ein Kind unterwegs war, heirateten die beiden, sie 17 und er 19.

Zunächst wohnten sie im Haus seiner Eltern, dann, nach der Geburt des Sohnes, in einer Sozialwohnung zur Miete. Unser Schwiegersohn hat viel getrunken und dadurch wohl auch seine Arbeit verloren. Danach lebte die Familie von der Sozialhilfe. Immer öfter brachte unsere Tochter nun den kleinen Holger zu uns. Dann tauchte sie oft tagelang nicht mehr auf. Das Kind hatte es gut bei uns aber es war oft krank vor Heimweh. Es schrie stundenlang nach seiner Mutter. Wir suchten sie und fanden sie und ihren Mann in einer Gaststätte am Bahnhof. Um ein Haar hätten wir sie nicht wiedererkannt. Sie waren beide alkoholkrank und vegetierten mehr als sie lebten. Holger blieb danach ganz bei uns. Wir wollten, daß er ein bißchen entschädigt würde für sein Pech in so jungen Jahren und bauten ihm das schönste Kinderzimmer auf der Welt. Aus der alten Rumpelkammer hinter der Küche machten wir ihm ein kleines Paradies. Wände und Decken wurden mit Holz verkleidet und eine komplette Einrichtung wurde gekauft. Bevor er einzog haben wir die Holzverschalung sowie das Holzbett mit einem Mittel ihrer Firma gestrichen.

Das Glück unseres Enkelkindes währte aber nicht lange. Eigentlich nur einen halben Tag. Schon in der ersten Nacht bekam Holger einen Asthmaanfall und dann stellte sich praktisch jede zweite oder dritte Nacht schwere Atemnot bei ihm ein. Das hatte er vorher nie gehabt. Der Arzt machte Spritzen, konnte aber dauerhaft nicht hel-

fen. In den folgenden Wochen und Monaten ging es mit Holger stetig bergab. Er behielt kaum mehr das Essen bei sich, hatte entweder Durchfall oder mußte sich erbrechen. Der kleine Wicht wurde immer dünner. Oft hatte er krampfartige Bauchschmerzen, dann lag er schreiend im Bett. Mittlerweile sind vielleicht die Hälfte seiner Haare ausgefallen. Ein paarmal ist er von der Schule nach Hause gebracht worden, weil er dort einfach umgefallen war. Seit einigen Wochen geht er gar nicht mehr zur Schule. Er ist viel zu schwach und hat zudem eine Dauererkältung. Sein Schnupfen und Husten gehen gar nicht mehr weg. Holger liegt eigentlich nur im Bett und zittert. Wir haben Angst, daß er stirbt.
Eine Bekannte hat uns kürzlich von einem ähnlichen Schicksal aus ihrer Nachbarschaft erzählt. Dort sei eine ganze Familie nach der Renovierung ihres Hauses schwer erkrankt, wobei der siebenjährige Junge in gleicher Weise wie unser Enkelkind in Mitleidenschaft gezogen wurde. Auch diese Familie habe im Haus Holzschutzmittel verstrichen. Dürfen wir Sie in diesem Zusammenhang freundlich fragen, ob ihnen vergleichbare Fälle...“

Viele haben auf diese Weise geschrieben und Aufklärung erbeten. Es sind mit wenigen Ausnahmen freundliche Briefe, keine Vorwürfe, keine Forderungen, aber regelmäßig ausführliche Geschichten. Die Betroffenheit der Menschen läßt sich nicht in zwei oder drei Sätze fassen. Immer ist es die Schilderung eines markanten gesundheitlichen Abstiegs und immer weisen zahllose Indizien auf die Holzschutzmittel als Verursacher der Katastrophe hin.

„Zehn Briefe dieser Art muß man lesen,“ sagt Kommissar Sch., „dann weiß man, was los ist.“ Viertausend haben geschrieben, allein bis Ende 1978.

Die Firma beantwortet alle Anfragen, den größten Teil mit einem Standardbrief:
„Eine Reihe von Veröffentlichungen hat zu einer erheblichen Unruhe und Unsicherheit unter den Holzschutzmittel-Verbrauchern und zu Fragen an die Holzschutzmittel-Hersteller geführt. Die folgenden Informationen sollen ausgehend vom derzeitigen Kenntnisstand in der Wissenschaft eine Antwort auf die wesentlichen Fragenkomplexe geben. PCP ist ein seit mehr als 30 Jahren weltweit in Holzschutzmitteln enthaltener Wirkstoff gegen holzzerstörende Pilze (Fäulnis). Er wird in verdünnter, ca. fünfprozentiger Lösung verwendet. In diesen drei Jahrzehnten wurden viele Millionen Quadrat-

meter Holz außen und in Innenräumen mit XYLATECH und XYLALUN-Holzschutzmittel dekorativ behandelt und vor möglicher vorzeitiger Zerstörung geschützt, ohne daß Gesundheitsschäden nachgewiesen wurden. Das gilt auch für die Angehörigen von Verarbeiterfirmen, die gewerbsmäßig täglich große Mengen PCP-haltige Holzschutzmittel verarbeiten. Umfassende und regelmäßige internistische Untersuchungen bei dem zuletzt genannten Personenkreis haben keine Gesundheitsschäden trotz eines teilweise jahrzehntelangen Umgangs mit PCP-haltigen Holzschutzmitteln erkennen lassen. PCP gehört darüber hinaus zu den besonders gründlich untersuchten Substanzen. Aufgrund dieser Untersuchungen wurden Werte für die höchstzulässige Raumluftkonzentration von PCP festgelegt, bei deren Unterschreiten eine Gesundheitsgefährdung nach derzeitigem Wissensstand bei Beachtung der Anwendungsvorschriften ausscheidet. Natürlich sind allergische Reaktionen bei empfindlichen Personen nie völlig auszuschließen. Das gilt aber auch für Lacke und eine Vielzahl von Haushaltsmitteln. Welche Vorsichtsmaßnahmen bei der Verarbeitung unserer Holzschutzmittel zu ergreifen sind, ist auf den Gebinden und in unseren Merkblättern nachzulesen, die beim Fachhandel erhältlich sind.

Bei Einsatz unserer Holzschutzmittel auf den üblichen Holzarten Fichte/Tanne haben wir durch zahlreiche Messungen festgestellt, daß die Raumluftkonzentration des PCP kurz nach der Anwendung allenfalls den 10. Teil der international als unbedenklich geltenden Menge beträgt. Innerhalb weniger Wochen sinken diese Werte auf 1/100 oder weniger ab. Auch Messungen des Bundesgesundheitsamtes ergaben entsprechende Ergebnisse. Falls Sie trotzdem der Meinung sind, Sie müßten zusätzliche Maßnahmen ergreifen, möchten wir uns dem Hinweis des Bundesgesundheitsministeriums anschließen, demzufolge der Gehalt der Luft an PCP durch Überstreichen mit Alkydharzlacken, z. B. unserem D.-Seidenglanz, gesenkt werden kann. Diese Empfehlung geben wir schon seit Jahren bei lasurbehandelten Holzflächen, die einer mechanischen Beanspruchung ausgesetzt sind, in unserer Holzschutzfibel. Durch diesen Arbeitsgang erreichen Sie Raumluftkonzentrationswerte, die nach derzeitigen wissenschaftlichen Erkenntnissen um ca. 90 Prozent niedriger liegen als der Ausgangswert.

Aufgrund der vorliegenden wissenschaftlichen Erkenntnisse sind wir der Überzeugung, daß der aufgekommene Verdacht unbegründet ist, d. h. Gesundheitsbeeinträchtigungen sowohl bei Erwachsenen als auch bei Kleinkindern nicht zu erwarten sind. Gleichwohl wollen wir als verantwortungsbewußter Hersteller hieran nicht einfach vorbeigehen und haben uns daher entschlossen, bis zur endgültigen Klärung auf den XYLATECH- bzw. XYLALUN-Gebinden, soweit sie PCP enthalten, keinen Innenhinweis mehr anzubringen. Bitte mißverstehen Sie diese Maßnahme nicht dahingehend, daß wir PCP-haltige Holzschutzmittel etwa für gefährlich halten.“

Dieses Schreiben enthält einige Fehler. Die PCP-Raumluft-Konzentrationen liegen unmittelbar nach der Anwendung nicht beim zehnten Teil des international anerkannten Grenzwertes, sondern etwa im Bereich des sogenannten MIK-Wertes (MIK = Maximale Innenraum-Konzentration), des seinerzeit für Innenraumbelastungen diskutierten Grenzwertes von 60 Mikrogramm pro Kubikmeter Raumluft. Das hatte die Firma im Rahmen eines eigens dafür initiierten Tests selbst herausgefunden. Dabei waren 54 Mikrogramm PCP pro Kubikmeter Raumluft gemessen worden.

Daß gleichzeitig mit 36 Mikrogramm auch noch eine Lindan-Konzentration gefunden wurde, die den Grenzwert von 25 Mikrogramm deutlich überschreitet, nebenbei zudem noch 59 Mikrogramm Tetrachlorphenol (TCP), wird verschwiegen. So gibt es auch keinen Hinweis darauf, daß man einer toxikologischen Bewertung möglicherweise die Summe der in der Raumluft enthaltenen Giftstoffe zugrunde legen muß.

Der zehnte Teil des MIK-Wertes für PCP war zwar auch gemessen worden, allerdings vom Bundesgesundheitsamt – zwei Jahre nach der Anwendung der Mittel.

Daß man firmenintern die Gefahr schon gesehen hatte, folgt aus einem ebenfalls sichergestellten Vermerk vom 22. März 1977:
„...zurückkommend auf den Tutzinger Vorfall erklärte Herr Dr. M., daß eigene Versuche in einem Modellraum zeigten, daß bei XYLATECH Werte zu messen waren, die eine Erklärung für das Pflanzensterben gaben und bei empfindlichen Menschen sogar Gesundheitsschäden hervorrufen konnten.“

Einzelne Anfragen beantwortete die Firma individuell. Dazu wurden Textbausteine verwendet, die nach den Besonderheiten des konkreten Falles kombiniert wurden. In diesen Schreiben heißt es unter anderem:
„Experten von wissenschaftlichen Institutionen, Ministerien und der Industrie waren sich in einer erst vor wenigen Tagen beim Bundes-

gesundheitsamt durchgeführten Diskussion einig, daß bei sachgemäßer Anwendung Gesundheitsschäden ausgeschlossen werden können.

Die Experten mögen viele Fehler gemacht haben, aber Unbedenklichkeit hatten sie dem Mittel nicht bescheinigt. Vielmehr hatten die Fachleute des Bundesgesundheitsamtes sich auf ein „Non-liquet" verständigt: weder die Gefährlichkeit, noch die Ungefährlichkeit der Mittel sei bewiesen.

Bezüglich der PCP-Belastung von Bewohnern behandelter Räume hieß es:

„Bei den medizinischen Untersuchungen hat sich herausgestellt, daß Personen, die nachweislich keinerlei Kontakt zu Holzschutzmitteln oder entsprechend imprägnierten Hölzern haben, über die gleichen PCP-Werte im Blut und Urin verfügen, wie jener Personenkreis, der mit entsprechenden Stoffen in Berührung gekommen ist."

Auch das ist falsch. Gerade die Untersuchungen des Bundesgesundheitsamtes hatten gezeigt, daß das Kollektiv der Anwender drei- bis viermal höher belastet war als das nicht belastete Kontrollkollektiv.

Geradezu abenteuerlich ist das, was die Firma ihren besorgten Kunden abweichend von den sowieso schon falschen Angaben im Standardbrief zur Raumluftkonzentration mitteilt:

„Wie die inzwischen vielfach vorgenommenen Messungen von PCP-Konzentrationen in der Raumluft bewohnter Innenräume ergeben haben, ist bereits nach etwa 18 Monaten die PCP-Belastung auf den Ausgangswert zurückgegangen."

Sollte das etwa heißen, daß die PCP-Abgabe aus dem Holz anderthalb Jahre nach der Anwendung beendet ist? So sollte es wohl verstanden werden. Man kann die Ausgasungsdauer ausrechnen. Behandelte Fläche, aufgetragene Stoffmenge, Dampfdruck des verwendeten Mittels sind einige für die Berechnung wichtige Parameter. Für eine durchschnittliche behandelte Wohnung ergibt sich unter Normalbedingungen ein von den Firmenangaben abweichender Wert für die Ausgasungsdauer des Pentachlorphenols: 765 Jahre. Erst dann ist die Raumluft wieder PCP-frei.

Verschiedentlich wird der Eindruck erweckt, daß die Prüfzeichenerteilung für beistimmte Holzschutzmittel gleichfalls eine toxikologische Unbedenklichkeitserklärung darstellt.

„Abschließend möchten wir darauf hinweisen, daß unsere Holzschutzmittel, einschließlich XYLATECH, geprüft, amtlich anerkannt und von neutralen Materialprüfungsämtern ständig überwacht werden. Die Prüfung der Holzschutzmittel umfaßt neben der eigentlichen Wirksamkeit auch eine Beurteilung im Hinblick auf mögliche gesundheitliche Gefahren. (...)“

Auch das wußte die Firma sicherlich besser. Im Rahmen der Prüfzeichenerteilung geht es um die Eignung der fraglichen Mittel zum Holzschutz, also um ihre vor Pilzen und Insekten schützenden Wirkungen. Die Giftigkeit für Menschen spielte dabei eine völlig untergeordnete Rolle.

Für das vielfach geklagte Absterben der Zimmerpflanzen macht die Firma Fehlanwendungen verantwortlich:
„Bei direkter Benetzung und bei Hölzern, die nach der Imprägnierung Kontakt zu Pflanzen haben oder auch bei nicht ausreichender Ablüftung im Innenbereich kann es möglicherweise zu einer Beeinflußung des Wachstums bzw. zu einer Schädigung von empfindsamen Pflanzen kommen.“

Oder andere Chemikalien:
„Denken Sie bitte an Spanplatten mit ihren Formaldehydabspaltungen, an Lösemittel aus Klebern, Kunststoffen, an bestimmte Sprays oder Reinigungsmittel.“

An den gesundheitlichen Problemen der Anwender sind auch schon einmal meteorologische Besonderheiten schuld:
„Die von Ihnen geschilderten Begleitumstände im Zusammenhang mit ihrem leiblichen Wohlbefinden sind uns in letzter Zeit auch sehr häufig von Menschen bekanntgeworden, die keinerlei Kontakt zu Holzschutzmitteln oder Farben hatten, u.a. hat hierüber auch verschiedentlich die Presse berichtet und dafür die schnellen Wetterstürze verantwortlich gemacht.“

Der Familie des Oberstudienrates Theo Kintrup aus Meschede, deren Tochter an Leukämie erkrankt war, übersandte die Firma die Bescheinigung eines Sankt-Elisabethen-Krankenhauses vom 7. April 1972 über einen spektakulären Vergiftungsfall.
„Es handelt sich um ein zwei Jahre altes Mädchen, das einige Schlucke (die genaue Menge wissen wir leider natürlich nicht) XYLA-

TECH getrunken hatte. Es erbrach zu Hause einmal. Die Eltern gaben ihm leider Milch zu trinken. Nach der stationären Aufnahme installierten wir 30 ml Paraffinöl. Klinisch sahen wir keine Vergiftungsanzeichen, auch röntgenologisch keine Lipoidpneumonie. Auffällig war allerdings eine starke Leukozytose mit 24400 Zellen bei deutlich links verschobenem Differenzialblutbild, Befunde, die sich innerhalb von 48 Stunden völlig normalisierten, so daß wir sie als intoxikationsbedingt ansehen müssen. Kontrollen der Leberwerte nach einigen Tagen ergaben keine Hinweise auf eine Leberschädigung.“

Daß man an einem Mundvoll Holzschutzmittel auch sterben kann, wenn man nicht sofort erbricht, wie das in der wissenschaftlichen Literatur ebenfalls dokumentiert ist, wird dabei verschwiegen. Auch die Familie Proszek erhält eine Antwort von der Firma.

„Sie sind, wie viele andere auch, Opfer einer Kampagne,“ heißt es da. Am Ende des Briefes macht die Firma den verzweifelten Großeltern sogar noch Hoffnung: „„... sind wir sicher, daß es ihrem Enkel bald wieder gut gehen wird.“

Zuständig für die Beantwortung der Beschwerdebriefe sind ein Malermeister sowie zwei kaufmännische Angestellte. Sie stellen die Textbausteine der Antwortschreiben individuell zusammen – Not macht erfinderisch. Eine andere Angestellte munitioniert die Frankfurter Anwaltskanzlei, die die Firma in einem von einem Geschädigten angestrengten Schadensersatzverfahren vertritt, mit medizinischen Argumenten:

„... die Muskel- und Gelenkschmerzen der Klägerin können auf die ungewohnte Gartenarbeit und deren Erschöpfungszustände auf ihre familiäre Belastung als Mutter von vier Kindern zurückgeführt werden.“

Aber nicht nur von Kunden hat die Firma Post erhalten, auch von Wissenschaftlern. Professor Sch. von der Medizinischen Hochschule Hannover hat sich im Zusammenhang mit dem Fall der Tutzinger Familie mit einem Teilaspekt der Holzschutzmittel-Problematik eingehend befaßt. Mit Datum vom 6. Januar 1977 teilt Professor Sch. der Mutterfirma mit:

„Angeregt durch einen Vorfall, in den ich selbst verwickelt wurde, muß ich mich heute an Sie wenden, bevor die öffentliche Meinung oder was dem vorangeht, die Tätigkeit eifriger Journalisten, das Thema: ‘Entkoppler in der Schädlingsbekämpfung und Umwelt-

hygiene' aufgreift. Ohne Nennung der biologischen Wirkungsweise ist dies sogar schon in einer Fernsehsendung (Aus Forschung und Technik) vor einiger Zeit geschehen.
Kurz der Sachverhalt: Eine prominente Persönlichkeit aus der chemischen Industrie, bzw. Mitglieder deren Familie, wurden mit eindeutigen Leberschäden unbekannter Genesis hier an der Hochschule behandelt. Die Nachforschungen ergaben, daß die Betreffenden mehrere Jahre in einem Haus wohnten, das unter reichhaltiger Verwendung von Holz innen und außen erstellt war. Das Holz war intensiv mit Holzschutzmitteln vom Typ XYLALUN etc., welche Pentachlorphenol enthalten, imprägniert worden. Im Haus selbst ließ sich eindeutig ein stetiger Dampfdruck von Pentachlorphenol nachweisen. Prozesse sind bereits am Laufen mit Schadensersatzforderungen mir nicht bekannter Höhe. Eindeutig ist, daß die Leberintoxikationen verschwanden, als die Familie aus dem Haus auszog.
Ich habe insofern mit der Angelegenheit zu tun, als ich auf Bitten unserer Klinik eine Versuchsreihe durchgeführt habe, um die entkoppelnde Wirkung von Pentachlorphenol zu testen und eventuell Maßnahmen zur Entgiftung zu prüfen. Ich fand an Rattenlebermitochondrien, die in der Literatur publizierten LD_{50} Werte, darüber hinaus jedoch bei der Prüfung an menschlichen Lebermitochondrien eine 10fach höhere Sensibilität gegenüber Pentachlorphenol. Zugleich konnte ich feststellen, daß Pentachlorphenol sehr gut an Albumin gebunden wird und etwa durch eine Albuminbindung mit Austausch des Albumins aus dem Körper eliminiert werden könnte. Im übrigen ist die Elimination im Körper offensichtlich sehr langsam. Unglücklicherweise wird die Verbindung ähnlich wie DDT im Fettgewebe gespeichert. Diese Ergebnisse habe ich den behandelnden Ärzten vorgetragen. Wie ich inzwischen erfuhr, wurde über diesen Fall einer doch sehr wahrscheinlichen chronischen Intoxikation auf dem Wiesbadener Internistenkongress vorgetragen. Die Vortragenden fanden sofort ein großes Echo und es wurden bereits Stimmen laut, daß dieses Präparat aus Gründen der Umwelthygiene aus dem Verkehr gezogen werden müsse.
Inzwischen habe ich durch eine Werbung (vermutlich Fernsehen) bemerkt, daß die Firma B. möglicherweise mit der Herstellung der betreffenden Holzschutzmittel unmittelbar zu tun hat. Auf Grund des Gesagten könnte eine Kampagne entstehen, die unseren Untersuchungen über die Brauchbarkeit von entkoppelnden Substanzen in der Schädlingsbekämpfung exakt entgegengesetzt ist. Deshalb möchte

ich Ihnen kurz meine persönliche Meinung hierzu sagen. Ich glaube in der Tat, daß Pentachlorphenol mit seinem relativ großen Dampfdruck aus dem Holz allmählich abgegeben und mit der Atemluft in den menschlichen Organismus übertragen werden kann. Bei einer Dauerexposition erscheint es mir durchaus plausibel, daß die beobachteten Leberschäden sowie die weiteren beobachteten Störungen zwangsläufig auftreten. Bei diesen handelt es sich um für Entkopplerintoxikationen typische Erscheinungen, die ähnlich einer Hyperthyreose (Überfunktion der Schilddrüse, Anm. des Verf.) verlaufen.
Ich frage mich deshalb, ob es nicht möglich ist ohne Aufgabe des Wirkprinzips, einen anderen Entkoppler an Stelle von Pentachlorphenol hier technisch einzusetzen. Jedenfalls müßte es sich wohl um eine Substanz mit niedrigem Dampfdruck handeln. Dabei ist mir natürlich bewußt, daß die Herstellung von Pentachlorphenol wesentlich weniger kostenintensiv ist als die der von uns untersuchten recht komplizierten Verbindungen. Allerdings sind bei den von uns untersuchten Strukturen wesentlich aktivere Entkoppler zu finden.
Ich halte es für ratsam, wenn Sie Ihrerseits diese Angelegenheit einmal nachprüfen, bevor sie weitere Wogen schlägt. Ein Manuskript des in Wiesbaden Vorgetragenen werde ich zu erhalten versuchen und Ihnen umgehend eine Kopie zugehen lassen. Selbstverständlich möchte ich gerne dazu beitragen, in der Angelegenheit eine für alle Beteiligten befriedigende Lösung zu finden. Ich bin überzeugt, daß dies auch notwendig ist, wenn sich die seitens der Klinik erhobenen Befunde bestätigen und an Parallelfällen oder Tierversuchen erhärten lassen. Hierzu sei gesagt, daß ich aus persönlichen Gesprächen, die ich mit den Professoren Lardy (USA) und Ernster (Schweden) geführt habe, erfuhr, daß derartige Intoxikationen auch andernorts beobachtet worden seien. Ich erinnere mich dunkel an die Aussage eines Beteiligten, daß seines Wissens die Substanz in dem betreffenden Lande deshalb nicht mehr zu diesem Zweck im Handel sei.“

Diesen Brief gibt das Mutterunternehmen an die Tochterfirma weiter. Beide Geschäftsführer zeichnen ihn ab.

Anläßlich seiner Vernehmung durch Holzwurmkommissar F. am 12. Januar 1989 wiegelt der Professor überraschenderweise ab.

Nein, so zwingend seien seine Äußerungen nicht zu verstehen. Er habe Reagenzglasversuche durchgeführt. Das biologische Material, also die menschlichen Leberzellen, seien dabei für das PCP zugänglich gewesen. Es könne gut sein, daß die Versuchszellen aufgrund der Aufbereitung labiler und durch verschiedene Eingriffe empfindlicher gewesen seien als intaktes Gewebe in einem intakten Organismus. Zudem habe das zur Verfügung stehende menschliche Material lediglich für eine Versuchsserie ausgereicht, so daß eine solide statistische Absicherung der Daten nicht habe erfolgen können. Was die Leberschädigung der Tutzinger Patientin anbelange, so habe er lediglich eine Möglichkeit diskutiert...

Ein paar Jahre später erhalte ich eine Erklärung für die Diskrepanz zwischen dem 1977 geschriebenen Brief und dem 1989 dazu gesprochenen Wort. Anläßlich einer Durchsuchung des Mutterunternehmens – darauf komme ich noch zurück – finden wir im „Glückwunschordner" eines Vorstandsmitglieds ein Schreiben von Professor Sch., in dem er dem Adressaten seine Glückwünsche zur Beförderung übermittelt. Weiter heißt es dann in dem Schreiben:
„Zugleich darf ich mich aber für einen vorgestern eingegangenen Weihnachtsgruß bedanken. Wie schon in früheren Jahren erhielt ich in Ihrem Namen einen Karton erlesener Weine; diese Sendung war wohl bei irgendeiner Spedition in Vergessenheit geraten. Um so erfreulicher war die Überraschung."

Auf Professor Sch. hatten die Verantwortlichen seinerzeit nicht gehört. Auf andere Kapazitäten hörten sie nur zu gerne. Es waren besondere Leute, ausgesuchte nämlich.

Die Firma hatte früh erkannt, welch entscheidende Rolle in der sich abzeichnenden Auseinandersetzung um die Holzschutzmittel den Sachverständigen zufallen würde. Wo es vor allem um naturwissenschaftliche, medizinische oder toxikologische Fragen geht, sind Sachverständige regelmäßig mit von der Partie. Für viele sind sie die Richter in Weiß.

Wenn es um die Frage der Schuldfähigkeit geht, beispielsweise im Rahmen von Tötungsdelikten, um die Minderung strafrechtlicher Verantwortlichkeit aufgrund von Kränkung oder Eifersucht, mucken die Gerichte auch schon einmal gegen eine Gutachtermeinung auf. Aber wo die Justiz keinerlei eigene Erfahrung ins Spiel bringen kann, gehen die Chancen auf eine eigene Meinung gen Null. In diesen Fällen fällt die Entscheidung für oder gegen den Angeklagten oder den Kläger schon mit der Gutachterauswahl.

Ihre Inkompetenz kaschieren die Richter dabei regelmäßig mit eingängigen Floskeln wie: „Im Ergebnis schließt sich das Gericht den widerspruchsfreien und in sich schlüssigen Ausführungen des Sachverständigen an..." Was bleibt ihnen auch übrig?

Wenn andere als die gesetzlichen Richter Recht sprechen, ist das schon problematisch genug. Aber die Gutachter sind darüber hinaus ins Gerede gekommen. „Spiegel"-Autor Gerhard Mauz hat beklagt, daß Gutachter, um immer wieder vom Gericht bestellt zu werden, sich auf das einstellen, was der Richter gerne hört. Vor der scharfen Strafkammer wird also nur selten verminderte Schuldfähigkeit attestiert, vor der Gnadenkammer indessen regelmäßig. Da kann etwas dran sein, meiner Erfahrung entspricht das allerdings nicht.

Der juristische Alltag ist hinsichtlich der Gutachter eher unspektakulär. Die Beurteilung der Schuldfähigkeit Betrunkener oder unter Drogeneinfluß stehender Täter, der Vergleich von Fingerspuren, die DNA-Analyse eines mutmaßlichen Vergewaltigers, das sind Aufgaben, die vom routinierten Sachverständigen zuverlässig erledigt werden.

Es gibt eine andere, weitergehende Kritik an Gutachtern, die auch im vorliegenden Fall zum Tragen kommt. Es ist der Vorwurf von Falschbegutachtung beziehungsweise die behauptete Existenz von Gutachtern, die sich nicht der Wahrheit, sondern anderen Dingen verpflichtet fühlen.

Das Problem wird dort akut, wo es nicht um simple Promilleberechnungen geht, sondern etwa um das Risiko genveränderter Lebensmittel, um die Langzeitwirkung atomarer Niedrigstrahlung oder um die Giftigkeit von Chemikalien. Wo das Wohlergehen ganzer Wirtschaftszweige und Branchen von einem einzigen Richterspruch abhängt, bestimmen Gutachter über Milliardenmärkte. Wie diese Dinge gehandelt werden und wie sie – in der Regel – ausgehen kann man sich denken.

Die Firma hatte im August 1983 Professor L. aus Hamburg unter Vertrag genommen. Professor L. ist der Präsident der Deutschen Gesellschaft für Arbeitsmedizin, eine Kapazität, jemand, der in der Lage ist, Licht ins Dunkel toxikologischer Zusammenhänge zu bringen und Schadensfälle aufzuklären. Das sollte Professor L. nach dem Willen seines Auftraggebers allerdings nicht. Er sollte vielmehr der Firma zu Diensten sein und nicht der Wahrheit.

Im Falle des Malermeisters Wilhelm Feucht aus Weil der Stadt, der schwerste Gesundheitsschäden nach Holzschutzmittel-Anwendungen in seinem Haus geltend machte, sollte ausweislich eines Firmenschreibens vom 17. August 1983 Professor L. eine Stellungnahme abgeben, „damit wir von vornherein gut gewappnet sind gegen das, was möglicherweise als Antwort auf uns zukommt."

An anderer Stelle hieß es: „Bevor nun Klage erhoben wird, sollten wir diese Fälle gutachterlich durch Professor L. im Vorfeld sichern lassen."

Einer Telefonnotiz vom 12. Dezember 1983 entsprechend „soll Professor L. in den vom „Stern" aufgegriffenen Schadensfällen die Ansicht vertreten, daß die Erkrankungen mit an Sicherheit grenzender Wahrscheinlichkeit nicht auf die PCP-Anwendungen zurückzuführen sind."

Professor L. hat die Firma nicht enttäuscht. In keinem einzigen Schadensfall hat er einen Bezug zu den angewendeten Holzschutzmitteln hergestellt. Für diese Gradlinigkeit ist hin und wieder auch eine kleine Manipulation vonnöten, wie sich aus einem Schreiben der Firma vom 03.09.1987 ergibt:

„Herr Professor L. ist mit Herrn Dr. K.s Argumentation zur Angelegenheit Feucht einverstanden. Er ist allerdings der Ansicht, daß der Punkt 5 (die Argumentation zur Lösemittelintoxikation) weggelassen werden sollte. Begründung: in der dänischen Malerstudie werden die „Hirnschäden" auf Testbenzin-Exposition zurückgeführt."

Von der fraglichen Studie waren 40.000 dänische Maler erfaßt. Bei einem großen Prozentsatz von ihnen stellten die Wissenschaftler Hirnschäden fest, die sie auf Lösemitteleinflüsse zurückführten. Lösemittel sind aber auch in Holzschutzmitteln in erheblichen Mengen vorhanden.

Und schließlich gibt es da noch eine Geschichte, die man sicherlich auch als Bagatelle, als Nebensächlichkeit abtun kann, die mich persönlich aber sehr berührt hat. Strafrechtlich ist sie ohne Belang. Ein Staatsanwalt aus Mannheim, ein Kollege also, hatte sich im Sommer 1983 brieflich an die Firma gewandt und vom Schicksal seines Sohnes berichtet. Der war an frühkindlicher Epilepsie erkrankt und im Juni 1983 – noch nicht ein Jahr alt – gestorben. Die Mutter hatte während der Schwangerschaft wiederholt und ausgiebig mit Holzschutzmitteln der Firma gearbeitet. Der Staatsanwalt teilte der Firma außerdem noch mit, daß sein Sohn in der Kinderklinik mit einem fast gleichaltrigen Säugling das Zimmer geteilt habe, dessen Mutter nach eigenen Angaben während der Schwangerschaft ebenfalls mit Holzschutzmitteln gearbeitet hatte. Und dann habe er noch durch Vermittlung des behandelnden Arztes den

Anruf einer weiteren Mutter erhalten, deren siebenjähriger Sohn ebenfalls epileptische Anfälle bekommen habe. Dessen Eltern hätten ebenfalls große Mengen Holzschutzmittel verarbeitet.

Die Firma hatte daraufhin Professor L. mit der gutachterlichen Bewertung der Angelegenheit beauftragt. Das betreffende Gutachten wurde zwar erstellt, aber während der Durchsuchung nicht gefunden. Aus einem Schreiben der Firma geht aber das Ergebnis der Expertise hervor: „Das Gutachten belegt, daß Wirkstoffe des Holzschutzmittels XYLATECH 2000 kausal keine Rolle bei der Entstehung und Verschlimmerung des aufgetretenen BNS-Krampfanfall-Leidens gespielt haben."

Das fragliche Holzschutzmittel enthielt auch Lindan. Lindan ist ein Nervengift. Es verhindert die Repolarisation der Nervenzellen. Diese können nach Weitergabe eines Impulses nicht in das Ruhestadium zurückkehren, sondern werden in der Erregungssituation mit der Übermittlung fortlaufender Impulssalven belassen. In dem für die Staatsanwaltschaft gefertigten Gutachten der Kriminaltechnischen Abteilung des Bundeskriminalamtes vom 16. Dezember 1988 heißt es darüber hinaus: „Am deutlichsten manifestiert sich der Eingriff in das Nervensystem in Muskelzuckungen und Krämpfen, die epileptischen Anfällen ähnlich sind."

Ganz abgesehen von anderen Fragen zu Schuld und Verantwortung: Darf man die betroffenen Eltern so hinters Licht führen? Darf man ihnen plausible Erklärungen für das Furchtbare, das ihren Kindern und ihnen selbst geschehen ist, vorenthalten? Verlangt nicht wenigstens der Tod ein Mindestmaß an Ehrlichkeit?

Auch das Beispiel des Marburger Toxikologen Professor K. macht deutlich, wie schnell wissenschaftliche Kapazitäten für die Konzerne verfügbar gemacht werden können. K. wurde 1984 von der Firma mit der Begutachtung des Falles Geli und Achim L. beauftragt. Das Ehepaar aus Bad Soden-Salmünster war nach der Anwendung von 120 Litern Holzschutzmittel in ihrem neu erbauten Haus schwer erkrankt. Professor K. bat die Firma zunächst um eine Dioxinanalyse des verwendeten Mittels, von dem noch Restmengen vorhanden waren. Das lehnte die Firma ab: „Herrn Professor K. wurde klar gemacht" so war in den beschlagnahmten Akten dokumentiert, „daß wir nicht an einer analytischen Untersuchung des Probemusters der Familie L. interessiert sein können und Untersuchungsergebnisse somit der IHG (Interessengemeinschaft Holzschutzmittel-Geschädigter, Anm. d. Verf.) zugeleitet werden."

Eine Notiz der Firma über ein Telefonat mit dem Professor macht deutlich, daß dieser damit einverstanden war. Darin ist zu lesen: „Daher könne er, Professor K., sich nur auf die ihm zur Verfügung stehende Literatur über PCP beziehen. Nach seinem Wissensstand besteht danach wohl kein Anlaß zur Annahme, daß PCP in den aufgetretenen Mengen als Ursache in Frage kommt."

Fast ein Jahr – bis Februar 1985 – braucht Professor K. für das Gutachten. Er hat zweifellos sorgfältig gearbeitet, hat ausführlich mit den Geschädigten gesprochen, zunächst einzeln, dann gemeinsam. Er hat alle Befunde, chemische wie toxikologische, berücksichtigt und Literatur studiert. Professor K. bestätigt das umfangreiche Beschwerdebild der Eheleute und erkennt zudem: „Praktisch alle genannten Symptome sind in der Literatur im Zusammenhang mit der Wirkung von PCP zu finden."

Darüber hinaus entspricht das festgestellte Beschwerdebild dem Ergebnis einer epidemiologischen Studie des Bundesgesundheitsamtes: „In einem Bericht über die Untersuchung von 900 PCP-belasteten Personen werden analoge Beschwerden aufgeführt."

Er registriert auch, daß die Beschwerden der Familie ans Haus gebunden sind. Doch letztlich erscheinen ihm die gemessenen Belastungswerte zu niedrig. Die Schlußsätze verraten allerdings auch, daß Professor K. bei ihrer Formulierung Bauchschmerzen hatte:

„Die aufgrund einer bestmöglich objektiven Betrachtung zustande gekommene Beurteilung führt zu dem sicher nicht allgemein befriedigenden Schluß:
Eine ursächliche Beteiligung von PCP und der darin enthaltenen Begleitsubstanzen am Zustandekommen der beklagten Störungen des Befindens der Eheleute L. kann nicht zuverlässig ausgeschlossen werden. Die Wahrscheinlichkeit, daß sich diese Störungen jedoch schlüssig auf die festgestellte Kontamination zurückführen lassen, ist gering. Für einen definitiven Beweis reichen die bisher vorgelegten Befunde nicht aus."

Zwei Telefonnotizen finden wir in diesem Zusammenhang noch. Die eine stammt vom 2. Mai 1985:

„Professor K. ist weiterhin an Angaben über PCP und Dioxine interessiert. Er möchte, falls es etwas neues hierzu gibt, gerne von uns Informationen – vor allem wohl Literaturhinweise – bekommen ('milde Gaben'). Andererseits können wir bei Rückfragen zum

Thema L.-Gutachten auf ihn zurückgreifen. Professor K. hat uns bisher keine Honorarforderung geschickt. Er möchte hieran für sich kein Geld verdienen, sieht es aber gerne, wenn die Firma seinem Institut unter die Arme greift (ähnlich habe die Firma schon mal vor einigen Jahren gehandelt). In dieser Weise wünscht er wieder Hilfestellung.“

Die andere datiert vom 9. Juli 1985:
„Liquidationsgutachten L. Herr Professor K. wurde vorgeschlagen sich an uns zu wenden mit der Bitte um Unterstützung bei einem Forschungsvorhaben, bei dem es unter anderem auch um Holzschutzmittel-Wirkstoffe geht. Professor K. wird diesen Vorschlag aufgreifen und uns entsprechend anschreiben. Professor K. teilte ferner mit, daß inzwischen der Themenkomplex Pentachlorphenol bei der WHO weltweit diskutiert werde. Es geht wohl darum, diese Substanz entweder zu exkulpieren oder zu verbannen. Professor K. vertritt bei der WHO die uns in seinem Gutachten dargelegte Ansicht über PCP. Er möchte von uns unterstützende Informationen bzw. neuere Erkenntnisse über PCP.“

Am 3. Januar 1989 habe ich die Familie L. zwecks Vernehmung aufgesucht. Es war ein kalter Wintertag. An den Stauden im Garten glitzerte der Rauhreif. Im Haus selbst war es allerdings auch nicht viel wärmer. Die Heizung war nicht in Betrieb, die Fenster standen offen. Herr L. bat um Verständnis. „Wärme setzt die Giftstoffe aus dem Holz frei.“ Die Familie war so krank wie alle anderen auch, die 100 Liter und mehr in ihren Wohn- und Schlafzimmern verstrichen hatten. Ihre Geschichte war so plausibel, wie die der meisten anderen Betroffenen. Man konnte die Zusammenhänge mit den Händen greifen. Professor K. hatte das nicht gekonnt, oder doch?

Wie wird man zum industriefreundlichen Gutachter? Die sichergestellten Vermerke und Notizen sagen eigentlich das wesentliche: Es ist die finanzielle Abhängigkeit der Universitäten und anderen staatlichen Einrichtungen, wo die Gutachter üblicherweise zu Hause sind, von Industrie und Wirtschaft. Denn von dort kommen die Aufträge, von ihnen leben sie tatsächlich, nicht etwa von den Förderungs-Peanuts des Staates. Und selbstverständlich mag es der Auftraggeber nicht sonderlich, wenn die Ergebnisse dieser Arbeiten seinen wirtschaftlichen Interessen zuwider laufen. Der Hund, sagt die moderne Tierverhaltensforschung, liebt seinen Herrn allein deswegen, weil der ihn füttert.

Was noch dazu kommt: Die „Kapazitäten" der Chemie, der Medizin, der Toxikologie, der Biologie sind in aller Regel keine jungen Männer mehr. Gelernt haben sie viele Jahre vor Harrisburg und Tschernobyl, vor Bhopal und Sandoz. Um es mit Konrad Lorenz zu sagen: Ihre Prägungen haben sie erfahren, als ihre Disziplin noch unschuldig dastand. Zweifel und Kritik kamen erst später, nicht nur als Folge der genannten und anderer Katastrophen, denn die gab es schon immer, sondern auch als Folge einer emanzipierten öffentlichen Meinung.

Auf die frühen Träume aber verzichtet man ungern. Auch deswegen stehen die alten Männer so treu zu ihrer Disziplin, wie die ewig Gestrigen zur Wehrmacht, und bescheinigen ihr, wo immer es möglich ist, Unbedenklichkeit.

Da muß die Industrie nur noch die wenigen Außenseiter aussortieren. Anwälte haben dazu angestiftet. Innerhalb eines Schadensersatzprozesses zwischen der Familie Lechleitner und der Firma schreiben sie an die Hersteller: „Versuchen Sie bitte möglichst schnell zu klären, was von den vorgeschlagenen Professoren zu halten ist, das heißt, wer uns sehr genehm, wer uns genehm und wer uns unangenehm wäre."

Dem ist die Firma offenbar nachgekommen. Wir finden – ohne Datum und Verfasser – eine „Liste der Gutachter":

> „Positiv:
> Professor Dr. L., Hamburg
> Professor Dr. Valentin, Erlangen
> Professor Dr. Forth, München
> Professor Dr. Lasch, Gießen
> Professor Dr. Schliepköter, Düsseldorf
> Professor Dr. Thofern, Bonn
> Professor Dr. Schlatter, Zürich
>
> Negativ:
> Professor Dr. Wassermann, Kiel
> Dr. Lahl, Bremen
> Dr. Parlar / Dr. Gebefügi, München

Die Wissenschaft verspielt gerade ihren Ruf. Sie läßt sich für fremde Zwecke benutzen, für Zwecke außerhalb von Wahrheit und Objektivität. Und sie schämt sich dafür nicht mehr. Das gab es zwar auch früher schon. Im Contergan-Prozeß vertrat ein Sachverständiger die These, das Schlafmittel sei nicht für die schlimmen Mißbildungen verantwortlich zu machen, denn in Wirklichkeit habe es lebensverlängernd gewirkt, indem es dafür gesorgt habe, daß an sich lebensunfähige Föten zwar angeschlagen, aber immerhin lebensfähig zur Welt gebracht werden konnten. Die Frage, warum im fraglichen Zeitraum dann keine signifikante Abnahme mißgebildeter Totgeburten zu beobachten war, ließ der Mediziner unbeantwortet.

Das war ein Einzelfall. Heute aber häufen sich solche Fälle unwissenschaftlicher Verdrehungen in einem erschreckenden Ausmaß. Dabei dürfen im Strafprozeß eigentlich nur der Angeklagte und sein Rechtsanwalt die Dinge auf den Kopf stellen. Im Auschwitz-Prozeß vor dem Frankfurter Schwurgericht argumentierte der Verteidiger eines Angeklagten, der an der Rampe die ankommenden Juden in Gas und Arbeit eingeteilt hatte, sein Mandant habe nicht Leben vernichtet, sondern Leben gerettet. Haben die Männer in Weiß diesmal von denen in Schwarz, den Erfüllungsgehilfen derjenigen in Braun, gelernt?

Das Bundesgesundheitsamt ist die oberste Gesundheitsaufsicht der Bundesrepublik Deutschland. Die Männer und Frauen der Berliner Behörde halten schützend die Hand über die Bundesbürger, beobachten mit Argusaugen alles, was der Gesundheit ihrer Schutzbefohlenen gefährlich werden könnte und schlagen, wenn es sein muß, prompt und gnadenlos zu. Sie sind die guten Sheriffs des Gesundheitswesens. So dachten die Bundesbürger jedenfalls noch während der siebziger und Anfang der achtziger Jahre über das Amt mit mittlerweile über 3.000 Bediensteten. Die sichergestellten Unterlagen zeichnen ein anderes Bild von dieser Behörde.

Das Bundesgesundheitsamt ist früh mit der Angelegenheit Holzschutzmittel befaßt. Bis Ende der siebziger Jahre klagen über 1.700 Einzelpersonen und Hausgemeinschaften über gesundheitliche Beschwerden durch PCP- und lindanhaltige Holzschutzmittel. Trotzdem bedarf es erst der Intervention des Bundesgesundheitsministeriums in Bonn, um die Behörde zum Handeln zu veranlassen.

Eine Ad-hoc-Gruppe wird ins Leben gerufen. Sie soll unter Federführung des Bundesgesundheitsamtes die Vorwürfe prüfen. Ihr gehören circa zwei Dutzend Fachleute an, die Firma ist ebenso vertreten wie die beiden Mütter und der Lieferant des Pentachlorphenols. Parallel dazu initiiert das Bundesgesundheitsamt Untersuchungen belasteter Personen. Über 1.000 Urinproben werden ausgewertet, 100 Familien aufgesucht und umfassend anamnestisch befragt. Raumluft-, Blut- und Urinproben sollen näheren Aufschluß über die Beschwerden geben.

Die Ärzte vor Ort recherchierten umfangreiche Beschwerden bei den Betroffenen. Die Urinwerte waren gegenüber nicht Holzschutzmittel-belasteten Personen drei- bis viermal erhöht, die Raumluft behandelter Wohnungen 50 - 100mal höher belastet, als die unbehandelten Räume. Nur eines machte die Wissenschaftler stutzig: Die Beschwerden waren nicht dosisabhängig, höher belastete Personen waren nicht automatisch kränker als niedriger belastete.

Aus der Sicht der Schulmedizin war dies ein entscheidender Punkt. Wenn ein Stoff krank macht, macht mehr davon kränker. Das hatte man uns ja auch anläßlich unseres Besuches im Mai 1986 schon erzählt und sehr anschaulich am Beispiel Alkohol erläutert. Wo die Dosis-Wirkung-Beziehung entfällt, ist der inkriminierte Stoff zunächst mal aus dem Schneider.

Die Ad-hoc-Kommission trat insgesamt viermal zusammen. Anläßlich ihrer Abschlußsitzung am 26. September 1979 gab sie eine Erklärung heraus, in der die Frage der Schädlichkeit PCP-haltiger Holzschutzmittel offengelassen und eine Wohnungssanierung durch die Geschädigten als nicht notwendig dargestellt wurde. Wörtlich heißt es in dieser von allen Mitgliedern der Ad-hoc-Gruppe, mit Ausnahme des Münchner Chemikers Dr. Harun Palar, unterschriebenen Erklärung:

„Die ad-hoc-Kommission kam nach kritischer Würdigung der genannten Untersuchungsergebnisse zu dem Schluß, daß Beweise für einen ursächlichen Zusammenhang zwischen dem Wirkstoff PCP und den aus mit Holzschutzmittel behandelten Wohnungen berichteten gesundheitlichen Beschwerden bzw. Beeinträchtigungen bisher nicht vorliegen. Diese Schlußfolgerung steht im Einklang mit den vorliegenden Erkenntnissen aus der toxikologischen und arbeitsmedizinischen Fachliteratur des In- und Auslandes. Gezielte Schutzmaßnahmen zur Verringerung des PCP-Übertritts aus alten Holzimprägnierungen in die Raumluft (zum Beispiel nachträgliche Schutzanstriche) dürften sich aus diesen Gründen nach Meinung der ad-hoc-Kommission im allgemeinen erübrigen (zumindest bei ausreichend belüfteten Räumen).“

Im Gegenzug und als Dank für diese Entlastung vom „Altlastenproblem“ erklärte sich die Holzschutzmittel-Industrie bereit, zukünftig keine PCP-haltigen Holzschutzmittel mehr für die Innenraumbehandlung zu empfehlen. Das Mittel, das der Marktführer alsdann für den Innenraum proklamierte, enthielt statt Pentachlorphenol das Fungizid Diclofluanid und weiterhin das Insektizid Lindan.

Schon wenige Monate nach der Markteinführung der Neukomposition erreichen zahlreiche Beschwerden über gesundheitliche Störungen der Anwender die Herstellerfirma – und das BGA. Aber der Verkauf des Mittels wird nicht unterbunden.

Hätte das BGA es besser wissen müssen? Kannte das Amt gar die Zusammenhänge? Es gibt erhebliche Zweifel daran, daß es dem Dogma der Dosis-Wirkung-Beziehung zum Opfer gefallen war.

Schon damals wußte man, daß die in jeder Holzschutzmittel-Charge enthaltenen Dioxine zu den stärksten Enzyminduktoren gehören. Sie regen in der Leber die Produktion beispielsweise des Enzyms Glukoronyltransferase an, welches die Ausscheidung von körperfremden Phenolen, wie zum Beispiel PCP, erheblich beschleunigt. So weisen gerade Patienten, die einem stark mit Dioxinen verunreinigten Holzschutzmittel ausgesetzt waren, relativ niedrige PCP-Werte auf, während sie erheblich mit den viel toxischeren Dioxinen belastet sind.

PCP war im vorliegenden Fall auch deswegen offenbar die falsche Meßgröße, weil es – gerade auch im Vergleich zu den Dioxinen – über eine relativ kurze Halbwertzeit verfügt. Das beschwerdeführende Kollektiv hatte sich möglicherweise wegen der vermuteten Zusammenhänge längst dem ursprünglichen PCP-Einfluß entzogen, durch vermehrte Lüftung etwa oder durch Meidung der am stärksten kontaminierten Räume, so daß die Messung nicht die Belastung der vergangenen Monate oder Jahre repräsentierte.

Auch hatte das Amt nicht sichergestellt, daß die Kontrollgruppe dieser Studie, bestehend aus Verkehrspolizisten und Institutsangehörigen, tatsächlich unbelastet war. Es wurde vielmehr hingenommen, daß zumindest einige dieser Personen beispielsweise im eigenen Wohnbereich PCP-haltigen Holzschutzmitteln ausgesetzt waren.

Hinzu kommt noch eine ganz markante Sache: Innerhalb der hundert Familien, die nach umfangreicher Holzschutzmittel-Anwendung einer intensiven Untersuchung unterzogen wurden, fanden sich fünf Fälle aplastischer Anämie und Leukämie. Diese lebensbedrohlichen Erkrankungen des blutbildenden Systems sind glücklicherweise relativ selten. Statistisch treten fünf Fälle in einem Kollektiv von 25.000 Personen auf. Das Holzschutzmittel-Kollektiv war gerade einmal 250 Köpfe stark.

Schließlich fanden sich bei der Durchsuchung der Firma eine Reihe von Notizen und Mitteilungen, die den Verdacht aufkommen ließen, daß das BGA ebenso wie die Hersteller in Sachen Holzschutzmittel eine Strategie verfolgt haben, die sich weniger an den Grundsätzen des Verbraucherschutzes, als an den Interessen der Firmen orientierte.

Da hat man ausweislich eines „vertraulichen Telefonats“ der Firma vom 24. August 1978 ein inoffizielles Treffen mit Professor A. initiiert, „um die mit Sicherheit auf das BGA und die Industrie zukommenden Fragen im gleichen Tenor beantworten zu können.“

Nach einer Gesprächsnotiz der Firma vom 16. August 1978 hat derselbe Professor die Firma um Informationen gebeten, um „insbesondere gegenüber der Presse gewappnet zu sein“, das alles, nachdem von der Firma „gegenüber dem BGA die Sachlage klargestellt wurde“.

Dann will die Firma ein Schreiben zunächst mit dem Bundesgesundheitsamt abstimmen, „um nach außen mit einheitlicher Sprache aufzutreten“.

Ein andermal will man in Sachen Lindan beim BGA „die Weichen stellen“. Und man hält es für sinnvoll, wenn BGA und Industrie gemeinsam ein Auslaufen von PCP erklären würden, weil dann das Chemikaliengesetz auf diesen Altstoff nicht angewendet werden müßte.

Allerdings hat man mit dem BGA auch Probleme. Eine erste Kontaktaufnahme mit dem neuen Sachbearbeiter habe deutlich gemacht, „daß die Zusammenarbeit künftig nicht mehr so problemlos wie bisher sein werde“. Dieser Vermerk stammt aus dem Jahr 1985. Vorher war offenbar alles bestens.

Spricht man so über oder mit einer souveränen Behörde, einer obersten Bundesbehörde sogar? Äußert man sich so über das Bundesgesundheitsamt? So spricht man mit einem Haufen von Marionetten. Wer so mit sich umgehen läßt, hat das Ruder längst aus der Hand gegeben.

Aber das Bundesgesundheitsamt ist nicht nur Objekt industrieller Chemiepolitik, sondern spielt sehr schnell dabei auch aktiv mit. Als es von Schweigegeldern hört, die die Firma an einzelne Geschädigte zahlt, reagiert es verärgert. „Es hält solche Vereinbarungen für extrem ungeschickt, zumal die bisher durchgeführten Untersuchungen die Tendenz haben, daß keine objektivierbaren Gesundheitsschäden resultieren."

Im Rahmen eines Forschungsprogramms zu Erfassung und Bewertung von Schadstoffen in der Raumluft ist das BGA 1986 auf Anregung der Firma bereit, den Themenkomplex Holzschutzmittel mit einzubeziehen. Die Berliner Behörde akzeptiert auch das Angebot der Firma, hierfür zwei wissenschaftliche Mitarbeiter für zwei bis drei Jahre zu finanzieren (240.000 DM pro Jahr). Angesichts der politischen Brisanz der Förderung einer solchen Studie durch die Industrie gibt das BGA dem Projekt einen Tarnnamen. „Um von vorneherein jegliche Spekulation zu vermeiden," heißt es firmenintern, „wird auf Vorschlag des Bundesgesundheitsamtes offiziell ein Arbeitsprogramm zur Verbesserung der Analytik von Dioxinen im Innenraum gefördert."

Wer auf dem Tiger reitet, kann nicht mehr absteigen.

Was ist los mit dem Bundesgesundheitsamt? War es möglicherweise mit der zweifellos komplexen Materie der Holzschutzmittel-Problematik überfordert? Es mag abenteuerlich klingen: Die Behörde verfügte über keinen einzigen ausgebildeten Toxikologen. Dr. K., federführend mit der Angelegenheit befaßt, war gelernter Tierarzt. Nun steht dies einer sachgemäßen Befassung mit der Problematik nicht zwingend entgegen. Auch die Fabigs, Schöpfers und Lohmanns waren keine ausgebildeten Toxikologen. Aber sie hatten sich in die Materie eingearbeitet. Hatten sich festgebissen in die beobachteten Phänomene und hatten nicht eher losgelassen, bis sie eine Erklärung für das zunächst Unerklärliche gefunden hatten. Das war den Mitarbeitern des Bundesgesundheitsamtes nicht gelungen.

Was auch kein Wunder sei, sagen Kritiker. Gesundheitsämter seien Felder der negativen Auslese. Normale Ärzte, die mit einer eigenen Praxis ein Vielfaches verdienen könnten, arbeiteten dort nicht. Schließlich führe auch niemand, der bessere Chancen habe, freiwillig tagtäglich bei Kreiswehrersatzämtern tumbe Musterungen durch. Den Militärs sei das ebenso recht wie der Industrie, die unter solchen Bedingungen gute Chancen habe, willfährige Mitarbeiter zu beschäftigen.

Kompetenzprobleme – an Einzelfragen werden sie besonders deutlich. Als die Holzschutzmittel-Beschwerden auch nach der Herausnahme des Pentachlorphenols nicht enden wollten, und sich das toxikologische Interesse auf den Wirkstoff Lindan konzentrierte, ließ das Amt die Abdampfrate der Chemikalie untersuchen. Beim

Fraunhofer-Institut wurde eine entsprechende Studie in Auftrag gegeben. Die dortigen Wissenschaftler bauten einen Holzkanal aus behandelten Brettern und installierten auf der einen Seite einen Ventilator und auf der anderen Seite eine Meßeinrichtung. Nach 13 Wochen war die Luft, die aus der Versuchseinrichtung geblasen wurde, lindanfrei. Das bedeutete für die Behörde Entwarnung. Gegen Lindan-haltige Holzschutzmittel wurde weiterhin nichts unternommen.

Nun kann man sich natürlich fragen, welcher Schalk den Wissenschaftlern vom Fraunhofer-Institut bei der Konzeption dieses Versuchs im Nacken saß. Man hatte nämlich eine völlig unrealistische Luftaustauschrate simuliert, hatte gewissermaßen den Wirkstoff vom Holz abgeblasen und dabei möglicherweise versäumt, nach einer kurzen Pause im Anschluß an die 13. Woche den Versuch noch einmal anzufahren. Dann, nachdem die Wirkstoffe aus den tieferen Holzschichten an die Oberfläche gelangt waren, hätte man womöglich wieder Lindan in der Luft festgestellt.

Darauf kommt es aber nicht an. Zu fragen ist, wieso das BGA diese offenkundigen Fehler nicht erkannte. Vor allem aber: Warum hat das Amt nicht vor Ort gemessen, in den behandelten Wohnungen, die zahllos zur Verfügung standen? Dort hätte man unter „Echtbedingungen" messen können. Man hätte schnell bemerkt, daß das Lindan-Problem nach 13 Wochen noch nicht erledigt ist.

Später, 1988 – viel zu spät – hat es das nachgeholt und ist fündig geworden. Zum Beispiel in der Wohnung der Familie Kintrup in Meschede. 445 Nanogramm Lindan pro Kubikmeter Luft – dreizehn Jahre nach der Anwendung. 9,2 Milligramm im Staub, 42,6 Milligramm im Holz. Über ein Jahrzehnt nach dem Verstreichen, nach mehr als 40 mal 13 Wochen.

1992 machen kritische Wissenschaftler die Probe aufs Exempel. Sie fragen bei der Berliner Behörde an, ob es verantwortet werden kann, täglich neben der normalen Trinkmenge noch 1,5 Liter einer anderen Flüssigkeit aufzunehmen, die mit 4,9 Mikrogramm pro Liter Quecksilber belastet sei. Das Institut für Wasser-, Boden- und Lufthygiene des BGA, das sich für einen Quecksilbergrenzwert im Trinkwasser von einem Mikrogramm pro Liter stark macht, antwortet prompt und rät von der Einnahme dieser Flüssigkeit aus Gründen der gesundheitlichen Vorsorge „dringend ab". Nun muß man wissen: 1,5 Liter ist die Menge Speichel, die der Mensch täglich durch Verschlucken aufnimmt; wenn er fünf oder acht Amalgamplomben im Mund trägt, ist sein Speichel mit crica fünf Mikrogramm Quecksilber pro Liter belastet. Zudem: Das BGA hat Amalgam als Zahnfüllstoff – einzig mit Einschränkungen in Bezug auf Kinder und Schwangere – zugelassen.

Industriefreundlichkeit werfen andere der Behörde vor. Dafür gebe es einige gute Gründe. Viele Mitarbeiter kommen aus Industrie und Wirtschaft, waren vorher in den Bereichen tätig, die sie jetzt überwachen sollen. Daraus können Probleme entstehen.

In Amerika kennt man in diesem Zusammenhang den Begriff „Revolving door" – Drehtür. Industrievertreter werden in die Umweltbehörde EPA eingeschleust und betreiben dort das Geschäft ihres Auftraggebers. Nach einiger Zeit gehen sie mit viel neuem Know how wieder zurück. Auch bei uns soll eine große Pharmafabrik einmal einen leitenden Gesundheitsbeamten eingekauft haben. Danach sei es bei ihr mit den Zulassungen besser gegangen.

Mangelnde Fachkompetenz beziehungsweise Überforderung und eine gewisse Nähe zur Wirtschaft und Industrie – das könnte eine Erklärung sein für die Qualität der Berliner Arbeit, könnte nachvollziehbar machen, warum das Amt so große Probleme mit verbraucherfreundlichen Entscheidungen hat.

Holzschutz und Amalgam stehen nicht allein für die bedenkliche Strategie der Gesundheitsschützer. Begriffe wie Alival, L-Tryptophan, Kombipräparate, Asbest, Aids-Blut etc. machen die Bandbreite der Problematik und ihrer Qualität deutlich.

Die vom Bundesgesundheitsministerium nach dem Aids-Blut-Skandal verfügte Umorganisation und Umfirmierung der Behörde scheint nach vorliegendem Eindruck wenig ausgerichtet zu haben. Ein für Holzschutzfragen zuständiger Beamter aus der ehemaligen DDR, wo Dachstühle massenhaft mit giftigen – das heißt nicht nur PCP- und Lindan-haltigen, sondern auch noch DDT-haltigen Holzschutzmitteln – behandelt wurden, ist heute beim Berliner Bundesinstitut für gesundheitlichen Verbraucherschutz und Veterinärmedizin (BgVV), einem Teil des ehemaligen Bundesgesundheitsamtes, tätig und wiegelt Beschwerdeführer aus den DDT-Buden ab. Neue Bezeichnungen sind gekommen, die alten Denkweisen geblieben. Dekontamination durch Namensänderung, mehr nicht.

Der Joker

Dezember 1989 – Die Verteidigung spielt ihren Joker: das Schlatter-Gutachten. „Es ist unsere beste Karte“, schreibt ein Anwalt der Firma an die Unternehmensleitung. Der Züricher Professor, Doktor der Medizin und der Chemie, hatte sein Meisterstück vollendet. Entsprechend seiner telefonischen Prophezeiung aus dem Jahr 1985 hat die Sache etwas länger gedauert – drei Jahre ungefähr, aber dafür macht das Werk einiges her. Offenbar hatte ich den Professor seinerzeit auch nicht falsch verstanden, als er mir bedeutete, bei der Wahrheitsfindung auch die wirtschaftlichen Auswirkungen seiner Arbeit ins Kalkül ziehen zu wollen. Auf der letzten Seite des Gutachtens heißt es:
„Alle vorliegenden Daten bringen mich deshalb zur Überzeugung, daß generell weder Pentachlorphenol noch chlorierte Dioxine, die im häuslichen Bereich zur Holzbehandlung angewandt wurden, in solchen Mengen in die Luft übergehen können, daß irgendwelche Gesundheitsschädigungen beim Menschen hervorgerufen werden könnten. Ich bin deshalb der Meinung, daß die Gesundheitsbeeinträchtigung von Frau B. nicht durch die toxische Wirkung des angewandten PCP-haltigen Holzschutzmittels Asdolor verursacht worden ist.“

Das waren mutige Sätze. Nach dem fraglichen Telefonat im Jahr 1985 hatte ich zwar nicht damit gerechnet, daß Professor Schlatter PCP-haltige Holzschutzmittel als gesundheitsgefährdend einstufen würde, aber daß er den Mitteln völlige Unbedenklichkeit bescheinigen würde, überraschte mich doch. Üblicherweise ziehen sich die Autoren in vergleichbaren Fällen dadurch aus der Affäre, daß sie die Schädlichkeit des fraglichen Mittels als nicht erwiesen erklären. Das reicht der Herstellerseite regelmäßig auch aus, weil ja die Gegenseite – der geschädigte Kläger oder die Staatsanwaltschaft – die Schadensursächlichkeit beweisen muß. Hier hatte Professor Schlatter zu einem umfassenden Befreiungsschlag ausgeholt: Holzschutzmittel sind erwiesenermaßen unbedenklich!

Mir ist klar: Wenn dieses Gutachten unangefochten stehen bleibt sieht es für eine Anklage im Verfahren schlecht aus. An derart deutlichen Worten eines so renommierten Wissenschaftlers kommt kein Staatsanwalt und kommt kein Richter vorbei.

Unliebsame Richter oder Sachverständige kann man unter Umständen mit einem Befangenheitsantrag aus dem Verfahren katapultieren. Ein unbedachtes Wort in geselliger Runde kann da sozusagen den Kopf kosten. Es gibt Verteidiger, die investieren mehr Zeit in die Durchleuchtung der Privatsphäre von unliebsamen Prozeßgegnern als in das Studium der Akten. Im sogenannten Führerscheinmafia-Prozeß, der zwischen 1992 und 1995 vor dem Frankfurter Landgericht stattfand, geriet diese „Befangenheitskiste" völlig außer Kontrolle. Angeklagte lockten die Ehefrau des Vorsitzenden Richters in eine Falle, umarmten sie zärtlich und fotografierten die Szene. Mit den Fotos wurde dann der Richter aus dem Verfahren „geschossen", wie es im Fachjargon heißt.

Staatsanwälte können der gesetzlichen Regelung entsprechend nicht befangen sein. Bei ihnen erreicht man das Gleiche über Dienstaufsichtsbeschwerden. Verteidiger, die über gute Kontakte zur Oberbehörde verfügen, können auf diese Weise auch mal einen besonders unangenehmen Staatsanwalt aus dem Weg räumen. Viel nützt das regelmäßig aber nicht, denn danach kommt meist ein noch unangenehmerer Kollege.

Um Professor Schlatter aus dem Verfahren auszuscheiden, hätte es keiner zweifelhafter Methoden bedurft. Allein das, was er mir 1985 am Telefon erzählt hatte, war gut für einen Befangenheitsantrag. Ein Sachverständiger, der über die gesundheitlichen Auswirkungen einer chemischen Verbindung zu befinden hat, den haben die wirtschaftlichen Konsequenzen seiner Recherchen in diesem Rahmen nicht zu interessieren. Dafür sind andere da.

Es gibt noch einen weiteren Ablehnungsgrund. Anläßlich der Durchsuchung am 13. Oktober 1988 haben wir einen firmeninternen „vertraulichen" Vermerk gefunden. Da heißt es mit Datum vom 4. September 1987:

„Gutachten von Professor Schlatter, gesprochen mit Professor L. Der Inhalt des Gutachtens wurde vor der Formulierung zwischen Professor Schlatter und dem BGA besprochen. Der Text des Gutachtens lag dem BGA jedoch nicht vor. Professor L. wird es vertraulich zur Kenntnis nehmen. Dr. M."

Dieser Vermerk war mir im Büro eines Geschäftsführers der Firma beim Durchblättern eines Ordners in die Hände gefallen. Es gibt kleine Dinge, die entschädigen für stundenlange Mühsal. Professor Schlatter, der vielleicht weltbeste PCP-Kenner, bespricht sein Gutachten mit einer Behörde, die keinen einzigen Toxikologen beschäftigt. Letzteres dürfte Ende der achtziger Jahre auch bis in die

Schweiz vorgedrungen sein. Viel gehört jedenfalls nicht dazu, zu erkennen, um was es da ging: um eine konzertierte Aktion zugunsten der Holzschutzmittel-Industrie.

Trotzdem paßte mir die Befangenheitsstrategie nicht. Das ist so ähnlich, wie wenn man eine Frage verbietet, bevor sie gestellt ist. Dazu kam, daß es für mein Telefonat in die Schweiz keine Zeugen gab und die Brisanz der BGA-Schlatter-Connection, die von dem Züricher Professor im übrigen vehement bestritten wurde, vielleicht einem informierten Gericht, aber nicht einer weniger eingeweihten Öffentlichkeit zu vermitteln war. Ein schlechter Beigeschmack würde in jedem Fall bleiben, und den hat die Angelegenheit nicht verdient.

Wenn die vielen Kranken keine Märchen erzählt haben, und wenn die zahlreichen – kaum bekannten, aber hochmotivierten – anderen Ärzte nicht völlig von der Rolle sind, dann kann das Gutachten des Schweizer Professors einfach nicht richtig sein, dann gibt es keinen Grund, sich der Lächerlichkeit der Befangenheitsstrategie auszusetzen. Dann aber gilt es, sich mit dem Inhalt des Gutachtens zu befassen. Das aber ist etwas, was Juristen ungern tun.

Der 12. Zivilsenat des Oberlandesgerichts München hatte Professor Schlatter im Zivilrechtsstreit der Tutzinger Familie gegen den Holzschutzmittel-Hersteller aus Norddeutschland mit der Frage konfrontiert, ob die Gesundheitsschäden der klagenden Ehefrau auf eine Vergiftung mit PCP zurückzuführen seien.

Professor Schlatter ist experimenteller Toxikologe, er arbeitet nicht mit Patienten. Die Quelle seiner Erkenntnis ist in erster Linie die wissenschaftliche Literatur. Der Professor sucht nach Vergleichsfällen. Er fragt, ob Fälle bekannt sind, in denen Menschen in derselben Weise, wie es bei der Tutzinger Klägerin war, dem Gift Pentachlorphenol ausgesetzt waren. Und: Sind die Betroffenen auch krank geworden und, wenn ja, in vergleichbarer Weise? Eine gleiche Exposition muß zu gleichen Folgen führen. Nur dann kommt sie als Krankheitsursache in Frage.

Professor Schlatter hat dazu, wie er schreibt, die in der Weltliteratur vorhandenen Angaben gesammelt beziehungsweise von seiner Doktorandin sammeln lassen. Weltliteratur-Recherche, das klingt gut und sieht so, wie es der Sachverständige abgeliefert hat, auch gut aus. Das Gutachten des Professors hat einen nicht zu unterschätzenden ästhetischen Reiz. Mit 28 Seiten und gut zwei Seiten Literaturangaben ist es zunächst einmal relativ kurz und über jeden

Verdacht erhaben, daß mit umfangreichen Seitenzahlen Geld gemacht werden soll. Das hat eine erste positive Wirkung beim Auftraggeber. Dann lebt es von einer straffen Gliederung, von einer übersichtlichen Darstellung, von Tabellen und prägnanten Kommentaren. Bei Juristen, die solche Gutachten nicht studieren, selten lesen und mit Ausnahme der letzten Seite, auf der das Ergebnis zusammengefaßt ist, nur durchblättern, muß diese Aufmachung Eindruck machen und die Bereitschaft zur Akzeptanz des Ergebnisses fördern. Daß Professor Schlatter diese Äußerlichkeit bewußt als Mittel zur Überzeugungsbildung eingesetzt hat, glaube ich allerdings nicht. Das hat eher mit seiner Staatsangehörigkeit zu tun.

Die wissenschaftliche Methode von Professor Schlatter ist nicht zu beanstanden. Weil die Wissenschaft die Gesamtheit aller zellulären Vorgänge nach PCP-Einfluß nicht kennt, sucht er nach vergleichbaren Belastungssituationen und deren Effekten. Dazu hat er die in der Weltliteratur vorhandenen relevanten Angaben berücksichtigt und in drei Gruppen aufgeteilt: Erfahrung mit Arbeitnehmer-Kollektiven, Studien an anderen Gruppen und Tierversuche. Und dann wird es spannend:

Sein Obersatz, der für die Beurteilung sämtlicher Arbeiten gilt, lautet: Ein toxischer Stoff verusacht immer Lebereffekte. Wo diese nicht feststellbar sind, ist auch von keiner Giftwirkung auszugehen. Damit sind die Weichen schon gestellt. Denn auf diese Weise lassen sich eine Reihe von Schadensfällen schon aus der Wertung nehmen. Zum Beispiel die Studie der Hamburger Hautärzte Baader und Bauer über Arbeiter in der PCP-Produktion. Sie leiden unter neuralgischen Beschwerden in den Beinen, Bronchitis, Hautveränderungen, Atembeschwerden und so weiter. Leberschäden sind nicht vermerkt, und daraus schließt Professor Schlatter, daß sie auch nicht oder „höchst geringgradig“ vorhanden waren. Damit liegen keine toxischen Effekte vor. Im Klartext: Für die Neuralgien und Bronchitiden der Arbeiter müssen andere Gründe gesucht werden.

Wo sein Zielorgan dennoch Wirkung zeigt, forscht Professor Schlatter zunächst nach alternativen Ursachen. In der Veröffentlichung von Zober aus dem Jahr 1979 über Beschäftigte in der Holzindustrie wird von erhöhten GOT, GPT, GLDH und Gamma-GT-Werten sowie von vergrößerten Lebern bei einem Drittel der untersuchten Arbeiter berichtet. Weil einige Probanden auch Alkohol tranken, überwiegend im unproblematischen Bereich, nimmt Professor Schlatter PCP umfassend aus der Haftung. Er spricht in diesem Zusammenhang von der mangelnden Unterscheidbarkeit zwischen toxisch-nutritiver und Gewerbe-toxischer Leberschädigung. Mit solch schönen Formulierungen fängt man Juristen. Er will damit sagen, daß man die Säuferleber nicht von der PCP-Leber unterscheiden kann und blufft uns damit über die Tatsache hinweg, daß der Alkohol für das Leber-Chaos der Arbeiter wohl kaum eine Rolle gespielt hat.

Auch bei anderen Giften, die als beschwerdeverursachend in Betracht kommen, tut sich Professor Schlatter leicht. Das ist oftmals das 2, 4, 5-T sowie das gemeinsame Ausgangsprodukt Trichlorphenol. Auch in diesen Fällen entläßt er PCP aus der Haftung. Wenn bei diesen Giftkonzentrationen dann noch Chlorakne, eine typische Hauterkrankung, bei den Arbeitnehmern festgestellt wird, ist die Argumentation besonders einfach: Chlorakne deutet auf Dioxinbelastung hin, Dioxine sind vor allem in Trichlorphenol enthalten und folglich ist TRI für den gräßlichen Hautausschlag verantwortlich – und nebenbei für sämtliche anderen Beschwerden der Untersuchten auch. Daß auch PCP Dioxine enthält, unterschlägt er.

Dort, wo allein PCP als auslösender Giftstoff für die Chlorakne in Frage kommt, und weder Fremddioxine oder Alkohol im Spiel sind, greift der Professor ganz tief in die Trickkiste. Eine entsprechende Studie an PCP-Arbeitern von Baxter, die bei 25 von 40 der Untersuchten Anzeichen einer Chlorakne festgestellt hatte, kommentiert Schlatter mit dem Zusatz: Raucher! Aber mit Zigarettenrauch löst man keine Chlorakne aus.

Dann noch weitere Tricks: In einer Arbeit von Zober aus dem Jahre 1981 geht es um reine PCP-Exposition. Die betroffenen Arbeiter weisen zahlreiche Symptome, darunter eindeutig erhöhte Leberwerte, auf. Schlatters Beurteilung: Weil die PCP-Blutwerte der Arbeitnehmer nicht mit den PCP-Luftwerten in dem betroffenen Betrieb korrellierten, weil also die Arbeiter mehr PCP im Blut hatten, als sie nach der Luftbelastung an ihrem Arbeitsplatz haben durften, müsse von einer zusätzlichen PCP-Aufnahme über die Haut ausgegangen werden. Die aber gibt es sicherlich auch im häuslichen Bereich, wenn dort Holzschutzmittel zum Einsatz gekommen sind.

Das Prinzip des Gutachtens wird schnell deutlich. Zuerst werden die Studien ohne Leberbefunde ausgeschieden, dann diejenigen, in denen alternative Chemiegifte eine Rolle spielen könnten, und schließlich verabschiedet er noch Raucher und Trinker.

Was dann noch übrig bleibt wird unterschlagen. Die Arbeit der niederländischen Ärzte Schepens und Janssens aus dem Jahr 1984/85 zum Beispiel. Einige Dutzend Bewohner behandelter Häuser mit PCP-Blut- und Urinkonzentrationen, wie sie auch in Deutschland gemessen werden, klagen über die gleichen Beschwerden wie die Klägerin aus Tutzing: Schwäche, Schwindel, Kopfschmerzen, Übelkeit und so weiter. Oder die Studie von Sangster aus dem Jahr 1982. Deren Autor hatte 15 Bewohner Holzschutzmittelbehandelter Häuser untersucht und folgende Symptome festgestellt: Juckreiz, Hautirritationen, Übelkeit, Erbrechen, Appetitlosigkeit, Kopfschmerzen, Schwindel, Müdigkeit und Skabiesbefall. Die PCP-Raumluft-Belastung lag zwischen 0,14 und 1,2 Mikrogramm pro Kubikmeter Raumluft – deutlich also noch unter den durchschnittlichen Belastungen deutscher Wohnungen. Diese Arbeiten sind in dem Gutachten gar nicht erst enthalten.

Das Herzstück des Gutachtens besteht aus einem Tierversuch. Schwetz, ein Toxikologe aus der Schweiz, hatte über zwei Jahre Sprague-Dawley-Ratten mit sogenanntem technischem PCP gefüttert und sie anschließend getötet und seziert. Bei den Tieren, die nicht mehr als drei Milligramm PCP pro Tag und Kilogramm Körpergewicht erhalten hatten, fanden sich keine Auffälligkeiten, keine biologischen Effekte. Daraus folgert Professor Schlatter: Wenn Ratten drei Milligramm PCP vertragen, dann muß beim Menschen, dessen Stoffwechsel etwa zehnmal langsamer abläuft, der also um den Faktor zehn empfindlicher ist, eine Dosis von 0,3 Milligramm PCP pro Tag und Kilogramm Körpergewicht ohne toxikologische Relevanz sein. Eine 70 Kilogramm schwere Person kann daher pro Tag 70 x 0,3, also 21 Milligramm PCP folgenlos aufnehmen.

Bei der Berechnung der Giftmenge, die die Bewohner behandelter Häuser aufnehmen, ist der Gutachter dann sehr großzügig. Er unterstellt einen 24stündigen Aufenthalt im Haus, eine PCP-Konzentration von 15 Mikrogramm pro Kubikmeter Raumluft, ein Atemvolumen von zwölf Kubikmetern pro Tag sowie eine hundertprozentige Resorption und kommt so auf eine Aufnahmemenge von 180 Mikrogramm oder 0,18 Milligramm PCP pro Tag. Das ist weniger als der hundertste Teil der zulässigen Giftmenge. Die aus dem Wohnen in behandelten Räumen resultierende Belastung, folgert der Sachverständige, ist daher über jeden toxikologischen Verdacht erhaben.

Kann man das so stehenlassen? Ist das richtig? Ist der Mensch eine große Ratte? Ist die Ratte ein kleiner Mensch?

Professor Wolf von der Universität Ulm hat die Frage später einmal so beantwortet: Der Mensch ist ein Mensch und die Ratte ist eine Ratte. Toxikologisch ist das noch untertrieben. Bereits die Existenz eines LD_{50}-Wertes signalisiert das Problem. Bei Zufuhr einer bestimmten Giftmenge stirbt die eine Hälfte des Tierkollektivs, die andere überlebt; und das, obwohl die Forscher auf größtmögliche Gleichheit unter Tieren im Hinblick auf genetische Ausstattung, Körpergewicht, Alter und Fütterung achten. Auch werden die Versuchstiere aus einer einzigen Population heraus gezüchtet. Aber das ist nicht alles. Der LD_{50}-Wert für die Giftigkeit von PCP, ermittelt an der Ratte durch Fütterung, variiert zwischen 25 und 250 Milligramm pro Kilogramm Körpergewicht. Das heißt, Rattenkollektive sind gegen PCP um den Faktor zehn verschieden. Die eine Versuchsgruppe verträgt 25 Milligramm, die andere zehnmal soviel.

Entsprechend größer sind die Differenzen bei unterschiedlichen Tierspezies. Ratten überleben 450 Mikrogramm Dioxin, Mäuse sterben schon nach der Verabreichung von 22 Mikrogramm. Hamster vertragen 4.000 mal mehr als Meerschweinchen.

Und kein Toxikologe weiß so recht, warum das so ist. Mit dem Hinweis auf individuelle, beziehungsweise artspezifische, Unterschiede läßt man es gut sein. Entgiftungsmechanismen spielen wohl eine entscheidende Rolle, aber wenn es ums Detail geht, muß die Wissenschaft passen.

Professor Schlatter hat Ratten und Menschen in Bezug auf ihre Empfindlichkeit gegenüber PCP praktisch gleichgesetzt. Warum aber vergleicht er Ratten mit Menschen? Hätte er nicht andere Tiere nehmen sollen? Wenn er Fledermäuse seinen Überlegungen zugrunde gelegt hätte, wäre sein Ergebnis anders ausgefallen.

Fledermäuse waren nämlich in den siebziger Jahren ins Zentrum ökologischer Aufmerksamkeit gerückt. Vogelschützer hatten beobachtet, daß die selten gewordenen und für die biologische Schädlingsbekämpfung so wichtigen Tiere vor allem in einer ihrer klassischen Heimstätten, den Kirchtürmen, zunehmend gefährdet waren. Immer, wenn das Gebälk der Kirchen mit Holzschutzmittel gestrichen wurde, verendeten zahlreiche der nachtaktiven Tiere, die sich dort kopfunter den Tag vertrieben oder den Winter verschliefen.

Englische Wissenschaftler hatten sich Anfang der achtziger Jahre des Problems angenommen und auf dem 2. Symposium der Fledermausforschung in Europa über ihre Arbeiten berichtet. Die Toxikologen hatten zunächst Langohr- und Zwergfledermäuse in Holzkäfigen gehalten, die zuvor mit einem PCP- und Lindan-haltigen Holzschutzmittel behandelt worden waren. Sämtliche Tiere verendeten rasch. Man führte das darauf zurück, daß die Fledermäuse, die sämtlich Körperkontakt mit dem Holz hatten, die Giftstoffe der Anstrichmittel beim Reinigen ihres Felles durch Belecken, also über den Mund, aufgenommen hatten. In einer zweiten Versuchsreihe wurden die Tiere ohne Körperkontakt mit dem Holz gehalten, also nur den Ausdünstungen der behandelten Hölzer ausgesetzt. Die Gifte entfalteten auch in diesem Fall – wenn auch erheblich später – volle Wirkung: Alle Tiere starben.

Wie hätte das Ergebnis des Schlatterschen Gutachtens ausgesehen, wenn er sich nicht an den Ratten seines Landsmannes Schwetz orientiert hätte, sondern an den britischen Fledermäusen? Ehrlicherweise hätte Professor Schlatter dann die Frage diskutieren müssen, warum noch so viele Holzschutzmittel-Anwender leben.

Das erst recht deswegen, weil die Fledermaus-Erfahrungen unter den gleichen Expositionsbedingungen gewonnen wurden, die auch für die betroffenen Menschen gelten: In beiden Fällen wurden die Gifte hauptsächlich beziehungsweise ausschließlich über die Atmung aufgenommen. Der für das Schlattersche Gutachten so immanent wichtige Tierversuch des Herrn Schwetz war hingegen ein Fütterungsversuch! Zwischen Maul und Organen liegt immer noch die Leber, aber nach der Lunge kommt kein Filter mehr.

Viele kennen den Effekt doch aus ihrer Raucherzeit: Fünf Sekunden nach dem Lungenzug ist der Kick da, meldet das Lust- und Suchtzentrum des Hirns Vollzug. Kaum jemand käme auf die Idee, die Zigarette aufzuessen, Kautabak ist aus dem Regalen verschwunden. Die Spaßgesellschaft hat nicht mehr so viel Zeit.

Ein Wirkstoff, der inhalativ aufgenommen worden ist, ist mindestens 16mal so wirksam, sagen vorsichtige Toxikologen, wie die gleiche Substanz und Menge, die verspeist worden ist. Das hat Professor Schlatter schlicht ignoriert.

Was der Schweizer auch noch vergessen hat: Im Holzschutzmittel steckt nicht nur der Problemstoff PCP. Regelmäßig sind noch andere Chlorphenole sowie Lindan und Diclofluanid mit von der Partie. Nicht zu vergessen die Lösemittel: Die aliphatischen Kohlenwasserstoffe sind allesamt toxikologisch wirksame Substanzen. Der Begriff Holzschutzmittel steht für einen Giftcocktail.

Und was uns Professor Schlatter eher nebenbei verrät, aber nicht berücksichtigt: Bei dem von Schwetz verwendeten PCP handelte es sich um die Reinsubstanz. Den Luxus haben sich die Holzschutzmittel-Hersteller nicht geleistet. In ihren Mitteln befand sich sogenanntes technisches PCP und darin stecken Dioxine und Furane – mal mehr, mal weniger. Das räumten die Hersteller zwar ausnahmslos ein, wiesen aber stets auf die geringe Konzentration und auf die Tatsache hin, daß jedenfalls das Supergift 2,3,7,8-TCDD, das Seveso-Dioxin, nicht vorhanden sei. Das ist toxikologisch ziemlich egal, denn auch die Penta-, Hexa-, Hepta- und Oktadioxine sind giftig genug. Übrigens: In einer Holzprobe der Familie Sander aus Beckum wurde auch das Supergift nachgewiesen.

Rechtsanwalt Dohmeier hat dem Professor aus Zürich einige Zeit später in der Hauptverhandlung eine Frage gestellt, die vielleicht eine prozeßentscheidende Perspektive eröffnete. Sie lautete: „Sind Wortfindungsstörungen über den Tierversuch verifizierbar?“

Viele Menschen, die Holzschutzmitteln ausgesetzt sind, leiden darunter. Das weiß man, wenn man oft genug mit ihnen telefoniert hat. Verwechseln von Worten, Steckenbleiben im Satz, verlangsamter Sprachfluß gehören noch dazu.

Professor Schlatter hat lang überlegt und dann den Kopf geschüttelt. Nun könnte man dem Mann aus Zürich auch für diese Antwort böse sein. Hat er doch die sprachbegabten Papageien und Beos unberücksichtigt gelassen. Aber eigentlich hat er ja recht.

Die Frage des Rechtsanwalts aus Ludwigshafen öffnete die Augen für einen Umstand, der von Professor Schlatter ebenfalls unberücksichtigt gelassen worden war. Der weit überwiegende Teil der von den Holzschutzmittel-Anwendern geklagten Beschwerden ist über den klassischen Tierversuch gar nicht darstellbar: Müdigkeit, Schwäche, Konzentrationsstörungen, Antriebsmangel, Unruhe, Depressionen, Angst, unterschiedliche Schmerzzustände. Vor allem die neurologischen und psychiatrischen Beeinträchtigungen sind durch Sezieren nicht feststellbar. Zweifelsfrei können im Tierversuch auch emotionale Einbußen geprüft werden. Das war aber nicht Thema der Experimente von Schwetz.

Hundert mißbrauchte Ratten machen den Professor blind für die Schicksale von 100.000 Menschen. Das Schlatter-Gutachten wird nicht das Trumpf-As der Firma sein.

MAK-Werte

Die Verteidigung schiebt nach: Wie vertragen sich die Behauptungen der Anzeigeerstatter mit der Realität der MAK-Werte? Die Abkürzung steht für Maximale Arbeitsplatz-Konzentration. 500 Mikrogramm PCP pro Kubikmeter Luft – das ist der Grenzwert für die PCP-Belastung am Arbeitsplatz. Dort, wo PCP hergestellt wird, bei Dynamit Nobel zum Beispiel, oder wo Holzschutzmittel zusammengemischt und abgefüllt werden oder in Pappe-produzierenden Betrieben, wo die Chemikalie gegen Pilzbefall eingesetzt wird, darf die PCP-Konzentration in der Luft 500 Mikrogramm pro Kubikmeter betragen. Das ist eine Menge Zeug, das hundertfache der Konzentration, die durchschnittlich in behandelten Wohnungen gemessen wird.

Festgesetzt hat den Wert eine angesehene Institution: die deutsche Forschungsgemeinschaft. Noch bedeutsamer ist, daß die MAK-Werte als gut dokumentierter Maßstab gelten. Das will heißen, daß die entsprechenden Belastungen nach der breiten arbeitsmedizinischen Erfahrung von den betroffenen Arbeitnehmern auch vertragen werden. Sie machen demnach nicht krank. Und andererseits werfen fünf Mikrogramm die Leute andernorts reihenweise um?

Die Tatsache, daß in den betroffenen Betrieben eher kerngesunde Männer stehen, während in den Wohnungen allerlei Empfindlichkeiten anzutreffen sind – namentlich Kleinkinder, Alte und Kranke – beseitigt diese Bedenken nicht. Es sind gerade die dynamisch-sportlichen, die fitten und jungen Häuslebauer krank geworden. War nicht der Starfighter-Pilot aus Flensburg mit Sicherheit gesünder und widerstandsfähiger als alle Arbeiter an den Schiebern der Abfüllstationen?

Und auch der Einwand, daß Arbeiter ja nur eine begrenzte Zeit des Tages beziehungsweise der Woche an ihrem schmutzigen Arbeitsplatz anwesend sind, zieht zunächst nicht. Auch Hausbewohner sind nicht ständig indoor. Man muß aufpassen und ins Detail gehen.

Professor Wolf hat eine interessante Rechnung aufgemacht: Arbeiter in der Holzschutzmittel-Herstellung befinden sich pro Woche 38 Stunden im Betrieb. Eine Mutter mit ihrem Säugling, die praktisch nur zu kleinen Spaziergängen das Haus verläßt, mag sich 22 Stunden des Tages dort aufhalten. Das ergibt eine Wochenstundenzahl von 154. Angesichts einer um den Faktor vier differierenden Belastung beeindruckt das eventuell noch wenig.

Stellt man aber auf die relative Belastung ab, bezieht man also die giftfreien Intervalle mit in die Rechnung ein und ermittelt den Quotienten aus Belastungszeit und Erholungszeit, sieht die Rechnung gleich ganz anders aus. 33mal stärker als der Arbeitnehmer sind unter diesem Aspekt Mutter und Säugling belastet.

Noch wichtiger für das Verständnis der Arbeitsplatzgrenzwerte ist ein anderer Aspekt, auf den Professor Selenka von der Bochumer Ruhruniversität, der Pionier in Sachen Dioxinanalytik hingewiesen hat.

Man dürfe nicht sagen: Für die Arbeiter an den Abfüllstationen seien PCP-Konzentrationen von 500 Mikrogramm pro Kubikmeter gesundheitlich ohne Auswirkungen. Man müsse es statt dessen so formulieren, daß diejenigen Arbeitnehmer, die an den kritischen Stellen der Betriebe tätig seien, diese hohen Konzentrationen auch vertrügen. Ich habe lang gebraucht, um diesen Unterschied zu verstehen.

Er heißt nämlich, daß, wer dort steht, im schmutzigen Bereich, und stehen bleibt, genetisch dafür gemacht ist. In den Betrieben findet eine permanente Auslese statt. Wer die Belastungen nicht verträgt, mit Kopfschmerzen oder Übelkeit reagiert, wird schnell woanders arbeiten. Am Ende stehen die Hartgesottenen im Dreck, diejenigen, die diese Belastung aufgrund ihrer enzymatischen Ausstattung – also ihrer Fähigkeit, Gifte auszuscheiden – aushalten.

Genetik sei aber nur das eine, sagt Professor Selenka, die Unfähigkeit zu klagen, das andere. Dissimulanten braucht es an den schmutzigen Ecken der Unternehmen, Leute, die entsprechend der japanischen Tradition nicht klagen. Die die Beeinträchtigung hinnehmen und auf die Frage des Werksarztes, wie es ihnen geht, stets mit „gut" antworten. Das muß nichts mit der Angst vor dem Verlust des Arbeitsplatzes zu tun haben. Da geht es um den Menschentyp und um Fragen der sozialen Stellung. Arbeiter zieren sich möglicherweise, über das Einräumen gesundheitlicher Schwächen ihren betrieblichen Status weiter abzusenken.

Die Hannoveraner Ärzte Joachim Heilmann und Hartmut Hagemann haben den Healthy Worker-Effekt, wie man dieses Phänomen nennt, in einer Studie über toxische Effekte von Anästesiegasen 1993 anschaulich beschrieben. Von dem in Operationssälen tätigen Personal werden eine Vielzahl gesundheitlicher Beschwerden geklagt. Als Ursache gelten Streßbelastung, aber auch die in erheblichen Mengen in der Raumluft vorhandenen Narkosegase –

Halothan, Lachgas, Enfluran und Isofluran – , deren toxische Wirksamkeit beim Patienten zum erwünschten Betäubungseffekt führt. Von dem medizinischen Personal, das bis zu fünf Jahren im OP tätig ist, klagen zum Beispiel 61 Prozent über eine allgemeine Abgeschlagenheit. Nach einer bis zu zehnjährigen Tätigkeit fühlen sich noch 60 Prozent in der besagten Weise beeinträchtigt. Aber nach mehr als zehn Jahren reklamieren nur noch 41 Prozent dieses Symptom. Ähnlich ist es in Sachen Müdigkeit: Von 83 Prozent über 72 Prozent bis zu 55 Prozent reduzieren sich die Beschwerden in den entsprechenden Zeitintervallen. Oder bei Kopfschmerzen: 26 Prozent – 18 Prozent – 13 Prozent.

Möglicherweise sind für die hohen MAK-Werte, denen regelmäßig einfache, zum Teil ungelernte Arbeiter ausgesetzt sind, noch andere Umstände verantwortlich.

Kommissar F. leitet am 13. Oktober 1988 die Durchsuchung beim norddeutschen Holzschutzmittel-Hersteller. Die Stärke des Kommissars war sein siebter Sinn. Der veranlaßt ihn, der Abfüllstation des Betriebes einen Besuch abzustatten und sich dort umzuhören. Viel erfährt er zwar nicht, aber man nennt ihm zwei ehemalige Mitarbeiterinnen des Betriebes, die er anschließend aufsucht.

Helga P. war mit kurzen Unterbrechungen von 1968 bis 1977 als Abfüllerin in der Firma beschäftigt. Sie berichtet dem Polizisten von starken Kopfschmerzen, die sie ständig geplagt hätten. Vielen Beschäftigten sei es ähnlich ergangen. Auch über Übelkeit sei geklagt worden. Einige hätten deswegen ihre Arbeitsstelle aufgegeben. 1971 habe man eine Veränderung ihres Blutbildes festgestellt, und 1983 sei sie wegen einer Krebsgeschwulst in der Brust operiert worden.

Ähnlich war es ihrer Kollegin, der 64jährigen Maria P. ergangen, die gar von 1966 bis 1984 an der Abfüllmaschine gearbeitet hatte. Sie spricht von Atemschwierigkeiten, Hustenreiz und ständiger Müdigkeit. Nach der Arbeit habe sie sich immer hinlegen müssen, sie sei schlapp und abgespannt gewesen. Wie viele ihrer Kolleginnen habe sie zeitweise unter Kopfschmerzen gelitten, und auch sie erkrankte 1983 an Brustkrebs.

Maria P. fällt es nicht leicht, über diese Dinge zu reden, auch weil die Firma ihr gegenüber immer korrekt gewesen sei, und sie noch immer zu den Weihnachtsfeiern eingeladen werde. Trotzdem verrät sie noch eine Begebenheit, die schon einige Jahre zurückliegt. Willi V., ein Arbeitskollege, der mit der Mischung von Farben und Reinigung der Farbbottiche befaßt war, sei 1981 an einem Darmdurchbruch gestorben. Bei der Beerdigung habe sein Bruder laut geäußert, daß das Blut des Verstorbenen durch dessen berufliche Tätigkeit total vergiftet gewesen sei. Ein Verantwortlicher der Firma habe ihn dann zur Seite genommen und beruhigt.

Profesor Wassermann schreibt in seinem Gutachten für die Staatsanwaltschaft, daß arbeitsbedingte Gesundheitsschäden bei Chemiearbeitern innerbetrieblich meist auf niedrigem Fürsorge- und Informationsniveau gehalten würden. Anders – als Frage – formuliert, bedeutet dies: Interessiert sich eigentlich jemand ernsthaft für die gesundheitlichen Belange von Arbeitern? Sind Arbeiter, vor allem die einfachen, nicht jederzeit austauschbar und ersetzbar? Lohnt sich da ein medizinischer Aufwand? Sind MAK-Werte neben dem Healthy Worker-Effekt nicht auch Ausfluß dieser Ignoranz?

Diese Frage war im Ermittlungsverfahren nicht zu beantworten. Die MAK-Werte waren auch unabhängig davon schon als das, was sie wirklich darstellen, enttarnt.

Professor Selenka sagt auch noch etwas zu einem anderen Grenzwert, und zwar dem für bewohnte Innenräume. Den MIK-Wert habe man kürzlich schon reduziert, von 60 auf 25 Mikrogramm PCP pro Kubikmeter Luft. Demnächst wolle man ihn wohl auf ein Mikrogramm absenken. Er halte das aber immer noch für nicht ausreichend. Ab 200 Nanogramm, also 0,2 Mikrogramm, begännen nämlich schon die Klagen der Patienten.

Alternativ-Ursachen

Trüffel würde Dr. Wolfgang Eckrich, Biochemiker an der Ruhruniversität Bochum nicht riechen, doch Holzschutzgifte entgehen seiner Nase nicht. Spätestens eine Viertelstunde nach dem Betreten eines Hauses weiß er, was Sache ist. Befinden sich behandelte Hölzer im Innenbereich, schwellen seine Lymphknoten an den Halsseiten taubeneigroß an. Meist will er es ein bißchen genauer wissen, und deshalb nimmt er Holz-, Staub- und Luftproben, die er dann zusammen mit den Blutproben der Bewohner im Labor auf PCP, Lindan und Dioxine untersucht.

Die extreme Empfindlichkeit des Dr. Wolfgang Eckrich gegenüber Holzschutzmittel-Giften hat mit seiner häufigen Giftexposition zu tun. Auch die Bewohner kontaminierter Häuser reagieren vielfach extrem sensibel auf die betreffenden Giftstoffe. Chemical Sensitivity heißt das in der Fachsprache – Chemikalien-Unverträglichkeit. Man hätte in der Frankfurter Justiz diesen Bioindikatoren viel früher schon Aufmerksamkeit schenken sollen.

Viele Holzschutzmittel-Geschädigte, die die Staatsanwaltschaft aufsuchten, um über ihr Problem zu reden, „reagierten" nämlich nach kurzer Zeit. Ihre Augen tränten, die Haut an den Armen und im Gesicht wurde fleckig und schleichend entwickelte sich eine Panikstimmung. Raus hier! Ein Vorstandsmitglied der Interessengemeinschaft der Holzschutzmittel-Geschädigten, ebenfalls durch Holzschutzmittel hypersensibel geworden, gab uns schon 1989 den Tip: Bei Ihnen gibt es eine Belastung! Erst zwei Jahre später, nachdem eine Leuchtröhre zerborsten und die ebenso liebenswürdige wie resolute Sekretärin des Chefs gesundheitliche Probleme bekam, maß man die Schadstoffbelastung im Gebäude der Staatsanwaltschaft. Die Ergebnisse waren deprimierend: massenhaft Polychlorierte Byphenyle (PCBs) und Furane, das sind enge Verwandte der Dioxine, verflüchtigten sich aus defekten Leuchtstoffröhren, die es im Grunde in jedem Raum gab.

Hochtoxisch, diese Angelegenheit. Nach wenigen Tagen ist das Gebäude geräumt und kann dem modernsten Standard entsprechend saniert werden. Nur nebenbei: Die Behördenleitung hätte es lieber gesehen, wenn das Gebäude Stockwerk für Stockwerk saniert worden wäre, denn dann hätte man auf die Kompletträumung verzichten können und viel Geld gespart, obwohl die Mitarbeiter den Giften dann länger ausgesetzt gewesen wären. Zu den Betroffenen gehörten auch die Behördenleiter. Juristen sind eben loyal bis zum Tod. Auch, wenn er durch Gifteinwirkung eintritt.

Dr. Wolfgang Eckrich ist einer der Pioniere auf dem Gebiet der Holzschutzmittel-Analytik. In Hunderten von Häusern und Wohnungen hat er nach den giftigen Wirkstoffen von Holzschutzmitteln gesucht. Alles hat er selbst gemacht: zunächst die Probenahme, das Herausbohren von Holzzylindern aus repräsentativen Bereichen des Gebälks oder der Verschalung, das Einsammeln von Hausstaub mittels eines Staubsaugers und die Installation des Exhausters zur Beprobung der Raumluft. Dann die Aufbereitung der Proben und ihre Eingabe in den Gaschromatographen und Massenspektrometer.

Was für uns noch viel wichtiger ist: Er hat die fraglichen Häuser auch auf andere toxische Belastungsquellen hin untersucht, die für die gesundheitlichen Beschwerden der Bewohner in Frage kommen könnten. Das bedeutete Schnüffelarbeit in allen Räumen, im wahrsten Sinne des Wortes. Allein mit seiner empfindlichen Nase kommt Dr. Eckrich dem einen oder anderen Schadstoff auf die Spur.

Für das strafrechtliche Ermittlungsverfahren war die umfassende Darstellung der hygienisch-toxikologischen Situation der betreffenden Häuser von elementarer Bedeutung. Denn von Anfang an hatten die Hersteller darauf hingewiesen, daß ihre Holzschutzmittel nie die einzigen Problemstoffe in den Wohninnenräumen waren. Gerade in neue oder renovierte Wohnungen waren über die moderne Chemie viele künstliche Verbindungen gelangt, die ein mehr oder weniger großes toxisches Potential bedeuteten.

Unter diesen Umständen blieb uns nichts anderes übrig, als eine umfassende Ausschlußdiagnostik durchzuführen. Es reichte nicht aus, allein positive Indizien – also Umstände, die für den Zusammenhang zwischen Holzschutzmitteln und gesundheitlichen Beschwerden sprachen – zu sammeln, sondern es mußten andererseits negative Indizien, Tatbestände, die gegen diesen Zusammenhang sprachen, ausgeschlossen werden.

Was das bedeutete, konnte man anderswo, nämlich in den Akten des Contergan-Falles, nachlesen:

Die in dieser Sache ermittelnde Staatsanwaltschaft sah sich, nachdem sie die zeitlichen und örtlichen Zusammenhänge zwischen Contergan-Einnahme und Auftreten embryonaler Mißbildung deutlich gemacht und ein eindrucksvolles Mosaik belastender Umstände zusammengesetzt hatte, mit einer Reihe von Ersatz-Ursachen konfrontiert. Sie fand, daß diese nicht ignoriert werden dürften, sondern ermittlungstechnisch aufgearbeitet werden müßten.

Einmal wurde ein atypisch hoher Fernsehkonsum während der Schwangerschaften der Frauen, die mißgebildete Kinder zur Welt gebracht hatten, ins Spiel gebracht und auf die Ausstrahlung der Fernsehröhre als mögliche Ursache hingewiesen. Eine Überprüfung ergab, daß in den Ländern, in denen Contergan nicht verkauft wurde, aber die gleichen Fernsehröhren wie in Deutschland Verwendung fanden, die fraglichen Mißbildungen nicht aufgetreten waren. Vor und nach der Contergan-Einnahme hatte es bei gleichem Fernsehkonsum zudem keine Mißbildungen gegeben.

Dann hatten die Verteidiger den radioaktiven Fall-out nach Atombombenversuchen als Mißbildungsursache in Verdacht. Dagegen sprach wiederum, daß der radioaktive Niederschlag in etwa gleich stark auf sämtliche europäischen Länder niedergegangen war, die

Mißbildungsfälle aber auf die Conterganländer beschränkt blieben.

Schließlich wurden die Krankheitsursachen (Mediziner reden von Noxen) in Reinigungs-, Wasch- oder Nahrungs- und Genußmitteln für die Schäden verantwortlich gemacht. Die Staatsanwälte überprüften circa hundert dieser Substanzen und konnten keine Beziehung zu den fraglichen Mißbildungen feststellen.

Um sogenannte exogene Noxen ging es gleichwohl auch in unserem Verfahren. Da die Beschwerden ja auffällig an den Aufenthalt der Patienten im Haus gebunden waren, mußten die Ursachen auch dort gesucht werden.

Das Thema Wohngifte war relativ neu. Luftverschmutzung war immer ein Problem des Außenbereichs: qualmende Schlote, Autoabgase, Müllverbrennungsanlagen. Erst langsam wurde deutlich, daß man über moderne Baustoffe und Einrichtungsgegenstände viele toxisch relevante Verbindungen ins Haus holte, wo diese aufgrund besserer Isolierung und eines energiesparenden Lüftungsverhaltens eine beachtliche Wirkdauer haben konnten und sich anreicherten. Da ging es vor allem um Formaldehyd, das in Spanplatten enthalten ist, um Lösemittel aus Farben und anderen Anstrichmitteln, um Isocyanate aus Klebern für Parkettböden und Teppichböden, um Polychlorierte Biphenyle und natürlich um Holzschutzmittel-fremdes Pentachlorphenol, das zum Beispiel in Teppichböden oder Ledergarnituren vorhanden sein kann und in strafrechtlicher Hinsicht den hier Beschuldigten nicht zuzurechnen ist.

Dr. Eckrich hatte auf all diese Dinge ein Auge geworfen und dazu Nachfragen gestellt. Zum Beispiel wollte er wissen, was in einem bestimmten offenen Kamin alles verbrannt wurde und ob unter einem verklebten Teppichboden eine Fußbodenheizung lag, die den Klebstoff in die Raumluft beförderte. Nach den Feststellungen des Wissenschaftlers wurde in den Wohnungen nur selten PCP gefunden, das nicht aus Holzschutzmitteln stammte. Quelle des Holzschutzmittel-fremden PCPs war fast ausnahmslos der Teppichboden. Aber nur wenige Produkte waren entsprechend behandelt worden. Soweit es doch der Fall war, trugen diese Teppichböden allerdings nur im geringen Maße zur PCP-Belastung bei. 50 Milligramm der Chemikalie waren durchschnittlich in einem Kilogramm Teppichboden, das Zehnfache indessen in einem Kilogramm behandelten Holzes enthalten.

Teppichboden-PCP sucht sich Sonderopfer: In einer Marburger Wohnung, wo PCP-kontaminierte belgische Importware verlegt worden war, erkrankten vor allem die Kleinkinder und der Hund, die krabbelnd und schnüffelnd erhebliche PCP-Mengen vom Boden aufgenommen hatten. PCP-belastete Ledergarnituren, wie sie ab und zu gefunden wurden, sind im übrigen auch nicht in der Lage, eine Hausgemeinschaft komplett und dauerhaft zu vergiften. Häusliche Lindan-Quellen sind vor allem Mottenkugeln. Aber die erledigen insoweit wirklich nur die Motten.

Die leichtflüchtigen Lösemittel, die in Lacken und Farben enthalten sind, verdunsten nach wenigen Wochen und kommen für chronische Belastung ebenfalls nicht in Frage.

Polychlorierte Biphenyle sind kein Problem von Privathäusern. Sie sind zwar hochtoxisch, gelangen aber im wesentlichen über defekte Leuchtröhren und Dehnungsfugen in Betonbauten in die Raumluft. Beide Giftquellen existieren fast ausschließlich in großen Bürogebäuden wie beispielsweise im Gerichtsgebäudes C der Frankfurter Justiz.

Eine größere Bedeutung für die toxische Raumluftbelastung kommt allerdings Formaldehyd zu. Das chemische Multitalent – es kommt als Desinfektions- und Konservierungsmittel sowie Härter biologischer Materialien zum Einsatz – gelangt vor allem über Spanplatten, das heißt in erster Linie über preiswerte Einrichtungsgegenstände, in die Wohnungen. Es ist keineswegs zu vernachlässigen, aber seine gesundheitlichen Folgen sind gegen die von Pentachlorphenol und Lindan gut abgrenzbar. Formaldehyd ist ein Reizgas, während PCP kaputt und Lindan verrückt macht. In den Holzschutzmittel-behandelten Wohnungen hat Dr. Eckrich übrigens nur selten relevante Formaldehydquellen festgestellt. Ausnahmen sind allerdings Fertighäuser, aber die haben wir im Rahmen unserer Ermittlungen einmal außen vor gelassen.

Früh genug sind wir darauf aufmerksam gemacht worden, daß die Suche nach alternativen Krankheitsursachen sich nicht auf den Giftbereich beschränken darf. Es gibt chronische Grundleiden, deren Symptome denen einer Holzschutzmittel-Vergiftung jedenfalls teilweise entsprechen. Tumorpatienten zum Beispiel können ebenfalls schwach und hinfällig sein, erleben ihre Krankheit irgendwann als Leistungsknick. Erkrankungen aus dem rheumatischen Formenkreis oder eine Niereninsuffizienz beeinträchtigen das Immunsystem und lösen Infekte aus.

Wir gehen auf Nummer sicher. Fälle, in denen eine Polyneuropathie und eine nicht mehr ganz junge Diabetes mellitus aufeinander treffen, sind für den strafrechtlichen Zweck verloren. Zwar ist die Polyneuropathie, eine umfassende Erkrankung der peripheren Nerven mit Kribbeln und Empfindlichkeitsstörungen, aufgrund ihrer Häufigkeit geradezu ein Holzschutzmittel-Klassiker. Doch auch die Zuckerkrankheit führt in ihrem späteren Stadium aufgrund von Gefäßschäden zum gleichen Krankheitsbild. Also lassen wir diese Fälle zunächst unberücksichtigt, obwohl die neuere Forschung auf eine ganz andere Ursache-Wirkung-Beziehung hindeutet. Danach ist nämlich PCP in hohem Maße Pankreas-toxisch. Das heißt, daß es schädigend auf die Bauchspeicheldrüse wirkt und somit als Ursache auch der Diabetes-Erkrankung infrage kommt.

Wo immer konkurrierende Ursachen im Spiel sind, ziehen wir uns zurück. Dieser Konflikt lohnt sich nicht. Er ist stets kontraproduktiv, weil er als Einfalltor für generelle Zweifel genutzt wird.

Erbsenzähler wollen wir dennoch nicht sein. Fast alle Menschen klagen, jedenfalls ab einem bestimmten Alter, über irgendwelche gesundheitliche Einbußen. Im Fall des Königsteiners Bankdirektors Karl Liefheit sehen wir einen Holzschutzmittel-Schadensfall, obwohl der 70jährige herzkrank ist, an Arteriosklerose leidet und zahlreiche Operationen zu überstehen hatte. Zu auffällig korrelieren nämlich seine Beschwerden mit der Anwesenheit im behandelten Haus. Das Gericht allerdings wird uns später diesen Fall um die Ohren hauen.

Anklageerhebung und Nichteröffnung

Juni 1989, Anklageerhebung. Den beiden Geschäftsführern der Firma vom Niederrhein sowie dem Geschäftsführer ihres schärfsten Konkurrenten aus Norddeutschland wird Körperverletzung und Freisetzung von Giften vorgeworfen. 50 betroffene Familien sind „Gegenstand“ der Anklage. Im Vorfeld gab es noch einmal Streß. Die Behördenhierarchie hatte zur Vorlage des Anklageentwurfs eine Frist gesetzt. Das war der Sache wenig dienlich. Druck machen andere schon genug.

Am Tage der Anklageerhebung ist die Hierarchie aber wieder freundlich und organisiert sogar eine Pressekonferenz. Das Medieninteresse ist beachtlich. In den Zeitungen wird die Länge der Anklageschrift hervorgehoben: 645 Seiten. Ein Blatt nennt das Gewicht der Schrift; es betrug 3,6 Kilogramm. Mich stimmt der Umfang der Anklageschrift weniger glücklich. Es ist ja gerade die Kunst der Juristen, komplexe Sachverhalte auf einen kurzen, allgemein verständlichen Nenner zu bringen. Aus Erfahrung weiß man aber, daß Staatsanwälte hin und wieder den Verlockungen der Masse erliegen. Viel hilft viel – dieser Irrtum ist nicht auf die Landwirtschaft beschränkt. Im Holzschutzmittel-Fall war es eher so, daß das lange Leiden der vielen Menschen sowie die schwierige Toxikologie der Holzschutzmittel notgedrungen viel Platz erforderten. Manche Dinge sind eben nicht so einfach, als daß sie mit wenigen Worten zu erklären wären.

Die Frankfurter Rundschau meldete das Ereignis in ihrer Schlagzeile auf Seite 1, die FAZ versteckt die Nachricht beinahe. Beim Fernsehen gibt es das gleiche Gefälle von ARD zu ZDF. Man erwartet einen politischen Prozeß.

Zuständig für die Befassung mit der Anklageschrift war die 26. Strafkammer des Landgerichts Frankfurt, ein Gericht mit der Sonderzuständigkeit für Umweltstrafsachen. Wie auch die Umweltabteilung der Staatsanwaltschaft war die „Sechsundzwanzigste“ Mitte der achtziger Jahre eingerichtet worden, als auch die juristischen Zeichen auf „öko“ standen.

Sonderzuständigkeiten kann man allerdings in einer wunderbaren Weise zu ganz anderen als den vorgegebenen Zwecken einsetzen. Eine Umweltkammer, die absehbar überwiegend mit Berufungssachen befaßt ist, eignete sich auch vorzüglich dazu, mutige Urteile der unteren Instanzen zu „kassieren“. Gerade dort aber tummelten sich – in Frankfurt war das nicht zu verhindern – eine beachtliche Zahl fortschrittlicher, kritischer Richter.

Diese Gefahr witterten einige meiner Kollegen aus der Umweltabteilung. Dr. Falk Thomas, der Vorsitzende Richter der 26. Strafkammer, war jedenfalls kein ausgewiesener Umweltstreiter. Mit ökologischen Inhalten war er nicht in Verbindung zu bringen. Was erschwerend hinzukam: Er war gerade erst von New York zurückgekommen, wo er am deutschen Konsulat diplomatische Aufgaben wahrgenommen hatte. Diplomaten fallen hin und wieder einmal einem Attentat zum Opfer, aber an den Folgen von Überarbeitung gehen sie selten zugrunde. Das paßte doch sehr zum Arbeitsverständnis einiger Richter, die völlig ungefährdet waren, je an Workaholism zu leiden.

Am Amtsgericht Usingen konnte ich das einmal hautnah erleben. Als ich kurz vor zwölf Uhr einen prozeßverlängernden Beweisantrag ankündigte, versuchte mich die Protokollbeamtin mittels Grimassen und Handbewegungen von der Realisierung meines Vorhabens abzubringen. Nachdem ich den Antrag schließlich doch gestellt und der Richter schnaubend die Sitzung unterbrochen hatte, klärte mich die Dame auf. Der Vorsitzende spielt um 12.30 Uhr Tennis!

In Frankfurt hatte die Strafkammer zunächst über die Zulassung der Anklage zu entscheiden. Dieser in der Strafprozeßordnung etablierte Filter soll verhindern, daß schon von vornherein aussichtslose oder gar willkürliche Anklagen zur Verhandlung kommen, und Menschen mit vermeidbaren Prozessen überzogen werden.

Das Gericht ließ sich Zeit mit seiner Entscheidung. Zeit für Mutmaßungen und Gerüchte. Immer wenn es zu einer hausinternen Begegnung mit dem Vorsitzenden kam, versuchte ich seinem Verhalten oder seinem Gesicht Hinweise auf die bevorstehende Entscheidung abzugewinnen. Aber er lachte immer auf die gleiche Art und Weise. Freundlich und nichtssagend.

Etwa ein halbes Jahr nach Anklageerhebung gab es auf der viel begangenen Strecke von und zur Kantine ein erneutes Zusammentreffen mit dem Vorsitzenden. Dr. Thomas steuert auf mich zu und teilt mir mit, daß die Sache noch etwas Zeit benötige. Man habe nämlich gerade die beiden Beisitzer in Richtung Oberlandesgericht entlassen, damit sie dort im sogenannten Durchlauf die Qualifikation für ihre Beförderung erhalten.

„Sie wollen doch sicher auch nicht, daß die Karrieren der jungen Leute wegen des Verfahrens ins Stocken geraten?“ fragte Dr. Thomas und lächelte dabei so gewinnend, daß man nicht widersprechen konnte.

Das bedeutete, daß das Gericht praktisch wieder von vorne anfangen mußte. Denn es sind die Beisitzer, die die mit der Zulassungsentscheidung verbundenen Arbeiten erledigen, natürlich nach Vorgabe des Vorsitzenden. Die beiden neuen mußten sich erst in die Sache einarbeiten, eine Reihe von Akten lesen und Gutachten studieren.

Aber Dr. Thomas fühlte sich im Recht. Was wog schon das Interesse von ein paar tausend Geschädigten am alsbaldigen Prozeßbeginn im Vergleich zum Recht der Beisitzer auf reibungsfreie Laufbahnen? Und Unmögliches verlangte man ja von den Geschädigten auch nicht. Denn wenn sie in der Vergangenheit eines gelernt hatten, dann war es zu warten.

Nach einem weiteren halben Jahr, im Juni 1990, ist es schließlich soweit. Dr. Thomas, dem ich immer nur auf dem Weg zum Essen begegne, teilt mir mit, daß die Entscheidung in allernächster Zeit bekanntgegeben werde: „Wir schreiben seit zwei Tagen!"

„Das ist schlecht", sagt mein Abteilungsleiter. „Wenn sie viel schreiben, lehnen sie die Eröffnung ab." Für die Zulassung der Anklage müssen nur ein paar Kreuzchen auf einem kleinen Formular gemacht werden.

Drei Tage später ist es amtlich: Das Gericht lehnt die Eröffnung der Hauptverhandlung ab, läßt die Anklage nicht zu. Nachdem die Richter zunächst einen Teil der Fälle für verjährt erklärt haben, kommen sie ab Seite 41 ihrer umfangreichen Begründung zum entscheidenden Punkt. Sie glauben nicht, daß auch nur in einem einzigen Fall der Beweis für einen ursächlichen Zusammenhang zwischen Holzschutzmitteln und Erkrankung einer Person erbracht werden kann.

Wo sie sich bei ihrer Meinungsbildung bedient haben, machen die Richter bereits ganz am Anfang der einschlägigen Begründung deutlich: bei Paracelsus. Seinem Lehrsatz „Alle Dinge sind Gift und nichts ist ohne Gift, allein die Dosis macht, daß ein Ding kein Gift ist", komme im vorliegenden Zusammenhang „sehr wohl Bedeutung" zu. Die Verteidigung hat ihn oft bemüht – und das Gericht ist den Anwälten auf den Leim gegangen.

Weiter heißt es in der Ablehnung: „Bei praktisch allen Stoffen und Substanzen, zum Beispiel bei Tee, Kaffee, Nikotin aber auch Kochsalz, Wasser und Vitaminen zeigen sich Toxikationserscheinungen erst ab einer gewissen quantitativen Aufnahme."

Wasser und chlorierte Kohlenwasserstoffe sind zwar teilweise wortidentisch – aber toxikologisch gehören sie wohl nicht in einen Topf, selbst wenn das Wasser aus Frankfurter Leitungen strömt. Vitamine und Dioxine haben ebenfalls wenig miteinander zu tun. Die einen sind – jedenfalls in normaler Dosierung – lebensnotwendig, die anderen schon im Niedrigdosenbereich krebsauslösend.

Armer Paracelsus. Der schwäbische Arzt, der eigentlich Philipp Theophrastus von Hohenheim hieß und im 16. Jahrhundert lebte, war Begründer einer auf Naturbeobachtungen und Erfahrungen beruhenden Medizin. Ein Arzt für Naturheilverfahren wird man ihn sicher nicht nennen dürfen, dafür war er schon zu sehr mit der chemischen Veränderung von Naturstoffen befaßt. Aber als er seine berühmte These formulierte, hat er an die Wirkstoffe von Maiglöckchen und Tollkirsche, Digitalisglykoside und Atrophin gedacht, die in niedriger Dosierung krampflösend beziehungsweise kreislaufstützend wirken, in hoher Dosis aber auch tödlich sein können. Chlorierte Kohlenwasserstoffe waren zu Paracelsus Zeiten noch nicht bekannt.

Dann referiert das Gericht die geltenden Grenzwerte und sieht sie selten überschritten. Und es nimmt Bezug auf die Gutachten, insbesondere die der Schulmedizin, sieht – richtigerweise – ein toxikologisches „Non-liquet": Die Wissenschaftler sind sich nicht einig. Dabei beläßt es das Gericht, es mischt sich nicht ein. Es hinterfragt nicht, hält Abstand, den juristischen Sicherheitsabstand zu den Männern in Weiß. Unter diesen Umständen konnte die Entscheidung nicht anders ausfallen. Nur hätte man sie sich schneller gewünscht, war doch von Anfang an klar, daß die Toxikologen zerstritten waren.

Ins Detail geht man an anderer Stelle. Etwa bei der Frage, ob die Geschädigten eventuell an ihrem Schicksal selbst schuld sind, weil sie die Mittel unsachgemäß angewendet haben. 207 Liter Holzschutzmittel habe die Familie Barsch aus Bramstedt auf 285 Quadratmeter Holzfläche gestrichen, das entspräche 0,73 Liter pro Quadratmeter. Ein vernünftiger Holzschutzmittel-Anwender hätte die Holzflächen nicht in diesem exzessiven Ausmaß behandelt, obwohl, wie das Gericht zugibt, auf den Behältern keine Höchstmengen angegeben waren. Und – so wird man ergänzen dürfen – die Werbung zum satten Auftragen der Mittel sowie zum Nachanstrich aufgefordert hatte.

Auch zu den Geschädigten hält das Gericht Distanz: „Zu berücksichtigen ist aber schon, daß die exponierten Personen zum Großteil seitens der Interessengemeinschaft Holzschutzmittel-Geschädigter (IHG) benannt und später in die Fragebogenaktion der Staatsanwaltschaft einbezogen wurden. Angesprochen waren damit Personen, welche sich, wie ihre Zugehörigkeit zu der Interessengemeinschaft zeigt, bereits als durch Holzschutzmittel vergiftet betrachteten. Aufgrund dieses Umstandes ergeben sich schon vorab Zweifel, ob diese Personen die ihnen vorgelegten Fragen aus dem Katalog überhaupt unbeeinflußt beantworten konnten."

Am Ende wischt es denen, die es schon immer besser wußten, noch eins aus: „Auch wenn einzelne Details und Fakten für den Außenstehenden die Frage der Kausalität als beantwortet erscheinen lassen, ist darauf hinzuweisen, daß am Ende einer Hauptverhandlung jedenfalls vernünftige Zweifel an einer Strafbarkeit der Angeschuldigten ausgeschlossen sein müßten. Dies ist nach Auffassung der Kammer nicht wahrscheinlich."

Das Beschwerdeverfahren

Wir sollen es damit gut sein lassen, ist vorgeschlagen worden. Im Klartext: bitte keine Rechtsmittel. Die Umweltkammer habe schließlich über ein Jahr geprüft und eine sorgfältig recherchierte und begründete Entscheidung vorgelegt. Damit sei Rechtsfrieden geschaffen und die Justiz könne ihre Aufgabe als erledigt betrachten.

Das will mir nicht einleuchten. Nach fünfjährigen Ermittlungen steht gerade nicht fest, daß Kochsalz und Pentachlorphenol in dieselbe Schublade gehören. Und was heißt „Rechtsfrieden"? Er soll durch die Entscheidung eines Gerichts zustande kommen, ganz automatisch. Ich fürchte, die modernen Streithähne sind da etwas anspruchsvoller geworden. Sie lesen auch und vor allem Entscheidungsgründe, und im Holzschutzmittel-Verfahren haben wir es mit gut informierten Betroffenen zu tun, die zudem die Probleme ganz unmittelbar, nämlich am eigenen Leibe, erfahren haben. Mit der Berufung auf Paracelsus läßt sich in diesem Fall erst recht kein Rechtsfrieden herstellen. Daß der Mann der Naturbeobachtungen als Kronzeuge für die Unbedenklichkeit von PCP herangezogen wird, will vielen Betroffenen nicht in den Kopf.

Denen hilft es auch nicht entscheidend weiter, daß die renommierte Umweltzeitschrift „Natur" im Oktober 1990 dem Vorsitzenden Richter der Umweltstrafkammer den „Hammer des Monats" für den Umwelt-GAU, den Größten Anzunehmenden Unfug in Sachen Umwelt zuspricht. Für die geschundenen Menschen sieht Rechtsfrieden anders aus.

Wir legen Beschwerde gegen die Entscheidung der Umweltstrafkammer ein. Nun muß das Oberlandesgericht über die Zulassung der Anklage entscheiden. Im September 1990 liegen die Akten dem 1. Strafsenat vor.

Ende des Jahres 1990 wird eine Entscheidung des Bundesgerichtshofes (BGH), und zwar des 2. Strafsenates, der im Falle einer höchstrichterlichen Befassung mit dem Holzschutzmittel-Fall ebenfalls zuständig wäre, veröffentlicht, die vielen um das Thema Umwelt und Verbraucherschutz besorgten Menschen Hoffnung macht und Vertrauen in die Justiz zurückgibt. Es ist die Entscheidung im sogenannten Ledersprayverfahren.

Der BGH hatte ein Urteil des Landgerichts Mainz vom 16. Januar 1989 zu überprüfen, das die verantwortlichen Geschäftsführer der Mainzer Firma Werner und Merz im Zusammenhang mit dem Vertrieb von Ledersprays wegen Körperverletzung verurteilt hatte.

Ab dem Spätherbst 1980 waren bei der Firma Dutzende von Meldungen eingegangen, wonach Personen unmittelbar nach der Anwendung der Sprays gesundheitliche Beeinträchtigungen erlitten hatten. Diese äußerten sich in Atembeschwerden, Husten, Übelkeit, Schüttelfrost und Fieber und waren regelmäßig so gravierend, daß die Betroffenen auf den Intensivstationen der Krankenhäuser landeten. Dabei stellten die Ärzte Flüssigkeitsansammlungen in den Lungen fest. Stets entkamen die Betroffenen nur knapp dem Tod.

Da die Firma bei der Überprüfung ihrer Produkte keine toxischen Bestandteile feststellen konnte, führte sie den Verkauf fort, was weitere Schadensfälle zur Folge hatte. Der schädigende Inhaltsstoff des Sprays konnte allerdings nie ermittelt werden.

Der BGH bestätigte das Mainzer Urteil und stellte ausdrücklich klar, daß es im Rahmen der Kausalität auf die Ermittlung des für die Erkrankung der Anwender verantwortlichen Inhaltsstoffes, die Kenntnis seiner chemischen Zusammensetzung und die Beschreibbarkeit seiner toxischen Wirkweise nicht ankomme. Der Ursachenzusammenhang zwischen der Beschaffenheit eines Produkts und Gesundheitsbeeinträchtigungen seiner Verbraucher sei auch dann rechtsfehlerfrei festgestellt, wenn offen bleibe, welche Substanz den Schaden ausgelöst habe, aber andere in Betracht kommende Schadensursachen auszuschließen seien. Letzteres hatte das Mainzer

Landgericht sehr sorgfältig getan. Bei genauem Hinsehen eigentlich keine so revolutionäre Entscheidung. Das Gesetz verlangt den Nachweis der Kausalität, den Beweis, daß ein bestimmtes Verhalten einen strafrechtlichen Erfolg verursacht hat. Das „wie" ist dem Gesetz gleichgültig. Trotzdem: Wer Juristen kennt, weiß, daß sich viele Erbsenzähler darunter befinden. Unter diesen Umständen hätte man sich auch gut vorstellen können, daß Gerichte zumindest auf der Feststellung einer Substanz bestehen, die aufgrund ihres biochemischen Wirkmechanismus generell geeignet ist, die fraglichen Gesundheitsschäden zu verursachen. Nichts davon. So gesehen eine doch recht forsche Entscheidung.

Und dann kommt noch ein Schlag ins Kontor der Männer in den Nadelstreifen: Stellen sich Produkte nach ihrem Vertrieb als gesundheitsgefährdend heraus, müssen sie zurückgerufen werden. Haben in einer GmbH mehrere Geschäftsführer gemeinsam über die Anordnung des Rückrufs zu entscheiden, so ist jeder Geschäftsführer verpflichtet, alles ihm mögliche und zumutbare zu tun, um diese Entscheidung herbeizuführen. Beschließen die Geschäftsführer nun aber einstimmig, den gebotenen Rückruf zu unterlassen, so haften sie für die Schadensfolgen strafrechtlich als Mittäter. Die Einlassung eines Geschäftsführers, er habe nicht gegen den Rückruf gestimmt, weil die anderen ihn sowieso überstimmt hätten, sagt der BGH, sei eine faule Ausrede. Also nichts mehr mit dem großen Versteckspiel, bei dem sich jeder hinter dem anderen unsichtbar macht. Keine Übernahme der These von Ulrich Beck, daß kollektive Verantwortung individuelle Nichtverantwortung bedeutet, sondern: Jeder in der Führungsetage eines Unternehmens ist gefordert.

Diese Entscheidung ist innerhalb der Wirtschaft mit Besorgnis zur Kenntnis genommen worden; die Rechtswissenschaft hat gespalten reagiert.

Schmidt-Salzer, der große Mann der zivilrechtlichen Produkthaftung, hat in diesem Urteil einen konzeptionellen Quantensprung gesehen und einen Markstein in der Entwicklung der deutschen Rechtsprechung zur Produkthaftung. Die Lederspray-Entscheidung habe der strafrechtlichen Produktverantwortung einen Entwicklungsschub versetzt, und man müsse damit rechnen, daß ihr für das Bewußtsein der Strafverfolgungsorgane und damit für deren Praxis eine Signalwirkung zukommen werde.

Das hoffen wir auch. Die Lederspray-Entscheidung ist zum richtigen Zeitpunkt gekommen. Couragierte Richter in Mainz und Karlsruhe haben Zeichen gesetzt. Was wir damals noch nicht ins Kalkül ziehen: Auch Mut hat ein Verfallsdatum. Aber erst einmal ist Optimismus angesagt. Trotzdem hören wir vom Oberlandesgericht zunächst nichts. Es gibt auch keine Gerüchte. Das ist hochverdächtig.

Richter sind unabhängig. Niemand schreibt ihnen den zeitlichen Rahmen für die Bearbeitung ihrer Fälle vor. Sie dürfen Sachen auch mal liegen lassen. Probleme gibt es eigentlich erst, wenn die Verfahren verjähren. Staatsanwälte machen das übrigens nicht anders. Unangenehme Akten, solche, deren Bearbeitung schwierig ist, landen schnell auf der dezernatseigenen Deponie, oder anders ausgedrückt: im Zwischenlager. Das ist ein Schrank oder eine Ecke, die vom Schreibtisch aus nicht oder nur schwer einsehbar ist. Auf Dauer können sie natürlich nicht dort bleiben. Dabei ist das bloße Liegenlassen die wohl primitivste Form der Nichtbearbeitung beziehungsweise der Nichtentscheidung. Die alten Hasen des Justizbetriebs haben die entsprechenden Methoden verfeinert und auf einen hohen Standard gebracht. Man hält sich die Sache immer wieder mit sogenannten Schiebeverfügungen vom Hals, schickt die Akte mal hierhin und mal dorthin, weil jeweils noch Ermittlungen zu tätigen sind. Irgendwann hat sie sich von selbst erledigt, wenn vielleicht auch nur für den Sachbearbeiter, der in ein anderes Dezernat wechselt.

Am Oberlandesgericht in Frankfurt liegt zur Zeit eine Akte im Abklingbecken, die einmal hochaktuell war und viel Aufsehen erregt hat: das „Alivalverfahren“. Die Staatsanwaltschaft hatte drei Ärzte der Hoechst AG unter anderem wegen Körperverletzung mit Todesfolge angeklagt, weil sie für den Verkauf eines gefährlichen Medikaments – Alival, mit dem Wirkstoff Nomifensin – verantwortlich gewesen seien. Das Schwurgericht hatte die Eröffnung der Hauptverhandlung abgelehnt. Die Staatsanwaltschaft war in die Beschwerde gegangen. Ende 1993 erreichte das Rechtsmittel mit einem umfangreichen Berg Akten das Oberlandesgericht – und befindet sich heute noch dort. An dem Medikament sollen einige Menschen gestorben, zahlreiche schwer erkrankt sein.

Doch die Schadensfälle haben sich 1985 ereignet und die Angeschuldigten sind mittlerweile alt geworden. Unabhängig von jeder Verjährungsfrist kommt irgendwann der Zeitpunkt, wo sich die Dinge erledigt haben, wo kein Gericht mehr die Angeklagten verurteilen wird. In Sachen Alival drohte wegen des Anklagevorwurfs der Körperverletzung mit Todesfolge eine Mindeststrafe von drei

Jahren, die nicht mehr hätte zur Bewährung ausgesetzt werden können. Aber ins Gefängnis werden die Angeklagten sicher nicht kommen; sie werden wahrscheinlich nicht einmal mehr vor Gericht erscheinen müssen.

Zurück zum Holzschutzmittel-Verfahren. Ein gutes Jahr nach der Nichtzulassung der Anklage durch die Umweltstrafkammer – das ist für Menschen, die immer noch keine Nacht richtig schlafen können und händeringend auf die Entscheidung der Justiz warten, eine lange Zeit – schreibt das IHG-Mitglied Hedy Schülde aus Dorsten-Wulfen, eine ehemalige Wirtschaftsprüferin, einen Brief an den mit der Holzschutzmittel-Sache befaßten Strafsenat des Oberlandesgerichts Frankfurt.

Hedy Schülde ist – wie fast alle Mitglieder der Interessengemeinschaft – selbst Holzschutzmittel-geschädigt. Ihr Schicksal fällt allerdings etwas aus dem Rahmen herkömmlicher Giftkarrieren.

In Wulfen wohnt sie mit ihrem Mann, einem Chemieprofessor, in einem Haus, das aufgrund der städtischen Vorgaben über eine Nachtspeicherheizung verfügt. Als in den hölzernen Rahmen der Fenster, die vertikal die gesamte Hauswand einnehmen, vom Boden bis zur Decke, Pilzbefall auftritt, macht sich der Ehemann bei den einschlägigen Stellen kundig. Schließlich behandelt die Familie die Rahmen mit einem PCP-haltigen Holzschutzmittel. Von außen werden sie ganz normal gestrichen und von innen erfolgt die Imprägnierung mittels des Bohrlochverfahrens. Dabei wird das flüssige Holzschutzmittel mit einer Spritze in vorgebohrte Löcher eingebracht.

Im Fußboden unmittelbar an den Fenstern, befinden sich mit Gittern abgedeckte Öffnungen, aus denen die Heizungsluft mit einer Temperatur von 50 Grad austritt. Das genügt, um die Räume auf 22 Grad Celsius zu erwärmen. Zuvor aber streicht die heiße Luft an den „geimpften" Fensterrahmen vorbei nach oben. Dabei nimmt sie viel PCP mit. Je höher die Temperatur der Luft, desto mehr dieser Chemikalie kann sich darin lösen. Der rasche Luftwechsel liefert zudem immer neue Kapazitäten für ausgasendes Pentachlorphenol.

Eine Raumluftmessung, die später durchgeführt wird, ergibt einen Wert von 140 Mikrogramm PCP pro Kubikmeter Raumluft. In „normalen" Holzschutzmittel-behandelten Wohnungen werden zwei Jahre nach der Anwendung circa fünf Mikrogramm PCP pro Kubikmeter Raumluft gemessen. Und die maximale, das heißt physikalisch überhaupt mögliche Raumluftkonzentration beträgt 213 Mikrogramm PCP pro Kubikmeter Raumluft – bei 20 Grad Celsius.

Aber das ist noch nicht alles. Das Heizsystem der Familie Schülde bedient sich des Umluftverfahrens. Die Raumluft wird immer wieder durch den 450 Grad heißen Blockspeicher geführt. Unter diesen Bedingungen wird PCP in Dioxin umgewandelt. Das wußte die Familie seinerzeit noch nicht, und so gibt es keine entsprechenden Messungen. Aber Hedy Schülde, deren Bett und deren Schreibtisch zu allem Übel noch unmittelbar an den Glaswänden stehen, leidet an einer Porphyria cutanea tarda, einer Blutkrankheit, die mit einer auffälligen Hautpigmentierung einhergeht und die überwiegend auf Dioxin-Einwirkung zurückgeführt wird. Und sie leidet an einer Paraproteinämie, dem Vorstadium des Knochenkrebses. Auch diese Krankheit geht ganz offensichtlich auf das Konto des Dioxins. In Seveso hat sie nach dem Chemieunfall bei der Firma Icmesa um 60 Prozent zugenommen. Hedy Schülde ist allerdings noch viel kränker: Schwäche, Benommenheit, schwerste Kopf- und Gelenkschmerzen, brennende Schleimhäute, Darmbluten. Wegen ihrer Herz-Kreislaufbeschwerden nimmt sie in elf Jahren 16.000 Tabletten ein.

Als sie sich im August 1991 an den Strafsenat wendet, hat sie bereits ein gutes halbes Dutzend Operationen hinter sich. Sie weiß, wovon sie schreibt:

„Zunehmend hilfloser werde ich bei meiner Arbeit für die Interessengemeinschaft der Holzschutzmittel-Geschädigten e. V., in deren Rahmen ich mich besonders um diejenigen Menschen kümmere, die schon zu einer Zeit Schaden an ihrer Gesundheit genommen haben, als die Möglichkeit, sich mit chemischen Stoffen auch außerhalb der Produktionsbereiche chronisch zu vergiften, noch nicht ins allgemeine Bewußtsein gedrungen war und die heute schier verzweifeln an der Tatsache, daß der erwartete Strafprozeß gegen die Hersteller der Produkte, durch die sie krank wurden, noch nicht zustande gekommen ist. Bei allen Gesprächen, die auf mich zukommen, ist dabei die gesundheitliche Problematik vordergründig und die materiellen Schwierigkeiten werden im wesentlichen nur dann geklagt, wenn sie Ursache sind, weiterhin den Ausgasungen der Gifte ausgesetzt bleiben zu müssen.

Ich weiß wirklich kaum noch zu antworten, wenn mir geklagt wird, was ich bestens aus eigenem Erleben weiß, wie sich die Gesundheitsprobleme insbesondere bei Frauen und Kindern, die sich überwiegend in ihren Pentachlorphenol-belasteten Wohnungen und Häusern aufhalten, verschlimmern, es zu organischen Befunden

kommt, die dann auf dem Weg sind, oder sein können, zu irreparablen Gesundheitsschäden zu werden.
Jeder dieser Menschen ist sich selbst überlassen. Für Hausfrauen gibt es nicht einmal eine Berufsgenossenschaft, die sich ihrer annehmen könnte. Forschungsergebnisse, die unparteiisch speziell die Entwicklung gesundheitlicher Störungen bei Langzeiteinwirkung kleiner Schadstoffmengen klären, sind behandelnden Ärzten nicht bekannt.
Die seelische Belastung, in Gegenwart von PCP-haltigen Holzschutzmitteln weiter leben zu müssen, wenn man seinen gesundheitlichen Niedergang überzeugend damit in Zusammenhang bringen kann, ist ungeheuer. Das schlimmste ist, daß die Symptomatik des Verlaufs einer solchen chronischen Vergiftung (...) nicht Eingang findet in das allgemeine ärztliche Interesse und Wissen. Ärztliche Ungläubigkeit und Unkenntnis führt zu zusätzlichen Belastungen der Geschädigten.
Das Auftreten vieler unterschiedlicher Beschwerden auf einmal stößt auf Unglaube und weckt aus Unkenntnis den Verdacht der Übertreibung. Die dann meist verordneten Beruhigungsmittel machen die Sache nur noch schlimmer... (...)
Die immer wieder neu hinzukommenden Fälle, die mir die Vorstufe der chronischen Vergiftung durch Holzschutzmittel, d. h. ihre Beschwerden schildern, belasten mich sehr. Aus eigener Erfahrung kenne ich den Weg, auf dem sich diese Menschen befinden. Gelingt es nicht, daß sie den Ausgasungen der Holzschutzmittel ausweichen können, so weiß ich, welcher gesundheitlichen Problematik sie im Laufe der nächsten Jahre entgegengehen können. (...)
Wer in einem eigengenutzten Einfamilienhaus lebt, hat, wie manchmal geklagt, nicht die Möglichkeit, in eine Mietwohnung auszuweichen. Das Haus kann nicht verkauft werden wegen seiner Schadstoffbelastung, die Hypotheken müssen bezahlt werden und für zusätzliche Miete reicht das Geld nicht. Dabei drückt die Verzweiflung neben den Fakten dann natürlich auch das Unverständnis aus, daß sich die Justiz denjenigen versagt, die keine Lobby haben und nach allem was ihnen widerfahren ist, auch kein Geld mehr für einen teuren Anwalt. Daß sich der Frauen im Hause sowieso keiner annimmt, daß wegen eines süßen Schnullers zigtausend Mark Schmerzensgeld von einem Frankfurter Gericht zugesprochen wurden, während man tausende Holzschutzmittel-Geschädigte juristisch im Stich läßt. Und jetzt, daß der Spiegel im Fall Boehringer deutsche

Arbeiter, Vietnamesen und amerikanische Kriegsteilnehmer bedauernd darstellt, überall das Dioxin erkennt und dessen Geschichte als bekannt beschreibt, so, wie die HSM-Geschädigten dessen Wirkung am eigenen Leib erfahren haben. Nur von den vielen HSM-Geschädigten spricht er nicht. Warum? (...)
Es muß endlich aufhören, daß die Gesundheitsgefährdung durch Pentachlorphenol und seiner Verunreinigung, u. a. in den verstrichenen Holzschutzmitteln, wider alle Erkenntnisse und Möglichkeiten dazu gewissenlos negiert werden kann und auf diese Weise unendlich vielen Menschen ungesühnt Schaden zugefügt werden konnte und noch immer kann. Da alle unternommenen Versuche Ursachen und Zusammenhänge verbindlich aufzeigen zu können, bisher gescheitert sind, bleibt nur die Hoffnung auf das endlich klärende Ergebnis des erwarteten Strafprozesses. Ich bitte deshalb darum, den Holzschutzmittel-Geschädigten den rechtlichen Beistand nicht zu versagen.“

Am 19. Dezember endlich entscheidet das Oberlandesgericht. Es läßt die Anklage gegen die Geschäftsführer des Marktführers zu und eröffnet das Hauptverfahren. Es sagt:
„Im Gegensatz zu der angefochtenen Entscheidung hält es der Senat (...) für hinreichend wahrscheinlich, daß zwischen der Einwirkung einzelner Inhaltsstoffe der Holzschutzmittel oder der Kombination mehrerer ihrer Inhaltsstoffe und den von den (...) Geschädigten geklagten Gesundheitsbeeinträchtigungen ein Ursachenzusammenhang besteht, wobei andere möglicherweise in Betracht kommende Schadensursachen ausgeschlossen werden können; der Senat erachtet den Nachweis dieses Zusammenhangs mit den in der Hauptverhandlung verfügbaren Erkenntnismitteln und -möglichkeiten für möglich und hinreichend wahrscheinlich.“

Der Prozeß kann also stattfinden. Hinsichtlich der Anklage gegen den Repräsentanten des norddeutschen Holzschutzmittel-Herstellers erklärt das Gericht die Frankfurter Justiz allerdings für örtlich unzuständig. Schade, wir müssen diesen Verfahrensteil an die Staatsanwaltschaft Lübeck abgeben. Damit verlieren wir auch einen interessanten Gegner, nämlich Rechtsanwalt von S.. Er wird seine Kunststücke jetzt auf einer neuen Bühne zum Besten geben – mit großem Erfolg. Schon nach wenigen Wochen teilt der Lübecker Kollege stolz mit, daß er das Verfahren gegen Zahlung von immerhin 80.000 DM eingestellt habe.

So ist das mit den Staatsanwälten. Wer 5.000 oder 6.000 DM im Monat verdient, trotz oder ironischerweise gerade wegen eines Prädikatsexamens, für den sind 80.000 DM viel Geld. Wenn man dazu dann noch die Akten und somit auch die Karrieren der Opfer nicht kennt – das ist kein Vorwurf an den norddeutschen Kollegen, denn kurzfristig kann man sich nur schwer in die Materie eindenken – dann macht man diesen Deal. Bei allem Verständnis verschlägt es uns in Frankfurt am Main die Sprache.

Auch die Geschädigten-Initiative kann sich nicht so richtig freuen, obwohl ihr der Geldbetrag zugesprochen wurde. Das hat der Fuchs aus München prima hingekriegt.

Die beiden Frankfurter Anwälte des Marktführers werden nach der Eröffnungsentscheidung kurzerhand entpflichtet. Bei der Justiz geht es zu wie in der Fußball-Bundesliga: Wenn der Erfolg ausbleibt, rollen die Köpfe. Es gibt noch andere, vielleicht bessere Anwälte. Neues Spiel – neues Glück.

Die Hauptverhandlung

Von drei Anwälten darf sich ein Angeklagter verteidigen lassen. Mehr läßt das Gesetz nicht zu. Es weiß warum, man hat aus Polit-Verfahren gelernt. Anwälte reden notfalls viel und stellen von Natur aus gerne Anträge. Doch der Prozeß soll ja auch irgendwann einmal zu einem Ende kommen. Zudem: Wenn es drei Anwälte nicht schaffen, dann schaffen es vier oder fünf auch nicht. Dann spricht alles dafür, daß der Angeklagte Dreck am Stecken hat.

Die beiden Geschäftsführer der Firma haben zwei beziehungsweise drei Anwälte beauftragt: Rechtsanwalt Klüppel, ein Firmenanwalt, der die Interna kennt und sich ausführlich mit der Giftproblematik auseinandergesetzt hat. Rechtsanwalt Gerns aus Frankfurt, der in der Vergangenheit die Firma in den Schadensersatzprozessen vertreten hat, wenig bewandert in strafrechtlichen Dingen, aber – amerikanischen Vorbildern folgend – kompromißlos. Er soll die zivilrechtliche Flanke sichern, soll die finanziellen Interessen der Firma wahren. Rechtsanwalt Dr. Dörr, ebenfalls aus Frankfurt, steht für die Seriosität der Angelegenheit. Von ihm spricht man mit Hochachtung. Für die beiden Angeklagten war er auch noch aus einem anderen Grund von Bedeutung, denn Dr. Dörr hat bereits im Contergan-Prozeß verteidigt – mit Erfolg, wie man weiß. Jedenfalls insoweit, als das Verfahren eingestellt wurde, nachdem die Firma der Angeklagten hundert Millionen DM auf den Tisch gelegt hatte. „Erwiesen“, sagt Rechtsanwalt Dr. Dörr im Hinblick auf sein erstes großes Meisterstück, „ist das ja bis heute noch nicht.“

Mit Rechtsanwalt Professor Hamm hat die Firma eine weitere Nummer eins mandatiert. Wo immer deutschen Wirtschaftsbossen der Vorwurf gemacht wird, gegen Umweltbestimmungen oder Verbrauchervorschriften verstoßen zu haben, steht er auf der Matte. Ein Intellektueller und ein Rhetoriker. Er selbst bezeichnet sich in ausgewählten Kreisen als Achtundsechziger. Gewichtsmäßig mag das stimmen. In jeder anderen Hinsicht stellen sich der Vorstellung Hindernisse in den Weg.

Schließlich der junge Rechtsanwalt Pauly aus dem Büro des Professors. Noch nicht ganz so wortgewaltig wie sein Meister, verkörpert er die soziale Komponente des Teams.

Eine gute Mischung. Man hat an alles gedacht, hat sich überall hin abgesichert. Solide kaufmännische Arbeit. Ergänzt wird das Anwaltsquartett noch durch einen ärztlichen Berater und zwei Stenographen.

Der Mediziner ist die Inkarnation der Schulmedizin. Groß, blond, blauäugig – zum Hans Albers fehlt nur noch die Mütze. Die vierziger und fünfziger Jahre lassen grüßen und mit ihnen eine berechenbare, eine schöne Medizin.

Die Meister der Kurzschrift werden jedes gesprochene Wort aufschreiben. Dann wird dieser Prozeß bis in alle Einzelheiten dokumentiert und bei Bedarf detailgenau rekonstruierbar sein. Dafür geben die Angeklagten viel Geld aus. Stenographen verdienen nämlich fast so viel wie die jungen, dynamischen Anwälte aus den Kanzlei-Fabriken in der Frankfurter City – knapp 1.000 DM pro Stunde.

Und noch etwas lassen sich die Angeklagten eine Menge Geld kosten: das „Prozeß-Journal“. Sie haben einen Journalisten mit der Darstellung des Verfahrensverlaufs – aus Firmensicht, versteht sich – beauftragt. Das Journal wird man an Journalisten verteilen, und vor allem den vielen Freunden zu Hause soll es Kunde bringen von dem mutigen Kampf der Angeklagten um ihr Recht, das man ihnen fernab der Heimat streitig macht.

Hin und wieder werden die Angeklagten Journalisten und andere Interessierte auf ein Gläschen Sekt und ein Schnittchen in die Suite des vis-à-vis vom Gericht gelegenen Arabella-Grand-Hotel einladen. Dort wird man dann versuchen, die gröbsten Mißverständisse aus dem Prozeß wieder zu bereinigen. Die Ankläger-Seite ist aber ebenfalls gut bestückt. Drei der geschädigten Familien haben Rechtsanwälte beauftragt: Rechtsanwalt Hans-Joachim Dohmeier aus Ludwigshafen, Rechtsanwalt Horst Mehrgardt aus Rheinbach bei Bonn und Rechtsanwältin Edith Lunnebach aus Köln. Es sind erfahrene und engagierte Juristen, die ihre Motivation aus einer entsprechenden Neigung beziehen: Umwelt- und Verbraucherschutz ist ihr Metier, wenn auch nicht ausschließlich. Rechtsanwältin Lunnebachs Wahlspruch lautet: „Verteidigen heißt kämpfen." Hier steht sie nun für Geschädigte, nicht für Angeklagte. Aber mit diesem Rollentausch hat sie keine Probleme.

Oberstaatsanwalt Reinhard Hübner wird mit mir zusammen die Staatsanwaltschaft vertreten. Er ist mein neuer Abteilungsleiter. In Hanau hat er in den Jahren zuvor die Verfahren gegen die Verantwortlichen der Atomfabriken Nukem und Alkem und deren Gönner in den Ministerien geführt. Von daher weiß er absolut Bescheid.

Die Hauptverhandlung beginnt am 1. Juni 1992. Sie wird fast ein Jahr dauern, 67 Verhandlungstage lang. Das Gericht, dem zwischenzeitlich ein neuer Vorsitzender zugeteilt worden ist, hört drei Dutzend Zeugen und genauso viele Sachverständige und sachverständige Zeugen. Sie werden all das noch einmal erzählen, was sie schon bei ihren polizeilichen oder staatsanwaltlichen Vernehmungen zu Protokoll gegeben haben. Einzelne Sachverständige befragt das Gericht besonders gründlich.

Zum Beispiel Professor Schlatter. Ihn hat das Gericht für den 6. Juli geladen, damit er sein PCP-Gutachten erläutert. Im Vorfeld der Anhörung gab es einige Probleme. Vor einem deutschen Gericht muß Professor Schlatter nicht aussagen, weil er Schweizer ist. Wir haben im Land der Viertausender zwar viele Konten, aber keine hoheitlichen Befugnisse. Also hat ihn der Vorsitzende freundlich gebeten. Der Professor hat geantwortet, er sei stark überlastet mit allen möglichen Aufgaben und müsse seine Einsätze reduzieren. In der Sache „Holzschutzmittel" wolle er, wenn überhaupt, höchstens in einem Verfahren der letztmöglichen Instanz mitwirken. Da dies beim gegenwärtigen Verfahren wohl noch nicht der Fall sei, bitte er, ihn von einer Teilnahme zu verschonen. Das Gericht hat ihn dann doch mit der Mitteilung überzeugen können, daß es zwar nicht die allerletzte Instanz sei, wohl aber die letzte Tatsacheninstanz. Denn in der Revision vor dem Bundesgerichtshof würden keine Sachverständigen mehr gehört. So kommt Professor Schlatter sogar zweimal.

Wir erwarten ein Ebenbild seiner berühmten Heimat: ein Kerl wie das Matterhorn mit einer Rollex am Handgelenk. Wir werden bitter enttäuscht. Der Mann, der am 6. Juli 1992 den Gerichtssaal betritt, ist eher schmächtig, trägt Freizeitkleidung nebst Sandalen sowie einen Rucksack, aus dem er sich in den Sitzungspausen mit Käsebrötchen versorgt.

„Er ist klein und von zarter Gestalt, seine Stimme sanft, aber überzeugend", schreibt das „Prozeßjournal" der Firma über den Mann aus Zürich. Oberstaatsanwalt Hübner äußert den Verdacht, daß der Professor einen Werbevertrag mit der Schweizer Tourismusbranche hat.

Ich habe mich zwischenzeitlich über das Gift-Genie aus der Schweiz etwas kundig gemacht. Seine Berufung zum Professor und Direktor des Toxikologischen Instituts der Eidgenössischen Technischen Hochschule in Zürich hatte seinerzeit eine für die Schweiz ungewöhnlich heftige Diskussion ausgelöst. Der Vorwurf: Industriefreundlichkeit.

Engagiert und ausführlich breitet Professor Schlatter sein toxikologisches Wissen vor dem Gericht aus. Breiten Raum widmet er dabei seiner These vom Zielorgan Leber. Toxische Effekte werden immer zuerst an der Leber manifest. Wo keine Leberauffälligkeiten, da sind auch keine Gifte wirksam geworden, da müssen sämtliche Beschwerden auf andere als toxische Ursachen zurückgeführt werden.

Warum er dann bei der von ihm begutachteten Tutzinger Patientin den Bezug zu Holzschutzmitteln verneint habe, wo bei ihr doch ein handfester Leberschaden vorgelegen habe, der über herkömmliche Ursachen wie Alkoholabusus nicht erklärt werden konnte, will das Gericht wissen. Weil es an einer wirksamen Dosis gefehlt habe, antwortet der Professor spitzbübisch und meint damit, daß die Grenzwerte nicht überschritten waren. Spätestens da wird deutlich, welche raffinierte Exkulpationsmethode sich der Schweizer aus Leberdogma und Grenzwertargumentation zusammengezimmert hat.

Wo auch nur eine der beiden Variablen, Leberwerte und Grenzwerte in der Norm liegen, scheidet eine toxische Schädigung aus. Erst dann, wenn Leberwerte erhöht und Grenzwerte überschritten sind, kann etwas sein. Aber meist findet er auch dann noch, wie er es in seinem schriftlichen Gutachten demonstriert hat, eine Ersatzursache, die die Zurechnung der Erkrankung zum fraglichen Stoff verhindert: eine andere Chemikalie, Alkohol oder Nikotin.

Ich frage ihn, ob er für die Beurteilung der Schädlichkeit von Holzschutzmitteln nicht auf die bei der Staatsanwaltschaft zwischenzeitlich massenhaft eingegangenen Schadensfälle zurückgreifen wolle. Er lehnt dankend ab. Viel zu unwissenschaftlich seien diese Unterlagen. Er hält es lieber mit den Tierversuchen. Sie sind steuerbar. Ihre sämtlichen Bedingungen sind kontrollierbar, es gibt keine Unbekannten. Nichts, so scheint es, kann sein auf Tierversuchen aufgebautes Grenzwert-Dogma in Frage stellen. 1.000 Geschädigte haben immer noch keine Chance gegen 100 Ratten.

Helmut Greim, Professor für Pharmakologie und Toxikologie an der Technischen Universität in München ist ein elegant gekleideter Mann mit betont lässigem Gehabe. Im Ermittlungsverfahren hat Professor Greim noch keine Rolle gespielt; die Verteidigung hat ihn erst jetzt benannt.

Nein, es gibt keine Holzschutzmittel-Geschädigten, jedenfalls soweit die Mittel sachgerecht angewendet wurden. Das kommt so selbstverständlich, daß man es für wahr halten könnte. Dann aber die Einschränkung: Die zwei Dutzend Zuhörer, die am 6. August im Gerichtssaal 161 C sitzen – fast ausnahmslos Geschädigte – horchen auf. Ein Holzschutzmittel-Opfer gäbe es schon: seine Tochter. Sie sei kürzlich beim Streichen des Pferdestalles von der Leiter gekippt. Ein richtiges Holzschutzmittel-Opfer sei sie allerdings auch wieder nicht, denn die kurzzeitige Ohnmacht beruhe auf den schnell flüchtigen Lösemitteln der Farbe und nicht auf den bioziden Inhaltsstoffen.

Professor Greim war Mitglied der ad-hoc-Gruppe. Die Empfehlung des Bundesgesundheitsamtes, PCP-haltige Holzschutzmittel nicht in Innenräumen zu verwenden, sei eine allgemeine Maßnahme der Umwelthygiene gewesen. PCP sei als solcher kein schädlicher Stoff, nur bei Überschreitung des Schwellenwertes. Über das deutsche PCP-Verbot im Jahre 1989 habe man sich damals gewundert, weil die Chemikalie in den angrenzenden Ländern ja erlaubt gewesen sei. Den PCP-MAK-Wert, das heißt, den für Arbeitnehmer geltenden Grenzwert, hält Professor Greim für einen äußerst gründlich erarbeiteten Wert. Daß man ihn für die Normalbevölkerung noch einmal reduziert habe, sei für ihn – auch als Vorsorgemaßnahme – nicht nachvollziehbar.

Patienten hat Professor Greim, wie schon sein Kollege Schlatter, nicht untersucht. Er ist nach dem Studium sofort in die Theorie gegangen. Sein Wissen resultiert aus der Befassung mit der weltweiten toxikologischen Literatur. Ich spreche ihn auf die Arbeiten von Janssens und Schepens und die Studie von Sangster an – beides ausländische Arbeiten – wo bei Bewohnern von Holzschutzmittel-behandelten Häusern massive Gesundheitsschäden festgestellt wurden. Er kenne diese Arbeiten nicht, antwortet Professor Greim, und das sei ein Beleg dafür, daß sie aus nicht ausreichend seriösen Quellen stammten.

Was er denn von einem Arztbericht halte, der einen Patienten als Holzschutzmittel-krank ausweise, obwohl der Schwellenwert nicht überschritten sei? – Da wäre er mehr als skeptisch. Es sei sein Anliegen als Hochschullehrer, daß die Ärzte, die keine so breite Fachkenntnis hätten, nicht so schnell Schlüsse zögen. Man müsse stets gründlich feststellen, was den Patienten wirklich fehle und alle denkbaren Ursachen untersuchen. Aus einer Besserung des Zustandes der Patienten bei Auszug aus der betroffenen Wohnung würde er keine Signifikanz ableiten.

Medizin ohne Menschen, Diagnosen ohne Patienten, Gesundschreibung auf der Basis von Bücherwissen. Fred Leuchter, Amerikas führender Hersteller von Hinrichtungshardware – vom elektrischen Stuhl bis zur Gaskammer ist alles in seinem Angebot – hat noch nie selbst an einer Exekution teilgenommen. Er fürchtet, daß dadurch seine „klinische Distanz“ zu Hinrichtungen verloren gehe. Vielleicht kann man gewisse Dinge nur tun, wenn man von ihnen und ihren Folgen weit genug weg ist.

Ob denn die Anzeigeerstatter, zum Beispiel diejenigen, die da wenige Meter hinter ihm im Saal sitzen, etwa nicht krank seien? Sicher seien sie krank, bestätigt Greim, das sei keine Frage, man sähe es doch. Und die Krankheitsursache? Der Professor weicht aus.

Ob sie wenigstens im Haus zu suchen ist? – Davon gehe er aus.

Und was ist es konkret? – Wer A sagt muß auch B sagen. Schließlich läßt er die Katze aus dem Sack: Mit der schlechten Innenraumluft habe es entscheidend zu tun. Lösemittel aus Klebstoffen und Abbeizmittel, Haushaltschemikalien wie etwa Ledersprays, Zigarettenrauch und Ausdünstung von Haustieren.

Jetzt wird plötzlich klar, wie die zahllosen Schäden der Anzeigeerstatter zustande gekommen sind. Vor dem geistigen Auge des Prozeßbeobachters entsteht das Bild des neuerbauten Einfamilienhauses am Stadtrand.

Im Kinderzimmer im ersten Stock bastelt der zwölfjährige Sohn an seinem 24. Modellflugzeug. Dazu benutzt er einen Schnellkleber mit hohem Lösemittelanteil. Die Fenster des Raumes, in dem auch sein Bett steht, bleiben konsequent geschlossen. Nebenan montiert seine neunjährige Schwester unter gleichen Bedingungen ohne Unterbrechung Puppenküchen zusammen. Die flinke Flasche mit Klebstoff steht gleichfalls offen.

Im Allzweckraum des Erdgeschosses beizt der Familienvater in einem Tauchbad mit blubbernder hochkonzentrierter Natronlauge alte Schränke ab. Mittlerweile hat er den Ausstoß der renovierten Möbel auf drei Stück pro Woche gesteigert. Mangels eigener Abstellmöglichkeiten ist er dazu übergegangen, die Schränke zu verkaufen oder zu verschenken.

Die Ehefrau, schon mit einem Putzfimmel zur Welt gekommen, unterzieht derweil ihre Ledergarnitur einer weiteren Behandlung mit einem Lederspray, das über jeden Verdacht erhaben ist, ein Bioprodukt zu sein. Daß auch im Erdgeschoß die Fenster weitgehend geschlossen gehalten werden und die gesamte Familie einschließlich der minderjährigen Kinder aus Kettenrauchern besteht, versteht sich von selbst.

Letztendlich wuseln im Keller mehrere hundert Meerschweinchen durch zentimeterdickes, lange nicht mehr entsorgtes Streu. Ihre Ausdünstungen wabern durch das ganze Haus. Bis hoch hinauf unter das holzverkleidete Dach, wo 150 Liter Holzschutzmittel verstrichen wurden, die allerdings keine Rolle in dem alsbald sich abspielenden Gesundheitsdrama spielen.

Professor Greim ist Mitglied der Gesellschaft deutscher Chemiker, Mitglied der Arbeitsstoff-Kommission und Vorsitzender der MAK-Werte-Kommission, die darüber zu befinden hat, welchen Giftkonzentrationen Menschen an ihrem Arbeitsplatz ausgesetzt werden dürfen. Das für seine hartnäckigen Recherchen bekannte ARD-Magazin „Monitor“ wird Professor Greim später der Unfähigkeit bezichtigen, dessen populärer Leiter Klaus Bednarz ihn in der Abmoderation als „Koryphäe“ titulieren.

Professor Dr. Reiner Schiele vom Institut für Arbeits- und Sozialmedizin der Universität Erlangen-Nürnberg – auch er ein neuer Mann und von der Verteidigung benannt – kann sich schon vorstellen, daß Holzschutzmittel krank machen. Der sympathische junge Arzt beschränkt diese Möglichkeit allerdings auf die von den Betroffenen häufig geklagten Infekte. Entsprechende Zusammenhänge könnten aber erst beim Nachweis einer immunsuppressiven Wirkung der Holzschutzmittel schon in niedrigen Konzentrationen in

Betracht gezogen werden. Hierzu seinen aber noch geeignete Modell- oder Felduntersuchungen erforderlich. Bis es soweit ist, können Infekte von Kindern auf Schul- und die von Erwachsenen auf Hausinfektionen zurückgeführt werden.

Hinsichtlich der anderen Beschwerden ist der Arzt noch ein Stück skeptischer. Er hat die Unterlagen von acht Familien, die in der Hauptverhandlung gehört wurden, studiert. Für alle gesundheitlichen Störungen formuliert er „mehr oder weniger plausible konservative Erklärungsmöglichkeiten." Dabei, und das ist im Rahmen seiner Logik unverzichtbar, verarztet er die Symptome isoliert voneinander.

Für Erschöpfungszustände, schnelle Ermüdbarkeit, Schwindel, Muskel- und Gelenkschmerzen der erwachsenen Familienmitglieder macht er regelmäßig die physischen und psychischen Belastungen durch Familie, Haushalt und Hausbau verantwortlich. Dies gilt besonders für körperliche Arbeit nicht gewohnte Akademiker.

„Die Krankheitserscheinungen des Bewegungsapparats", konzediert er im Falle einer 48jährigen Meeresbiologin aus dem schleswig-holsteinischen Quarmbeck, „sind im Rahmen der Belastungen durch Hausbau und vier Geburten hinreichend erklärbar."

Niedriger sowie erhöhter Blutdruck kommen ebenfalls als Ursache dieser Beschwerden in Frage. Mangelerscheinungen und Gedeihstörungen finden eine Erklärung in vegetarischer Ernährung und Untergewicht. Übergewicht führt zu einer degenerativen Veränderung der Wirbelsäule und der großen Gelenke und erklärt auch Herz-Kreislauf-Probleme.

Als Ursache für den gesundheitlichen Niedergang einer dreiköpfigen Familie, die aus der durch ihre Kessellage berüchtigten hessischen Landeshauptstadt Wiesbaden in den Teuteburger Wald umgezogen war, zieht Professor Schiele das schlechte Klima am neuen Wohnort ins Kalkül.

Den Vorhalt einer von einer jungen Lehrerin vorgetragenen Alkoholintoleranz – „Ich vertrage heute keine zwei Glas Bier mehr!" – kontert der Arzt mit der Feststellung, das sei bei leichten Personen eher normal. Daß dies vor der Holzschutzmittel-Anwendung bei gleichem Körpergewicht grundlegend anders war, ignoriert er.

Die Beschwerden eines mongoloiden Mädchens „lassen sich unter Umständen auf den diesen Kranken eigentümlichen Nachahmungstrieb bezüglich der akuten Krankheitszustände des Vaters zurückführen."

Die dramatische Verschärfung der psychischen Beschwerden eines Zehnjährigen anläßlich der Sanierung des Wohnhauses beurteilt Professor Schiele nicht unter dem Aspekt einer dabei vermehrt freiwerdenden Schadstoff-Fracht, sondern diskutiert sie als Angstreaktion auf den Verlust „des Daches über dem Kopf."

Daß sämtliche Beschwerden der Betroffenen über ein typisches Muster verfügen und zeitlich so auffällig an die Anwesenheit im behandelten Haus gebunden sind, läßt er bei seiner Ursachenanalyse unberücksichtigt.

Im Mittelpunkt seiner Ausführungen steht aber die Allergie. Auffällig sei die große Zahl der Allergiker unter den Betroffenen. Allergien erklärten viele Beschwerden: Atemwegserkrankungen, Beeinträchtigung der Augenbindehäute, Neurodermitis, Nesselsucht, Nasennebenhöhlen-Erkrankungen, Heuschnupfen, Asthma, sogar Infekte. Denn Allergien verursachten Reizzustände, die sich als Nährboden für Bakterien erwiesen.

Als Auslöser der Allergien hat er in einem Fall getrocknete Blumensträuße im Verdacht, sonst aber Hausstaub, Pollen und Milben. Für letzteres spräche auch die Tatsache einer Besserung der Beschwerden nach Sanierung der Wohnung, weil dabei ja immer auch die Teppichböden, bevorzugte Heimstatt der Milben, beseitigt worden seien.

Professor Schiele wirkt ein wenig verbittert über die nicht ausreichende Aufmerksamkeit, die der Allergie im Rahmen der Giftdiskussion entgegengebracht wird. Mit einer kleinen Anekdote macht er dem Gericht noch einmal seine Nöte deutlich:

Die Belegschaft eines neuen Büros habe über zahlreiche gesundheitliche Beschwerden geklagt. Auf das auslösende Agens sei man schnell gekommen: Isocyanat aus Klebstoffen von Tapeten und Holzverschalungen. Als es sich nach einiger Zeit verflüchtigt hatte, verschwanden auch die Beschwerden. Aber das Erstaunliche sei gewesen, daß die Hälfte der Erkrankten, so Professor Schiele triumphierend, sich als allergisch disponiert erwiesen hätten.

Es waren also nicht die Isocyanate verantwortlich zu machen, geschweige denn die, die sie angewendet oder hergestellt hatten, sondern die Allergien. Oder sollte man schon sagen, die Allergiker? Unter Allergien leiden mittlerweile 30 Prozent der Bevölkerung. Umweltgifte werden in erster Linie für den Boom verantwortlich gemacht. Trotzdem werden Allergien nicht als Folge toxischer Umwelteinflüsse gesehen, sondern als Ursache besonderer Empfindlichkeiten gegenüber Umweltchemikalien. Allergien sind die Sündenböcke der Chemiegesellschaft.

Professor Schiele hat, wie auch seine Kollegen Schlatter und Greim, nicht viel Interesse am persönlichen Kontakt mit Patienten. Zwei Fälle kenne er aus der Umweltambulanz. Da sei er gefragt worden, ob er zu einer Sanierung der Holzschutzmittel-behandelten Wohnung rate. „Probierts", habe er gesagt. – Ob es was genutzt habe? Das wisse er nicht. Er sähe seine Patienten in der Regel nur einmal.

Auch in der Holzschutzmittel-Kommission beim Bundesgesundheitsamt in Berlin, einer Nachfolgeeinrichtung der Ad-hoc-Kommission hat Professor Schiele viele Jahre mitgearbeitet. Kritiker werfen ihr vor, nichts wirklich Sinnvolles zur Aufklärung der Problematik unternommen zu haben, um die Versäumnisse der Behörde in den siebziger Jahren zu revidieren. Vielmehr sei es ums Kaschieren gegangen.

Ich will von Professor Schiele wissen, warum man in der Kommission nicht versucht habe, beispielsweise mittels eines Tierversuchs der etwas anderen Art dem „Holzschutzmittel-Geheimnis" auf die Spur zu kommen, wenn man schon nicht bereit gewesen ist, den großen Menschenversuch der siebziger Jahre in Deutschland als solchen anzuerkennen und Schlüsse daraus zu ziehen.

Ich stelle mir das so vor: Zwei baugleiche holzverkleidete Häuser, das eine mit Holzschutzmittel behandelt, das andere nicht, dienen als Versuchsobjekte. Andere Problemstoffe sollten diese nicht enthalten. Untergebracht darin werden jeweils 500 Tiere, vom Meerschweinchen über die Fledermaus bis zum Primaten. Völlig gleiche Bestückung. Möglichst aus eineiigen Zwillingspaaren, den einen dahin, den anderen dorthin. Beide Kollektive erhalten gleiche Nahrung, Pflege, Betreuung. Alles gleich, bis auf die Chemikalien in den Holzwänden und Decken. Und dann nur noch Abwarten. Dabei beobachten, vor allem genau beobachten, aber auch wiegen und messen. Wegen mir ein ganzes Jahr lang. Ob dieses Experiment nicht eher in der Lage gewesen wäre, die von bestimmungsgemäß angewendeten Holzschutzmitteln für Warmblüter ausgehenden Gefahren abzuschätzen, als die stumpfsinnigen Fütterungsversuche von in Plastikboxen gehaltenen Ratten mit einzelnen Holzschutzmittel-Inhaltsstoffen, frage ich den Sachverständigen.

„Wenn der Vorschlag gemacht worden wäre", antwortet Professor Schiele, „dann hätte ich ihn befürwortet."

Andere Erkenntnisse liefert ein Medizinprofessor aus Heidelberg. Sie sind brandneu und waren während des Ermittlungsverfahrens noch nicht bekannt. Sie geben Antwort auf die Frage, warum so viele Holzschutzmittel-Geschädigte unter zahlreichen Infekten leiden: Augenbindehaut- und Nagelbettentzündungen, Pneumonien, Bronchitis, Pilz- und Wurmbefall. Eine ganze Palette von Symptomen, deren gemeinsame Zugehörigkeit zu den Infekten uns erst so spät aufgefallen war. Über die Gründe war seinerzeit spekuliert worden. Jetzt präsentiert Professor Huber die Erklärung: Sämtlichen Beschwerden liegt ein ramponiertes Immunsystem zugrunde. Der Nephrologe vom Neckar, der sich unter anderem mit der Rehabilitation Nieren-transplantierter Patienten befaßt, war seinerzeit zunehmend mit rezidivierenden Harnwegsinfektionen konfrontiert worden, oftmals kombiniert mit vermehrter Infektanfälligkeit des Nasen-Rachen-Raums. Eingehende Anamnesen erbrachten regelmäßig ein umfassendes Krankheitsbild, in dessen Vordergrund neben den Infekten Hautbefunde und zahlreiche neurologische und psychiatrische Symptome wie Müdigkeit, Mattigkeit, Konzentrationsstörungen, Schwindel und Polyneuropathien standen.

Gerade die Häufung diverser Infekte ließen den Arzt an eine Beteiligung des Immunsystems denken. Eine zweite recht persönliche Erfahrung machte den Professor in der Folgezeit sensibel für dieses Thema. Professor Huber hatte nämlich Anfang der achtziger Jahre ein Haus gebaut und dabei PCP-haltige Holzschutzmittel verstrichen. Die Beschwerden, die anschließend bei ihm aufgetreten waren, entsprachen in auffälliger Weise denen, die ihm seine Patienten nun schilderten. Und die hatten, wie die Anamnese ergab, fast alle selbst Häuser gebaut oder Wohnungen renoviert.

Es gab also Hinweise auf eine toxische Ursache der Beschwerden. Daß das Immunsystem ein empfindlicher Indikator für jedwede Belastung durch Giftstoffe ist, war dem Arzt hinreichend bekannt. So begann er mit der Bestimmung des Immunstatus und der PCP-Belastung seiner Patienten. Über 200 hatte er bis zu seiner Anhörung im Prozeß schon untersucht. Sein Ergebnis war eindeutig. Bei allen lagen immunologische Auffälligkeiten, bei einzelnen sogar schwere Immundefekte vor: Die Anzahl der T-Helfer-Lymphozyten und die mitogene Stimulierbarkeit der Lymphozyten waren erniedrigt oder die Antikörperzahl war reduziert. Alle diese Defekte standen in einem linearen Verhältnis zur PCP-Belastung. Je höher der PCP-Blutspiegel der Patienten, desto größer ihre Immundefekte.

Jetzt gab es endlich eine Erklärung auch für die ewigen Erkältungen der Geschädigten, vor allem die der Kinder: Deren Immunsystem ist nämlich noch nicht vollständig entwickelt und gegenüber toxischen Einflüssen besonders empfindlich.

Der Deal

Es gibt Hauptverhandlungen, die Spaß machen, jedenfalls dem Staatsanwalt und dem Gericht, seltener dem Angeklagten. Und es gibt Hauptverhandlungen, die kaputtmachen und zwar alle Beteiligten. Der Alltag der Strafjustiz ist immer noch eher auf der vergnüglichen oder jedenfalls positiven Seite angesiedelt, mit der gerade erwähnten Einschränkung. Gerichtsreporter und zahlreiche Schulklassen, die Öffentlichkeit also, können von vielen interessanten und zum Teil auch lustigen Prozessen berichten. Es sind dies in der Regel Verhandlungen, die nach ein oder zwei Stunden, längstens nach zwei oder drei Tagen zuende sind.

Ganz allmählich, schleichend, haben aber in den vergangenen Jahren die Hauptverhandlungen an Boden gewonnen, die die Beteiligten als Alptraum in Erinnerung behalten. Heute machen sie jedenfalls in den Gerichten der Großstädte einen relevanten Teil der dort verhandelten Fälle aus. Was zunächst vor allem für Wirtschaftsverfahren galt, ist heute ubiquitär vorhanden. Eine kleine Kostprobe aus dem Frankfurter Justizalltag der neunziger Jahre, wo insoweit natürlich immer noch die „Weiße-Kragen-Kriminalität" die Statistik dominiert:

Es geht um das DG-Bank-Verfahren: 30 Monate Verhandlungsdauer; coop-Prozeß: 33 Monate; EKC-Prozeß um betrügerische Anlagegeschäfte: 16 Monate. Dann das sogenannte Führerschein-Mafia-Verfahren: 25 Monate. Oder ein von der Öffentlichkeit kaum zur Kenntnis genommenes Verfahren um den sexuellen Mißbrauch von Kindern: 34 Monate. Da war das Eumet-Verfahren vor der Umweltkammer mit sieben Monaten Verhandlungsdauer noch erfreulich schnell über die Bühne gegangen. Nervtötend war es wegen seiner juristischen und tatsächlichen Komplexität trotzdem.

Am Ende dieser Prozesse sind auch die Beteiligten, sind Richter, Staatsanwälte und Rechtsanwälte am Ende, ausgepowert, erschöpft. Der hochformalisierte Verfahrensablauf, die notwendige Befassung mit dem Detail, die gesetzlich vorgeschriebene Gründlichkeit im

Rahmen hochkontroverser Auseinandersetzungen fordern ihren Tribut. Wo wochenlang nur über ein Fasergutachten gestritten wird oder in monatelanger Kleinarbeit tausende Abwassermeßwerte eines Großunternehmens der chemischen Industrie diskutiert werden, kommt irgendwann der große Frust.

Justizintern wird über dieses Thema noch nicht offen diskutiert, aber reagiert hat man schon längst – stillschweigend. Wo es nur irgend möglich ist, werden Prozesse abgekürzt, spart man sich den aufreibenden Verhandlungsmarathon. Der Deal im Strafprozeß – er hat längst seine juristische und rechtspolitische Brisanz verloren, weil er einfach aus der Realität der Strafjustiz nicht mehr wegzudenken ist. Unter dem Verdikt steigender Verbrechenszahlen sowie rechtlich und tatsächlich zunehmend komplizierter Sachverhalte ist die Absprache im Strafprozeß für die Disziplin überlebensnotwendig geworden. Es geht nicht mehr ohne.

Konkret bedeutet das: Der Rechtsanwalt lotet bei der Staatsanwaltschaft aus, was es zum Beispiel für ein Teilgeständnis oder für ein umfassendes Geständnis an Entgegenkommen im Hinblick auf den zu stellenden Strafantrag gibt und teilt das Teilergebnis anschließend dem Gericht mit. Dieses ist hocherfreut, setzt aber eine neutrale Miene auf, sagt, wenn denn schon die Staatsanwaltschaft mit der vorgetragenen Regelung einverstanden sei, dann solle sie am Gericht auch nicht scheitern. Dann eine kurze Offensive: Man erwarte aber ein Geständnis ohne Wenn und Aber in der gebotenen Kürze. Alle wissen: Sitzungsbeginn ist 9.15 Uhr und die besten Plätze in der Kantine gibt es vor 12 Uhr.

In den zahlreichen Prozessen gegen südamerikanische Drogenkuriere vor dem Frankfurter Landgericht existiert diesbezüglich schon die non-verbale Variante des Deals. Verständigung über Kopfnicken. Verteidiger räumt in einer kurzen Erklärung den Vorwurf der Anklage ein, das heißt, er erspart dem Gericht die langen Geschichten der Bodypacker vom Hunger in Bogota und vom Elend in den Favellas. Dann das Urteil: zwei oder drei Jahre mit der garantierten Abschiebung nach Verbüßung der Hälfte der Haftzeit. Eine Stunde für ein Kilogramm Kokain.

Nicht immer geht es so einfach. Diejenigen, die es sich hier leicht machen, sitzen vielleicht in wenigen Wochen schon in einem Verfahren, das nicht abgekürzt werden kann. Es gibt faule und es gibt fleißige Richter, und solche, bei denen die Tagesform entscheidet. Wer Richter gerade im Hinblick auf die zahlreichen informellen

Verfahrenserledigungen kollektiv als arbeitsunwillig bezeichnen will, der muß wissen, daß die Justiz daneben noch Arbeit genug hat.

Die auf Verteidigerseite beliebteste Form einer Verfahrensabkürzung ist die nach § 153 oder § 153 a Strafprozeßordnung (StPO). Wenn es diese Bestimmung heute noch nicht gäbe – sie müßte umgehend erfunden werden. Danach kann ein Verfahren unter gewissen Umständen gegen Geldzahlung an eine gemeinnützige Einrichtung eingestellt werden. Wer nun glaubt, daß diese Erledigungsform der Bagatellkriminalität vorbehalten ist, muß sich eines besseren belehren lassen. Ladendiebstahl, Schwarzfahren, Haschischbesitz, da hat sich nichts geändert. Wo der Täter wenig Chancen hat, punktet die Justiz, schlägt zu, verbessert ihre Statistik.

§ 153 a StPO dominiert woanders, zum Beispiel im Umweltbereich. Es sind vor allem zwei Umstände, die der betreffenden Vorschrift zu ihrer enormen Bedeutung verholfen haben: Die den Umweltverfahren zugrundeliegenden Fragen naturwissenschaftlicher Art sind allzuoft sehr komplex und schwierig. Daneben hält das relativ junge Rechtsgebiet auch noch einige ungeklärte Rechtsfragen parat. Und dann sind die Beschuldigten beziehungsweise Angeklagten zumeist Menschen, die, wenn nicht gerade betucht, doch finanziell nicht schlecht gestellt sind. Mit anderen Worten, sie können die von § 153 a geforderten Auflagen erfüllen, können Staatsanwaltschaft und Gericht Angebote machen, Angebote, die mitunter schier unwiderstehlich sind. Ich habe meine Erfahrungen gemacht, sehr früh schon im neu gegründeten Umweltdezernat.

Die Unternehmerfamilie Steigenberger, Eigentümerin einer weltweit etablierten Hotelkette, hatte sich etwas sehr Soziales einfallen lassen. Für verdiente Mitarbeiter, aber auch für Gäste und Geschäftspartner war im Hintertaunus, gut 20 Kilometer vor den Toren Frankfurts, ein Reiterhof eingerichtet worden. Das noble Anwesen hatte einen Schönheitsfehler: Die Gülle-Grube war weder an den Abwasserkanal angeschlossen noch regelmäßig entleert, sondern über ein PVC-Rohr mit einem kleinen Graben verbunden worden, der in den in der Nähe vorbeifließenden Bach mündete. Da dieser im Sommer regelmäßig Wasserprobleme hatte, und zahlreiche Pferde und Bewohner des Reiterhofs kräftig Abwässer produzierten, war das Problem der Umweltpolizei ruchbar geworden.

Mutter und Sohn der berühmten Unternehmerfamilie waren wegen Gewässerverunreinigung angeklagt worden. Vor dem Usinger Amtsgericht räumten deren Anwälte die Tat unumwunden ein. Dann erinnerten sie an die Gemeinnützigkeit des Familienunternehmens, dessen Bedeutung für den Arbeitsmarkt, die soziale Dimension des Reiterhofs und die enormen Kosten, die die mittlerweile durchgeführte ordnungsgemäße Entsorgung der Abwässer in Form eines Anschlusses an den öffentlichen Kanal verursacht hatte.

Letztendlich dann die Anregung, nach § 153 a zu verfahren. Man sei auch bereit, einen nicht unerheblichen Betrag an die Staatskasse oder sonstwohin – gerne auch an Greenpeace – zu zahlen.

Was darunter zu verstehen sei, wollte ich wissen.

„3.000 DM."

„Die Summe ist doch lächerlich!"

Dann solle die Staatsanwaltschaft einen Vorschlag machen.

„Sicher das Dreifache – 10.000 DM."

„Unmöglich! Aber dann doch für für beide zusammen."

„Keineswegs. Für jeden Angeklagten 10.000 DM."

Jetzt die Bitte um Unterbrechung der Hauptverhandlung. Man müsse sich mit den Mandanten beraten. 15 Minuten später hat man sich entschlossen, die Sache zu einem Ende zu bringen, mag nicht mehr handeln, der Betrag geht in Ordnung. 20.000 DM an Greenpeace.

Als ich das Gericht verlasse, stehen Mutter und Sohn nebst Anwälten vor ihren großen Limousinen und lachen laut und herzlich. Sie werden jetzt vermutlich nach Frankfurt fahren, im Börsenkeller gut essen gehen und am nächsten Tag 20.000 DM nach Hamburg und 150.000 DM an ihre Anwälte überweisen. Das mit der Absetzbarkeit beim Finanzamt wird der Steuerberater schon managen.

Wer dealt muß aufpassen. Ich habe es offenbar auch ein paar Jahre später noch nicht kapiert. Nach umfangreichen Ermittlungen der Umweltkripo steht die Anklage gegen sieben Verantwortliche einer Autoschredder-Firma aus dem Frankfurter Osten. Dort ist man allzu sorglos mit toxischen Stoffen umgegangen. Das aus der unmittelbaren Nachbarschaft aufgenommene Polizeivideo zeigt einen Arbeiter, der in den Tank eines hochgehievten Autowracks mit einer Spitzhacke ein Loch schlägt, um anschließend den auslaufenden Kraftstoff in einer Plastikwanne aufzufangen. Fünf Liter gehen sicherlich daneben und gelangen auf den unbefestigten Boden. Der gesamte Platz ist mit Kohlenwasserstoffen, chlorierten Kohlenwasserstoffen und Schwermetallen verunreinigt; über Jahre hinweg sind hochbelastete Abwässer ins Kanalnetz gelangt.

Am ersten Verhandlungstag vor dem Schöffengericht in Frankfurt am Main erscheinen sieben Angeklagte mit ihren sieben Verteidigern und einem Unbekannten. Auf Nachfrage des Gerichts outet er sich als Chemiker, den die Muttergesellschaft, der Thyssen-Konzern, zur Verfügung gestellt hat. Er wird dafür sorgen, erklärt der wortführende Verteidiger, daß alle Fragen, die mit der Chemie zu tun haben, ordnungsgemäß abgehandelt werden: „Und wenn es ein Jahr dauert, das ist es uns wert.“

Nachdem die Formalien erledigt sind, steht der Richter auf, wirft mir seinen Schlüsselbund zu und verschwindet. Der große rote sei für sein Dienstzimmer nebenan, sagt er, und daß er in zwei Stunden wieder da sei, um sich anzuhören, wie man sich geeinigt habe.

Im Richterzimmer gibt sich der Hauptverteidiger kollegial: „Er will, daß wir uns einigen, nennen Sie einen Betrag.“

Jetzt sehe ich meine Chance. Greenpeace hat gerade wieder ein Schiff verloren, und der Bund für Umwelt und Naturschutz braucht zur Förderung eines Aufforstungsprojektes in Brasilien Geld.

„DM 120.000,00.“

„Einverstanden.“

Die Anwälte erheben sich und verschwinden. Zwei Stunden später ist die Erledigung aktenkundig. Am Tag danach hat der Thyssen-Konzern schon gezahlt. Wenn ich eine Millionen, oder fünf, gesagt hätte, wäre die Sache ebenso über die Bühne gegangen. Staatsanwälte sind, wie gesagt, im Grunde Kleinverdiener. Sie erliegen schon den Verlockungen von Peanuts.

Die Holzschutz-Verteidiger haben überraschend zum Dealen geladen. Treffpunkt nach neunmonatiger Verhandlungsdauer ist das Domizil von Professor Hamm am Holzhausen-Park im Frankfurter Norden. Ein kleines Schlößchen mit attraktiver Infrastruktur, eigener Bibliothek, Konferenztisch aus Edelholz. Kollege Hübner und ich nehmen den Termin am 2. März 1993 war. Jetzt glaube ich, das ewige Lächeln des Rechtsprofessors, das vor allem dann zu sehen ist, wenn er unsere Diensträume im Gerichtsgebäude C betritt, interpretieren zu können. Es ist seine Art der Kondolenz.

Staatsanwälte sitzen garantiert luxusfrei an im Knast gefertigten Schreibtischen. Das ist keine Kritik an den Inhaftierten beziehungsweise ihrer Arbeit. Wer beispielsweise in der Frankfurter Untersuchungshaftanstalt in Preungesheim die Bastelabteilung gesehen hat, weiß, daß in den Knästen nicht nur Einbrecherkönige sitzen. Sie dürfen nur nicht so, wie sie können. Vielleicht wäre aber auch mehr nicht zumutbar. Sie arbeiten immerhin für ihre Häscher. Daß sich ein sympathisches Arbeitsumfeld positiv auf die Leistungsbereitschaft der Beschäftigten auswirkt – mit anderen Worten: daß sich ein Eimer (lösungsmittelfreier!) Farbe schon nach einer Woche amortisiert hat –, das hat sich im öffentlichen Dienst noch nicht durchgesetzt.

Anklage ist halt Anklage und Einstellung ist Einstellung.

Professor Hamm kommt unumwunden zur Sache. Sein Mandant, der technische Geschäftsführer der Firma, will sich nicht stellvertretend für eine gesamte Branche verurteilen lassen. Er fragt an, ob bei der Staatsanwaltschaft Bereitschaft besteht, das Verfahren nach § 153 a StPO zu beenden.

Für den Beschuldigten, der nicht auf die Mark zu schauen braucht, ist die Verfahrenserledigung nach § 153 a regelmäßig eine attraktive Sache. Die Einstellung erscheint nicht im Strafregister und enthält auch nur eine formelle Begründung. Insofern fehlt es an Ausführungen zur Täterschaft und zum Verschulden, die ja nach dem Wortlaut der Bestimmung in jedem Fall vorliegen müssen. Solche Entscheidungen sind in alle Richtungen interpretierbar, und der Beschuldigte wird seine Zustimmung als prozeßtaktische Maßnahme verstanden haben wollen, mit der keinerlei Schuldanerkenntnis verbunden ist.

Uns bringt das Angebot der Verteidigung in arge Verlegenheit. Eigentlich wollen wir ein Urteil, das erstmals die krankmachende Wirkung der Holzschutzmittel belegt, wollen Ausführungen zur Frage, was die Verantwortlichen falsch gemacht haben und wie sie es hätten richtig machen müssen, wollen schwarz auf weiß die Rehabilitation der Opfer. Doch selbst ein Urteil nach Wunsch würde eine Frage unangetastet lassen: die der finanziellen Entschädigung der Opfer. Immer noch existieren im deutschen Recht straf- und zivilrechtliche Haftung unabhängig nebeneinander. Die strafrechtliche Verurteilung berührt nicht einmal ansatzweise die zivilrechtliche Haftungsfrage. Wer vom Strafrichter hinter Gitter gesteckt wird, kann einen Tag später im parallelen Zivilprozeß von jeglicher Haftung entbunden werden – oder umgekehrt, wie es im Simpson-Prozeß in Kalifornien der Fall war. Wenige Monate, nachdem die schwarze Jury den Footballspieler vor dem elektrischen Stuhl bewahrt hatte, verdonnerten weiße Geschworene O. J. wegen genau desselben Vorwurfs zum Schadensersatz in Millionenhöhe.

Wir haben bei den Geschädigten schon einmal sondiert. Den Allermeisten geht es nicht vorrangig ums Geld. Sie wollen Gerechtigkeit. Sie wollen endlich eine offizielle Bestätigung dafür, daß sie keine eingebildeten Kranken, keine Simulanten, keine Hypochonder, keine Faulpelze und Schwächlinge sind, sondern Opfer heimtückischer Gifte und verantwortungsloser Wirtschaftsbosse. Andererseits wissen wir, daß viele Betroffene in größter finanzieller Not leben. Sanierung der Häuser, von keiner Versicherung abgedeckte Heilbehandlungen, Berufsunfähigkeit haben sie zu Sozialhilfeempfängern werden lassen. Viele bräuchten dringend eine finanzielle Dusche. Aber was sind die Angeklagten bereit zu zahlen? Zwölf oder fünfzehn Millionen DM bieten sie an, und damit sollen die mittlerweile gerichtlich geltend gemachten Forderungen abgedeckt werden.

Wir winken ab und machen einen Gegenvorschlag. Sämtliche Geschädigten, die sich mit einem Fragebogen am Strafverfahren beteiligt haben, erhalten ihre materiellen Schäden ersetzt. Das sind etwa 800 Familien, die durchschnittlich 150.000 DM für die Sanierung ihrer kontaminierten Häuser ausgegeben haben. Wir wollen 120 Millionen DM.

Kein Widerspruch bei den Verteidigern. Das ist schon ziemlich ungewöhnlich. Schließlich: Das Angebot wird angenommen, doch das Geld müsse erst bei den Unternehmens-Müttern besorgt werden. Die hätten also noch ein Wörtchen mitzureden.

Am nächsten Verhandlungstag warten wir gespannt auf eine Erklärung der Verteidiger. Doch es geschieht nichts. So, als habe es das Gespräch im vornehmen Haus am Holzhausen-Park nicht gegeben, sitzen die Verteidiger auf ihren Plätzen und betreiben schweigend ihr Geschäft.

Statt dessen gibt der Vorsitzende des Gerichts eine Erklärung ab. Das Verfahren sei nicht so wichtig, wie man hier und da tue. Es richte sich nicht gegen die Chlorchemie, sondern habe einige wenige Schadensfälle zum Gegenstand. Mit deren Ausgleich in Höhe von zwölf bis 15 Millionen DM könne alles sein Bewenden haben.

Über das, was da geschehen war, muß man nicht groß spekulieren. Die Mütter hatten deutlich gemacht, aus welchem Holz erfolgreiche Kaufleute geschnitzt sind. Für den Profit muß man hin und wieder gute Freunde opfern. Und da haben die Verteidiger das Gericht außerhalb der Hauptverhandlung in einer schwachen Minute erwischt, haben ihm klarmachen können, daß ihre Bemühungen vergebens waren und die Mütter nicht mehr als die besagten 15 Millionen DM locker machen wollen. Erste Ermüdungserscheinungen nach einem dreiviertel Jahr Chemiestreß.

Vielleicht war es aber auch ganz anders. Vielleicht waren die Verhandlungen seitens der Verteidiger gar nicht ernst gemeint. Vielleicht wollte man nur seinen guten Willen vorspiegeln, um das Gericht und die Staatsanwaltschaft zu beeindrucken, während man nicht im Entferntesten daran dachte, einen dreistelligen Millionenbetrag zu berappen. Durchaus denkbar. Geld macht halt erfinderisch.

Der 15-Millionen-Vorschlag ist nach wie vor inakzeptabel für die Staatsanwaltschaft. Es wird weiter verhandelt. Noch ein Vierteljahr. Vernehmung von Zeugen und Sachverständigen, Verlesung von Urkunden. Beweisanträge, die meisten von der Verteidigung, werden zurückgewiesen. Die Hauptverhandlung spiegelt das Ergebnis der Ermittlungen: Menschen, die ihre Wohnungen mit Holzschutzmitteln behandelt haben, sind krank geworden. Jeder ein bißchen anders, aber alle irgendwie gleich. Es gibt eine Monotonie der Giftkarrieren. Ein Geschädigter, der regelmäßig die Hauptverhandlung besucht hat, schreibt an die Staatsanwaltschaft: „Die Beweise ermüden die Wahrheit."

Im Mai 1993 bereiten die Prozeßbeteiligten ihre Plädoyers vor.

Überlegungen zur Schuld

Wie rechnet man Unrecht in Strafe um? Was ist das Äquivalent für das körperliche und seelische Leid von zwei oder drei Dutzend Holzschutzmittel-geschädigter Menschen? Drei Monate Gefängnis oder ein Jahr, vielleicht fünf Jahre? Oder nur eine Geldstrafe? Zehn Familien mit zusammen 29 Personen sind in dem einjährigen Prozeß abgehandelt worden. Alle wissen, daß viele Tausend zu Schaden gekommen sind. Darf das für das Strafmaß berücksichtigt werden?

Es gibt kein kontrolliertes, nachprüfbares Verfahren für die Festsetzung des Strafmaßes. Daraus resultieren erhebliche Probleme. Diebstahl ist nicht gleich Diebstahl. Für den Klau einer Stange Marlboro gibt es bei dem einen Richter zehn Tagessätze, bei dem anderen sechs Monate. Vorstrafen aus Bayern haben Frankfurter Gerichte schon zum Anlaß für ein extra mildes Urteil genommen, damit es wenigstens unterm Strich stimmt. Ungleiche Strafen für gleiche Taten lassen nicht nur die Stammtische frozzeln. Uwe Wesel, ein bekannter Jurist, hat angesichts dieses Phänomens sowie der dogmatischen Präzisionsarbeit bei der Auslegung einzelner Tatbestandsmerkmale vom Strafrecht als einer erstaunlichen Kombination von höchster Rationalität en detail und tiefster Irrationalität en gros gesprochen.

Es fehlt an einem verläßlichen Umrechnungsfaktor. Richter müssen beim Strafmaß über den Daumen peilen. Ein interessanter Berührungspunkt übrigens von Toxikologie und Rechtswissenschaft. Auch für die Übertragung von Ergebnissen aus dem Tierversuch auf die Ebene der Humanmedizin fehlt es an der Zauberformel.

Grundlage für die Strafzumessung ist nach der Gesetzeslage die Schuld des Täters. Schuld ist ein zentraler Begriff innerhalb unseres Strafrechts, das wir auch als Schuldstrafrecht kennzeichnen. Schuld meint Vorwerfbarkeit, und die hat mit der Frage zu tun, wie böse wir, die rechtstreue Gesellschaft, dem Täter sein dürfen ob seiner Straftat. Böse werden wir aber nur dem Täter sein, der sich frei für das Unrecht entschieden hat. Der eine Alternative hatte und diese auch hätte wahrnehmen können. Wir machen, so die juristische Formel, dem Täter zum Vorwurf, daß er sich für eine bestimmte Verhaltensweise entschieden hat, obwohl er wußte, daß sie verboten war und obwohl er sich anders, nämlich gesetzestreu, hätte verhalten können.

Willensfreiheit ist die Geschäftsgrundlage der Schuld. Wo sie ausgeschlossen ist, hat das Strafrecht nichts verloren. Arthur Gatter, der im Frühjahr 1990 in Frankfurter Grünanlagen sieben auf Parkbänken schlafende Obdachlose mit einem Dachdeckerhammer erschlagen hat, wäre wohl in kein Gefängnis gekommen. Kurz bevor er sich in der geschlossenen Abteilung der Gießener Psychiatrie am Kabel seines Rundfunkgerätes erhängte, bescheinigte ihm der psychiatrische Sachverständige Schuldunfähigkeit aufgrund einer schweren Paranoia. Arthur Gatter war demnach das Opfer von Stimmen geworden, die ihm die Tat befohlen hatten und gegen die er sich nicht wehren konnte.

Die Medizin kennt viele Krankheiten oder Störungen der menschlichen Psyche, die unfähig machen, das Unrecht einer Tat einzusehen oder nach dieser Einsicht zu handeln. Allerdings geht die Wissenschaft mittlerweile noch einen Schritt weiter. Sie fragt nach der Schuldfähigkeit auch der angeblich Gesunden.

Wie weit ist der Mensch außerhalb von Schizophrenie und Drogensucht überhaupt frei und in der Lage, selbstverantwortlich zu handeln, und wie weit ist er gebunden an Vererbtes oder Erlerntes, ist er Marionette von Genen und Sozialisationen?

Die herrschende Meinung innerhalb der Justiz hat es sich da recht einfach gemacht. Von Eduard Dreher stammt, was heute Geschäftsgrundlage ist: „Willensfreiheit ist als Teil der von uns erlebten Wirklichkeit existent und bedarf keines Beweises, weil es für uns keine andere als die erlebte Wirklichkeit gibt.“

Die modernen Naturwissenschaften melden da gehörige Zweifel an. Bei der Untersuchung von Straftätern, die wegen besonders antisozialem Verhalten, also schwerkrimineller Straftaten verurteilt worden waren und die nach herkömmlicher Bewertung als voll verantwortlich galten, zeigten sich atypische Hirnstrukturen und Erregungsmuster. Zum Verbrecher geboren?

Die Justiz nimmt diesen Ball der modernen Medizin nicht an und weiß auch, warum: Es geht ums Eingemachte. Wenn die Willensfreiheit ins Gerede kommt, wankt das Schuldstrafrecht.

Soweit sind wir noch nicht, daß wir Angeklagte zum EEG in die Röhre bitten, damit wir ihre Schuld bewerten können. Aber vielleicht wird das Thema sehr bald für das Strafrecht aktuell – je nachdem, wie die medizinische Forschung voranschreitet und wie engagiert sich Anwälte diese neue Möglichkeit zunutze machen.

Wir bewerten die Schuld der Angeklagten nach herkömmlichem Muster, das ist schwer genug. Die Täter haben sich wegen fahrlässiger und vorsätzlicher Körperverletzung strafbar gemacht. Sie haben Holzschutzmittel noch verkauft, als sie schon deren Schädigungspotential hätten kennen müssen. Und sie haben die Mittel selbst dann noch verkauft, als ihnen nicht zuletzt aufgrund der tausendfachen Kundenpost längst klar war, was in zahllosen Wohnungen geschehen war und noch immer geschah. Sie haben die Mittel aus den Baumärkten nicht zurückgerufen und die Verbraucher nicht gewarnt.

Wie böse dürfen, müssen wir ihnen sein? Danach richtet sich die Strafe, die wir beantragen werden.

§ 46 Strafgesetzbuch (StGB) macht deutlich, daß wir für die Bewertung dieser Frage alle Kriterien heranziehen dürfen, wenn sie nur sachgerecht sind: Beweggründe, Ziele, Gesinnung, die aus der Tat spricht, Auswirkungen der Tat und das Verhalten danach, aber auch das Maß der Pflichtwidrigkeit.

Was stand für die Opfer im Vordergrund? Was war ausschlaggebend für deren Empörung, die ich in den zahlreichen Gesprächen mit ihnen mehr als deutlich zu spüren bekommen habe? Es war weniger der „Chemieunfall“, als vielmehr dessen spätere Vertuschung. Es waren die dreisten Lügen, mit denen man sich aus der Verantwortung stehlen wollte, der Mißbrauch des Vertrauens. Das falsche Ehrenwort. Daß es ganz zu Anfang bei der Einschätzung chemischer Risiken zu Fehleinschätzungen gekommen war, hätte man den Firmenchefs noch verziehen. Daß sie ihnen aber noch 1979 schreiben, es seien bisher keine Schadensfälle bekannt geworden, während sie auf Tausenden von Beschwerdebriefen sitzen und die ersten Zivilprozesse schon verloren haben, sehen die Opfer den Firmenchefs nicht nach.

Wenig war in den sichergestellten Vermerken und Korrespondenzen der Verantwortlichen die Rede von den Opfern beziehungsweise der Sorge um sie. Eine ganz andere Frage stand im Mittelpunkt: Haften wir? In einem firmeninternen Gespräch vom 2. Mai 1977 sagt der technische Geschäftsführer: „Wenn wir unsere Grenzwerte nicht überschreiten, kann man uns, juristisch gesehen, nicht zur Verantwortung ziehen."

Da ist das erste Kind, dessen Zimmer mit bioziden Holzschutzmitteln gestrichen war, schon gestorben, da sind schon massenhaft Menschen vorzeitig in Rente gegangen. Noch während des Prozesses leugnet man offensiv die Gefahren der Holzschutzmittel. Kein Einsehen. Jugendrichter verlangen – zurecht – von ihren kleinen Delinquenten Einsicht in das Unrecht ihrer Tat. Sie haben sich zu entschuldigen. Das ist ebenfalls richtig, denn das stellt den sozialen Frieden jedenfalls teilweise wieder her.

Die Holzschutzmittel-Bosse haben das nicht nötig. Bis zuletzt protzen sie in großen Anzeigen mit der Feststellung, daß die Schädlichkeit von Holzschutzmitteln bislang wissenschaftlich nicht bewiesen sei – als käme es darauf in irgendeiner Weise an und als habe man seine Kronzeugen nicht alle unter Vertrag.

Selbstverständlich geht es um viel Geld, um lukrative Märkte. Contergan läßt grüßen: die gleichen Schweinereien. Eine kurze Chronologie des ach so ähnlichen Falles macht das deutlich.

Im August 1959, zwei Jahre nach Markteinführung des Schlaf- und Beruhigungsmittels Contergan, berichtet ein Düsseldorfer Neurologe, Dr. Ralf Voss, von einer Polyneuropathie bei einem Patienten, der das Medikament eingenommen hatte; im Februar 1961 präsentiert der Arzt der Herstellerfirma weitere Fälle dieser Art. Obwohl die Firma eine erste Entschädigungszahlung an einen Betroffenen leistet, bezeichnet sie ihr Medikament, das zwischenzeitlich zu einem internationalen Renner geworden war, als das beste und sicherste Schlafmittel und weigert sich einer Rezeptpflicht zuzustimmen. Die Tatsache, daß seit 1959 vor allem in der

Bundesrepublik viele Kinder ohne Arme und Beine zur Welt gekommen waren, veranlaßte den Hamburger Kinderarzt Dr. Widukind Lenz, intensiv nach Ursachen zu forschen. Am 14. November 1961 informierte der Arzt den Forschungsleiter der Firma Grünenthal davon, daß 14 von 21 Frauen, die in der besagten Weise mißgebildete Kinder zur Welt gebracht hatten, in der Frühschwangerschaft Contergan eingenommen hatten.

Zwei Tage danach erhielt Dr. Lenz Besuch der Firma. Ihm wurde bedeutet, daß man rechtliche Schritte in Erwägung ziehe. Er betreibe Mord an einem Medikament durch Verbreitung von Gerüchten. Am gleichen Tag erfolgte ein Rundschreiben an alle Ärzte und Apotheker: Contergan ist ein sicheres Mittel. Der mittlerweile rezeptpflichtige Verkauf geht uneingeschränkt weiter. Erst am 26. November 1961, nachdem „Die Welt“ über „Mißbildungen durch Tabletten“ berichtet hat, zieht die Firma das Präparat zurück, weil, so die selbstbemitleidende Begründung, Presseberichte die Basis der wissenschaftlichen Diskussion untergraben hätten.

Die profitträchtige Position wird so lange gehalten, bis es wirklich nicht mehr geht. Jedes Mittel ist recht und jeder Monat bringt Millionen-Gewinne. Aber jeder Monat bringt auch – nach Berechnung von Dr. Lenz – die Geburt von 50 bis 100 verstümmelten Kindern. Am Ende sind es in Deutschland circa 6.000. Viele sterben gleich nach der Geburt. Die anderen haben ein schweres Leben vor sich. Noch im Herbst 1996 verweist ein Gaststättenbesitzer in Frankfurt am Main eine Contergan-geschädigte Frau seines Lokals, weil sie mit den Füßen ißt. Zuvor hatte er ihr zur Einnahme des Mahls ein publikumfreies Séparée angeboten, aber da wollte die junge Frau ohne Arme gerade nicht essen.

Die Auswirkung der Tat, heißt es im Paragraphen 46 StGB, sind bei der Bewertung der Schuld mit zu berücksichtigen. Aber das ist jetzt zu spät. Der Contergan-Prozeß wurde im Dezember 1970 nach zweieinhalbjähriger Dauer eingestellt, nachdem die Herstellerfirma und die Bundesregierung jeweils 100 Millionen DM in eine Stiftung zur Versorgung der Opfer eingezahlt hatten. Wenn es zu einer Verurteilung gekommen wäre, hätte sich das Gericht bei der Bestimmung des Strafmaßes insbesondere mit der Verzögerungs- und Vertuschungstaktik der Firmenverantwortlichen auseinandersetzen müssen.

Schuldfeststellung und Schuldbewertung sind schwierige Angelegenheiten. Es gibt Staatsanwälte und Richter, die machen es sich neuerdings wieder leicht. Wer klaut wird bestraft. Das hat schon eine

Frankfurter Richterin vor Jahren als ihr Credo ausgegeben. Heute will der Zeitgeist erst recht nicht mehr differenzieren. Auch Strafrecht mißt man an seinem Output.

Viel zu oft ist die Justiz unter dem Schuldstrafrecht aber auch betrogen worden, das muß man eingestehen. Clevere Anwälte finden für alle Mandanten schuldmindernde Umstände. Man muß nur lange genug in der Persönlichkeit und in der Sozialisation suchen, vor allem in der Kindheit des Täters stochern. Hat nicht jede Lebensgeschichte ihre unverschuldeten Erlebnisse, die irgendwann ursächlich werden können für abweichendes Verhalten, wie man Kriminalität auch bezeichnet?

Die Angeklagten des Holzschutzmittel-Verfahrens sind in ihrer Heimat beliebt. Sie haben ihr Geld verdient, aber sie haben auch dafür gesorgt, daß 300 andere nebst ihren Familien ihr Auskommen hatten. Sie haben sich einen Status erarbeitet und ihn genossen. Ehrlichkeit hätte bedeutet, ein Lebenswerk als gescheitert zu bezeichnen, sich verantwortlich zu begreifen für einen gigantischen Vergiftungstatbestand mit tausenden Opfern, hätte Absturz bedeutet, wenn nicht ins finanzielle, so doch ins soziale Nichts. Katastrophen geschehen den Kleinen wie den Großen, die Fallhöhe ist entscheidend.

Dagegen wehrt man sich. Aber die Folgen dieser Abwehr einer fürchterlichen Erkenntnis sind für die anderen noch viel schlimmer. Was ist das Ende einer erfolgreichen Karriere gegen den gesundheitlichen Niedergang von tausenden Familien mit traumatisierten Kindern, berufsunfähigen Vätern und mit Valium abgefüllten Müttern? Es gibt auch in fortschrittlichen Gesellschaften keine Alternative zum Schuldstrafrecht, sofern man überhaupt noch ein Strafrecht will.

Wir entscheiden uns für Strafanträge von zwei Jahren und neun Monaten für den kaufmännischen, und für drei Jahre und sechs Monate für den technischen Geschäftsführer. Würde das Gericht dem entsprechen, müßten beide ins Gefängnis, Bewährung wäre nicht möglich.

So soll es auch sein. Sie haben viele Menschen ins Unglück gestürzt – fahrlässig, grob fahrlässig und vorsätzlich. Die Justiz muß sagen, was Sache ist. Den Bockenheimer Bankräuber hat sie gut zehn Jahre vorher wegen des Raubes von 8.000 DM in registrierten Scheinen zu fünfeinhalb Jahren Haft verurteilt. Im Vergleich dazu sind unsere Strafanträge moderat. Aber wir wissen auch um die

Möglichkeit einer Disziplin, die noch längst nicht auf sicheren Füßen steht.

Das Urteil

In der Folgewoche beginnen die Plädoyers der Verteidigung. Die Vertreter der Angeklagten fordern Freispruch für ihre Mandanten, weil es an einem Beweis für die schädigende Wirkung der Holzschutzmittel fehle. Als letzter plädiert Rechtsanwalt Gerns. Als gelernter Zivilrechtler macht er den klassischen Fehler seiner Zunft. Er versucht Klasse durch Masse zu ersetzen und spricht fünf Stunden. Schon nach zehn Minuten hört ihm keiner mehr zu.

Dann die Schlußworte der Angeklagten. Das Gesetz sieht vor, daß die Angeklagten das letzte Wort haben – der Strafprozeß ist schon ein arg archaisches Ritual. Die Angeklagten haben ein ganzes Jahr lang geschwiegen, jetzt reden sie, allerdings nur kurz. Die Verteidiger verstehen ihr Handwerk. Der technische Geschäftsführer sagt abschließend: „Herr Staatsanwalt, Sie werfen mir Körperverletzung vor. In meinem Haus, in dem 500 Quadratmeter Holz verarbeitet sind, habe ich drei Töchter großgezogen. Wissen Sie, was aus ihnen geworden ist?“ Er wartet einen Moment und dann sagt er: „Die jüngste ist Apothekerin geworden, die mittlere Lehrerin und die älteste Journalistin.“

Nicht schlecht. Daß er sich zum Gesundheitszustand seiner Kinder nicht geäußert hat, fällt niemandem auf. Bei der fünf Jahre zurückliegenden Durchsuchung der Firma haben wir allerdings die wortgetreue Niederschrift eines Telefonats des technischen Geschäftsführers mit Dr. Heiligental vom Bundesgesundheitsministerium aus dem Jahr 1977 sichergestellt.

„Wir verunsichern die Leute“, sagte der Geschäftsführer da. „Die haben ja Todesängste, und wir wissen doch beide, welche medizinischen Möglichkeiten es gibt, die zu diesen oder jenen Krankheiten führen, denn ich habe ja auch eine Bronchitis und wohne in einem Penthouse mit 200 Quadratmeter behandeltem Holz.“

Es nützt alles nichts. Vier Tage später verurteilt das Gericht die Angeklagten wegen Köperverletzung und Freisetzung von Giften zu einer Freiheitsstrafe von je einem Jahr mit Bewährung. An zwei leukämiekranke Holzschutzmittel-Opfer sollen sie jeweils 120.000 DM bezahlen.

Ein Jahr mit Bewährung gibt es auch schon für einen mittleren Einbruchsdiebstahl. Allerdings auch für eine alkoholbedingte fahrlässige Tötung im Straßenverkehr. So oder so: ein lächerliches Strafmaß.

Der Rest des Urteils macht diesen Makel allerdings wieder wett. Vorsitzender Richter Dr. Seibert trägt die Urteilsgründe frei vor. Zwei Stunden lang, druckreif, ein Hochgenuß jedenfalls für die Staatsanwaltschaft, Nebenklage und die zahlreichen Geschädigten, die den Gerichtssaal 161 C füllen. Jetzt wird auch klar, wo das Gericht seine ganze Kraft investiert hat beziehungsweise warum für das Strafmaß nichts mehr übrig geblieben ist. Das Gericht redet Klartext, und das ist insbesondere bei sensiblen Verfahren wie diesem nicht selbstverständlich. In 29 Einzelfällen hält es den Beweis für die Ursächlichkeit zwischen Holzschutzmittel-Exposition und Erkrankung für erbracht.

Es glaubt den Schilderungen der Geschädigten von ihrem fürchterlichen gesundheitlichen Absturz und ihren toten Hamstern. Es glaubt den No-Name-Medizinern, die die Herausforderung durch das neue Krankheitsbild angenommen und sich in zermürbenden Nachtschichten an die Wahrheit herangearbeitet hatten. Und es verwirft die These der großen Namen und berühmten Lehrstuhlinhaber mit einer detaillierten und überzeugenden Begründung. Es stößt sich – und sagt dies deutlich – an der Opferferne dieser Wissenschaftler, daran, daß sie es noch nicht einmal nötig haben, sich auch nur einen Patienten anzusehen, aber die Dreistigkeit besitzen, auf der Basis von Tierversuchen und Literaturrecherchen ein Urteil über deren Krankheitsursachen abzugeben. Zu Professor Greim heißt es in der späteren schriftlichen Urteilsbegründung:

„Seine Meinung – um mehr handelt es sich mangels klinischer Erfahrung des Sachverständigen Professor Greim nicht – ist durch den weiten Gang der Beweisaufnahme (...) widerlegt."

Und auch Professor Schlatter bekommt längst Überfälliges mit auf den Weg: Seine Beweisführung habe nicht überzeugt. Außerdem habe er die Grenzwerte zu einem Instrument gemacht, um die Kausalität von den fraglichen Giftstoffen abzuwehren.

Das Gericht hat zudem klar gemacht, wie ein Hersteller sich verhalten muß, wenn sich erst nach dem Verkauf seines Produktes Anhaltspunkte für dessen Schädlichkeit ergeben, und es hat sich dabei den Ausführungen des Landgerichts Aachen im Conterganverfahren angeschlossen: Bei einer erkennbaren Gefahrenlage, bei den ersten ernstzunehmenden Anzeichen einer Schadenswirkung, ohne daß es auf einen naturwissenschaftlichen Beweis ankomme, muß der Hersteller handeln. Er muß den Produktionsprozeß ändern, den Vertrieb stoppen und, soweit schon Produkte an den Verbraucher gelangt sind, geeignete Maßnahmen zur Schadensverhinderung und -begrenzung in die Wege leiten. Die konkrete Ausgestaltung dieser Maßnahme sollte sich einerseits am Grad der Gefährlichkeit des vertriebenen Produkts sowie andererseits an Ausmaß, Häufigkeit und Wahrscheinlichkeit von Schäden orientieren. Die Firma sei zu erheblichen, weitreichenden und lang andauernden Maßnahmen verpflichtet gewesen:

„Spiegelbildlich zum Grad der Gefahr müssen die gewählten Maßnahmen umfassend, deutlich und nachhaltig ausgestaltet sein. Der Hersteller hat dabei neben Organisation und Größe des Vertriebsgebietes, den Anwendungsgewohnheiten beziehungsweise Erwartungen der Verbraucher auch den Streubereich der von ihm definierten Gebrauchszweckbestimmung mit in seine Überlegungen einzubeziehen. Da die Angeklagten die tatsächliche Herrschaft über die bereits in zahllosen Haushalten verstrichenen Mengen des Produkts (...) verloren hatten, mußten sich die Warnaktionen an all diese Haushalte richten. Dies war den Angeklagten nicht nur möglich, sondern auch zumutbar."

Ganz konkret: „Die Firma hätte sich der Dienste von Marketing- oder Kommunikationsexperten bedienen können und gegebenenfalls auch müssen. Zu denken war an die Schaltung von großformatigen Anzeigen in regionalen und überregionalen Tageszeitungen sowie in Fachzeitschriften. In Fach- und Heimwerkermärkten hätte man den Kundenkreis gezielt ansprechen können, etwa mit Broschüren, Aushängen und Flugblättern. Soweit zu den einzelnen Kunden direkter Kontakt bestand, hätten diese sogar unmittelbar gewarnt werden können. Wie ausgeführt hätte sich die Warnung an die Verbraucher inhaltlich auch auf ein eventuelles Erfordernis einer Sanierung erstrecken müssen. Den Verbrauchern hätte mitgeteilt werden müssen, welche Gesundheitsgefahren zu befürchten sind."

Fernsehen und Rundfunk sind gegebenenfalls einzuschalten, auch Tageszeitungen. Auf den Punkt gebracht: Wer seine Produkte mit großem Werbeaufwand flächendeckend zum Verkauf bringt, der muß im Schadensfall mit gleichem Engagement dafür sorgen, daß möglichst wenige Risiken Wahrheit werden. Das mag der Herstellerseite hart erscheinen, aber es ist nicht mehr als Recht. Sie wird nicht benachteiligt, sondern sie verliert einzig und allein diverse Privilegien, die sie in der Vergangenheit stets laut fordernd in Anspruch genommen hat.

Das Gericht hat etwas zurechtgerückt, was zuvor noch nie im Lot war.

Die Revision

Wer seine kriminelle Karriere als Ladendieb beginnt, indem er beispielsweise eine Pulle „veuve cliquot" an der Kasse vorbeimogelt, der wird, wenn der Filialleiter die Sache beobachtet hat, vor dem Kadi landen. Das ist ein Einzelrichter, und der wird ihn wegen Diebstahls geringwertiger Sachen – nichts gegen den französischen Champus, aber im Sinne des StGB ist er geringwertig – zu einer Geldstrafe in Frankfurt am Main oder getreu dem Motto „Wehret den Anfängen" zu einer Freiheitsstrafe in Nürnberg verurteilen. Gegen dieses Urteil kann der Angeklagte Berufung einlegen, ebenso die Staatsanwaltschaft. Dann gibt es eine Neuauflage des Prozesses. Alles beginnt von vorne, allerdings vor einem anderen, dem nächst höheren Gericht. Das ist in unserem Fall eine kleine Strafkammer. Gegen deren Urteil gibt es dann noch die Revision. Sie führt zum Oberlandesgericht. Aber dann ist Schluß. Mal abgesehen von der Verfassungsbeschwerde, die zumeist nicht zugelassen wird.

Warum es Rechtsmittel gibt, ist so leicht nicht zu beantworten. Die Partei, die sich benachteiligt fühlt, soll eine neue Chance bekommen. Man will ja richtige, gerechte Urteile. Aber welcher Angeklagte, der seine gerechte Strafe bekommt, fühlt sich nicht übers Ohr gehauen? In seinem Schlußwort hat er ja gesagt, was er für gerecht hält: fast immer Freispruch. Und ist ein Angeklagter einmal mit dem Urteil zufrieden, ist es sicherlich der Staatsanwalt nicht.

Selbst wenn ein Urteil einmal falsch ist, was immer das heißen mag – wer garantiert, daß es die Berufungsinstanz richtig macht? Hier ist allerdings von Belang, daß die Rechtsmittelgerichte immer über den einen oder anderen zusätzlichen Richter verfügen. Die kleine Strafkammer zum Beispiel besteht zwar auch nur aus einem Berufsrichter, aber aus zwei weiteren Laienrichtern, den Schöffen. Wer die Justiz ein wenig kennt, weiß, daß Schöffen mehr der Dekoration als der Rechtsfindung dienen. Der Profi kann mit ihnen umgehen und sie zur richtigen Entscheidung führen.

Vielleicht aber findet man des Rätsels Lösung in der Person des Vorsitzenden. Er unterscheidet sich von den zahlreichen Einzelrichtern dadurch, daß er einmal einer von ihnen war, jetzt aber nicht mehr ist, weil er befördert wurde. Das würde allerdings voraussetzen, daß die Beförderung von Richtern etwas mit ihrer Qualifikation zu tun hätte.

Ein anderer Erklärungsversuch: Richter der höheren Instanzen sind in der Regel älter als die Einzelrichter. Wer sein zweites Examen bestanden hat, wird zunächst einmal Einzelrichter oder Beisitzer, nicht etwa Vorsitzender einer Strafkammer. Vielleicht traut man den Jungrichtern gerade wegen mangelnder Lebenserfahrung nicht allzu viel zu.

Wie dem auch sei, Rechtsmittel, vor allem auf der Berufungsebene, sind Zocker-Geschichten. Neues Spiel, neues Glück. Vielleicht kann man dem Richter der zweiten Instanz seine Geschichte andrehen. Ein Versuch lohnt sich. Und jedes Rechtsmittel vergrößert den Zeitabstand zwischen Tat und Urteil. Anwälte setzen auch auf das Vergessen, oder darauf, daß die Zeit die Wunden heilt. Wir leben im Zeitalter der Rechtsschutzversicherungen und der Verantwortungslosigkeit. Der Kabarettist Mathias Beltz hat den Zeitgeist auf den Punkt gebracht: „Freispruch für alle."

Im Ordnungswidrigkeits-Bereich existieren die krassesten Auswüchse. Wer wegen einer Verkehrsübertretung mit einem Bußgeld bedacht wird, kann gegen diesen Verwaltungsakt Einspruch einlegen. Dann entscheidet der Amtsrichter. Gegen dessen Entscheidung gibt es noch das Rechtsmittel der Beschwerde. Es führt vor das Oberlandesgericht. Fünf Richter befassen sich dann mit der Richtigkeit eines Bußgeldes von 200 DM inklusive eines einmonatigen Fahrverbotes wegen einer Geschwindigkeitsüberschreitung im Baustellenbereich. In der Praxis heißt das: Die Richter sind die Hofnarren der Querulanten und Raser, die mit allen Mitteln vor allem das Fahrverbot abwenden wollen, weil sie als Autojunkies die Entzugssymptome fürchten.

Und so schnell wird sich die Rechtsmittelsituation auch nicht ändern. Denn daran hängen Jobs, Anwaltsjobs. Die Advokaten, mit gigantischen Wachstumsraten belastet, werden dafür sorgen, daß alles beim Alten bleibt.

Gegen erstinstanzliche Urteile der großen Strafkammer gibt es keine Berufung, sondern nur die Revision. Dann wird das Urteil auf Rechtsfehler hin überprüft. Und nur dann, wenn ein solcher Fehler gefunden wird, der zudem für das Urteil Bedeutung hatte, kommt eine Neuauflage des Verfahrens in Betracht. Kritiker haben eingewandt, daß der kleine Dieb drei Instanzen habe und der Mörder nur zwei. Das ist richtig. Aber eine Gleichberechtigung für den Mörder kann es nicht geben. Seine erste Instanz ist schon mit fünf Richtern besetzt und ist meist nicht schon am frühen Nachmittag beendet. Beispiel Holzschutzmittel-Prozeß: Soll die Verteidigung oder auch die Staatsanwaltschaft befugt sein, über die Einlegung des Rechtsmittels der Berufung den gesamten Prozeß noch einmal stattfinden zu lassen? Nach einem Jahr Dauer noch ein Jahr? Noch einmal drei Dutzend Zeugen, drei Dutzend Sachverständige und endlose Beweisanträge hören? Hier wird deutlich, daß im prozessualen Bereich nicht nur Gerechtigkeitserwägungen eine Rolle spielen, sondern auch solche von Ökonomie und Praktikabilität.

Die Angeklagten haben Revision eingelegt. Und einen neuen Verteidiger verpflichtet. Professor Dr. Widmayer gilt als der Revisionsspezialist Deutschlands, noch vor Professor Hamm, dem man ebenfalls Gewaltiges zutraut. Er residiert in Karlsruhe, am Sitz des Bundesgerichtshofes, und ist spezialisiert auf das Aufdecken von Rechtsfehlern in den Urteilen. Er lebt nicht nur von der Mißachtung des Rechts durch die Gerichte, sondern auch von ihren Flüchtigkeitsfehlern. Insofern ist er nicht ausschließlich ein Mann des Rechts und der Gerechtigkeit, sondern auch jemand, der mit der Zerschlagung von Urteilen sein Geld verdient.

Das ist so auch in Ordnung, soll nicht kritisiert, aber immerhin erwähnt werden. Es gibt eine publizistische Richtung in unserem Land – das Nachrichtenmagazin „Der Spiegel“ steht dafür – die die Verteidigung kritiklos schönschreibt. Da wird so getan, als seien auf Seiten aller Beschuldigten und Angeklagten selbstlose Anwälte tätig, die vormittags Gerichtstermine wahrnehmen, nachmittags Alibizeugen suchen und nachts Taxi fahren, denen die Gerechtigkeit über alles geht und die noch verteidigen würden, wenn sie es selbst bezahlen müßten. In einer amerikanischen Fernsehserie war der Gerechtigkeitsfanatiker seinerzeit praktisch obdachlos und hauste in einem alten Wohnwagen.

Da wird geflissentlich übersehen, daß Rechtsanwälte Geld verdienen müssen, schon weil sie pünktlich Kanzleimiete und Angestelltengehälter zu überweisen haben. Es wird übersehen, daß Rechtsanwälte vor allem dann gut sind und sich ins Zeug legen, wenn der Rubel rollt. Daß sie wie andere auch den Luxus lieben, wie man deutlich an ihren Limousinen im gerichtsnahen Parkhaus sehen kann. So gesehen, sind es ganz normale Freiberufler, sicher zum Teil auch Künstler, aber immer profitorientierte Kaufleute.

Pünktlich, einen Monat nach Zustellung der Urteilsgründe im Herbst 1993, legen die Anwälte ihre Revisionsbegründung vor. Sie umfaßt 800 Seiten. Solche Monsterrevisionen rügen alles.

Die Staatsanwaltschaft hat ebenfalls Revision eingelegt. Sie kritisiert nur einen Punkt des landgerichtlichen Urteils: daß die Angeklagten wegen fahrlässiger und nicht wegen vorsätzlicher Körperverletzung verurteilt wurden. Spätestens 1978, schreibt das Landgericht in seinem Urteil, hätten die Angeklagten aufgrund diverser Meldungen von der Schadensfront wissen müssen, was mit ihren Produkten los war. Aber der Informationsstand ist danach nicht gleich geblieben. Er hat sich, dem ursprünglichen Trend folgend, vergrößert. Die Flut der Kundenbeschwerden wächst, erste einschlägige Studien zeigen immer eindeutiger in die vorgegebene Richtung. Schlägt da nicht irgendwann Quantität in Qualität um? Muß man da nicht vermuten dürfen, daß sich auch der Wissensstand der Hersteller entsprechend verändert hat, daß die Angeklagten irgendwann die Schädigungen der Kunden durch ihre Produkte mindestens für möglich hielten?

Vorsatz spielt sich im Kopf ab. Er bedeutet Wissen und Wollen, beziehungsweise – in Form des bedingten Vorsatzes – mit den Folgen der Tat zu rechnen und diese billigend in Kauf zu nehmen. Richter können nicht in die Köpfe von Angeklagten schauen. Im Zweifelsfall müssen sie von den äußeren Umständen und dem Verhalten der Angeklagten auf die subjektiven Elemente schließen. Wer trotz der rasanten Entwicklung auf der Indizienebene den Angeklagten einen kognitiven Stillstand zubilligen will, der muß der Frage pathologischer Ursachen dieser Phänomene nachgehen, muß in Betracht ziehen, daß sich in den Köpfen der Angeklagten angesichts des Unfaßbaren als Selbstschutz der Persönlichkeit Sicherheitsklappen geschlossen haben. Oder daß eine krankhafte Überheblichkeit oder Kritikunfähigkeit die sich aufdrängenden Erkenntnisse abgewehrt hat. Dazu aber hätte es der Heranziehung ärztlicher Sachkunde bedurft. Das aber ist im Holzschutzmittel-Fall nicht geschehen.

Wir geben unserer einzigen Rüge eine gute Chance.

Das Gesetz sieht vor, daß wir unsere Revision über die vorgesetzte Behörde, die Generalstaatsanwaltschaft, vorlegen. Die aber schickt uns die Akten alsbald wieder zurück und fordert uns auf, das Rechtsmittel mangels Erfolgsaussicht zurückzunehmen.

Was um Himmelswillen ist in diese Behörde gefahren? Welcher Teufel hat sie geritten? Abgesehen von den guten Gründen, die wir glauben, geltend gemacht zu haben: Jeder im Justizgeschäft weiß, daß Revisionen auch eingelegt werden, um zur Revision des Kontrahenten ein Gegengewicht zu installieren. Das ist recht simpel, aber erfolgreiche Psychologie, die darauf setzt, daß es dem Gericht leichter fällt, beiden Parteien ihre Wünsche abzuschlagen, als nur eine zu enttäuschen. Das kann bei der vorgesetzten Behörde nicht in Vergessenheit geraten sein.

Oder will sie sich eventuell für ihre vorläufige Niederlage im Bezug auf die Fehleinschätzung der Erfolgsaussichten der Holzschutzmittel-Anklage revanchieren? Will sie zeigen, daß es sie noch gibt?

Wir werden erneut vorstellig und haben Erfolg. Innerhalb der generalstaatsanwaltschaftlichen Hierarchie gibt irgend jemand schließlich grünes Licht. Unsere Revision wird weitergeleitet nach Karlsruhe, wo sich der Bundesstaatsanwalt anschließt. In seiner schriftlichen Stellungnahme an den 2. Strafsenat beim Bundesgerichtshof heißt es:

„Ich teile die Auffassung der Staatsanwaltschaft, daß die Ausführungen im Urteil zur subjektiven Tatseite den Anforderungen, die an diese Prüfung zu stellen sind, nicht genügen, insbesondere die zeitliche Differenzierung vermissen lassen, die auf der Grundlage der Feststellungen zu dem fortschreitenden Erkenntnisstand über sich häufende gesundheitliche Klagen sowie zu den Reaktionen der Firma und der sich allmählich herausbildenden Abwehrstrategie gegen Beschwerden und Anfragen geboten gewesen wäre.“

Rechtswissenschaftler schreiben

Juristische Schriften – Aufsätze, Monographien, Dissertationen, Lehrbücher – strotzen vor Fußnoten. Das sind normalerweise durch eine hochgestellte kleine Ziffer im Text gekennzeichnete Anmerkungen am Schluß einer Druckseite. Die Psychologie der Fußnote steckt noch in den Kinderschuhen. Offiziell hat die kleine Zahl einen streng wissenschaftlichen Charakter. Der Leser erfährt über sie zusätzliche Fundstellen zum Thema, er kann den Stoff vertiefen. Aber das ist sicher nicht das ganze Geheimnis. Die Liebe zu Fußnoten kann einen ästhetischen Hintergrund haben. Denn Fußnoten verbessern die Optik des wissenschaftlichen Werkes. Vor allem wenn sie mit kleinen Texten versehen sind, kommt Leben aufs Blatt, mehr als das in der Regel trockene juristische Thema von sich aus leisten könnte.

Fußnoten weisen zudem den Verfasser des Werkes als belesen aus. Insider wissen allerdings, daß das nicht immer stimmt. Manchmal findet man in den verschiedenen Veröffentlichungen zu einem bestimmten Thema ein und dieselbe falsche Fußnote. Sie ist irgendwann irrtumsbedingt oder infolge eines Schreibfehlers in eine Abhandlung gelangt und dann immer wieder übernommen – sprich: abgeschrieben – worden. Kein Autor hat sie offenbar überprüft, das heißt, den betreffenden Text je gelesen.

Im Vordergrund stehen aber wohl noch andere Aspekte. Fußnoten erwecken den schönen Schein der Wissenschaftlichkeit, implizieren, daß bei der Wahrheitsfindung alle zum Thema geäußerten Meinungen in die Waagschale geworfen sind. Endlose Zahlenreihen im Text signalisieren: alles bedacht!

In den meisten Fällen sollen Fußnoten die eigene Meinung nach dem Motto absichern: Da und dort ist Vergleichbares auch schon mal geäußert worden, ich bin nicht allein. Juristen sind von Haus aus eigentlich keine Kämpfertypen, auch wenn sie sich manchmal den Anschein geben. Der Drahtseilakt ohne Netz und doppelten Boden ist nicht ihre Sache. Eigene Meinungen werden in der Regel nur vertreten, wenn man sie weitgehendst durch das Zitieren gleicher Auffassungen absichern kann. Manche Aufsätze bestehen überwiegend aus Legitimation. Dann haben Zitate und Fußnoten die Macht über den übrigen Text gewonnen. Erstaunlicherweise sind es die Habilitationen, die nicht selten der Verlockung der Fußnote zum Opfer fallen. Ein Drittel oder sogar die Hälfte der Seiten bestehen aus Fußnoten, Fundstellen, eingerahmt in erläuternde Texte. Die eigentliche Message, wenn denn eine beabsichtigt war, bleibt dabei nicht selten auf der Strecke. So kann vielleicht ein bißchen nachvollzogen werden, warum die Juristerei manchmal so schwer in die Gänge kommt.

Selbst die Gerichte – oder besser: die Obergerichte – spicken ihre Ausführungen mit Hinweisen auf ihre Kronzeugen. Im schon beschriebenen Lederspray-Urteil des Bundesgerichtshofs zitiert der 2. Strafsenat ausgiebig. Er zitiert mehrfach den Frankfurter Privatdozenten Lothar Kuhlen, mittlerweile Rechtsprofessor an der Universität Mannheim, der sich mit seinem Gutachten im Holzschutzmittel-Verfahren und einer darauf fußenden umfangreichen

Abhandlung zum eigentlichen Fachmann in Sachen strafrechtlicher Produkthaftung gemacht hatte. Ihn hat das Gericht zur Unterstützung seines mutigen Ausflugs in die Möglichkeiten der Produkthaftung herangezogen. Ohne ihn wäre der Bundesgerichtshof in den entscheidenden Punkten auf sich allein gestellt gewesen.

Gerichte sind also ebenfalls „zitierabhängig". Auf ihre Entscheidung kann Einfluß nehmen, wer schreibt. Das kann ein kaum meßbarer Einfluß bei Allerweltsthemen sein, aber auch ein ganz entscheidender Einfluß dort, wo die Gerichte Neuland betreten müssen, wo sie nach Orientierung und Legitimation suchen, also auf Führungsseile und Haltegriffe dringend angewiesen sind.

Die Rechtswissenschaft schreibt. Hinter ihr verbergen sich mehrheitlich Universitätsprofessoren, die die Zeit für immer neue Veröffentlichungen haben. Es sind Leute vom Fach mit beachtlichen geistigen Fähigkeiten. Man kann ziemlich sicher sein, daß der größte Teil der deutschen Rechtsprofessoren über einen IQ in der Größenordnung von 135 und mehr verfügt, also von daher zu den hochbegabten und wohl auch höchstbegabten Wissenschaftlern gehört. Ihre Hirne sind Hochleistungsautomaten mit einer enormen Speicherkapazität. Aus unserer Studienzeit wissen wir alle: Es gibt keine Frage, die sie nicht beantworten können.

Leider ist von ein paar Wermutstropfen in der universitären Idylle zu berichten. Sie betreffen den strafrechtlichen Bereich.

Strafrechtsprofessoren mögen ihre Disziplin eigentlich nicht. Sie gilt in wissenschaftlicher Hinsicht als unergiebig und vor allem als zu einfach. Neidisch schaut man auf die Königsdisziplin, das Zivilrecht, mit seinen zahlreichen dogmatischen Herausforderungen.

Dazu kommt die Problematik der strafrechtlichen Praxis, für die man ja schreibt. Sie ist schmutzig, hat das Ambiente der Gosse, von Handschellen, Pistolen, Blut und Blaulicht. Das mag in die filmische Unterhaltung passen, damit mögen sich die Polizisten und Staatsanwälte herumschlagen oder die Gerichte. In die Welt der Lehrstühle gehört es nicht.

Und oft heißt Strafrecht ja auch: Menschen einsperren. Während der Stubenarrest als unzeitgemäß erkannt und längst aus den Erziehungsplänen für unsere Kids verbannt ist, wandern Erwachsene nach ihren Fehltritten immer noch in den Bau. Das ist rückständig.

Entsprechend gestört ist die Verständigung zwischen Strafrechtswissenschaft und Strafrechtspraxis. Die Universitätsgemeinschaft lehnt einen Erfahrungsaustausch strikt ab. Vor allem mit Staatsanwälten spricht man nicht. Die Angehörigen dieses eher unakademischen und teilweise paramilitärischen Vereins bezeichnet man intern schon mal als Normidioten.

Selbst die Hauptverhandlungen werden vom Gros der Professoren ignoriert, obwohl man dort viel von den Nöten der Praxis erfahren könnte. Nebenbei bemerkt: Umgekehrt ist es nicht viel anders.

Unter diesen Umständen findet die Meinungsbildung der Wissenschaftler ausschließlich an ihren Schreibtischen statt. Dort sind die Hochbegabten hinter doppelt verglasten Fenstern, auf Teppichböden und unter der lufthygienischen Regie einer Klimaanlage – unter schlechten Bedingungen also – isoliert. So entsteht schnell eine eigene Realität, die mit der draußen nicht mehr viel zu tun hat, eine Brutstätte für Fehlleistungen. So gesehen gibt es viele Gemeinsamkeiten zwischen der Schulmedizin und den konservativen Zirkeln der Rechtswissenschaft: Die einen brauchen keine Patienten, die anderen keine Täter oder Opfer. Die Welt wird jeweils aus sicherem Abstand erklärt. Man könnte von einer neuen Art der Schreibtischtäter sprechen.

Massive Probleme aufgrund von Isolation und eine gestörte emotionale Ebene – vor diesem Hintergrund ist verstehbar, was bestimmte Bereiche der Strafrechtswissenschaft mit ihrer Disziplin machen: Sie distanzieren sich, agieren destruktiv, betreiben ihre Demontage.

Die Strafrechtslehrer der Frankfurter Universität plädieren vehement für den Rückzug ihres Fachs. Vor allem Umwelt- und Wirtschaftskriminalität sind ihnen ein Dorn im Auge. Sie fordern Beschränkung auf das Kernstrafrecht, die Beschäftigung ausschließlich mit Mord, Vergewaltigung, Raub und Diebstahl. – Als ob es dort etwas zu holen gäbe! Als ob nicht längst klar wäre, daß der herkömmliche Strafrechtsbereich von Tätern „bedient“ wird, die über die klassischen gesellschaftlichen Benachteiligungen verfügen, zur sozialen Unterschicht gehören. Dieses Strafrecht taugt nicht viel vor dem Hintergrund des Schuldprinzips, das solche Benachteiligungen zu Gunsten des Täters berücksichtigt.

Warum, fragt man fast automatisch, geht die Rechtswissenschaft nicht in die Offensive, nimmt sich der zahlreichen neuen Felder an, die der Gesetzgeber dem Strafrecht reserviert? Oder prüft selbst, wo neue Tatorte für Kriminelles, das heißt sozialschädliches Verhalten, entstehen? Man kann nur mutmaßen. Vielleicht weist ein Vorgang bei der Staatsanwaltschaft Frankfurt aus dem Jahr 1994 den Weg zur richtigen Antwort. Die Umweltabteilung hatte einen renommierten, über die Stadtgrenzen hinaus bekannten Unternehmer in Untersuchungshaft genommen, dem die illegale Beseitigung von zigtausend Tonnen Sonderabfällen zur Last gelegt wurde. In einem Brief, den ihm ein Clubfreund, Rechtsprofessor von Beruf, allerdings kein Strafrechtler, in die Frankfurter Haftanstalt schrieb und den die Staatsanwaltschaft im Rahmen der Haftkontrolle öffnete, hieß es: „... vom Strafrecht habe ich noch nie viel gehalten. Jetzt, wo sie Dich verhaftet haben, gilt das noch viel mehr..."

Es sind ihresgleichen, die ins Visier des modernen Strafrechts geraten. Repräsentanten aus Wirtschaft, Politik, Selbständige. Vor allem für sie ist das expandierende, neue Märkte erschließende Strafrecht eine Gefahr. Es bedroht die Harmonie innerhalb der gesellschaftlichen Oberschicht, zu der sich auch die Eliten der Hochschulen zählen. Da macht die Rechtswissenschaft nicht mit. Vor allem die Frankfurter nicht, die mit Professor Rainer Hamm einen Mann in ihren Reihen hat, der im Holzschutzmittel-Prozeß, wie zuvor in zahlreichen anderen ähnlich strukturierten Verfahren, als Verteidiger tätig war. Ihm und seinen Mandanten ist man gerne zu Diensten.

Drei Angehörige des Frankfurter Fachbereichs greifen zur Feder. Ein bißchen schnell, zumal man üblicherweise die Rechtskraft einer Entscheidung abwartet.

Professor Wilfried Hassemer, seinerzeit noch hessischer Datenschutzbeauftragter – später wird ihn Rainer Hamm beerben und er selbst wird als Verfassungsrichter nach Karlsruhe wechseln –, ist der Kopf der neuen Bewegung. Kurze Zeit nach der Zulassung der Holzschutzmittel-Anklage durch das Oberlandesgericht Frankfurt erscheint seine Monographie mit dem Titel: „Produktverantwortung im modernen Strafrecht." Man muß nicht lange lesen, bis man dahinter kommt, was der Autor will. Professor Hassemer paßt die ganze Richtung nicht. In der Produkthaftung gehe es um Prävention, um Gefahrenvorsorge und die Beherrschung von Risiken. Dazu tauge Strafrecht nicht, das auf Repression, also Verfolgung, Aufklärung und Aburteilung von Straftätern ausgerichtet sei. Für die Vorsorge sei es zu schwerfällig, zu formalistisch, zu sehr bezogen auf Einzelpersonen, wo es doch regelmäßig um Unternehmen gehe. Außerdem sei es zu schuldorientiert.

Aber zielt nicht auch das normale, das Kernstrafrecht auf Prävention? Abschreckung – die Nummer 1 der Strafzwecke, oder wie es moderner heißt: Normbestätigungsfunktion – soll weitere Straftaten verhindern, ist ausdrücklich in die Zukunft orientiert.

Und hat Hassemer nicht schon aus dem Contergan- und Lederspray-Verfahren gelernt, daß Produkthaftungsfälle schuldgeneigt sind? Daß aufgrund ihrer Essentials wie langer Tatzeit, verdeckter, aber für die Täter schnell erkennbarer Zusammenhänge und massenhafter Rechtsgutverletzungen, sehr viel persönliche Schuld anfallen kann, die es zu sanktionieren gilt?

Weiter meint er, strafrechtliche Produkthaftung könne aufgrund diffuser Verhaltensanforderungen nur terrorisierend wirken, indem es über latente Bedrohung alle in Angst halte.

Überfordert man wirklich den Hersteller von Produkten mit dem Verlangen, seine Kunden nicht zu schädigen? Lockt man ihn in eine „Normenfalle“, so ein weiteres Schlagwort des Autors, wenn man von ihm etwa verlangt, bei Vorliegen von ernstzunehmenden Verdachtsmomenten seine Kunden zu informieren und gegebenenfalls den Vertrieb seiner Waren einzustellen? Marktwirtschaft kann doch nun wirklich nicht nur aus Geldverdienen bestehen.

Dann sagt Hassemer noch, daß eine Gesellschaft mündiger Bürger vom Strafrecht nicht erschreckt, sondern überzeugt werden wolle. In der Praxis gibt es dazu andere Erfahrungen. Der mündige oder auch unmündige Bürger will zunächst vom Strafrecht verschont bleiben. Anhand von Hassemers Argumentation wird einmal mehr deutlich, wo diese Ideen geboren werden: im Elfenbeinturm hoch über der Stadt, in einer selbst gezimmerten Realität. Sie sind Teil eines Fantasy-Romans und haben mit der Wirklichkeit weder in den Ghettos noch in den Chefetagen der Konzerne irgend etwas zu tun.

In seinem neuen Job als Verfassungsrichter wird sich der Vertreter der Konsenslösung sicher wohl fühlen. Einstimmig erklärte sein 2. Senat im Mai 1998 die kommunale Verpackungssteuer für nichtig. Begründung: Sie stehe im Widerspruch zum Kooperationsprinzip, das der Bundesgesetzgeber für den Abfallbereich postuliert habe. Da knallen die Sektkorken im Hause McDonalds.

Zu einem anderen Autor: Lorenz Schulz ist wissenschaftlicher Assistent am Fachbereich, ein hoffnungsvolles Nachwuchstalent mit hervorragenden Fähigkeiten. Er hat seinen Aufsatz nach der Vorlage der Urteilsgründe der Umweltkammer geschrieben. Auch er ist mit der Entscheidung nicht einverstanden. Im Zentrum seiner Kritik steht die Frage des Ausschlusses alternativer Schadensursachen. Im

Falle von unspezifischen Symptomen, so seine These, sei ein Alternativausschluß, das heißt ein Ausschluß von Ursachen außerhalb der Holzschutzmittel, nicht möglich, müsse ein solcher leerlaufen. Er kann sich keine Fallkonstellation denken, bei der jeder vernünftige Zweifel am Bestehen eines kausalen Zusammenhangs zwischen Holzschutzmittel-Anwendung und der Erkrankung ausgeräumt sei.

Nun sind ja im Holzschutzmittel-Komplex die unspezifischen Symptome der Geschädigten in Form eines typischen Musters angeordnet. Mithin exisitiert ein charakteristisches Krankheitsbild. Darüberhinaus spielt die Ausschlußdiagnostik nur eine untergeordnete Rolle. Der Kausalitätsbeweis wird in erster Linie mittels positiver Indizien geführt mit der Feststellung der Toxizität der Holzschutzmittel-Wirkstoffe, der Abhängigkeit der Beschwerden von der Anwesenheit im behandelten Haus, der parallelen Erkrankung der Haustiere und so weiter. Auszuschließen waren allein auf der Einzelfallebene die Existenz konkurrierender Wohngifte und chronischer Grundleiden der Betroffenen mit entsprechendem Beschwerdebild. Das aber war machbar über eine baubiologische Bestandsaufnahme und ärztliche Untersuchung. Der berühmte unsichtbare Dritte ist hierbei selbstverständlich nicht gänzlich auszuschließen. Aber das ist in anderen Indizienverfahren genauso. Über eine sorgfältige Ausschlußdiagnostik kann man die verbleibenden Zweifel auf ein theoretisches Maß herunterfahren.

Bedingungslos ficht Lorenz Schulz allerdings nicht gegen das Urteil. Er räumt ein, daß es ein Bedürfnis einer strafrechtlichen Ahndung gebe und der Nachweis dem Common sense einleuchte. Trotzdem: „Die wissenschaftliche Begründung kann nicht befriedigen." Das ist Rechtswissenschaft, wie wir sie kennen: Im Zweifel triumphiert die Dogmatik über den gesunden Menschenverstand.

Stefan Braum, auch er Assistent am Strafrechts-Lehrstuhl der Frankfurter Universität, sieht die Angelegenheit auch unter gesellschaftspolitischen Aspekten und bringt sogar einige Emotionen ins Spiel. Er schreibt:

„Die strafrechtlich erfolgende Sozialkontrolle wirtschaftlicher Machtkomplexe kriminalisiert das Individuum, das sich gerade im Holzschutzmittel-Verfahren in einem Geflecht wirtschaftlicher, politischer und wissenschaftlicher Interessen gefangen sieht. Die Risikogesellschaft benötigt Schuldige, und das Institut strafrechtlicher Produkthaftung liefert sie ihr. Zwischen den Gorgonenhäuptern der Macht von Wirtschaft, Politik und Wissenschaft fristen die Freiheitsrechte der Beschuldigten ein kümmerliches Dasein. Sie werden zum Objekt präventiver Exempel."

Schade, daß er nicht auch ein paar Gefühle für die Geschädigten übrig hat, die zu Tausenden auf den Altären des technischen Fortschritts und der Unternehmensinteressen geopfert wurden.

Um Mißverständnisse zu vermeiden: Das Holzschutzmittel-Urteil der Frankfurter Richter muß sich der Kritik stellen. Es gibt immer gute Gründe für andere Auffassungen. Wer dagegen schreibt, tut dies mit Fug und Recht. Das gilt auch für die Männer des Frankfurter Strafrechts-Lehrstuhls, deren konzertierte Aktion allerdings auch einiges davon verrät, wie gesellschaftliche Macht funktioniert.

Grüne Federn sind im fraglichen Zeitraum nicht geschwungen worden. Obwohl doch einiges Positive zur Entscheidung der Umweltstrafkammer hätte gesagt werden können – diesseits und jenseits der Dogmatik. Zum Beispiel, daß das Urteil in allen Kreisen der Bevölkerung mehrheitlich akzeptiert wurde. Daß es viele Menschen verstanden haben und es ihnen aus dem Herzen sprach. Daß es für die Justiz ein Stück Glaubwürdigkeit zurückgewonnen hat. Und daß es tausende Menschen rehabilitiert hat und trotz Fortbestehen all ihrer gesundheitlichen und wirtschaftlichen Probleme ein Stück weit wieder aufgerichtet hat.

Diese Dinge mögen die herkömmliche Rechtswissenschaft nicht kümmern, aber für eine Justiz, die auf Kompetenz und Akzeptanz setzt, also für eine moderne Justiz, sind sie von existentieller Wichtigkeit.

Die Männer um Rainer Hamm haben gute Arbeit geleistet. Sie haben die Revision dogmatisch und politisch abgesichert. Die wirtschaftliche Dimension der Angelegenheit kann getrost unerwähnt bleiben, denn von den Nöten der Unternehmer liest man in allen Zeitungen. Jetzt weiß der Bundesgerichtshof, woher der Wind weht.

Die Sache mit dem Amalgam

Die Verteidiger rügen mit ihrer Revision auch, daß das Gericht ein Gutachten unberücksichtigt gelassen hat, das es noch während der Hauptverhandlung bei Professor Drasch in München in Auftrag gegeben hatte. Dazu legen sie wissenschaftliche Studien vor, die im Gutachten des Professors zitiert sind. Eine dieser Arbeiten stammt von Professor Zilker, ebenfalls aus München. Ihr Titel lautet: „Psychische Verarbeitung von Umweltängsten“. Sie befaßt sich mit dem „Wohngiftsyndrom“.

Zilker hat 197 Personen untersucht, die sich als umweltkrank bezeichnen. Er hat bei allen die gängigen Wohngifte gemessen: Pentachlorphenol, Lindan, halogenierte Kohlenwasserstoffe, sogar Quecksilber. Weil in keinem Fall die Grenzwerte überschritten waren, schreibt Zilker: „Kein gemessener Wert war toxikologisch bedenklich.“ Professor Zilker kann diese Widersprüche aufklären. Seinen Patienten attestierte er: „Alle Taten und Gedanken kreisen ums Wohngift. Man braucht das Wohngift zum Leben. Ohne Wohngift hätte man keine Aufgabe mehr.“

Und wenig später: „Durch verdrängte Konflikte, Unzufriedenheit mit Partner, Beruf oder sozialer Situation kommt es zu somatischen Beschwerden. Bei der Suche nach dem Schuldigen wird das Umweltgift dingfest gemacht. Der Grund für die Unzufriedenheit muß nicht mehr innen, sondern außen bekämpft werden. Man muß sich selbst nicht ändern, sondern die Außenwelt wird geändert. Der Angriff gegen das Böse (Gift) wird zum Lebensinhalt.“

Da haben die Verteidiger unter dem Vorwand einer strafprozessualen Rüge einen echten Coup gelandet. Die Karlsruher Richter sollen es schwarz auf weiß haben: Umweltkranke sind Geisteskranke, sind Fälle für den Psychiater.

Dabei ist die Frage, ob es sich bei den Holzschutzmittel-Kranken dieses Verfahrens um eingebildete Kranke handelt, um Hysteriker, Angsthasen und Hypochonder, in der Hauptverhandlung eingehend gutachterlich geklärt worden. Kein einziger aus dieser Kategorie war dabei. Das waren schlechte Nachrichten für die Verteidiger, die jetzt durch die Hintertür auf die Bühne zurückkehren, um erneut Nebelkerzen zu werfen, Zweifel zu wecken und zu verunsichern. Der Zeitgeist macht dieses Unterfangen nicht chancenlos.

Die Psychokiste lebt und sie ist Mitte der neunziger Jahre so lebendig wie nie zuvor. Was uns das Bundesgesundheitsamt seinerzeit von Lehrern und von Holzschutzmitteln erzählt hatte, wird jetzt mit wissenschaftlicher Unterstützung fortgesetzt. Die Geschichte der Ökochonder geht in Serie.

Der Hinweis darauf, daß zahlreiche Beschwerden über geistig-seelische Vorgänge wie Angst oder Streß ausgelöst werden können, ist nur schwer zu kontern. Denn vom Grundsatz her stimmt das, was die Verteidiger vortragen lassen. Es ist noch gar nicht so lange her, da hat man die Erkenntnis von Wechselwirkung zwischen Körper und Geist als medizinischen Durchbruch gefeiert. Mit der Entdeckung psychosomatischer Erkrankungen wurden die diagnostischen und therapeutischen Möglichkeiten der Ärzte markant verbessert.

Man kann diesen Fortschritt aber auch mißbrauchen, indem man die Psyche benutzt, um berechtigte Vorwürfe gegen giftige Chemikalien abzuwehren. Indem man stets und überall seelische Ursachen vorschiebt. Wo diese Strategie hinführt, wo deren Logik endet, ist im Zusammenhang mit der Diskussion über die Gefährlichkeit radioaktiver Strahlung deutlich geworden.

Nachdem in einer Studie des Instituts für medizinische Statistik und Dokumentation der Universität Mainz zur Häufigkeit von Krebserkrankungen im Kindesalter in der Umgebung von Kernkraftwerken festgestellt worden war, daß für Regionen, in denen der Bau von Kernkraftwerken vorgesehen war, aber nicht ausgeführt wurde, um 20 Prozent erhöhte relative Erkrankungsrisiken gefunden wurden, war für interessierte Kreise klar:

Die Angst vor der Strahlung war an der Krankheitsverursachung beteiligt. Eine perverse Idee: Die „Radiophobie“ der Eltern löst bei ihren Kindern Leukämie aus! Ein gefundenes Fressen für die Freunde der friedlichen Nutzung der Atomenergie. Da spielte es keine Rolle mehr, auf welch tönernen Füßen die Folgerungen standen: sechs Leukämiefälle im Bereich geplanter AKWs und fünf in den Vergleichsregionen ohne AKW-Problem – und das alles in einem Zeitraum von elf Jahren.

Ein weiteres Beispiel: Ein Mitglied der deutschen Strahlenkommission führte 1990 nach einem Besuch in Weißrussland den hohen Krankenstand im verseuchten Gebiet um Tschernobyl nicht auf die Strahlenbelastung zurück, sondern auf die unbegründeten Ängste der betroffenen Bevölkerung. – Wissenschaftlich kaum haltbar, aber voll im Trend. Der hat sich nämlich längst auf die zunehmenden Meldungen von Umweltkrankheiten eingestellt. Es droht die Entlarvung eines Großteils unserer technisch-chemischen Welt als schadensstiftend. Das darf nicht sein. Das wäre das Ende unseres Traums von der Rückkehr ins Paradies. Da tendieren viele zum Lager der Giftmischer, sind bereit, Partei gegen die Kranken zu ergreifen. Täter und Opfer tauschen die Rollen. Die Psychologie nennt diese für Zwangssituationen typischen Verhaltensweisen Identifikation mit dem Aggressor.

1996 wird sogar eine Symbolfigur der ökologischen Bewegung in entsprechender Weise die Seiten wechseln. Fritz Vahrenholt, bis 1997 Umweltsenator in Hamburg und Autor des Buches „Seveso ist überall", beklagt im „Spiegel" die, wie er sagt, in einigen Parteien und Verbänden immer noch als verantwortungsvoll geltende Technikphobie: „Wir sind zur bloßen Risikovermeidungsgesellschaft geworden, der Ökochonder ist unser Leitbild."

Wenn solche Leute solche Dinge sagen, muß man den Verteidigern zugestehen, daß sie es clever angestellt haben, denn ihre Vernebelungsstrategie im Holzschutzmittel-Fall und ähnlichen Prozessen hat verfangen. Hochachtung! Sie sind ihr Geld wert. Ihre Lehrgänge in Sachen Revisionskunst, die sie von Zeit zu Zeit in Karlsruhe, vor Ort sozusagen, abhalten, lohnen sich für ihre Mandantschaft. Und schädigen die restliche Gesellschaft, weil sie der Wahrheitsfindung im Wege stehen.

Zeitgleich bin ich mit einem anderen umfangreichen Produkthaftungsverfahren befaßt, für das ich jetzt, nach erstinstanzlichem Abschluß des Holzschutzmittel-Verfahrens endlich mehr Zeit habe. Es hat ebenfalls in erheblicher Weise mit der Psycho-Schiene zu tun. Es ist das „Amalgam-Verfahren".

1991 hatte Max Daunderer, ein Münchener Toxikologe, bei der Frankfurter Staatsanwaltschaft gegen den marktführenden Hersteller des Zahnfüllstoffs Amalgam Strafanzeige erstattet. Daunderer hatte geschrieben, Amalgam sei giftig und habe vielleicht zwei Millionen Menschen in Deutschland krank gemacht. Der Anzeige schlossen sich im Laufe der Zeit viele Privatpersonen an; 1.500 waren es bis 1996.

Ein alter Schuh, die Hersteller winken ab. Die Amalgam-Geschichte sei erledigt, nichts dran. Amalgam sei und bleibe das Mittel der Wahl, wenn es um das Stopfen von Zahnlöchern gehe, toxikologisch völlig unbedenklich. 90 Prozent der erwachsenen Bundesbürger trügen es im Mund und beim Bundesgesundheitsamt gäbe es vielleicht 60 oder 70 Meldungen über unerwünschte Nebenwirkungen. Daß sich mit einem Mal so viele Menschen amalgamkrank meldeten, habe mit dem besagten Münchener Toxikologen zu tun. Der habe für eine Hysterie gesorgt, in deren Folge sich jetzt optimal versorgte Patienten massenhaft einbildeten, krank zu sein.

Für die Beschwerdeführer haben die Hersteller dennoch eine Menge Verständnis. Denen sei der fragliche Stoff implantiert worden, und die Vorstellung, Tag und Nacht mit einer Zeitbombe im Mund herumzulaufen, die man nicht einfach herausnehmen könne, sei schon gut geeignet, um Panikreaktionen auszulösen. Dann hagelt es Gutachten, zahnmedizinische Studien und wissenschaftliche Abhandlungen. Die Hersteller selbst legen Dutzende vor. Alle erteilen sie dem silbermatt glänzenden Stoff Absolution. Entwarnung total.

Ohne die Erfahrung aus dem Holzschutzmittel-Verfahren hätte ich zu diesem Zeitpunkt vielleicht schon mit dem Gedanken einer Einstellung gespielt. Aber das Holzschutzmittel-Verfahren hatte praktisch genauso angefangen. Auf den ersten Blick: nichts dran. Erst beim näheren Hinsehen wurden die Zusammenhänge deutlich.

Im Amalgam, einer Legierung aus 50 Prozent Quecksilber sowie unterschiedlicher Anteile an Silber, Kupfer, Zink und Zinn sind die Schwermetalle, nicht wie zunächst von der Zahnmedizin behauptet, fest gebunden, sondern werden in Spuren abgegeben. Insbesondere Quecksilber gelangt via Speichel über den Magen-Darm-Trakt sowie über die Mundschleimhaut in die Blutbahn. Größtenteils wird es aber als Dampf über die Atmung aufgenommen. Denn aus den Plomben diffundieren dauerhaft kleine Mengen in die Mundluft. Wie alle anderen Schwermetalle ist auch Quecksilber ein toxischer Stoff und wirkt insbesondere als Nervengift. Trotzdem waren sich die Hersteller sicher: Die Amalgam-bedingten Quecksilber-Belastungen sind weit entfernt von der Größenordnung, die toxikologisch bedenklich wäre. Blut- und Urinwerte von Amalgam-Trägern bewegten sich regelmäßig auch im einstelligen Mikrogramm-Bereich.

Ein paar Dinge allerdings hatten mich nachdenklich gemacht:

Es gab etwa 12.000 Veröffentlichungen zu Amalgam. Ein Stoff, über den so viel geschrieben wird, ist nicht unbedenklich. Dann: Die durchschnittliche Quecksilber-Konzentration in der Mundluft von Amalgam-Trägern betrug fünf Mikrogramm pro Kubikmeter. Dieser Wert entsprach haargenau der vom Bundesgesundheitsamt seinerzeit gemessenen PCP-Konzentrationen in der Luft behandelter Wohnräume zwei Jahre nach der Anwendung von Holzschutzmitteln.

Dabei war Quecksilber noch etwas giftiger als Pentachlorphenol, wie die MAK-Werte zeigten: 100 Mikrogramm bei Quecksilber und 500 Mikrogramm bei PCP.

Und schließlich noch ein Erlebnis in der Universitäts-Zahnklinik Gießen: Interessehalber hatte ich mir als angeblicher Zahnarzt aus Frankfurt am Main zu einer Fortbildungsveranstaltung für hessische Zahnärzte Zugang verschafft. Es ging ums Amalgam. Eine Stunde verwendete der junge Medizinprofessor für die Auseinandersetzung mit Max Daunderer, dem Enfant terrible aus München. Ein Spinner sei er und ein Phantast, keiner, auf den man hören müsse. „Zehn Plomben," sagt der Referent am Schluß seiner Abrechnung mit dem Münchener Toxikologen, „das ist quecksilbermäßig soviel wie zweimal Fisch in der Woche."

Dann erzählt er den hundert aufmerksamen Zahnärzten zwei Stunden lang, wie sie sich bei Verlegung und Entfernung von Amalgam-Plomben vor den giftigen Quecksilber-Dämpfen schützen können.

Einen weiteren Knacks erhält die These von der Unbedenklichkeit des Amalgams durch die Recherche der wissenschaftlichen Literatur. Die Männer vom Landeskriminalamt in Wiesbaden haben sich die Mühe gemacht und alles, was an einschlägigen Studien und Fallbeschreibungen zu bekommen war, zusammengetragen. – Von wegen „unbedenklich". Massenhaft warnende Stimmen, von kompetenten Leuten sogar, seit den zwanziger Jahren dieses Jahrhunderts. Verbote werden gefordert und es wird Klartext geredet. Eine Zitaten-Auswahl:

„Wir müssen bereits vor den allerkleinsten Mengen, die auf lange Dauer auf den Menschen einwirken, größten Respekt haben."

„Die chronische Form der Erkrankung entsteht in der Regel durch langzeitige Aufnahme kleinster Quecksilbermengen."

„Auf der einen Seite kann eine dauernde Zufuhr von kleinen, als Einzelgaben unwirksamen Giftdosen schließlich zu einer Vergiftung führen, obwohl keine Giftkumulation vorliegt, sondern eine Summation der Effekte der Einzeldosen."

„Mit der wiederholten und während längerer Zeit erfolgenden Resorption kleiner Quecksilbermengen kommt es zu einer chronischen Vergiftung des Organismus. Neben Stomatitiden, Zahnlockerungen, Abmagerung und Anämie treten neuro-vegetative Störungen wie Tremor der Hände, Schlaflosigkeit, Reizbarkeit und Schreckhaftigkeit auf. Selbst kleinste Quecksilber-Mengen, die über eine längere Zeitspanne hinweg ständig aufgenommen werden, können bei anfälligen

Personen die verschiedenartigsten Allgemeinbeschwerden auslösen: Kopfschmerzen, chronische Müdigkeit, gesteigertes Schlafbedürfnis, Appetitlosigkeit, Gleichgültigkeit, Unentschlossenheit, Gedächtnisschwäche, sind nur einige von ihnen. Häufig werden diese Erscheinungen nicht in Zusammenhang mit der Ursache gebracht."

Und die These, wonach Quecksilber aus Amalgam nur einen Bruchteil der Quecksilber-Belastung des menschlichen Organismus ausmacht, ist offenbar schon lange vom Tisch. Der Zahnfüllstoff ist die Hauptquelle der Quecksilberbelastung von Menschen. Amalgam-Quecksilber, ein anorganischer Stoff, ist zudem aufgrund seiner starken Bindung an das Blutplasma viel eher in der Lage, vom Blut in die Organe überzugehen, als Quecksilber aus der Nahrung, das als Methyl-Quecksilber vorliegt.

Ein schwedischer Tierversuch gibt zudem Auskunft über die relativ niedrigen Blut- und Urinwerte Betroffener. Man hat Schafen Löcher in die Zähne gebohrt und diese dann mit Amalgam verschlossen. Danach wurden zahlreiche Blut- und Urinmessungen durchgeführt und schließlich nach dem Tod der Tiere für die Wissenschaft die inneren Organe untersucht. Sie erweisen sich als Schadstoffsenken. Es werden deutliche Quecksilber-Anreicherungen in Niere, Leber, Gallenblase und Gehirn festgestellt.

Wenig später wird der Münchener Rechtsmediziner Professor Drasch feststellen, daß auch menschliche Föten eine Menge des gefährlichen Schwermetalls in ihren Gehirnen gespeichert haben. Es kommt von den Plomben in den Mündern der Mütter, wie sich unschwer aus der Korrelation zwischen Füllungszahl und im Hirn gespeicherter Mengen ersehen läßt.

Wir müssen, wenn wir die Sache aufklären wollen, vor Ort ermitteln, müssen die Geschädigten hören und ihre Ärzte, uns einen eigenen Eindruck verschaffen von den Dingen – alles wie gehabt.

Auf unserer Reise durch zahnärztliche Praxen und Versammlungsräume von Selbsthilfegruppen erfahren wir zunächst etwas zum Krankheitsbild. Es gibt viele Symptome, sehr unterschiedliche Beschwerden, aber eine deutliche Ausrichtung in den neurologisch-psychiatrischen Bereich: nervöse Störungen, Gedächtnisstörungen, Denklähmung, Unruhe, Schüchternheit, Persönlichkeitsveränderungen, Schreckhaftigkeit, Reizbarkeit gegenüber Kritik, Aggressivität.

Das war mir nicht neu. Am Telefon hatte ich viele Patienten aufsässig, wütend und schreiend erlebt – ganz anders als die kleinlauten und stillen Opfer der Holzschutzmittel.

Überall hören wir auch von der Wendung ihres Schicksals nach Entfernen der giftigen Legierungen. Besser geht es seitdem fast allen, dem einen viel, dem anderen weniger. Das Maß der Erholung scheint abzuhängen von der Anzahl und dem Zustand der Plomben sowie der Tragzeit. Mit anderen Worten: Wenn die Speicherorgane schon voll sind, wird es schwierig mit der Rekonvaleszenz, selbst wenn im Anschluß an die Zahnsanierung eine Entgiftung durchgeführt wird. Denn so leicht läßt sich das Quecksilber aus den Organen nicht entfernen. Seine Halbwertzeit im Gehirn beträgt immerhin bis zu 18 Jahren.

Gerade dieser Umstand liefert der Herstellerseite Munition. Bei einer so langen Verweildauer des Quecksilbers im Organismus, heißt es, kann eine Zahnsanierung in keinem Fall Entlastung bringen. Was drin ist, ist drin. Und die beste Entgiftung mobilisiert nur unbedeutende Giftmengen.

Wie darf man unter diesen Umständen die vielen Patienten verstehen, die von einer markanten, zum Teil hundertprozentigen Besserung ihres Zustandes nach dem Entfernen ihrer Plomben und nach Durchführung einer Entgiftungsmaßnahme berichten?

Professor Knolle, ein angesehener Zahnarzt aus dem hessischen Offenbach, Mitglied der B 9-Kommission, einem Beratungsgremium des Bundesgesundheitsamtes, sagt unumwunden: Das sind ohne Ausnahme Placebo-Effekte.

Da ist sie wieder, die Psychoschiene. Zahnsanierung als Placebo-Maßnahme. Als Behandlung ohne eigenständige Wirksamkeit, deren therapeutischer Nutzen allein über die Erwartungshaltung des Patienten zustande kommt. So wie sich Krankheiten allein über die Angst vor einer bestimmten Noxe auslösen lassen, läßt sich eine Heilung über die Beseitigung der angeblich giftigen Chemikalie erreichen.

Das sind deutliche Worte des Offenbacher Professors. Er sagt aber auch, daß er in seiner Praxis keine einzige Amalgam-Plombe mehr legt. „Die Patienten wollen das nicht mehr."

In die Placebo-Geschichte muß Klarheit. Sie hat eine enorme Bedeutung im Rahmen der Kausalitätsfrage. Im Holzschutzmittel-Komplex lagen die Verhältnisse günstiger. Lange bevor den Betroffenen das Problem überhaupt bekannt war, war ihnen schon aufgefallen, daß ihre Beschwerden immer dann abnahmen, wenn sie sich nicht in den behandelten Wohnräumen aufhielten. Ihr Beschwerdebild war stets abhängig von ihrem Aufenthaltsort. Im Plombenfall gab es regelmäßig einen schleichenden, kaum aussagekräftigen Einstieg in die Giftkarriere und allein die kurzfristig erfolgende Sanierung der Zähne beinhaltete die Chance auf Feststellung therapeutischer Effekte. Aber wer sein Amalgam durch Gold oder Kunststoff ersetzt, der hat es schon im Verdacht, ihn krank gemacht zu haben.

Wir suchen weiter und werden fündig. Dr. Jürgen Neuenhausen hat eine Zahnarztpraxis am Niederrhein. Er hat sich unter anderem auf die Behandlung von Bißanomalien konzentriert, auf nicht-synchrone Unter- und Oberkiefer. Die hat er nämlich als Auslöser von Verspannungen in der Rückenmuskulatur im Verdacht, die zu zahlreichen Beschwerden führen. Als Ursache der besagten Anomalien kamen unter anderem falsch modellierte Zahnplomben in Betracht. Daher entfernte Dr. Neuenhausen zunächst die betreffenden Füllungen und ersetzte sie durch unbedenkliche Provisorien.

Bis zum Einbau der endgültigen Füllungen dauerte es dann regelmäßig einige Wochen. Zur Überraschung von Dr. Neuenhausen berichteten ihm eine Reihe von Patienten teilweise schon wenige Tage nach der Entfernung der Plomben von einer gesundheitlichen Besserung außerhalb der eigentlichen Muskelverspannung. Sie konnten besser schlafen, die Verdauungsbeschwerden waren verschwunden und ihre nervliche Situation wesentlich gebessert. Dr. Neuenhausen konnte anfänglich mit diesen Botschaften nichts anfangen. Er hatte bisher zu den gängigen Zahnfüllstoffen kein kritisches Verhältnis. Seinen Patienten ging es ebenso. Mißtrauisch wurde Dr. Neuenhausen erst, als sich die einschlägigen Patientenberichte auffällig häuften. Dann plötzlich war Amalgam sein Thema. Viele hundert Patienten hat er in der Folgezeit durch den Ersatz der Amalgam-Plomben durch verträglichere Mittel von ihren zahlreichen Allgemeinbeschwerden befreien können.

Zweifellos ein Glücksgriff. Hier läuft das Placebo-Argument doppelt leer. Weder Arzt noch Patient haben böse Ahnungen in Richtung Amalgam. Die Geschäftsgrundlage der Psycho-Kiste fehlt gänzlich.

Im mecklenburg-vorpommerschen Parchim arbeitet Frau Dr. Pessner, eine praktische Ärztin. Sie behandelt ihre Patienten streng nach naturmedizinischen Grundsätzen, ist also eine sehr fortschrittliche Frau. Unschwer erkennbar ist sie aber in der ehemaligen DDR groß geworden. Ihr Ton in der Umweltsprechstunde, der ich zusammen mit zwei Beamten des Landeskriminalamtes als Interessenten getarnt, beiwohne, ist der von Kasernenhöfen. Ein junger Mann, der seine kranke Freundin begleitet hat, fliegt wegen offen zur Schau gestellter Langeweile raus. Im übrigen bringt Frau Dr. Pessner unsere Ermittlungen ein gutes Stück weiter.

Sie hatte zwei Dutzend Amalgam-Patienten zusammengetrommelt. Die standen uns Rede und Antwort. Alle waren sie ziemlich krank gewesen. Und nach der Zahnsanierung ging es ihnen besser. Ich falle mit der Tür ins Haus:

„Kann es sein, daß sie sich das einbilden?"

Betroffene versetzt diese Frage in ungläubiges Erstaunen. Damals habe ich erstmals gespürt, daß diese Idee nur in den Hirnen von Menschen, die verschont geblieben sind, entstehen kann. Wer der Hölle entronnen ist, wird sich über die Frage, ob er sich das vielleicht nur einbildet, nur wundern. Die Teilnehmer der ungewöhnlichen Sitzung stellen Placebo-Effekte kopfschüttelnd in Abrede. Ob sie das beweisen können? Die Frage ist recht unverschämt, aber es geschieht zur Wahrheitsfindung. Dafür ist Fritz Teufel schon einmal vor einem Berliner Gericht aufgestanden.

Die Menschen in Mecklenburg-Vorpommern sind einiges gewöhnt und protestieren nicht. Eine junge Frau antwortet. Selbstverständlich kann sie das, sagt sie. „Der Beweis sitzt neben mir." Er war zweieinhalb Jahre alt und hieß Oliver. Mit Oliver ist die Mutter erst nach Entfernung ihrer Amalgam-Plomben schwanger geworden.

Oliver ist nicht der einzige Glücksfall im Land. Ingrid Gerhardt, Medizinprofessorin an der Universitäts-Frauenklinik Heidelberg hat sich intensiv mit der Problematik „Schadstoff-Belastung und Fruchtbarkeit" auseinandergesetzt. In ihre Sprechstunde kommen viele Frauen mit unerfülltem Kinderwunsch. Professor Gerhardt hat vor allem Schwermetalle im Verdacht, an endokrinologischen Störungen beteiligt zu sein. Im Zentrum ihrer Aufmerksamkeit steht das Amalgam, das die meisten Betroffenen im Mund tragen. 1994 initiiert sie eine Studie zur Abklärung des Verdachts. Als erstes bestimmt sie die Quecksilberbelastung ihrer Patientinnen. Dazu verabreicht sie DMPS, ein Medikament, das das im Körper gespeicherte Quecksilber ausschwemmt. Hohe Werte im Spontanurin drei Stunden nach Medikamentengabe signalisieren eine erhöhte Belastung.

99 solchermaßen quecksilberbelasteter Frauen faßt sie in einem Kollektiv zusammen und beobachtet ein Jahr lang die Schwangerschaftsraten. Dabei wird ein Drittel der Frauen einer konservativen Hormontherapie unterzogen. Ein weiteres Drittel erhält zusätzlich zur Hormontherapie noch ein Medikament aus Selen, Zink, Vitamin C sowie Calcium. Diese Kombination hatte sich als sehr wirksam

zur Ausschwemmung von Quecksilber erwiesen. Die Frauen des letzten Drittels lassen sich ihre Amalgam-Füllungen unter begleitender Kombinationstherapie entfernen.

Das Ergebnis nach einem Jahr: Eine Schwangerschaft in Gruppe eins, 25 Schwangerschaften in Gruppe zwei und 33 Schwangerschaften in Gruppe drei. Noch signifikanter fiel die „Baby-take-home-Rate" aus, also die Raten erfolgreicher Schwangerschaften: 3 : 11 : 23. Offensichtlich hatte die Amalgam-Entfernung den entscheidenden Einfluß auf Fruchtbarkeit und Geburtenrate.

Erklärungen dafür gibt es auch: Vor allem in der Hypophyse, der für die Fruchtbarkeit wichtigen Hirnanhangdrüse, wird das von den Plomben abgegebene Quecksilber gespeichert.

Noch ein wichtiger Aspekt: In Marburg an der Lahn berichtet mir Dr. Weber, der sich als Umweltmediziner mit dem Amalgam-Problem befaßt, daß etwa 80 Prozent der Patienten nach Zahnsanierung und Entgiftung gesundheitlich gebessert sind.

80 Prozent – diese Zahl höre ich in fast allen Praxen, wo man unabhängig voneinander das Thema Amalgam ernst nimmt. Nirgendwo ist diese Zahl zuvor publiziert worden. Also gibt es auch keine unzulässige Beeinflussung.

Rechtsanwalt Dr. S. ruft an. Wir kennen uns von einer anderen Angelegenheit her. Er sagt, daß er sozusagen ein Sammelmandat besitzt: Das der Amalgam-Hersteller, der Zahnärzte und der Krankenkassen. Er will wissen, ob ich bereit bin, mit seinen Mandanten das Amalgam-Problem am Runden Tisch zu erörtern.

Das kann ich mir vorstellen. Aber jetzt will er erst einmal wissen, wie ich das Problem einschätze. Was ist los mit Amalgam?

Ich weiß es nicht, noch nicht, die Ermittlungen sind noch in vollem Gang. Er bittet um eine vorläufige Beurteilung.

Einverstanden, aber es ist wirklich nur eine vorläufige, unverbindliche Risikoabschätzung: Amalgam ist ein gesundheitliches Risiko.

Rechtsanwalt Dr. S. darauf: „Genau, so sehen wir das auch. Wir haben auch schon ausgerechnet, was die Sanierung der deutschen Gebisse kostet: 17 Milliarden DM. Und wir könnten uns vorstellen, daß wir eine solche Sanierung vornehmen, natürlich müssen die Krankenkassen mitspielen."

Und mein Part? Ein solches Modell funktioniert natürlich nur, wenn die Staatsanwaltschaft mitspielt und auf weitere Strafverfolgungsmaßnahmen verzichtet. „Wäre das eventuell im Bereich des Möglichen?"

Als Gegenleistung für eine flächendeckende Sanierung, sicher – aber im Augenblick noch ohne jegliche Gewähr. Wir vertagen uns. Rechtsanwalt Dr. S. wird umgehend seine Mandanten informieren.

Drei Tage später, eine kurze Zeitungsnotiz: Zahnärzte, Kassen, Amalgam-Hersteller erklären: Amalgam ist das Mittel der Wahl, toxikologisch völlig unbedenklich. Die Anti-Amalgam-Kampagne entbehrt jeder Grundlage. Von Rechtsanwalt Dr. S. höre ich nichts mehr.

Ein Konzern outet sich

Der höchste hessische Staatsanwalt mag es gar nicht hören, wenn seine Mitarbeiter einen Prozeß als verloren oder gewonnen bezeichnen. Ein Prozeß ist zu Ende – so oder so. Staatsanwälte sind Ermittlungsmaschinen. Und Maschinen kennen keine Emotionen. Die Beweismittel haben nicht ausgereicht? Dann eben nicht. Freispruch oder Verurteilung – alles ist gleich gut. Die objektivste Behörde der Welt jubelt nicht und sie ist auch nicht enttäuscht. Sie nimmt hin, freudlos, klaglos.

Ein edler aber auch sehr realitätsferner Ansatz. Er verrät einiges von dem ideologischen Ambiente der Frankfurter Strafrechtsszene, die auch Staatsanwälte Willkommen heißt. Und man muß eine Zeitlang schon raus sein aus der Tätigkeit vor Ort, muß Abstand haben von der Knochenarbeit in den verschiedenen Dezernaten, muß sich irgendwo in der Oberbehörde etabliert haben, wo man dann schnell das vergessen kann, was man sowieso nicht lange gemacht hat.

Um an die Wahrheit zu kommen, investieren Staatsanwälte oft viel Zeit und viel Kraft. Und sie bringen sich selbst in diese Arbeit ein. Das mag man mit Bedenken zur Kenntnis nehmen, aber anders sind viele der großen und eine ganze Reihe auch der kleinen Fälle heute nicht mehr zu bewältigen.

Die Vorstellung einer hochintensiven Ermittlungstätigkeit ganz ohne emotionale Beteiligung hat mehr mit einem Wahndelikt als mit einer rationalen Bestandsaufnahme zu tun. Monatelange kreative Ermittlungen, motivierte Befassung mit dem Fall, Nachtschichten, dann Gleichgültigkeit gegenüber dem Ergebnis. Das kann man ernsthaft nicht erwarten und sollte es auch nicht einfordern. Freilich, Staatsanwälte verbeißen sich auch hin und wieder in ihre Fälle, und dann ist die Gefahr groß, daß eine tragisch-komische Geschichte mit einem Marsch durch alle Instanzen beginnt. Man muß früh genug loslassen können, immer einen klaren Blick behalten für das Machbare und das Unmögliche.

Freispruch oder Verurteilung ist in aller Regel für den Staatsanwalt nicht das Gleiche. Mag sein, daß sich ein Verfahren so entwickelt, daß eine Verurteilung nicht mehr in Frage kommt, weil Zeugen nicht das halten, was man sich von ihnen versprochen hat, oder Sachverständige neue Theorien vertreten. Aber dann beantragen auch Staatsanwälte Freispruch. Wo sie aber eine Verurteilung für gerechtfertigt halten und entsprechende Anträge stellen, da bedeutet eine anderslautende gerichtliche Entscheidung, daß sie verloren haben. Das ist die Realität.

Zehn Jahre etwa sind seit Beginn der Ermittlungen vergangen, und jetzt spricht der Bundesgerichtshof ein jedenfalls vorläufiges Schlußwort. Er kann die Revisionen der Verteidigung und der Staatsanwaltschaft verwerfen. Dann wäre das Urteil der Frankfurter Umweltkammer rechtskräftig. Er kann dem einen oder anderen Rechtsmittel – oder beiden – stattgeben, dann wird die Sache zur erneuten Verhandlung an das Landgericht in Frankfurt am Main zurückverwiesen. Theoretisch kann er sogar die Angeklagten freisprechen, etwa wenn er die ganze Geschichte für verjährt hält.

Die Dezernatsarbeit läuft ganz normal weiter, aber das Holzschutzmittel-Verfahren steht unübersehbar im Hintergrund und bringt sich fortlaufend in Erinnerung. Auf der Basis der Theorie einer emotionsfreien staatsanwaltschaftlichen Tätigkeit müßte mir das alles schnuppe sein. Ist es aber nicht. Auch deswegen nicht, weil die umfangreiche Berichterstattung in den Medien offenbar einen Dominoeffekt hatte: Sicherlich zwei Stunden dauern die täglichen Telefonate mit Geschädigten.

Die Anrufer fragen, wer ihnen Gewißheit verschaffen kann über ihre Krankheiten und deren Ursachen. Ob es Ärzte gibt, die ihnen helfen und Anwälte die sie vertreten können. Für die meisten ist es aber erst einmal wichtig, mit jemandem über ihr Schicksal zu reden. Auch am Telefon, eine ganze Stunde lang. Ich denke, auch das ist meine Aufgabe. Für maßgebliche Kreise in der Hierarchie der Staatsanwaltschaft ist das nicht akzeptabel. Nach deren Ansicht habe ich meinen Beruf verfehlt. Danach sind Staatsanwälte doch wieder die alten Jäger, und Sozialarbeit ist nicht ihr Metier.

Trotzdem haben viele meiner Kollegen die neue Herausforderung längst akzeptiert: zu einem guten Teil auch Sozialingenieur zu sein,

Berater in schwierigen Lebenslagen, wenn es sein muß auch Seelsorger für Betroffene, für Täter wie für Opfer.

Trotz aller Telefonierererei bleibt endlich auch Zeit für die beiden Mütter der Firma. Sie haben in der Vergangenheit ein eher bescheidenes strafrechtliches Dasein gefristet, obwohl schon 1989 eine entsprechende Strafanzeige einging. Die Mütter, so hieß es darin, vor allem die eine, seien doch mitverantwortlich für das Geschehene. Das Know-how, insbesondere das, was in die Katastrophe geführt habe, sei doch von dort gekommen.

In der Tat – innerhalb eines gemeinsamen Gremiums haben Mütter und Tochter die Firmenpolitik abgestimmt. Es durfte nur produziert und verkauft werden, was das Placet aller hatte. Das bedeutete für uns: nachschauen.

Am 26. Juni 1994 sind wir unterwegs. Mit zwei Dutzend Beamten des Bundeskriminalamtes und einem richterlichen Durchsuchungsbeschluß in der Tasche machen wir uns früh morgens auf in Richtung Niederrhein.

Das Unternehmen unserer Wahl ist nicht gerade als Idealtyp einer strafprozessualen Durchsuchung zu bezeichnen. Es ist einfach zu groß. Versuche, über fortschrittliche Betriebsratsmitglieder, Feuerwehr und Katastrophenschutz an eine detaillierte Beschreibung des Firmengeländes zu kommen, sind fehlgeschlagen. Wir erfahren aber, wo sich das Herz der Firma inklusive der Rechtsabteilung befindet. Dort vermuten wir die Protokolle der Vorstandssitzungen. Auf die richtet sich unser primäres Interesse, denn darin könnte nachzulesen sein, was man von den fraglichen Produkten, abweichend von den Werbesprüchen, tatsächlich hielt.

Um 9.30 Uhr parken wir unsere Wagen vor dem Verwaltungsgebäude. Einige Beamte haben am Morgen nur ein dürftiges Frühstück zu sich genommen, weil sie sich einen Imbiß im Mutterkonzern versprechen. Sie haben ein Gefühl dafür, wo es gemütlich und wo es ungemütlich wird. Diesmal liegen sie falsch.

Im 23. Stock treffen wir Dr. S., den Leiter der Rechtsabteilung. Er sitzt an seinem Schreibtisch und konfrontiert seinen unerwarteten Besuch mit bösen Blicken. Als ich meinen Dienstausweis vorzeige, greift er kurz entschlossen zu. Dienstausweise wechseln grundsätzlich nicht den Besitzer. Trotzdem verzichte ich auf eine umgehende Rückgabe, eine so frühe Konfrontation wollen wir nicht. Dr. S. studiert den Ausweis und sagt: „So, so, einen Namen hat er und ein Bild von ihm ist auch drin." Ab jetzt gilt eine neue Geschäftsgrundlage.

„Sie kommen aus Frankfurt am Main“ sagt er, während er mir den Ausweis wieder zurückgibt, „Sie sind also ein Dahergelaufener. Alle Frankfurter sind Dahergelaufene.“ Wir händigen ihm eine Durchschrift des Durchsuchungsbeschlusses aus und erläutern ihm seine Rechte. Er darf bei der Durchsuchung zugegen sein und darf auch Zeugen beiziehen. In wenigen Minuten erscheinen ein Dutzend Personen, sämtlich Anwälte, wie es heißt. In der Rechtsabteilung suchen wir die Protokolle der Vorstandssitzungen der letzten siebzehn Jahre, teilen wir mit.

Die bekommen wir nicht, sagt Dr. S. Und dann macht er uns klar, was er von der ganzen Angelegenheit hält: „Das sind Stasi-Methoden.“ Und: „Sie wollen doch nur diesen Staat kaputt machen.“

Wir bitten um Mäßigung und erklären noch einmal, wieso uns die Vorstandsprotokolle interessieren. Nicht wegen der eventuell darin manifestierten Geschäftsgeheimnisse, sondern weil wir die Beziehung zur Holzschutzmittel-Firma überprüfen wollen. Es nutzt nichts.

„Sie sind nicht mehr lange Staatsanwalt,“ prophezeit er mir schließlich, denn: „Noch heute abend treffe ich in Bonn den Schäuble. Dann sind Sie erledigt.“ Er duzt mich wenigstens nicht mehr. Jetzt mache ich ihm klar, daß er nicht verpflichtet ist, uns die Akten auszuhändigen. Allerdings hat er die Durchsuchung seiner Räumlichkeiten zu dulden.

„Die können Sie sich sparen“ gibt er daraufhin zur Antwort, „die Akten befinden sich nämlich hier.“

Er zeigt dabei in den hinteren Teil seines Büros. Tatsächlich stehen dort auf dem Boden an der Wand circa 20 Leitzordner. Die Beschriftung der Rücken weist sie als die Gesuchten aus. Ich bitte die Polizeibeamten, die Akten sicherzustellen und gehe nach nebenan, wo sich weitere Büros befinden.

„Ich war jahrelang Chef von Bayer-Leverkusen, dem besten Fußballverein hier in der Gegend,“ gibt mir Dr. S. mit auf den Weg. „Glauben Sie ernsthaft, mit Ihnen werde ich nicht fertig?“

Nach wenigen Minuten erscheint ein Beamter des Bundeskriminalamtes und teilt mir leise tuschelnd mit, es gäbe ein Problem. Dr. S. sei halt einfach nicht einverstanden mit der Wegnahme der Protokolle.

Wer Durchsuchungen stört, kann nach dem Gesetz in Gewahrsam genommen werden. Polizisten bevorzugen gegenüber Randalierern deren Ankettung an einen Heizkörper. Dann ist einerseits deren gesetzliches Recht, der Maßnahme beiwohnen zu dürfen garantiert, andererseits sind sie „aus den Füßen“ und behindern die Arbeit der Strafverfolgungsorgane jedenfalls nicht körperlich.

Als ich in das Büro des Dr. S. zurückkomme, wird mir klar, daß die Heizungslösung heute wohl nicht funktioniert. Wie Orgelpfeifen stehen die Männer aus Wiesbaden an der Bürowand, einige so blaß wie diese, allesamt erkennbar beeindruckt vom Auftreten des starken Mannes. Wir sind mit einer absoluten Fehlbesetzung erschienen. Jetzt wäre eine schlagkräftige und entschlossene Truppe vonnöten, die zeigt, wer Herr im Hause ist. Statt dessen eine Ansammlung von Jammergestalten. Das ist nicht typisch für das Bundeskriminalamt und beruht offensichtlich darauf, daß man mit diesen Dingen nicht gerechnet hatte. Aber das wird nicht wieder passieren.

Dr. S. spielt mit hohem Einsatz. Er hat den Werksschutz geholt. Zwei Männer mit großen Colts an der Seite stehen vor den Akten.

Nun ist das Faß voll. Ich erkundige mich beim Einsatzleiter nach dem Verbleib unserer Waffen.

„Die Pistole liegt im Auto“, raunt mir dieser zu und damit ist die Machtfrage im 23. Stock für heute beantwortet.

Doch dann macht sich der Werksschutz so schnell, wie er gekommen ist, wieder von dannen. Die beiden Männer haben begriffen, für was sie gerade mißbraucht werden sollten. Sie sind besonnener und vernünftiger, als ihr hochbezahlter Boß und seine zahlreichen Vasallen.

Aufgeben will Dr. S. aber noch nicht. Er wird uns die drei Protokolle zeigen, die sich mit der Holzschutzmittel-Problematik befassen. Die dürften wir kopieren. Wir lehnen den Vorschlag ab.

Das neue Angebot: Wir können die Akten mitnehmen, aber erst nachdem er sie vollständig kopiert hat.

Er hat eine Stunde Zeit zum Kopieren unter polizeilicher Aufsicht. Solange dauert unsere Arbeit in den anderen Bereichen, in denen wir weitere Beweismittel vermuten.

Zum Beispiel im Büro des Vorstandsmitgliedes Professor B. Ihm hatte im September 1977 Professor S. aus Hannover in Sachen Holzschutzmittel und deren Giftigkeit für die menschliche Leber Klartext geschrieben. Wir finden das Dankeschön des Mediziners für „die erlesenen Weine“. Und wissen endlich auch, wie wir mit der abwiegelnden Aussage des Empfängers umzugehen haben. Ansonsten: auf dem Schreibtisch ein menschlicher Totenschädel, verziert mit einem Kranz Leuchtdioden und Edelsteinen. – War da nicht schon mal was in der Art? Doch, im Hause Himmler: Sessel aus menschlichen Becken, Tischbeine aus Oberschenkelknochen, Lampenschirme aus Menschenhaut, sämtlich jüdischer Herkunft, versteht sich. Wahrscheinlich sehe ich das aber alles zu eng. Führungskräften sind normale Skrupel fremd. Generäle zählen ja auch keine Toten.

Auch im Büro von Professor H., ebenfalls Mitglied des Vorstandes, befindet sich leicht makaberes Schmuckwerk: Bilder, die den Chemiker in Jagdmontur zeigen, inmitten alpiner Landschaften, zu seinen Füßen tote Auerhähne. Auf kritische Blicke reagiert er gereizt und vorwurfsvoll. Wo er die geschossen habe, gäbe es noch genug davon.

Auerhühner sind in Mitteleuropa vom Aussterben bedroht. Ein Highlight der Evolution. Jäger erlegen die Hähne während ihres Balztanzes, wenn die Tiere liebesbedingt den Verstand verloren haben und völlig arg- und wehrlos sind. Heimtückisch nennen die Juristen ein solches Täterverhalten. Heimtücke macht den Totschlag zum Mord. Aber Jäger stehen über den Dingen. Der menschliche Jagdtrieb ist schließlich ebenfalls ein Produkt der Evolution. Und was für eines: Er betäubt sogar die Scham, die wir empfinden müßten, wenn wir mit High-Tech-Schrotflinten in den Händen und Siegerlächeln im Gesicht über unserer blutverschmierten zwei-Kilo-Beute thronen.

Die strategischen Vorteile eines Konzerns beschränken sich nicht auf die Befehlsgewalt über einen bewaffneten Werkschutz. In der Forschungsabteilung sind Beamte auf leere Regale aufmerksam geworden. Dort standen einmal hochbrisante Akten. Glücklicherweise ist auch vermerkt, wo das Material hingekommen ist. Es ist ausgelagert worden in das Büro von Rechtsanwalt R.. Er ist halb freiberuflich tätig und halb steht er im Sold des Mutterkonzerns. Sein Büro befindet sich auf dem Firmengelände. Rechtsanwalt R. widerspricht einer Mitnahme der Akten und verweist auf die Strafprozeßordnung. Dort steht, daß schriftliche Unterlagen eines Beschuldigten, die dessen Rechtsanwalt in Gewahrsam hat, Polizei und Staatsanwaltschaft nichts angehen. Rechtsanwalt R. legt auch eine Vollmacht des Professors vor, der also sein Mandant ist. Allerdings kann man das alles ebenso als „Parken von heißem Material in rechtsfreien Räumen“ bewerten, als Rechtsmißbrauch also.

Wir nehmen die Akten mit. Dr. S. ist vor Ort und protestiert lautstark. Der Ermittlungsrichter wird kurz darauf die Beschlagnahme der Unterlagen bestätigen, das Beschwerdegericht aber sieht die

Sache anders. Wir müssen die Akten zurückgeben – ungelesen. Ein Kollege hält das für ein Problem des Rechtsstaats und seines Preises. Das mag stimmen. Eigenartig allerdings, daß regelmäßig nur Auserwählte von dieser Großzügigkeit profitieren.

Mit den Vorstandsprotokollen und diversen anderen Papieren im Gepäck fahren wir am Abend wieder zurück.

Was würde passieren, wenn es einmal nicht nach dem Willen der Konzerne geht? Wenn die Politik einmal ihre eigenen, abweichenden Vorstellungen durchsetzen will? Wenn sie Landminen verbietet oder Panzer. Oder Pestizide. Oder Raser-Autos. Wer hat die Macht im Lande?

Als ich am nächsten Tag dienstliche Erklärungen einholen will, um die Vorgänge zu dokumentieren, weigert sich ein Beamter des Bundeskriminalamtes, ein entsprechendes Protokoll zu fertigen. Der Einsatzleiter meint, der Mann habe wohl ein bißchen Angst vor dem Konzern. Meine Behördenleitung räumt die Vorfälle gegenüber dem Fernsehen ein, ansonsten schweigt auch sie.

Wenige Wochen später kann sich das Bundeskriminalamt rehabilitieren. Mit neuer Besetzung erscheinen wir – wieder mit einem richterlichen Durchsuchungsbeschluß in der Tasche – bei der zweiten Firmenmutter in Niedersachsen.

Es ist angenehm warm und die Beamten tragen über ihren kurzärmeligen Hemden nichts außer ihren Schulterhalftern mit großkalibrigen Pistolen. Ganze fünf Minuten dauert die gesetzlich vorgeschriebene Ouvertüre und zwei Minuten brauchen wir noch, um den heftig an einer Diskussion interessierten Firmenbossen ihre schlechte strategische Position klar zu machen. Dann haben wir das firmeneigene Konferenzzimmer zum Lagezentrum umfunktioniert und mit der Durchsuchung begonnen. Nach zwei Tagen fahren wir eine fette Beute nach Hause.

Das ist die Sprache, die diese Leute verstehen.

Gefahr gebannt?

Im Mai 1995 – der BGH sitzt noch über den Holzschutzmittel-Akten – erreicht mich ein Anruf, der eine unsererseits gründlich verdrängte Frage aktualisiert. Es ist die Frage, ob und inwieweit das Strafverfahren um die toxischen Holzschutzmittel die bundesdeutsche Giftwirklichkeit verändert hat, und zwar sowohl auf der Hersteller-

als auf der Verbraucherseite. Es ist die Frage nach der Eignung des Strafrechts, gesellschaftliche Prozesse in Gang zu setzen, zu beeinflussen, zu steuern. Und es ist auch die Frage danach, ob sich Großverfahren dieser Art überhaupt noch „rechnen".

Sanktionierung persönlicher Schuld ist die eine Seite. Aber die Beteiligten sind ja anspruchsvoller geworden. Strafrecht soll gesellschaftliche Verhältnisse mitgestalten, Umweltstrafrecht allemal.

Wenn eine zehnjährige Verfahrensdauer, intensiv begleitet von Medienberichten aller Art, keine positiven Spuren hinterlassen hätte – will heißen: wenn Herstellung und Verkauf von toxischen Holzschutzmitteln für Wohninnenräume nicht radikal reduziert worden wären, wenn also der Hund gebellt hätte, während die Karawane weitergezogen ist –, dann sähe es nicht so gut aus für die strafrechtliche Produkthaftung. Ein solches Negativergebnis wäre Wasser auf die Mühlen derjenigen, die dem Institut grundsätzlich schon ablehnend gegenüber stehen. Welche Staatsanwaltschaft würde noch ein Jahrzehnt Ermittlungsarbeit investieren für den „Lohn" einer Bewährungsstrafe der Angeklagten? Entsprechende Gedanken würde sich gewiß auch der Bundesgerichtshof machen und vielleicht würde er sich auch die Frage stellen, ob man das Experiment der strafrechtlichen Produkthaftung nicht besser beenden solle.

Die Anruferin ist die Ehefrau eines bekannten Bonner Internisten. Sie will wissen, ob es in Frankfurt einen Holzschutzmittel-Prozeß gegeben hat. Die Familie wohnt seit zwölf Jahren in einem über und über mit Holz verkleideten Haus. Es ist viel gestrichen worden. Sie ist krank und die Kinder sind noch kränker. Das Älteste ist seit einem halben Jahr in einem Heim untergebracht. Der Ehemann ist nur selten zu Hause. Eine Bekannte hat sie vor wenigen Tagen auf mögliche Zusammenhänge hingewiesen und ihr von dem Prozeß erzählt.

Man muß die Dinge nüchtern sehen. Keine Berichterstattung erreicht alle. Laut Emnid antworteten noch 1997 fünf Prozent der Bundesbürger, die mit dem Namen Gerhard Schröder konfrontiert wurden: „Dieser Politiker ist mir unbekannt." Trotzdem beunruhigt die Vorstellung, daß noch immer zahlreiche Familien in ihren Giftbuden wohnen und ihre zahlreichen Beschwerden nicht in Zusammenhang bringen mit den mattglänzenden Balken an der Decke.

In den Baumärkten sieht es Gott sei Dank besser aus. PCP-haltige Mittel sind nicht mehr im Angebot. Nur wenige Lasuren enthalten noch Lindan. Auf diesen Gebinden steht aber fettgedruckt: für außen. Insgesamt werden kaum mehr Holzschutzmittel für den Wohninnenbereich angeboten. Die Schlaf- und Wohnzimmer sind den Herstellern als Anwendungsgbiet offenbar zu heiß geworden. Biofarben haben erfreulicherweise Fuß gefaßt. Sie enthalten keine giftigen Inhaltsstoffe.

Und trotzdem: die Geschichte der Holzschutzmittel-Gifte ist noch nicht zu Ende. Es gibt eine Fortsetzung, und die spielt wiederum in Häusern und Wohnungen. So schnell resigniert eine Erfolgsbranche nicht. Was die Chemie an einem Ende verliert, holt sie sich am anderen zurück.

Mitte der achtziger Jahre, als auch das Insektizid Lindan in Verruf geraten war, begann die Zeit der Pyrethroide. Sie traten an die Stelle des, wie es in einem firmeninternen Vermerk hieß, nicht mehr zu haltenden Lindan. Eine einfache Sache: Lindan raus – Pyrethroide rein.

Kakerlaken, Schaben und Moskitos waren es dieses Mal, die den neuen Giften den Weg in die menschlichen Behausungen ebneten. Mittlerweile waren nämlich eine große Zahl von Schadinsekten gegen herkömmliche Chemie resistent geworden. Ihre enorme Vermehrungsrate – 20 Generationen in drei bis vier Tagen – erlaubte ihnen eine schnelle Anpassung an die toxischen Stoffe. Die Insekten wurden, zudem begünstigt durch die warmen Sommer in den achtziger und neunziger Jahren, zu einem Problem, zu dessen Bewältigung die Chemie mit den Pyrethroiden ein neues und sehr wirkungsvolles Mittel anbot.

Dieser Stoff war selbst noch in der Ökoszene an den Mann oder die Frau zu bringen. Denn man warb mit der Zauberformel von den naturidentischen Wirkstoffen. Für solche Erfindungen ist eine Gesellschaft, die einerseits für die Gefahren der Chemie sensibel geworden ist und andererseits deren Vorteile nicht missen möchte, dankbar – und wird leichtsinnig. Denn die Gebinde mit den verheißungsvollen gelben Sonnenblumen und dem Bio-Aufdruck waren Mogelpackungen.

Zwar stammte der Bauplan für die Pyrethroide tatsächlich aus der Natur. Pyrethrum ist in den Blüten der Chrysanteme enthalten und schützt diese Pflanze vor aufdringlichen Insekten. Obwohl hochwirksam, ist es im natürlichen Zustand für die Vermarktung wenig geeignet. Denn seine Moleküle zerfallen unter dem Einfluß von UV-Licht, Sauerstoff und Mikroben schnell in ihre elementaren Bestandteile. So waren einmal mehr die Chemiker gefragt. Und die leisteten auch hier ganze Arbeit, statteten die Verbindung mit Chlor- und Bromatomen aus, machten sie auf diese Weise haltbar. Und natürlich auch giftiger. Die chemische Manipulation der Verbindung erhöhte gleichzeitig auch deren Fettlöslichkeit. Das steigerte noch einmal ihre toxische Wirkung. Denn je lipophiler eine chemische Substanz ist, desto besser kann sie sich in einem Organismus verteilen.

Pyrethroide sind, wie auch ihr Vorgänger Lindan, Nervengifte. Der Münchener Professor Müller-Mohnssen hat, gründlich und engagiert wie kein anderer zuvor, diese Verbindungen erforscht. Schon 1984 konnte er ihre hohe Giftigkeit und ihren Wirkmechanismus an der Nervenzelle des Frosches demonstrieren: Über Nerven werden Nachrichten übermittelt. Das geschieht durch die Übertragung elektrischer Impulse von den signalerzeugenden Zellen, zum Beispiel den Sinneszellen, zum Empfänger, zum Beispiel den Muskelzellen. Als Nachrichtenkabel dient die Nervenfaser. Weil deren Isolation nicht perfekt ist und aufgrund eines hohen Leitungswiderstandes entstehen auf der Übertragungsstrecke Leitungsverluste. Der Impuls würde abgeschwächt und schließlich verloren gehen, wenn er nicht in kurzen Abständen nachverstärkt und damit regeneriert würde. Dort, wo die Impulse ihren Schub erhalten, setzt die Wirkung der Pyrethroide ein. Sie führen entweder zu deren Abschwächung oder Verstärkung. Die klinische Folge: Muskel- oder Empfindungslähmung in einem Fall; Krämpfe und gesteigerte Reizempfindlichkeit im anderen.

Was für die Nervenfaser des Frosches gilt, ist auch für die Nervenfaser des Menschen relevant. Da gibt es keinen Unterschied, und da ist sich die Toxikologie ausnahmsweise auch einmal einig. Schon 1984 hat Professor Müller-Mohnssen vor den Pyrethroiden gewarnt, auch weil Störungen der Nervenfunktion in bestimmtem Umfang irreversibel, also nicht mehr behebbar sind.

Es hat nichts genützt. Pyrethroide sind Verkaufsschlager geworden. Sie werden heute überall eingesetzt, wo Insekten lästig werden oder lästig werden könnten. Im Sommer 1998 warb die Firma Paral im Hörfunk mit dem Spruch: „... mit der natürlichen Kraft der Chrysantemen-Blüte."

Professor Müller-Mohnssen hat man sein Engagement übel genommen. Sein Arbeitgeber, die Gesellschaft für Strahlenforschung (GSF) in Neuherberg bei München, eine bundeseigene Forschungseinrichtung, hat ihn kaltgestellt. Er darf seine Thesen nicht mehr auf Papier verbreiten, das den Briefkopf der GSF trägt.

Pyrethroide sind vor allem das Mittel der Wahl für Kammerjäger. Und die versprühen es in Schulen, Studentenwohnheimen, Büros, Lebensmittellagerräumen, Supermärkten und natürlich auch in Privatwohnungen, wo schon die Bewohner mittels handlicher Spraydosen, Elektroverdampfern und eulanisierten Teppichen einen Teil zu einer gravierenden Belastung des Wohnfeldes beitragen. Denn Pyrethroide unterliegen wie auch die Holzschutzmittel keinen Verkaufsbeschränkungen. Jedermann kann sie sich beschaffen und einsetzen.

Die von dem niedersächsischen Sozialministerium 1997 in Auftrag gegebene Studie über „Biozid-Anwendungen im Haushalt als möglicher Risikofaktor für die Gesundheit der Raumnutzer" stellt fest, daß in der Hälfte der repräsentativ ausgewählten Haushalte Schädlingsbekämpfungsmittel benutzt werden: Unangefochtener Spitzenreiter waren dabei die Pyrethroide.

Aber mit den Umsatzzahlen ist auch die Zahl der Schadensfälle gestiegen. Professor Müller-Mohnssen ist die Anlaufstelle für die Geschädigten. 400 Fälle hat er bislang gesammelt. Einer davon ist der Fall der Jurastudentin Petra D. aus Göttingen.

Im Sommer 1989 bezieht die damals 25jährige ein Zimmer in einem universitätsnah gelegenen Appartementhaus. Sie will sich in aller Ruhe auf ihr erstes juristisches Staatsexamen vorbereiten. Im Oktober 1989 bestellt der Hauseigentümer wegen eines Kakerlakenbefalls den Kammerjäger. Der versprüht in allen 48, überwiegend von Studenten bewohnten Appartements ein Gemisch aus den Pyrethroiden Permethrin und Cypermethrin.

Am nächsten Morgen wacht Petra D. mit trockenen, brennenden Mund- und Rachenschleimhäuten auf. An den Folgetagen stellen sich zunehmend Kopfschmerzen, Sehstörungen und Taubheitsgefühle an Armen und Beinen ein. Sie ist ständig müde, in vollen Kaufhäusern erleidet sie Panik-Attacken. Am schlimmsten empfindet sie eine ständige Übelkeit mit Brechanfällen sowie einen permanenten Schwindel. Konzentrationsstörungen und Vergeßlichkeit bereiten ihr große Probleme bei der Vorbereitung auf ihre Prüfung.

Es bleibt nicht bei dem einen Kammerjägereinsatz. In Abständen von vier Wochen regiert in den 17 Quadratmter kleinen, schwer zu lüftenden Wohnungen nahe der Universität die chemische Keule.

Im Frühjahr 1991 fällt Petra Deusing durch das juristische Staatsexamen. Ihr Abitur hatte sie mit der Note 1,8 und die Prüfung als Bankkauffrau mit der Note 1,6 bestanden. Verzweifelt sucht sie nach den Gründen für ihren geistigen und körperlichen Leistungsabfall. Die Diagnose des Arztes überzeugt sie nicht. Der hat ihr psychosomatische Störungen im Zusammenhang mit Examensstreß bescheinigt. Bei der Ursachensuche fällt ihr auf, daß die Beschwerden in signifikanter Weise an ihre Anwesenheit im Göttinger Appartementhaus gebunden sind. Immer wenn sie sich bei ihren Eltern in Hameln aufhält, geht es ihr gut, ein bis zwei Tage nach Rückkehr in ihre Göttinger Bleibe setzen die Beschwerden wieder ein. Manchmal sind sie so stark, daß sie nicht in der Lage ist, allein von Göttingen nach Hameln zu fahren. Dann holen ihre Eltern sie ab. Auch andere Studenten leiden unter einer entsprechenden Symptomatik. Einer Kommilitonin geht es erkennbar schlecht. Sie ist abgemagert, wirkt vorgealtert und erkrankt schließlich an Magen-Darm-Bluten.

Als sie wieder einmal in der Telefonzelle steht und ihr die Nummer ihrer Eltern nicht mehr einfallen will, beschließt sie, die Probe aufs Exempel zu machen. Sie ersteht ein Computerprogramm zum Intelligenztraining, das üblicherweise zur Vorbereitung auf Einstellungsgespräche eingesetzt wird. Bei ihren Eltern in Hameln erreicht sie, je nach Schwierigkeitsgrad 80 bis 100 Prozent der Maximalleistung, was das Programm mit „sehr gut“ beziehungsweie „hervorragend“ bewertet. In ihrem Appartement in Göttingen beträgt ihre Ausbeute nur 50 bis 60 Prozent, was einer durchschnittlichen bis schwachen Leistung entspricht.

Nun will es Petra D. genau wissen. Da praktisch nur die von den Kammerjägern ausgebrachten Insektizide als Auslöser ihrer Beschwerden in Betracht kommen, läßt sie die Giftbelastung in ihrem Appartement messen. Im Staub, der im Bereich des Bettes gesammelt wird, finden die Analytiker 518,8 Milligramm Permethrin pro Kilogramm und 972,7 Milligramm Cypermethrin pro Kilogramm. Das Bundesgesundheitsamt hält eine Staubbelastung mit Permethrin von einem Milligramm pro Kilogramm für gerade noch tolerabel. Für das zehnmal giftigere Cypermethrin würde danach eine Obergrenze von 0,1 Milligramm pro Kilogramm gelten – bei isolierter Betrachtung der Wirkstoffe, wohlgemerkt.

Petra D. verläßt die Wohnung. Ihre Eltern, die ihr beim Umzug helfen, klagen nach zwei Stunden Aufenthalt im Appartement über Kopfschmerzen, trockene Schleimhäute und Benommenheitsgefühl.

Heute geht es der jungen Frau wieder besser. Aber nicht alle Beschwerden sind verschwunden. Streßanfällig sei sie noch, sagt sie und ihre alte Leistungsfähigkeit habe sie noch nicht zurück erlangt.

Nach einem normalen Arbeitstag habe sie keine Kraft mehr für irgendwelche Hobbys, die geistig oder körperlich anstrengend seien.

Auch ihr Examen hat sie nicht wiederholt. Sie arbeitet als Sekretärin. An diesen Job ist sie so leicht nicht gekommen. Denn Studienabbrecher werden nicht gern eingestellt. Und sie hat sich nicht getraut zu sagen, daß es etwas mit einer Vergiftung zu tun hat.

Die Giftkarriere der Münchener Journalistin Barbara S. begann ähnlich harmlos. Alle kennen das Problem: schlaflose Sommernächte durch hoch-frequent summende, unangenehm stechende Mücken. Das Schlafzimmer wird zum Ort der Pein. Die Quälgeister treiben den Menschen an den Rand des Wahnsinns, Durchschlafen wird zum Wunschtraum. Doch das Problem ist zu meistern. In jedem Baumarkt gibt es Elektroverdampfer zu kaufen. Die kleinen Zauberkünstler sind an der Steckdose anzuschließen. Im Inneren der handlichen Box befinden sich Permethrin-haltige Blättchen, die man im Zehner- oder Fünfzigerpack billig nachkaufen kann. Der elektrische Strom läßt den bioziden Wirkstoff nach und nach verdampfen und sorgt so für Moskito-freien Schlafkomfort.

Im Sommer 1988 besorgte sich die Journalistin einen solchen Elektroverdampfer. Fast jede Nacht wurde er in Betrieb genommen. Vier bis sechs Wochen nach Beginn der Anwendung setzten die Beschwerden ein: Herzrasen und Zittern der Extremitäten, Panikattacken, Verschwommensehen, Migräne und Taubheit der rechten Gesichtshälfte. Obwohl sie schon zwei Wochen später den Einsatz des Gerätes beendete und aus der Wohnung auszog, dauerte es ein knappes halbes Jahr bis die Beschwerden wieder verschwunden waren.

Am 15. Juli 1991 behandelte Barbara S. ihren von Maden befallenen Teppich mit einem Pyrethroid-haltigen Spray. Innerhalb einer halben Stunde bringt sie 500 Milliliter des Mittels auf 30 Quadratmeter Teppichfläche auf – streng nach Vorschrift. Einige Stunden danach wird ihr übel und sie muß sich übergeben. Auch die Katzen erbrechen. Sie ist so müde, daß sie tagelang nur schläft. Ihre Gesichtsfarbe ist grau und fahl, Haare fallen aus. Wenn sie das Haus verläßt, kehrt sie oft nach ein paar Schritten wieder um, weil sie Angst hat, umzufallen. Sie spricht oft verwaschen, ihr linker Arm und ihr linkes Bein sind völlig taub. Unwillkürliche Muskelzuckungen führen dazu, daß sie Getränke verschüttet. Ihre Stimmung ist, wie es der Arzt später beschreibt, fatalistisch-resigniert. „Ich brauchte ja nur in den Spiegel zu sehen," sagte sie bei der

Untersuchung, „um zu wissen, daß ich bald sterbe, aber das war mir ziemlich gleichgültig."

Sieben Monate ist Barbara S. arbeitsunfähig. Ein Jahr dauert es, bis sie wieder einigermaßen gesund ist. Manchmal tritt noch Herzrasen auf. Auch eine Pilzinfektion und starke Wetterfühligkeit sind ihr geblieben.

Die meisten Teppichbesitzer brauchen gar nicht selbst zum Spray zu greifen, denn ihre Ware ist regelmäßig mit Pyrethroiden vorbehandelt – eulanisiert, wie das in der Fachsprache heißt. Um das begehrte Wollsiegel zu bekommen, müssen die Hersteller sogar eine solche Behandlung nachweisen.

Pyrethroide findet man auch in Flugzeugen. Die Jets vieler Fluggesellschaften werden alle 100 Tage mit einem Permethrin-haltigen Mittel ausgesprüht. Eine Reihe von Ländern, zum Beispiel Indien und Thailand, fordern zudem, daß vor jeder Landung ein Mittel gegen Insekten an Bord versprüht wird – für Professor Müller-Mohnssen ebenfalls eine gefährliche Sache. Unmittelbar nach dem Sprühen erreicht die Raumluftkonzentration Höchstwerte von 1000 Mikrogramm pro Kubikmeter. Und erst nach einem Tag gehen die Konzentrationen auf immer noch bedenkliche sechs bis zehn Mikrogramm zurück. Darüber hinaus bindet sich das Gift an den Staub der Maschine, der als Feinstaub lungengängig ist und zu einer weiteren Belastung des menschlichen Organismus führt. Auch auf den riesigen Oberflächen von Textilien lagern sich Pyrethroide verstärkt an. Daraus resultiert für die Träger entsprechend kontaminierter Kleidung eine Sekundärintoxikation über die Haut.

Die Höchstbelastung innerhalb eines Flugzeuges – ermittelt über eine sogenannte Wischprobe – fand sich im Cockpit einer DC 10: 690 Milligramm Permethrin, fast ein dreiviertel Gramm, wurden pro Quadratmeter ermittelt. Da hört der Spaß selbst für Passagiere, die keine Beeinträchtigungen erleiden, auf. Denn zwar ist der Autopilot giftresistent, aber er kann schließlich nicht alles.

Mehrere Dutzend Flugbegleiter haben sich mittlerweile mit dem Verdacht auf pyrethroidbedingte Gesundheitsschäden bei dem Münchener Professor gemeldet, auch schon einige Piloten. Die Männer im Cockpit sind harte Burschen, genetisch bestens ausgestattet und kerngesund. Aber wie wir von dem Starfighterpiloten wissen, der in seiner Wohnung Holzschutzmittel angewendet hatte, ist auch deren Kapazität nicht unbegrenzt. Sie werden sich zu helfen wissen. Ihre Gewerkschaft ist ein wacher Laden. Dort sitzen helle Köpfe.

Andere Betroffene können sich kaum wehren. Seit 30 Jahren praktiziert Dr. Peter Binz als Nervenarzt in Trier an der Mosel. Ein Nervenarzt ist die explosive Mischung aus einem Neurologen und einem Psychiater. Sein Vater, Schullehrer am Ort, hat ihm früher schon von den unterschiedlichen Charakteren seiner Schüler erzählt, die sich auf unterschiedliche Herkunften aus den Moseltälern oder den Eifelhöhen bezog. Weinbau hier, keine Winzerei dort. Weinbau hieß Chemie. Und Chemie hieß seinerzeit: Parathion, besser bekannt als E 605. Ein Organo-Phosphat wie es auch in den gefürchteten Giftgasen der Militärs steckte und steckt: Tabun, Sarin, Lost. Saddam Hussein hat damit noch vor kurzem widerspenstige Kurden ermordet, er soll immer noch einige hundert Tonnen dieser Chemikalie horten.

Im Weinbau wurde Parathion gegen die Reblaus eingesetzt. Mittlerweile haben die Wirkstoffe gewechselt. Pyrethroide sind auch hier auf dem Vormarsch. Toxikologisch beziehungsweise gesundheitlich hat sich für die Winzer nichts geändert. Sie spritzen auch die neuen Mittel oft ohne Atemschutz, und das fünfmal und mehr im Jahr. Sie sind krank. 300 hat Dr. Binz in seiner Praxis behandelt. Hirnschäden, Psychosen, chronische Depressionen, Gefäßschäden und Krebs. Und Suizide. Chemische Gifte – ehemals Parathion und jetzt Pyrethroide – machen aggressiv. Wegen ihrer guten Erziehung, mutmaßt der Nervenarzt, richten die Betroffenen die Aggression bevorzugt gegen sich selbst. In der Landwirtschaft sind Suizide doppelt so häufig wie anderswo, sagt der Nervenarzt.

Auch darüber hinaus entspricht die Sterblichkeit in den Anbaugebieten nicht ganz der Norm. Man könne das deutlich sehen, sagt Dr. Binz. In den Dörfern stürben die Leute ab Mitte 50.

Die Winzer aus dem Moseltal fallen nicht auf. Ein paar hundert haben vergeblich versucht, als berufsbedingt arbeitsunfähig anerkannt zu werden. Die Berufgenossenschaften haben abgelehnt. Pyrethroide greifen im Gehirn vor allem die Bereiche an, die für den Willen, die Aktivität, die Vitalität, den Antrieb und die Lebensfreude zuständig sind. In diesen affektiven Regionen verrichten sie ihr Zerstörungswerk. Solchermaßen Geschädigte können nur noch schwer kämpfen. Wenn es sich herumspricht, daß die Berufsgenossenschaften ihre Krankheit nicht anerkennen und die Gerichte das nicht korrigieren, bricht der Widerstand zusammen. Die so Gebeutelten, sagt Dr. Binz, verschwinden aus der Öffentlichkeit. Und stören nicht mehr die Geschäfte.

Pyrethroide, die neuen Renner auf dem Giftmarkt, sind kein deutsches, sondern vielmehr ein internationales Problem. Der Golfkrieg hat das deutlich gemacht.

Fast eine halbe Million Soldaten aus England, Frankreich, Australien, die meisten aus den Vereinigten Staaten, fielen im Januar 1991 von Saudi-Arabien und vom Persischen Golf aus über den Irak her. Der hatte sich im Jahr zuvor eine beispiellose Dreistigkeit erlaubt, indem er Kuwait besetzte. Alle sprachen vom Bruch geltenden Völkerrechts und alle meinten Öl. Kurzum: Wenige Wochen später war der ungleiche Kampf zuende, der kleine Wüstenstaat wieder frei. Traditionsgemäß feierte New York die Sieger mit einer riesigen Konfetti-Parade.

Die Euphorie über den gelungenen Waffengang konnte gerade noch verdecken, was anschließend nach und nach an die Öffentlichkeit drang: Die Sieger waren krank. Zunächst war von 5.000 GI´s die Rede, dann von 10.000, von 30.000 und mittlerweile sprechen die Experten von 100.000 siechenden Soldaten, allein in den USA. In England kennt man das Problem ebenfalls. Die Veteranen klagen über die unterschiedlichsten Beschwerden: Kopfschmerzen, Vergeßlichkeit, Schwindel, Depressionen, bleierne Müdigkeit, Muskel- und Gelenkschmerzen und vieles mehr. Symptome, würden die Holzschutzmittel-Verteidiger sagen, von A bis Z.

Die Ärzte konnten wenig mit den Schilderungen der Betroffenen anfangen. Einzeluntersuchungen führten in keinem Fall zu befriedigenden traditionellen Diagnosen, so daß man sich schnell auf Allgemeinplätze zurückzog. Vom Syndrom einer chronischen Ermüdung und post-traumatischen Streßerkrankungen war die Rede.

Für die letztgenannte Interpretation sprach einiges. Der Krieg gegen den Irak war in besonderer Weise Angst-belastet. Welche Terrorwaffen hatte Saddam Hussein zur Verfügung? Besaß er neben Chemischen Waffen auch noch viel heimtückischeres biologisches Material? Solche Unwägbarkeiten können krank machen. Aber in Amerika wußte man auch, wie problematisch solche Erklärungsversuche waren. Als seine Soldaten krank aus Vietnam zurückkamen, sah man deren Beschwerden zunächst vor dem Hintergrund der schlimmen Dschungelerlebnisse und der militärischen Niederlage. Erst später erkannte man, daß diese Soldaten während der Entlaubungseinsätze in die giftigen Sprühnebel geraten waren.

In der Folgezeit widmeten sich die Mediziner des Pentagon der Frage, ob die Soldaten nicht Opfer irakischen Giftgases geworden waren. Ob solche Einsätze seitens des Irak tatsächlich stattgefunden hatten, blieb im wesentlichen unklar. Aber die Amerikaner hatten diverse Giftgaslager gesprengt. Dabei waren große Mengen Sarin und Tabun – beides hochgiftige Organo-Phosphate – in die Umwelt gelangt. Aber auch auf dieser Schiene kam man mangels nicht feststehender Giftgas-Exposition nicht weiter.

Schließlich nahmen sich die Forscher des South-Western-Medical-Centers der Universität von Texas in Dallas des Problems an. Die Ärzte führten bei dem 24th Naval Mobile Construction Battalion, einem Truppenteil der US-Marine, dessen Angehörige im gesamten Kriegsgebiet des Persischen Golfes eingesetzt worden waren, eine epidemiologische Erhebung durch. An der Langzeituntersuchung nahmen 249 Reservisten teil. Die Probanden wurden umfassend anamnestisch befragt, ihre Beschwerden detailliert erfaßt, ihre Einsatzorte und Risikofaktoren dargestellt.

Die Rechner-gestützte Auswertung der Daten ergab zunächst, daß sich hinter dem geschilderten Beschwerde-Chaos klar umschriebene Symptomen-Komplexe verbargen. Drei Syndrome machten die Ärzte aus. Das erste nannten sie Kognitionsstörung. Darunter fielen Denk- und Gedächtnisprobleme, Schwierigkeiten bei der Planausführung und Schlafstörungen. Das zweite Syndrom, Ataxie, war gekennzeichnet durch Benommenheit, Gleichgewichtsstörungen und Schwindel sowie Desorientierung und Verwirrtheit. Der typische Ausfall eines hiervon Betroffenen: Er konnten sein Auto, das er irgendwo in der Stadt abgestellt hatte, nicht mehr finden. Den dritten Komplex nennt Dr. Kurt Lohmann das „Alles-tut-weh"-Syndrom: Muskel- und Gelenkschmerzen, Prickeln und Taubheit in Händen und Füßen sowie Muskelschwäche.

Die Beschwerdemuster waren allesamt neurologisch ausgerichtet, das heißt, sie deuteten auf eine Nervensystemschädigung hin. Um hier Klarheit zu gewinnen, führten die Forscher mit 23 kranken und 20 gesunden Veteranen eine Kontrollstudie als Blindversuch durch. Die Soldaten wurden zahlreichen neurologischen Tests unterzogen, um die Funktionsfähigkeit des zentralen wie des peripheren Nervensystems zu überprüfen. Nystagmus-Messungen, die zehn Jahre zuvor schon Dr. Schöpfer bei seinen Holzschutzmittel-Patienten durchgeführt hatte, gehörten ebenso dazu wie neuro-physiologische und neuro-psychologische Tests. Die Probanden mußten Denkaufgaben lösen, während sie in einem abgedunkelten Raum auf einem Stuhl sitzend in eine sinusförmige Bewegung versetzt wurden; sie mußten mit den Augen einem Lichtpunkt folgen, der sich in willkürlicher Weise bewegte; sie wurden auf eine Wackelbühne gestellt, sie wurden mit Elektroschocks traktiert sowie diversen Intelligenztests unterzogen.

Schließlich wurde bei jedem Probanden noch eine Kernspintomographie und eine Spect-Untersuchung durchgeführt. Letztere hatte Rainer Fabig, der Hamburger Arzt, schon bei seinem Dioxin-exponierten Holzschutzmittel-Kollektiv angewendet – und war bei der deutschen Schulmedizin prompt in Ungnade gefallen.

Das Ergebnis des Versuchs fiel überraschend klar aus: Die kranken GIs hatten in den Tests deutlich schlechter abgeschnitten, als die gesunde Kontrollgruppe. Ihre Beschwerden hatten damit eine wissenschaftliche Bestätigung gefunden, waren über objektive Kriterien verifiziert worden. Die Kranken waren wirklich krank.

Bei der Ursachensuche gingen die Ärzte ganz auf Nummer sicher. Ein Neuropsychologe der Universität von Dallas konnte über ein weiteres Testverfahren post-traumatische Streßerkrankungen, schwere Depressionen, akute Belastungsreaktionen, sonstige psychologische Störungen oder Simulation als Krankheitsursache ausschließen. Das bedeutete: Es befanden sich keine Ökochonder im Kollektiv.

Nun checkten die Ärzte die bekannten Risikofaktoren des Golfkrieges. Keine Verbindung hatten die Betroffenen zu rauchenden Ölquellen, zu in Zelten verbranntem Düsentreibstoff, zu Munition mit Kernen aus abgereichertem Uran und zu akuten Kampfsituationen. Einen deutlichen Bezug aber gab es zu chemischen Stoffen, die die Soldaten am und im eigenen Leibe trugen:

Die Golfkriegs-Veteranen hatten sämtlich Pyrodistigminbromid-Tabletten zur Vorbeugung gegen irakische Giftgaseinsätze eingenommen und trugen Flohmanschetten und Uniformen, die mit DEET, einem an sich harmlosen Insektenabwehrmittel, sowie mit dem Insektizid Chlorpyrifos, einem Organo-Phosphat, und vor allem auch mit Pyrethroiden behandelt worden waren.

Ein Tierversuch brachte schließlich Licht in die Zusammenhänge und machte deutlich, wie es unter dem Einfluß der betreffenden Chemikalien zu den Erkankungen der Soldaten gekommen war. Forscher konnten nämlich an Hennen, denen Permethrin verabreicht worden war, demonstrieren, daß die neuro-toxische Wirkung dieser Verbindung schubartig anstieg, wenn zusätzlich Pyrodistigminbromid oder DEET gegeben wurde. Wurden alle drei Mittel zusammen verabreicht, war die neuro-toxische Wirkung am größten.

Die texanischen Wissenschaftler glauben heute, daß die Soldaten einer verhängnisvollen Kombinationswirkung der betreffenden Chemikalien zum Opfer gefallen sind. Pyrodistigminbromid wird nämlich vorbeugend gegen Giftgaseinflüsse verabreicht. Es schützt verschiedene, für die Entgiftungsvorgänge im Körper notwendige Enzyme, die Esterasen, indem es sich gewissermaßen schützend vor diese stellt und sie damit allerdings auch für eine gewisse Zeit blockiert. Damit wird der Weg für die Pyrethroide frei. Ungehindert – die Esterasen sind ja kaltgestellt – finden sie den Weg in die Organe und ins Gehirn. Die Sieger des Golfkrieges sind Opfer der Pyrethroide.

Während an der unmittelbaren Holzschutz-Front – von den Altlasten abgesehen – vorsichtig Entwarnung angesagt ist, erobern die Nachfolgegifte neue Märkte und schicken sich an, erfolgreicher zu werden, als ihr Vorgänger. Weltweit wird der Umsatz 1996 auf über eine Milliarde Dollar geschätzt.

Karlsruhe zum ersten

Ob und wie ein Angeklagter in einem Strafprozeß verurteilt wird, hängt maßgeblich von dem Ergebnis der Beweisaufnahme ab. Daß für die Entscheidungsfindung auch ganz andere Umstände von Bedeutung sein können, hat bisher wenig Eingang in das öffentliche Bewußtsein gefunden. Die Justiz selbst hat kein großes Interesse an dem Thema. Sachfremde Erwägungen sind das Problem von Unrechtssystemen, und diese Zeiten sind hierzulande vorbei; seit 1989 in ganz Deutschland. Daß sich hin und wieder auch einmal ein Richter von bestimmten Ressentiments gegenüber Zeugen, Angeklagten oder auch dem Vertreter der Anklagebehörde beeinflussen läßt, wird noch zugegeben. Auch Richter sind Menschen. Aber in den großen Verfahren, in denen es um Kapitalverbrechen oder ähnliches geht, gibt es keine Abweichung vom Prinzip der strengen Wahrheit. Dennoch oder gerade deswegen: Es lohnt sich über die Frage nachzudenken, ob nicht auch die großen Prozesse einer solchen von außerhalb des Rechts kommenden Beeinflussung ausgesetzt sind.

Am 23. März 1987 begann vor der Schwurgerichtskammer des Landgerichts Fulda der Prozeß gegen Monika Weimar. Die Staatsanwaltschaft legte der 28jährigen aus dem osthessischen Phillipsthal

Mord an ihren beiden Kindern Melanie und Karola zur Last. Der Fall erregte weit über die Region hinaus großes Aufsehen.

Unmittelbar vorher war das Fuldaer Gericht mit einem kaum weniger spektakulären Fall befaßt. Es ging ebenfalls um einen Mord-Vorwurf. Angeklagt war ein junger Mann, den die Staatsanwaltschaft aufgrund zahlreicher Indizien für überführt hielt, drei Menschen erschlagen und erstochen zu haben, nachdem diese ihn bei einem Einbruch ertappt hatten. Das Urteil, gesprochen kurz vor Beginn des Prozesses gegen Monika Weimar, lautete auf Freispruch. Die Beweise reichten dem Gericht nicht aus.

Für Wolf-Rüdiger Schulze, den Verteidiger der Angeklagten Weimar, war dies ein denkbar schlechter Ausgangspunkt. Ein Gericht, so äußerte sich der Jurist, nachdem seine Mandantin zu einer lebenslangen Freiheitsstrafe verurteilt worden war, gegenüber Journalisten, habe sich bei dieser Sachlage kaum noch leisten können, Monika Weimar freizusprechen. Auch eine über die Maßen rechtstreue Gesellschaft hätte das nicht hingenommen. Richter sollen verurteilen und nicht freisprechen. Jedenfalls nicht zweimal hintereinander und auf gar keinen Fall, wenn es um Mord geht.

Mit Professor Manz, dem renommierten Hamburger Arbeitsmediziner, telefonierte ich im Frühjahr 1995. Wir haben bei der Durchsuchung der zweiten Firmenmutter werksärztliche Unterlagen von Arbeitern mitgenommen, die in den schmutzigen Bereichen der Holzschutzmittel-Produktion tätig waren. Jetzt will ich wissen, ob eine epidemiologische Auswertung möglich ist. Zum Schluß kommt die Rede auf das Verfahren gegen den Marktführer. Er interessiert sich für den Sachstand und erfährt, daß allgemein mit einer Entscheidung noch in diesem Jahr gerechnet wird.

„Wenn die Standortdiskussion vorher nach Karlruhe kommt" sagt Professor Manz, „haben Sie den Prozeß verloren."

Leute wie er haben die Veränderung der gesellschaftlichen Eckdaten längst wahrgenommen. Sie haben registriert, daß die Krise des Kapitalismus ihm selbst am allerwenigsten geschadet hat. Im Gegenteil: Der Wirtschaft ist es gelungen, die Gesellschaft vor dem Hintergrund sich verschärfender Arbeitsplatzprobleme zu entsolidarisieren und zu allen möglichen Konzessionen zu veranlassen. Soziale Standards, die bislang als unantastbar galten, stehen plötzlich wieder zur Disposition. Die Herrschenden fordern ihre Rücknahme, barsch und schamlos. Jetzt kann man natürlich auch mit den Ökologen und den Gesundheitsaposteln abrechnen. Diese Szene war den Männern vom Dezernat Wachstum und Profit immer schon ein Dorn im Auge.

Trotzdem bleiben wir in Sachen Holzschutz optimistisch. Das Urteil der Umweltkammer ist einfach zu gut, ein juristisches und rhetorisches Kunstwerk. Zu groß ist auch die Akzeptanz dieser Entscheidung überall in der Gesellschaft. Selbst die Firma Degussa nimmt sie zum Anlaß, ihre Meinung zur Produktverantwortung zu revidieren und die Produktion des in Verruf geratenen Zahnfüllstoffes Amalgam einzustellen.

Die ellenlange Revision der Verteidiger gegen das Urteil kann diese Einschätzung nicht beeinträchtigen. Im Gegenteil: Wo alles falsch sein soll, ist gar nichts verkehrt.

Nun wissen wir allerdings auch, daß es Revisionsrichter bisher noch immer geschafft haben, ihnen mißliebige Urteile aufzuheben. Das hochkomplexe Revisionsrecht bietet dazu ausreichend Gelegenheit. Auf 366 Urteilsseiten und in den Protokollen von 67 Verhandlungstagen wird jeder, der es will, fündig – das war uns von Anfang an klar. Wenn dem BGH die Richtung nicht paßt, ist das Urteil verloren, egal wie sorgfältig es begründet ist und wie gewissenhaft verhandelt wurde.

Aber auch da sind wir guter Dinge. Martin Niemöller, einer der Richter des 2. Senats, hat ganz in der Tradition seines mutigen Vaters als Berichterstatter die Entscheidung des Gerichts im Lederspray-Verfahren vorbereitet. In einem vor Mitarbeitern des Gerling-Konzerns gehaltenen Referat, das sich mit den Grundsätzen dieser Entscheidung befaßt, hatte er im Frühjahr 1991 den Befürwortern der strafrechtlichen Produkthaftung noch einmal kräftig Mut gemacht.

„Das Lederspray-Urteil: in Sachen strafrechtlicher Produkthaftung das erste Wort des Bundesgerichtshofs, wahrscheinlich nicht das letzte. Man mag es selbst als ein Produkt ansehen, als ein Produkt der Rechtsprechung. Und muß es dann konsequenterweise an seinen eigenen Maßstäben messen. Hat es einen Produktfehler? Einen Fehler, der zur Schadensabwendung, ja womöglich sogar zum Rückruf verpflichtet? Die Frage ist fraglos berechtigt. Sie kann gestellt werden und der BGH muß sich ihr gegebenenfalls stellen. Nur: wie die Antwort ausfällt, das entscheidet sich nicht allein nach dem Echo, das von den glatten, manchmal auch schroffen Wänden der Strafrechtsdogmatik widerhallt. Entscheidend ist auch und vor allem, welches Ausmaß an Akzeptanz dieses Urteil mit seinen

Grundsätzen in unserer Rechtsgemeinschaft, die alle umschließt, insbesondere auch die Betroffenen, Produzenten, Vertriebshändler, Verbraucher beanspruchen kann. Und da bin ich – gestatten Sie mir dieses persönliche Wort – ganz zuversichtlich."

Am 19. Juli 1995 findet vor dem 2. Strafsenat des Bundesgerichtshofs in Karlsruhe die mündliche Verhandlung im Holzschutzmittel-Verfahren statt. Das ist keine Verhandlung im üblichen Sinne. Zeugen oder Sachverständige werden nicht mehr gehört, statt dessen plauschen die Verteidiger, Nebenkläger, Richter und Anklagevertreter über die als wesentlich erachteten Punkte des Urteils. Trotzdem ist das ein großes Ereignis.

Der Zuhörerraum im großen Verhandlungssaal für Strafsachen ist überfüllt. Vertreter namhafter Konzerne sind – aus nachvollziehbaren Gründen – erschienen. Ebenso prominente Rechtsanwälte mit ihren jungen Referendarinnen, vor allem aber Geschädigte. Man kann sie leicht ausmachen, viele kommen auf Krücken und in Rollstühlen, sie sind blaß. Auch die Umweltabteilung der Frankfurter Staatsanwaltschaft ist anwesend. Allerdings nicht in offizieller Mission. Unseren Part hat ja die Bundesanwaltschaft übernommen.

Es geht notwendigerweise um Rechtsfragen. Da spielen Menschen keine Rolle mehr. Schon die Angeklagten sind nicht anwesend, allerdings sitzen ein paar Nebenkläger in der Arena. Die Opfer, ihre Hoffnungen und Nöte, kommen in den Anregungen und Fragen des Gerichts kaum mehr vor. Professor Hamm und Professor Widmayer, die berühmten Verteidiger, brillieren mit großen rhetorischen Leistungen und ausgeklügelter Gebärdensprache. Rechtsfragen, wie gesagt, Kausalität, Zurechnung, soziale Adäquanz.

Die Kranken im Zuhörerraum verstehen von all diesen Dingen nicht viel. Sie sind in der Erwartung gekommen, daß sich das Karlsruher Gericht ihrer Sache so verständig annimmt, wie es zwei Jahre zuvor die Strafkammer in Frankfurt getan hat. Sie hören still und aufmerksam zu, während ihre Blicke an den Mündern der Richter kleben. Von dort erwarten sie Klartext in ihrer Sache. Selten wohl ist das Gericht von so vielen Menschen so inständig angehofft worden wie heute.

Endlich sagt der Gerichtsvorsitzende ein Wort, mit dem die Menschen im Saal etwas anfangen können: Contergan. Er will von den Verteidigern, die einmal mehr darauf bestehen, daß die Justiz sich aus naturwissenschaftlichen Streitereien heraushalten müsse, wissen, wie sie denn im Contergan-Verfahren, wo sich die Mediziner auch schon nicht ganz einig waren, entschieden hätten. Da ist es ganz still im Saal. Für Augenblicke halten sie die Luft an und hoffen, daß jetzt endlich ihre Sache zur Sprache kommt. Aber es wird auch diesmal nichts daraus. Wenige Sekunden später befindet sich das Verfahren wieder auf dem Boden der Strafprozeßordnung. Endgültig: kein Wort von den langen Nächten voller Schmerzen und Angst, von der endlosen Zeit der Verzweiflung, von dem Amtmann, der sechs Jahre nicht in den Spiegel geschaut hat.

Doch die Geschädigten nehmen das hin. Kein Protest, auch nicht in den Sitzungspausen, keine bösen Gesichter sind zu sehen. Die Justiz steht immer noch hoch im Kurs bei ihnen. Die Justiz in Frankfurt hatte sich ihrer angenommen, während sich andere konsequent verweigert hatten: Gesundheitsbehörden, Ärzte, Petitionsausschüsse, Parteien, die ganze Politik.

Noch durchschauen sie nicht, was heute im Großen Verhandlungssaal für Strafsachen gespielt wird. Wenn man ihnen sagen würde, daß die Entscheidung längst gefallen ist, vor einem knappen Jahr vielleicht schon, eine Entscheidung zu ihren Ungunsten, wenn man ihnen verraten würde, daß sowohl die Verteidigung als auch die Bundesanwaltschaft von dieser Entscheidung schon lange wissen, wenn man sie mit der Möglichkeit konfrontieren würde, daß das Gericht vor der chemischen Industrie kuschen könnte – anders gesagt: gesamtwirtschaftliche Erwägungen in die Entscheidung einbringen könnte – man würde ungläubiges Staunen und Kopfschütteln ernten. Das würden sie nicht glauben.

Am Ende des Verhandlungstages plädiert der Bundesanwalt. Er verlangt zugunsten der Angeklagten die Aufhebung des Urteils. Überglücklich rennen die Konzernvertreter hinaus zu den Telefonen und melden Vollzug. Man muß den Justizladen schon eine Zeitlang erfahren und ertragen haben, um auch noch diesen Unfug hinnehmen zu können: Der Bundesanwalt plädiert mit Enthusiasmus gegen ein Urteil, für das die kleinen Staatsanwälte vor Ort über zehn Jahre gekämpft haben. Beinahe überflüssig zu sagen, daß die Vertreter der Nebenklage das Urteil aufrechterhalten sehen wollen. Allein sie sprechen in ihren Plädoyers vom Leid der Betroffenen. Aber die Ausführungen passen so gar nicht zu den die Verhandlung dominierenden Sprechblasen der Dogmatiker, vor und hinter den Richtertischen; sie fügen sich nicht ein in die hygienisch saubere Welt der Sachargumente.

Am selben Tag, zwei Stunden vor Beginn der mündlichen Verhandlung im Holzschutzmittel-Prozeß hat der 2. Strafsenat noch in einer anderen Strafsache verhandelt. Im sogenannten Glykol-Verfahren war über die Revision der Staatsanwaltschaft gegen das Urteil des Landgerichts Mainz zu befinden. Die Pfälzer Richter hatten Firmenverantwortliche von dem Vorwurf freigesprochen, Wein mit dem zuckersüßen Frostschutzmittel Glykol versetzt zu haben. Der Senat hob dieses Urteil auf, und gab damit der Staatsanwaltschaft Recht und erteilte gleichzeitig dem arg auf die Interessen der Weinwirtschaft bedachten Landgericht eine Abfuhr.

Rechtsanwalt Dohmeier von der Nebenklage hält das für ein gutes Omen. Wer sich an die Äußerungen von Rechtsanwalt Wolf-Rüdiger Schulze zum ersten Weimar-Prozeß erinnert, sieht das anders. Zudem: Frostschutzmittel gehören nicht in den Wein, jedenfalls nicht in den deutschen. Da gibt es einen breiten Konsens. Daß Holzschutzmittel nichts in Wohnräumen zu suchen haben, wissen nur diejenigen, die es ausprobiert haben.

Karlsruhe zum zweiten

Zwei Wochen später, am 2. August 1995, wird das Urteil im Holzschutzmittel-Prozeß verkündet. Auf die Revision der Verteidigung hin hebt der Strafsenat das Urteil der Frankfurter Richter auf und verweist die Sache an eine andere Kammer des Landgerichts zur erneuten Verhandlung zurück.

Den Grund für diese Entscheidung findet das Gericht in der Mitwirkung von Professor Huber aus Heidelberg am Frankfurter Verfahren. Professor Huber war in der Hauptverhandlung von den Angeklagten wegen Besorgnis der Befangenheit abgelehnt worden, denn Professor Huber hatte im Sommer 1990, unmittelbar nachdem das Frankfurter Landgericht die Anklage zunächst nicht zugelassen hatte, einen Brief an die Staatsanwaltschaft geschrieben. Darin hieß es:

„... betroffen habe ich über die Presse erfahren, daß die Anklage wegen giftiger Substanzen in Holzschutzmitteln gegen die Geschäftsführer der beiden marktführenden Hersteller und die Eröffnung des Hauptverfahrens abgelehnt wurde. Dies – so in der Frankfurter Rundschau vom 03.08.1990 – mit der Begründung: ‘Nach dem derzeitigen Ermittlungsstand über schwerwiegende Gesundheitsstörungen durch Holzschutzmittel mit bioziden Stoffen sei keine Verurteilung wegen Körperverletzung zu erwarten.'

Ich möchte Sie aus meiner fachlichen Betroffenheit heraus ausdrücklich ermutigen, in diesem Verfahren nicht locker zu lassen. Aus meinen klinischen Beobachtungen von in der Zwischenzeit mehr als 80 Holzschutzmittel-Geschädigten kann ich die Begründung des Gerichts in keiner Weise nachvollziehen. Vielmehr möchte ich Ihnen ein von Professor Gerhardt und mir verfaßten Leserbrief, Stand 4/90 zusenden, und Ihnen, sofern Sie das wünschen, auch meine weitere fachliche Hilfe anbieten."

Die Angeklagten hatten vorgetragen, dieser Brief weise den Sachverständigen Huber als nicht mehr unparteiisch aus. Von der Umweltkammer war dieser Befangenheitsantrag gegen Professor Huber zurückgewiesen worden. Falsch, sagt jetzt der Bundesgerichtshof zu dieser Entscheidung. Ein Sachverständiger, der nicht nur eine gerichtliche Entscheidung kritisiere, sondern die Staatsanwaltschaft ausdrücklich ermutige, das Verfahren gegen die Angeklagten weiter zu betreiben und ihr dafür zudem seine Hilfe anbiete, erwecke den Eindruck der Parteilichkeit. „Maßgebend ist", heißt es später in den schriftlichen Urteilsgründen, „daß die Angeklagten den Eindruck haben mußten, der Sachverständige betreibe ihre Verurteilung und sei deshalb nicht mehr in seinem Urteil offen."

Die Entscheidung geht in Ordnung. Nicht nur, aber vor allem vordergründig. Sie ist vertretbar. Sie liegt auf der Linie der bisherigen Rechtsprechung des Bundesgerichtshofs. So oder so ähnlich hat man schon oft entschieden. In Verfahren gegen Betrüger und Diebe, Räuber und Vergewaltiger. Die Entscheidung ist juristisch nicht zu beanstanden.

Auch von anderen Entscheidungen sagt man, sie seien juristisch nicht zu beanstanden, aber trotzdem falsch. 1980 hatte die 24. Zivilkammer des Landgerichts Frankfurt über die Klage einer Rentnerin zu entscheiden, die sich in ihrem Urlaubshotel in Griechenland von einer Gruppe dort ebenfalls wohnender geistig und körperlich Behinderter gestört fühlte. Das Gericht sprach der Klägerin Schadensersatz wegen Beeinträchtigung des Urlaubsgenusses zu. Die Begründung machte landesweit Furore: „Daß es Leid gibt auf der Welt, ist nicht zu ändern," texteten die Richter unter dem Vorsitzenden Otto Tempel, „aber es kann der Klägerin nicht verwehrt werden, wenn sie es jedenfalls während ihres Urlaubs nicht sehen will."

Für Juristen in Ordnung. Viele stimmten zu, einige schwärmten sogar von der gelungenen Argumentation. Andere nicht. Zum Beispiel die 3.000 Demonstranten, die wenige Tage nach der Verkündung der Entscheidung durch die Stadt zogen. Überwiegend Krüppel in Rollstühlen und auf Krücken. Laute Blasmusik von der Konrad-Adenauer-Straße her lockte die Angehörigen der Frankfurter Justiz seinerzeit an die Fenster und konfrontierte sie mit der Gegenmeinung. Behinderte Menschen als wertmindernde Faktoren – das fanden die, die auch im übrigen von der Sonnenseite des Lebens ausgeschlossen waren, nicht in Ordnung.

Kein Einzelfall übrigens. Im Dezember 1997 verbannte das Kölner Oberlandesgericht Behinderte aus dem Garten ihres Heims, weil ihre unartikulierten Laute dem Nachbarn, einem Musiklehrer, nicht zumutbar seien.

Hatten die Zivilkammern in Frankfurt und Köln daran gedacht, wie die Behindertenfraktion innerhalb der Gesellschaft diese Urteile aufnehmen würde?

Hat der 2. Strafsenat des Bundesgerichtshofs berücksichtigt, daß die Holzschutzmittel-Geschädigten die Befangenheits-Argumentation unter ganz anderen Vorzeichen und in ganz anderem Kontext hinterfragen könnten? Daß sie vielleicht wissen wollen, ob nicht zwischen Engagement, vor allem auf der fachlichen Ebene, und Befangenheit unterschieden werden muß? Ob fachliches Engagement, im Normalfall jedenfalls, nicht in erster Linie die Wahrheit im Visier hat und die Wahrheit nicht etwas ganz und gar objektives ist?

Man darf weiter fragen: Mußte nicht auch berücksichtigt werden, daß es Professor Huber als Arzt erkennbar um die Betroffenen ging? Um die Aufklärung eines medizinischen Phänomens, dem möglicherweise Tausende zum Opfer gefallen waren und – in Ermangelung einer breiten, Gegenmaßnahmen ermöglichenden Aufklärung – tagtäglich weiter zum Opfer fielen?

Und was ist mit den Konsequenzen dieser Entscheidung für vergleichbare Fälle, an denen sie sich ebenfalls messen lassen muß? Hat sich das Gericht damit ausreichend auseinandergesetzt? Was machen beispielsweise Ärzte unter dem Verdikt dieser Entscheidung, die „neuen“ Krankheiten auf die Spur kommen? Denen es beispielsweise gelingt – und man muß da nichts konstruieren – nachzuweisen, daß Zahnfüllstoffe Menschen massenhaft krank machen, weil deren Dampfphase, eingeatmet, problemlos und auf kurzem Weg ins Gehirn wandert. Daß naturidentische Insektizide aufgrund einer verschwiegenen Manipulation am Wirkstoff Anwender zu

Hunderten schädigen oder daß die Einnahme bestimmter Medikamente unter dem Einfluß an sich unbedenklicher Umweltchemikalien die Betroffenen in höchste Lebensgefahr bringt, weil das Medikament die für die Entgiftung notwendigen Enzyme blockiert.

Wie die Erfahrung zeigt, sind es in der Regel Einzelkämpfer, die unabhängig voneinander diese Durchbrüche schaffen und schon von daher Mühe haben, ihre Ergebnisse nach außen zu tragen. Sollen sie gänzlich schweigen, sich zurückhalten, nicht eingreifen in den Bewußtmachungsprozeß oder sogar darauf verzichten, diesen Prozeß anzustoßen, um eventuell später für die juristische Erledigung des Problems zur Verfügung zu stehen? Dann zahlen die Verbraucher zunächst einmal mit ihrer Gesundheit. Erinnert sei an dieser Stelle noch einmal an den Contergan-Fall: „Jeder Monat Verzögerung in der Aufklärung", hatte der Hamburger Kinderarzt Widukind Lenz gemahnt, „bedeutet die Geburt von vielleicht 50 oder 100 schrecklich verstümmelten Kindern."

Oder Ärzte artikulieren sich. Da muß man Klartext reden: Nicht nur in den Fachpublikationen, wenn sie überhaupt dort zu Wort kommen, sondern überall, wo schnelle Umsetzung garantiert ist. Das kann die Beanspruchung der Medien bedeuten, der Auftritt vor Geschädigten-Initiativen, oder auch ein Brief an die Staatsanwaltschaft.

Dann aber droht ihnen der Ausschluß aus dem Kreis derer, die zu einem späteren Zeitpunkt die richtige juristische Erledigung des Problems sicherstellen sollen. Begründung: Übereifer, wenn auch medizinisch indiziert.

Kann das richtig sein? Daß sich der Strafprozeß seiner besten Beweismittel beraubt, indem er die engagiertesten Wissenschaftler für befangen erklärt? Ein perverses Ergebnis: von Auszeichnungen überhäuft, vielleicht sogar das Bundesverdienstkreuz am Revers, gesellschaftlich hoch geachtet – aber von der rechtsprechenden Gewalt vor die Tür gesetzt, für nicht brauchbar erklärt. Ist das eine akzeptable Konsequenz aus den Regeln über Befangenheit? Oder sind das nicht vielmehr Ergebnisse, die Menschen an der Justiz verzweifeln lassen, mit denen sich die Justiz selbst um die Früchte ihrer Arbeit bringt?

Aus einem anderen Blickwinkel gesehen: Gehen die Rechte von Beschuldigten so weit? Ist das Anliegen des Strafprozesses, Wahrheit zu finden und Gerechtigkeit herzustellen, so wenig bedeutsam, daß ein falscher Augenaufschlag eines Richters oder Sachverständigen ein nach einem Monate dauernden Prozeß ergangenes Urteil zu Fall bringen kann?

Keine Frage: Richter, Sachverständige und natürlich auch Staatsanwälte müssen die Gewähr für Objektivität bieten. Aber das Recht sollte darauf verzichten, sie zu Marionetten eines antiquierten Neutralitätsverständnisses zu machen. Sonst riskieren wir, daß der Strafprozeß zu einem riesigen Spektakel verkommt, der nur noch das Ziel hat, Angeklagte, zumindest jenseits eines bestimmten Status, ihrer Unschuld zu versichern.

Noch einmal die Forderung des Kabarettisten Matthias Beltz: „Freispruch für alle!"

Die Revision der Staatsanwaltschaft verwirft der Bundesgerichtshof. Da gibt er der Umweltkammer Recht. Von einer vorsätzlichen Körperverletzung sei nicht auszugehen. Das folgert der Strafsenat aus der Interessenlage der Angeklagten. Diese hätten ein großes Interesse daran gehabt, daß ihre Produkte nicht in Verruf gerieten und daß sie keinen Schadensersatzforderungen ausgesetzt würden.

So einfach ist das. Hersteller verkaufen keine schädlichen Produkte, weil das ihren Interessen zuwider laufen würde. Aber wie sieht die Interessenlage eines Herstellers aus, der Tausende von Tonnen eines Produkts auf Lager hat, das sich überraschend als schädlich erweist? Könnte es nicht sein, daß er den Verkauf riskiert – im eigenen Interesse? Vor allem, wenn prächtige Gewinne winken und er sicher sein kann, daß die Justiz ihm anschließend wohl gesonnen ist? Und wird der Hersteller nicht auch dann versucht sein, ein entsprechendes Produkt weiter zu vermarkten, wenn er Gefahr läuft, daß gerade ein Vertriebsstop „schlafende Kunden" weckt und dadurch eine Prozeßlawine für Altschäden ausgelöst wird? Es daher besser ist, einfach weiterzumachen wie bisher?

Genau aus diesen Gründen hatte die Firma im Mai 1977 davon abgesehen, die Rezeptur der PCP-haltigen Holzschutzmittel zu ändern. „Vorwärtsstrategie" hieß das in einem firmeninternen Vermerk.

Hersteller haben kein Interesse am Verkauf fehlerhafter Produkte, und tun es daher nicht... – Etwas Polemik ist angesichts dieser Diktion sicher erlaubt. Leben nicht ganze Branchen vom Verkauf von Ramsch und anderen mangelhaften Waren? Ist das nicht Bestandteil des Systems? Und könnten sich nicht auch Betrüger und selbst Diebe und Räuber auf diese Logik berufen? Es habe wegen des drohenden Regresses der Opfer kein Vorsatz vorgelegen...!?!

Aber nun wieder ganz ernst und juristisch. Der Hauptvorwurf der Staatsanwaltschaft zielte gar nicht auf den vorsätzlichen Verkauf krankmachender Farben, sondern auf das vorsätzliche Absehen eines Rückrufs der betreffenden Mittel, nachdem sich deren Schädlichkeit herausgestellt hatte. Da die Mittel zu diesem Zeitpunkt schon alle verstrichen waren, wäre es nur noch darum gegangen, den betroffenen Bewohnern eine Sanierung ihrer behandelten Häuser anzuraten beziehungsweise sie über die Gefahren zu informieren. Das hätte diesen Menschen viel Leid erspart, hätte aber auch die Firma in große finanzielle Schwierigkeiten gestürzt. Und genau deshalb hatte sie ein großes Interesse daran, ihre Kunden nicht zu warnen. Die Interessenlage im Rahmen des Unterlassungsdelikts, wird man den Bundesgerichtshof ergänzen dürfen, spricht nicht gegen eine vorsätzliche Begehungsweise. Sie macht vielmehr nachvollziehbar, daß Hersteller auch bei Kenntnis der Schadenszusammenhänge ihre Pflichten auf Schadensverhinderung und Schadensminderung nicht genügen und von der Rückruf- und Warnaktion absehen.

In einem anderen Zusammenhang, bei einfacherem Klientel, hat die Justiz weniger Skrupel mit dem Vorsatz. Ganz am Anfang meiner staatsanwaltschaftlichen Tätigkeit war ich mit einem Tötungsdelikt befaßt, das für Frankfurter Verhältnisse sicher nicht unüblich ist. Ein Mann aus der Szene rund um die Großmarkthalle, also einer, der sich jeden Morgen von wechselnden Unternehmern zu unterschiedlichen Arbeiten anheuern läßt, hatte in einer Gaststätte im Bahnhofsviertel während eines Zechgelages seinen Nebenbuhler mit den Worten „Das machst Du nicht noch mal!" niedergestochen. Gemeint war das Anbändeln mit seiner Freundin. Er hatte dem dickbeleibten Opfer mit einem Küchenmesser – Klingenlänge neun Zentimeter – in den Bauch gestochen. Eine Woche später war der so Attackierte tot.

Vorsätzliche Tötung oder nicht? In meinem Plädoyer vor dem Schwurgericht hatte ich seinerzeit diese Frage ausführlich erörtert. Die tatbegleitende Bemerkung sprach eher dafür, daß der Täter seinen Kontrahenten nicht töten, sondern ihm nur, wenn auch auf brutale Art, einen Denkzettel verpassen wollte. In diese Richtung waren möglicherweise auch die Relation von Klingenlänge und organschützender Fettschicht des Opfers zu deuten. Die Interessen des Täters, auf die es dem Strafsenat im Holzschutzmittel-Verfahren so sehr ankam, sprachen eher gegen einen Tötungsvorsatz. Ein bloßer

Schuß – in diesem Fall ein Stich – vor den Bug hätte dem Kontrahenten seine Grenzen deutlich gemacht.

Mit einigen Bedenken bin ich seinerzeit von dem Fall einer bedingten vorsätzlichen Tat ausgegangen. Dem Schwurgericht war diese Angelegenheit in der mündlichen Urteilsverkündung nur zwei Sätze wert: „Der Angeklagte hat auch direkt und nicht nur bedingt vorsätzlich gehandelt. Wer in solcher Weise einen Menschen angreift, will töten!“

Während der Urteilsverkündung am 2. August 1995 in Karlsruhe saß auch Wilhelm Feucht im Zuhörerraum. Der Malermeister aus Weil der Stadt hatte in seinem Haus 1977 die Mittel der Firma verstrichen. Seitdem ist er krank, arbeiten kann er nicht mehr. Er leidet an Beschwerden von A bis Z, Tag und Nacht hat er Schmerzen. Die Reporterin eines Nachrichtensenders fragte ihn im Anschluß an die Verhandlung, was er von der Gerichtsentscheidung halte. „Ich empfinde eine maßlose Wut und Trauer darüber,“ antwortete Wilhelm Feucht, „daß es den Richtern heute offensichtlich am notwendigen Mut gefehlt hat.“

Akte zu

In der mündlichen Urteilsbegründung hat das Gericht aber auch einen Brosamen für die Looser übrig. Die Entscheidung, sagt der Vorsitzende Richter, sei kein Freispruch.

Auch die „Süddeutsche Zeitung“ titelt mutmachend in die Richtung der Geschädigten: „Angeklagte müssen erneut mit Verurteilung rechnen.“

Das ist lieb. Aber Unfug. Das wissen natürlich auch diejenigen, die das von sich gegeben haben. Eine Hauptverhandlung, die nach achtjährigen Ermittlungen und einer zwischenzeitlichen Nichteröffnung dann doch noch stattgefunden und ein ganzes Jahr lang gedauert hat, deren hohes juristisches, naturwissenschaftliches und emotionales Niveau zu keinem Zeitpunkt verloren ging, eine Hauptverhandlung, die die Beteiligten – alle – bis zum letzten gefordert hat – läßt sich nicht wiederholen. Ein solches Verfahren ist erledigt. Da ist die Luft raus. Da gibt es keine zweite Auflage. Weder eine gleich gute, noch eine weniger gute. Nein, überhaupt keine.

Trotzdem: wir rechnen mit dem Unmöglichen und tun so, als gäbe es einen vollwertigen neuen Prozeß.

Professor Huber, für viele ein Pionier und Hoffnungsträger, für die Justiz aber inakzeptabel, muß ersetzt werden. Professor Gerhardt aus Heidelberg hat sich ebenfalls mit der human-toxischen Wirkung der Holzschutzmittel-Inhaltsstoffe befaßt.

Am Telefon erklärt sie sich bereit, im Prozeß mitzuwirken. Sie kann zu den einschlägigen Fragen eine Menge sagen. Die Nebenklage ist skeptisch. Heidelberg ist ein Pflaster mit zwei Gesichtern, das ist mir bekannt. Eine Doktorandin von Professor Gerhardt hatte mir kurz zuvor anläßlich eines Telefonats erklärt, daß ihre Doktorarbeit vom Zweitkorrektor, Professor T., nicht akzeptiert worden sei, weil sie Zusammenhänge zwischen Holzschutzmittel-Exposition und Gesundheitsschäden postuliert habe. Erst als sie die entsprechenden Passagen entfernt habe, sei Professor T. zu einer Benotung der Arbeit bereit gewesen. Professor T. gilt, nebenbei bemerkt, als großer Freund der Industrie und Berufsgenossenschaften.

„Ich wußte doch gar nicht, daß die Sache politisch ist," sagte mir die junge Ärztin am Telefon mit weinerlicher Stimme.

Wenige Wochen später teilt Professor Gerhardt dem Gericht mit, daß sie nicht zur Verfügung stehe. Das Thema sei nicht ihr Thema. Sind die Arme der chemischen Industrie so lang?

Die Absage der Heidelberger Giftspezialistin wird voraussichtlich keine negativen Folgen haben. Der Vorsitzende der 29. Strafkammer, die nunmehr zuständig ist, macht anläßlich einer gemeinsamen Besprechung aller Prozeßbeteiligten klar, was sie schon längst wissen: daß eine neuerliche Hauptverhandlung nicht stattfinden wird. Das sagt er selbstverständlich nicht so direkt, aber er bittet die Parteien doch inständig darum, einen Vergleich anzustreben. Soweit ist er jedenfalls deutlich: Ein solch gründliches Urteil, wie es die Umweltkammer gesprochen habe, gäbe es sicherlich nicht mehr.

Man kann das Gericht verstehen. Die Situation, in der sich das Verfahren jetzt befindet, hat es nicht zu verantworten. Manche bewegt allerdings auch die Frage, ob es nicht ein wenig dreist sei, sich gegenüber dem gesetzlichen Auftrag einer Neuverhandlung so konsequent zu verschließen. Haben nicht vor allem Anklagebehörde und die Geschädigten nach so langen Jahren der Recherchen und der Ungewißheit einen Anspruch auf einen ordnungsgemäßen Verfahrensabschluß?

Man kann jedenfalls froh sein, daß bei den Verhandlungen keine Geschädigten anwesend sind. Sie würden glatt wissen wollen, warum es denn die neue Strafkammer nicht wenigstens einmal versuchen wolle. Dann hätte man sie darüber aufklären müssen, daß diese Strafkammer nach der Geschäftsverteilung leider auch für das Verfahren gegen den ehemaligen Bauunternehmer Dr. Jürgen Schneider zuständig ist. Der wartete nämlich gerade in der Haftanstalt Frankfurt am Main-Preungesheim auf seine Anklageschrift.

Holzschutz und Schneider – beides wäre nicht gegangen. Dr. Schneider saß im Knast und hatte einen Anspruch auf alsbaldige Hauptverhandlung. Aber das Holzschutzmittel-Verfahren war früher eingegangen und hätte Vortritt gehabt. Wenn in Sachen Holzschutz verhandelt worden wäre – sicher auch wieder ein Jahr lang – hätte die Kammer das Schneider-Verfahren wegen Überlastung an eine andere Kammer abgeben müssen. Gerüchte kursieren: Die Kammer sei mordsmäßig scharf auf das Schneider-Verfahren und weniger interessiert an dem Holzschutzmittel-Komplex. Das würde in zusätzlicher Weise die Bemühungen der Kammer erklären, das Holzschutzmittel-Verfahren auf kurzem Wege zu beenden. Und auch diese Präferenz wäre nur zu verständlich. Mit Betrugs- und Konkursverschleppungsvorwürfen können Juristen, kann vor allem eine Wirtschaftskammer, leichter umgehen als mit komplizierten naturwissenschaftlichen Fragen. Lieber Kreditverträge lesen als toxikologische Gutachten studieren.

Dann verabschiedete sich auch noch ein Angeklagter aus dem Prozess. Der technische Geschäftsführer ist ausweislich eines ärztlichen Attestes verhandlungsunfähig. Unter diesen Umständen hat die Staatsanwaltschaft noch nicht einmal mehr die Chance auf eine attraktive Einstellungs-Lösung.

Am 6. November 1996 wird das Verfahren gegen die beiden Angeklagten gemäß § 153 a StPO gegen eine Zahlung von jeweils 100.000 DM an die Gerichtskasse eingestellt. Zuvor hat die Firma vier Millionen DM an die Universität Gießen gezahlt. Mit dem Geld wird dort ein Lehrstuhl für die Toxikologie der Innenraumluft eingerichtet. Nach Erfüllung der Auflage erfolgt am 10. Dezember 1996 die endgültige Einstellung des Verfahrens.

Für die Geschädigten bleibt nichts, aber es war ja auch ein Strafprozeß. Ihre Schadensersatz- und Schmerzensgeldforderungen müssen sie auf dem Zivilrechtsweg gesondert verfolgen – ohne ein ermutigendes Strafurteil im Hintergrund und mit vollem Kostenrisiko. Das werden viele nicht durchstehen.

Es gibt Ende 1996 auch eine Schadensbilanz. Sie stammt nicht von der Bundesregierung oder von der chemischen Industrie. Die

Interessengemeinschaft der Holzschutzmittel-Geschädigten hat gerechnet. Danach sind durch Verwendung biozider Holzschutzmittel allein in der Zeit zwischen 1970 und 1980 Sanierungskosten an Gebäuden in Höhe von 360 Milliarden DM und Gesundheitskosten in Höhe von 24 Milliarden DM entstanden. Das Umwelt- und Prognoseinstitut Heidelberg hat die Angelegenheit unter einem anderen Aspekt noch einmal etwas anschaulicher gemacht. Wäre der angerichtete Schaden schon in den Verkaufspreis der Holzschutzmittel eingerechnet worden, hätte ein Liter etwa 450 DM mehr gekostet.

Oder noch ein bißchen anders: 384 Milliarden DM sind etwa die Hälfte des gegenwärtigen jährlichen Bundeshaushaltes. Oder knapp das Doppelte aller afrikanischen Haushalte.

Vier Millionen DM – die Einstellungssumme – entsprechen etwa dem Nettojahresgewinn der Firma oder der Summe, die die Rechtsanwälte der Angeklagten erhalten haben. Zwei Posten sind in all diesen Zahlen noch nicht berücksichtigt: zum einen die Schmerzensgelder, die die Geschädigten als Ausgleich für das Leid, das sie erfahren haben, beanspruchen dürfen. Sie sind nur schwer zu beziffern. Überhaupt nicht zu beziffern in Mark und Pfennig ist der andere Posten, nämlich der Schaden am Rechtsstaat und der Schaden für die Justiz.

Eine Nachbetrachtung

Hat das Holzschutzmittel-Verfahren eine Botschaft für die Strafjustiz? Hat es einen Tip parat, wie sich die Disziplin verhalten soll, wenn wieder einmal eine Bürgerinitiative, eine Interessengemeinschaft in der Tür steht mit einer Armada an kranken Menschen hinter sich?

Wie soll es weitergehen mit der Produkthaftung? Ist sie beim Strafrecht gut oder auch nur leidlich gut aufgehoben, oder sollte das Experiment nach den Erfahrungen mit den Fällen der schleichenden Vergiftung besser abgebrochen werden?

Die Beantwortung auf den Verfahrensausgang abzustellen, bringt die Sache nicht weiter. Einstellung nach § 153 a StPO. Erledigung gegen Zahlung, ein Deal. Solche Abschlüsse werden von den Beteiligten immer ganz unterschiedlich interpretiert. Vielleicht wird man sagen können, daß das Verfahren irgendwo zwischen Erfolg und Mißerfolg ein Ende gefunden hat. Aber weil auch das nicht weiter hilft, erinnern sich viele daran, daß ja vorher auch schon einiges geschehen ist. Es hat eine erstinstanzliche Verurteilung durch die Umweltkammer in Frankfurt am Main und eine Aufhebung dieses Urteils nebst Rückverweisung durch den Bundesgerichtshof gegeben. Das gleiche Dilemma: die einen berufen sich auf Frankfurt, die anderen auf Karlsruhe. Man muß ins Detail gehen, wenn man dem Verfahren eine Auskunft abverlangen will.

Einen Einwand gegen die strafrechtliche Produkthaftung hat das Holzschutzmittel-Verfahren nachhaltig entkräftet: die Behauptung, solche Verfahren verletzten den „Ultima-ratio-Grundsatz“. Seitdem das Bundesverfassungsgericht 1975 entschieden hat, daß das Strafrecht wegen seiner erheblichen Konsequenzen für die Betroffenen immer nur als letztes Mittel seitens des Staates eingesetzt werden dürfe, bemühen Rechtsanwälte in allen erdenklichen Situationen diese Entscheidung. Im Produkthaftungsbereich ist gesagt worden, Strafrecht sei hier überflüssig, denn der Markt bestrafe ja schon den Hersteller fehlerhafter – sprich: schädlicher – Produkte. Genauso gut könnte man allerdings dann auch sagen, man müsse den Mörder straffrei lassen, weil dieser ja schon durch die Mißachtung innerhalb der Gesellschaft oder durch sein schlechtes Gewissen genug gestraft sei. Weniger polemisch: Der Promillefahrer verliere schließlich seine Fahrerlaubnis und benötige daher keine zusätzliche Strafe durch das Gericht. Keine überzeugende Argumentation.

Um beim Markt-Argument zu bleiben: Die Firma ist diesbezüglich nicht arg bestraft worden. Einige Umsatzeinbußen, eine gewisse Durststrecke, keine Frage, aber dann – mit dem Umweltengel – auf zu neuen Ufern. Sollte das genug Strafe sein? Die vier Millionen DM, die die Firma im Zuge der Verfahrenseinstellung an die Universität Gießen gezahlt hat, haben ihr übrigens auch nicht weh getan. Sie entsprechen – wie schon erläutert – etwa der Hälfte ihres durchschnittlichen Jahresgewinns.

Ernster zu nehmen ist das Ultima-ratio-Argument, wenn es auf das Zivilrecht, das Schadensersatzrecht, Bezug nimmt. Sind Konflikte der vorliegenden Art nicht primär oder ausschließlich auf der Schadensersatzebene abzuhandeln und zu lösen? Oder: Sind die Geschädigten in diesen Verfahren nicht eigentlich nur am Geld interessiert?

Das Holzschutzmittel-Verfahren gibt eine deutliche Antwort: nein. Es ist zwar keine Frage, daß der Ersatz der materiellen Schäden, also insbesondere die Erstattung der durch die Sanierung der Häuser angefallenen Kosten, für viele Geschädigte von existentieller Bedeutung ist. Aber abgesehen davon, daß diese Ansprüche für die Geschädigten nur schwer realisierbar sind, weil sie die Beweislast und damit das volle Kostenrisiko einer solchen Zivilklage tragen: Es ist diesen Menschen noch um etwas anderes gegangen, was nur das Strafrecht leisten kann: um Klarstellung, um Schuldfeststellung, um Rehabilitation, um Gerechtigkeit.

Schuld und Gerechtigkeit – diese alten, oft schon abgeschriebenen Größen – da sind sie wieder. Schuld und Gerechtigkeit: Jahrelang hatten Ärzte, Behörden, Gerichte, Nachbarn und Freunde die Geschädigten als Simulanten, Schwächlinge, Spinner, Ökochonder abgestempelt; als Menschen, denen es eigentlich auch nicht besser gehen durfte. Krankheit und Schuld, sagt die Psychologie, sind in den Augen vieler Menschen eng miteinander verbunden. Es gibt die Auffassung von der Schuld an den eigenen Gebrechen.

Hier wollen die Betroffenen Richtigstellung. Wollen es schwarz auf weiß haben, wer die schlimmen Dinge, die geschehen sind, tatsächlich zu verantworten hat. Das kann nur das Strafrecht über den öffentlichen Strafprozeß leisten, der der objektiven Wahrheit verpflichtet ist und nicht, wie der Zivilprozeß, auf Parteienvortrag aufbaut. Über den öffentlichen Strafprozeß, der Klartext redet und an dessen Ende ausführlich von Verantwortlichkeit und Schuld die Rede ist. Noch läßt sich nicht alles mit Geld regeln. Das Ultima-ratio-Argument ist hoffentlich im Rahmen vergleichbarer Fälle vom Tisch.

Ein anderes Argument sollte nach dem Holzschutzmittel-Verfahren ebenfalls erledigt sein: Die Verteidiger haben relativ zurückhaltend davon Gebrauch gemacht – vielleicht, weil man nach dem Lederspray-Urteil keine Hoffnung mehr hatte, daß die Justiz ihm folgen würde. Es soll dennoch an dieser Stelle angesprochen werden, weil es nicht undenkbar erscheint, daß eine Justiz, die in Not ist, wieder darauf zurückgreift. Gemeint ist die These von der Abhängigkeit des Strafrechts von den Naturwissenschaften.

Armin Kaufmann hat sie im Anschluß an die Contergan-Entscheidung des Landgerichts Aachen bekannt gemacht. Der Rechtsprofessor aus Bonn sagt: „Der Richter ist an die gesicherten Erkenntnisse der Naturwissenschaften gebunden.“ Soweit wird man ihm im Grundsatz folgen könne. $E = mc^2$, Wasser dehnt sich aus, wenn es zu Eis gefriert, Verdunstung verbraucht Energie. Ein Richter, der das in Abrede stellt, erhält von der Rechtsmittelinstanz zu Recht die rote Karte.

Danach wird es schnell spannend, denn Armin Kaufmann sagt weiter: „Abgestellt wird dabei immer auf die maßgeblichen Kreise innerhalb der betreffenden naturwissenschaftlichen Disziplin.“ Sie entscheiden darüber, ob eine Auffassung als gesichert anzusehen ist oder nicht. Und: Wenn innerhalb der maßgeblichen Fachkreise ein bestimmter wissenschaftlicher Erfahrungssatz nicht existiert, dann darf der Richter auch nicht von einem solchen Tatbestand ausgehen. Ein Gericht, schreibt Kaufmann, könne sich nämlich nicht an die Stelle eines maßgeblichen Fachkreises setzen und einem behaupteten Naturgesetz zur strafrechtlichen Anerkennung verhelfen. Gesicherte Erkenntnisse sind also verbindlich, ungesicherte dürfen der juristischen Entscheidung nicht zugrunde gelegt werden. Wo Naturwissenschaften streiten, muß auch die Justiz unschlüssig bleiben, darf sich weder auf die eine noch auf die andere Seite schlagen.

Die Konsequenz dieser Auffassung liegt auf der Hand: Auf den modernen Gebieten der Naturwissenschaften, dort wo gesellschaftliche Zukunftsfragen mitentschieden werden und Naturwissenschaftler regelmäßig im Clinch miteinander liegen, wäre Strafrecht zum Zuschauen verurteilt. Es entstünden rechtsfreie Räume, innerhalb derer bestimmte Sachverhalte einer juristischen Kontrolle entzogen wären. Und damit stünde der Willkür Tür und Tor offen. Denn wer stellt die maßgeblichen Fachkreise? – Ohne Frage die Wirtschaft. Sie rüstet die Institute und die Fachbereiche an den Universitäten aus, macht sie leistungsstark und ihre Chefs einflußreich. Auf die großen Namen greift man zurück, wenn man die maßgeblichen Fachkreise meint. Und die, das hat das Holzschutzmittel-Verfahren zur Genüge gezeigt, singen das Lied ihrer Sponsoren. Da hätten Außenseiter keine Chance. Ihre Argumente würden noch nicht einmal gehört.

Und selbst, wenn auf einem Sondergebiet einmal neue Namen zum Zuge kämen, mit neuen, den Matadoren der Grunddisziplin nicht genehmen Erkenntnissen: Wie schnell hätten die Konzerne nachgezogen, hätten über zwei oder drei Gegenstudien den Sachverhalt streitig gestellt! Schon wäre die Justiz wieder außen vor, wären die Verantwortlichen von der Haftung befreit.

Ganz schön blauäugig, was sich Armin Kaufmann da ausgedacht hat. Und reichlich bescheiden war er als Angehöriger der Rechtswissenschaften auch. Hat er anhand des Contergan-Prozesses nicht gemerkt, daß Richter sehr wohl in der Lage sind, auch innerhalb eines medizinisch-toxikologischen Dschungels zwischen wahr und unwahr zu unterscheiden? Hat er nicht gesehen, daß auch Naturwissenschaften nur mit Wasser kochen und bei ihrer Entscheidungsfindung oft gar nicht auf eine einschlägige Zauberformel zurückgreifen können, sondern sich allein bei der Logik, der Vernunft und der allgemeinen Lebenserfahrung bedienen müssen und der Justiz daher in keinster Weise überlegen sind? Wie dem auch sei, der Aufsatz von Armin Kaufmann ist fast dreißig Jahre alt. Er sei dem Autor verziehen, aber er gehört ins Archiv.

Noch kurz zu einem letzten Argument der Produkthaftungsgegner. In arbeitsteilig organisierten Unternehmen, heißt es, sei die Verantwortlichkeit für bestimmte Schäden gar nicht mehr feststellbar. Im großen Räderwerk, wo praktisch jeder Ursache und Wirkung zugleich sei, fehle es an einer für die strafrechtliche Haftung typischen Zurechenbarkeit.

Das Holzschutzmittel-Verfahren kannte dieses Problem nicht. Es gab zwei Geschäftsführer, die den Betrieb gemeinschaftlich leiteten.

Innerhalb größerer Wirtschaftseinheiten ist das im Prinzip nicht anders. Die verwirrenden Organigramme dieser Unternehmen können nicht darüber hinwegtäuschen, daß die im Rahmen der Produkthaftung relevanten Entscheidungen regelmäßig ganz oben gefällt werden. Dort sitzen die Verantwortlichen, und dort müssen auch im Schadensfalle die Schuldigen gesucht werden. Immer dem Geld nach. Wer die große Knete abzockt, hat auch das Sagen im Betrieb und ist damit auch verantwortlich für dessen Fehler.

Daß auf diese Weise hin und wieder mehrere ins Visier der Justiz geraten, liegt in der Natur der Sache. Der betreffende Einwand der Gegner einer strafrechtlichen Produkthaftung erweist sich einmal mehr als Luftnummer: In den großen Unternehmen verschwinden nicht etwa Verantwortlichkeit und Schuld, sondern es erhöht sich im Gegenteil die Zahl der Verantwortlichen und potentiell Schuldigen.

So gesehen erscheint die strafrechtliche Produkthaftung als eine legitime und machbare Angelegenheit. Doch damit ist das Thema noch nicht erledigt. Es stehen noch andere Einwände im Raum. Sie werden aber immer noch nicht offen diskutiert, denn sie liegen den Juristen nicht, weil sie nicht ins klassische Bild passen.

Wir sind anläßlich der Durchsuchung der zweiten Firmenmutter im Sommer 1994 darauf gestoßen. Zu dieser Aktion hatten wir die Computerspezialisten des Bundeskriminalamtes mitgenommen, weil wir davon ausgegangen waren, daß wichtige Informationen neuerdings nicht mehr in Leitz-Ordnern abgeheftet, sondern auf Festplatten gespeichert sind. Das traf dann auch zu. Im PC-Dschungel wurden die Wiesbadener Spezialisten fündig. In einem internen Firmenvermerk hieß es: „Das Holzschutz-Verfahren muß mit allen rechtlich zulässigen Mitteln verhindert werden. Wenn uns das nicht gelingt, dann brechen die Dämme."

Kaufleute sind keine Dummköpfe. Sie sondieren ihr Terrain sorgfältig, machen sich kundig auch bezüglich zukünftiger Chancen und Risiken. Anders können sie nicht erfolgreich sein.

„Dann brechen die Dämme." Das ist richtig gesehen worden. Holzschutzmittel stehen für viel mehr als nur für Holzschutz. Sie stehen für eine große Zahl toxischer Produkte, die frei verkäuflich und überall verbreitet sind. Sie reicht von Haushaltschemikalien über Kosmetika und Medikamente bis hin zu Kinderspielzeug und Baustoffen. Permethrin-haltige Elektroverdampfer, chlorhaltige Deodorantsprays, Beißringe und Knuddeltiere mit hohen Anteilen an Weichmachern gehören ebenso dazu wie belastete Konserven, genmanipuliertes Gemüse und verseuchtes Fleisch. Und toxische Produkte stehen wieder für allgemein gefährliche Produkte, für Autos beispielsweise. Auch außerhalb der toxikologisch relevanten Emissionsproblematik handelt es sich bei ihnen um gefährliche Gebrauchsgegenstände, wie die Unfallstatistiken zeigen. Und schließlich: Warum soll das alles nur für Produkte gelten? Gleichberechtigt daneben stehen gefährliche Abfälle ebenso wie risikoreiche Verfahren und gefährliche Technologien.

Das Holzschutzmittel-Verfahren steht für moderne Schäden und öffnet damit dem Strafrecht die Tür zum Alltag der Industriegesellschaft. Es kriminalisiert deren Normalbetrieb. Es lenkt den Blick auf die Tatsache, daß die flächendeckende Technisierung und Chemisierung unseres Lebens, denen wir das verdanken, was wir gemeinhin als hohen Lebensstandard bezeichnen, eine Kehrseite hat, nämlich die Bedrohung durch gefährliche Stoffe und riskante Verfahren. Das sind Gefahren, die nicht nur auf dem Papier stehen, sondern die sich von Zeit zu Zeit auch realisieren, also in einen Schaden umschlagen, wobei diese Schäden allerdings bis heute strafrechtlich so gut wie nicht und zivilrechtlich nur zum Teil sanktioniert werden. Die großen rechtlichen Freiräume erklären sich einmal dadurch, daß traditionsbedingt bestimmte gesellschaftliche Bereiche prozessual noch nicht erschlossen, also für juristische Auseinandersetzungen noch tabu sind, und zum anderen – beides hat miteinander zu tun – über die enormen Beweisschwierigkeiten, die zu Lasten von Kläger beziehungsweise Ankläger gehen und entsprechende Prozesse so wenig aussichtsreich erscheinen lassen. Das ist im Holzschutzmittel-Verfahren ja überdeutlich geworden. Und jetzt kommen ausgerechnet diejenigen, die diesen Prozeß geführt haben und sagen: Die Zeit ist reif für die Befassung der Gerichte mit dieser Problematik. Nachweise sind führbar!

Dann brechen die Dämme! Dieser Satz ist nur vor dem Hintergrund unserer modernen gesellschaftlichen Verhältnisse zu verstehen. Wir sind, sagen manche, eine Industriegesellschaft im Übergang zur Informationsgesellschaft. Ulrich Beck hat dem Kind noch einen anderen Namen gegeben. Seinen 1986 erschienenen Bestseller hat er „Risikogesellschaft“ genannt. Dieser Titel hat Karriere gemacht. Nicht weil das Buch so faszinierend gewesen wäre. Das kann kaum jemand beurteilen, weil das Buch kaum jemand gelesen hat. Soziologendeutsch wird eben nur von Minderheiten verstanden. Es ist die Wortschöpfung des Buchtitels, die das Werk so berühmt gemacht hat. Endlich war ein Begriff populär geworden, der auf die gesellschaftlichen Verhältnisse paßte wie die Faust aufs Auge, da waren sich fast alle Systemanalytiker einig. Den Kritikern war er Beleg dafür, daß die Risiken überhand genommen hatten und zur Abwertung des Systems führten. Die Befürworter vereinnahmten den Begriff unter anderen, nämlich positiven Vorzeichen ebenfalls für sich: No risk, no fun. Die Logik des Free-Climbing als Grundlage einer modernen Gesellschaftsordnung.

Wir sind eine Risikogesellschaft. Die Gefahren lauern an allen Ecken und Enden. Kleine und große. Bagatellgefahren und existentielle Gefahren: Ein Super-GAU in Biblis könnte – die entsprechende Wettersituation unterstellt – unser Land auf unabsehbare Zeit unbewohnbar machen.

Aus der Ecke der Risikogesellschaft schlägt der strafrechtlichen Produkthaftung ein großes Unbehagen entgegen. Ist es nicht ausgesprochen inkonsequent, daß eine Gesellschaft, die sich für das Risiko entschieden hat, im nächsten Moment – das heißt im Crash-Fall, wenn etwas schiefgegangen ist – nach dem Staatsanwalt ruft? Muß, wer A sagt, nicht auch B sagen? Sind also in einer Risikogesellschaft die Risiken und folgerichtig auch die aus den Risiken entstehenden Schäden nicht hinzunehmen?

Welche Logik steckt hinter der Risiko-These? Warum eigentlich sind Risiken zu akzeptieren? Weil es einen attraktiven Ausgleich gibt, lautet die Antwort. Beispielsweise in Gestalt der Grundbedingungen für das Funktionieren unseres Produktions- und Konsumsystems. Sind nicht die Kontaminationen durch giftige Chemikalien, oder der Einsatz risikoreicher Technologien elementare, mithin unverzichtbare Bestandteile unseres Wirtschaftssystems? Liefe der Laden denn überhaupt, wenn nicht hier und da Abstriche an Sauberkeit und Sicherheit gemacht würden? Als Voraussetzung für billige Produkte, die wiederum Voraussetzung sind für Massenkonsum? Wären risikoarme oder gar risikofreie Produkte überhaupt bezahlbar? Das Auto, das alle Unfälle übersteht und die Umwelt nicht belastet, wäre vielleicht herstellbar, bezahlbar für die Masse wäre es indessen nicht.

Die vielgeschmähten Holzschutzmittel: Sie waren trotz ihrer hohen Wirksamkeit unter anderem deswegen so preisgünstig, weil als Fungizid ungereinigtes PCP Anwendung fand. Selbstverständlich hätte man die Verbindung von Dioxin befreien können, aber das wäre teuer gekommen. Dann wäre mangels Nachfrage das kleine Wirtschaftswunder am Niederrhein wohl ausgeblieben.

Oder, um einmal über den Tellerrand der Nut- und Federbretter hinauszuschauen, ein Blick auf den Energiesektor: Strom aus Kohle oder Atom ist nur deswegen so billig, weil wir Emissionen und Entsorgungskosten nicht einbeziehen. Die mögen andere – später – bezahlen. Wenn wir heute schon auf den Kohlestrom die Kosten für die CO_2-Emissionen und auf den Atomstrom die der 500.000jährigen Betreuung der Endlager aufschlagen würden, wäre dieser Strom so teuer, daß er als Treibstoff unserer Wirtschaft ausfallen würde. Gibt es Wohlstand also nur für Mutige, für Gesellschaften, die Risiken in Kauf nehmen? – Eine Milchmädchenrechnung! Was ist eigentlich mit den Schäden, die als Folge der Risiken auftreten? Wenn von Risiko die Rede ist, werden die daraus mit Sicherheit entstehenden Schäden gerne ausgeblendet. Sie müssen getragen werden. Ein kleiner oder großer Teil der Konsumenten zahlt am Ende die Zeche. Die ist oft sehr hoch und neutralisiert die anderen Vorteile mehrfach.

In diesem Zusammenhang muß noch einmal an das Beispiel der erkrankten Holzschutzmittel-Anwender erinnert werden, die für ihre preisgünstigen und scheinbar guten Produkte Jahre später einen extrem hohen Zusatzpreis zahlten, wie das IFO-Institut errechnete. Ein Literpreis von 450 DM aber hätte sich von Beginn an nicht gerechnet.

Professor Schönhöfer vom Betanien-Krankenhaus in Bremen kennt ein anderes Beispiel für die Unhaltbarkeit der Risiko-Logik: Noch immer vertreibt die pharmazeutische Industrie Kombi-Präparate als Schmerzmittel. Sie sind ein Renner, beleben die Wirtschaft, schaffen oder sichern Arbeitsplätze, sorgen für guten Profit, machen allerdings auch krank. Thomapyrin N zum Beispiel enthält Paracetamol und Acetylsalicylsäure (ASS) nebst Koffein. Die Forschung ist sich einig: ASS vermindert die Durchblutung der Nieren und Paracetamol wird im Körper in gefährliche Metaboliten umgewandelt, an denen sich mangeldurchblutete, also funktionseingeschränkte Nieren die Zähne ausbeißen: sie werden krank. Von den jährlich 56.000 Fällen mit Nierenversagen in Deutschland gehen 10 bis 20 Prozent auf den Kombi-Schmerzmittel-Konsum zurück. Von diesen Mitteln werden pro Jahr 24 Millionen Packungen verkauft. Die Folgekosten für die Betroffenen, auch für die Gesellschaft, übersteigen selbst den entsprechenden Umsatz der Hersteller: 600 Millionen bis 1,2 Milliarden DM. Dazu kommt noch, daß zehn Prozent der Personen mit Nierenversagen an Krebs der ableitenden Harnwege erkranken, weil die bei der Verstoffwechselung des Paracetamols entstehenden hochreaktiven Benzochinone dem DNA in der menschlichen Zelle massiv zusetzen.

Unterm Strich endet auch in dieser Angelegenheit die Sache im Chaos.

Professor Manz aus Hamburg kritisiert den Umgang mit Asbest. Die deutsche Industrie hat diesem hochproblematischen Werkstoff lange die Treue gehalten. Sie hat das damit verbundene Risiko in Kauf genommen und auf die Entwicklung von Ersatzstoffen verzichtet. Jetzt wird für die mit oft dreißigjähriger Latenzzeit entstehenden Lungenkrebserkrankungen und Asbestosen teuer bezahlt. „Zudem“, sagt Manz, „kaufen wir heute für viel Geld die Patente auf die Nachfolgeprodukte aus Amerika.“ Auch insoweit rechnet sich die Entscheidung zugunsten des Risikos nicht.

Nein, das Land versinkt nicht im Chaos, wenn man ihm seine großen Risiken kappt. Im Gegenteil: Es ist wie beim Warentermingeschäft: Es lohnt sich nicht, denn der Spieler verliert fast immer. Aber es lohnt sich, in die Technologie zur Erzeugung sauberer Sonnenenergie zu investieren, statt Kohleförderung und damit deren klimazerstörende und luftverschmutzende Verstromung zu subventionieren.

Risikogesellschaften werden oft auch als Garant des Fortschritts legitimiert. Fortschritt beinhaltet immer Risiken. Jeder Schritt auf unbekanntes Terrain bringt Unwägbarkeiten. Wer den Fortschritt will, muß Risiken in Kauf nehmen, egal wie sorgfältig er arbeitet.

Beispiel Fluorchlorkohlenwasserstoffe. Die in den zwanziger und dreißiger Jahren entwickelten Verbindungen galten als Glücksgriff der Chemiker: nicht toxisch, nicht brennbar, äußerst stabil – ideal geeignet als Kältemittel oder Aufschäumer. Kein Mensch dachte seinerzeit über die Frage nach, was die FCKWs nach ihrer Freisetzung in der Atmosphäre anstellen. Niemand hatte ins Kalkül gezogen, daß das Gas allmählich in die höheren Luftschichten aufsteigt. Und niemand war auf die Idee gekommen, daß es in 30 oder 50 Kilometern Höhe der Ozonschicht zusetzen und die Erde in arge Bedrängnis bringen könnte. Trotz der schlimmen Folgen: Die FCKW-Katastrophe war kaum zu verhindern, denn sie war praktisch nicht vorhersehbar. Nachher ist man immer klüger.

Sollte das eine Angelegenheit strafrechtlicher Haftung sein? Sollten die unglücklichen Wissenschaftler auch noch vor den Kadi zitiert werden? Sicher nicht.

Das Produkt-Strafrecht zielt auf ganz andere Fälle ab. Es sind Fälle, in denen Risiken bewußt und zu Lasten anderer eingegangen werden, Schäden Dritter entweder auf der Grundlage bodenlosen Leichtsinns zustande kommen oder billigend in Kauf genommen werden. Fälle, in denen die Risiken regelmäßig vermeidbar, zumindest minimierbar, überflüssig und unverhältnismäßig sind. Und gegenüber den Betroffenen verschwiegen oder heruntergespielt werden.

Das Holzschutzmittel-Verfahren bündelt all diese Elemente: Die Holzschutzmittel waren in Wohninnenräumen ohne Nutzen; die Wirkstoffe billig, weil ungereinigt, damit extrem giftig, und den Kunden verschwieg man bis zum Schluß die Gefahren.

Ein neuer Skandal empfiehlt sich ebenfalls für das moderne Strafrecht: die Silikon-Katastrophe. Sie ist, wie viele der hier interessierenden Angelegenheiten, eine schleichende Katastrophe. Mehr als 600.000 Menschen sind in den Vereinigten Staaten krank geworden, nachdem ihnen als medizinische Rehabilitationsmaßnahme im Gefolge von Amputationen oder als verschönerungschirurgische Maßnahme Silikon implantiert worden war. Es gibt eine Reihe von Anhaltspunkten dafür, daß Hersteller und Ärzte früh wußten, daß der Organismus den fremden Kohlenwasserstoff nicht verträgt. Aber die Geschichte geht munter weiter, denn mit ihr wird eine Menge Geld verdient.

Noch einmal zurück zu den FCKWs, damit keine Mißverständnisse entstehen: Dieser Komplex ist nicht für alle Zeiten strafrechtlich tabu. Wer heute noch diese Chemikalie unter Verletzung der internationalen Übereinkünfte herstellt, verkauft oder anwendet, gehört ohne Zweifel hinter Schloß und Riegel.

Auf die solchermaßen Verantwortlichen zielt die strafrechtliche Produkthaftung ab, nicht auf die redlichen Wissenschaftler, die sich um zukunftsfähige Fortentwicklung ihrer Disziplin bemühen. Die Täter im Sinne des modernen Strafrechts sind nicht nach vorne orientiert, sondern rückwärts; es sind, wie es in den Medien über die beiden Geschäftsführer der Holzschutzmittel-Firma hieß, „Manager von gestern".

Neue Disziplinen treten meist zurückhaltend auf, sind vorsichtig und leise, agieren lieber aus der Defensive heraus. Das ist nachvollziehbar, denn sie sind der Störenfried und stehen unter Erklärungszwang. Kein Wunder also, daß bei der Diskussion der strafrechtlichen Produkthaftung die kritischen Stimmen so sehr im Vordergrund stehen.

Aber sollte der Neuling mittlerweile nicht viel selbstbewußter auftreten können? Liefert nicht gerade das, was zuvor zur Risikogesellschaft gesagt wurde, beste Gründe für eine eigene Offensive? Weil wir mobil sein wollen, unsere täglichen Aufgaben lieber per Knopfdruck erledigen und uns körperlich wie geistig nicht mehr anstrengen wollen, haben wir uns der Technik ausgeliefert. Und damit meist ungewollt auch der Gefahr. Die schlägt sich – gerade wenn die fraglichen Produkte und Methoden flächendeckend verbreitet sind beziehungsweise angewendet werden – in zahlreichen Schadensfällen nieder. Contergan- und Holzschutzmittel-Verfahren machen die Dimensionen deutlich:

8.000 mißgebildete Kinder wurden allein in Deutschland als Folge der vierjährigen Vertriebszeit des Thalidomid-haltigen Schlafmittels geboren, viele starben kurz nach der Geburt. Auf 240.000 schätzt die Interessengemeinschaft der Holzschutzmittel-Geschädigten die Zahl der Menschen, die nach dem Kontakt mit den biozidhaltigen Mitteln krank geworden sind. Die neuen Fälle signalisieren keine Entwarnung, eher Eskalation.

Pyrethroide: Allein während des kurzen Golfkrieges hat es 100.000 amerikanische Soldaten chemisch erwischt. Die weltweit steile Karriere dieser Verbindung gibt Anlaß zu weiteren Befürchtungen.

Amalgam: Auf ein bis zwei Millionen schätzt Max Daunderer die Zahl der deutschen Schwermetallkranken.

Bei Verletzung von Individualrechtsgütern werden Strafrechtler hellwach, das ist ihr Metier. Hinzu kommt die Verlockung der großen Zahl. Ob ein Mensch verletzt oder getötet wird oder tausend betroffen sind – das ist schon ein Unterschied. Und schließlich sind unsere wertvollsten Rechtsgüter betroffen, wo es um tote und kranke Menschen geht: Leben und körperliche Unversehrtheit. Solche Dinge mögen Strafrechtler viel lieber als bloße Gefährdungsdelikte, wo viel Lärm gemacht wird und – noch – nichts passiert ist.

Vom Rechtsgut her gesehen ist das alles Strafrecht pur. Dem einfachen Mord widmen wir uns mit Hingabe. Der erschossene Polizist, das erdrosselte Kind, der erstochene Immobilienmakler – Justiz und Medien bereiten sie alle feierlich auf. Viel Arbeit und Sorgfalt setzen Polizei und Staatsanwaltschaft in die Aufklärung des Verbrechens. Hochformalisiert ist dann die wochen- und monatelange Gerichtsverhandlung vor einer neugierigen Öffentlichkeit. Medien berichten in großer Zahl und selbst der „Spiegel“, für den es eigentlich wichtigeres geben müßte, ist mit regelmäßiger Berichterstattung über „Strafjustiz“ dabei.

Ein Tatopfer, auch mal zwei, selten mehr: Eine komplette Gesellschaft nimmt Anteil am klassischen Verbrechen. Im Vergleich dazu fast unbemerkt wird Menschen massenhaft körperliches und seelisches Leid zugefügt durch Lösemittelbelastungen am Arbeitsplatz, Schwermetall-haltige Zahnfüllstoffe oder durch überhöhte Ozonwerte in der Atemluft. Contergan und Holzschutz – da war wenigstens eine kleine Öffentlichkeit präsent, und da berichteten die Medien in beachtlichem Umfang. Daß das nur die Spitze des Eisbergs war, daß mittlerweile 15 Prozent aller Erkrankungen in den Industrieländern auf Produkt- beziehungsweise Umwelteinflüsse zurückzuführen sind, wie amerikanische Ärzte glauben – also menschgemacht sind und praktisch als Ergebnis strafbarer Handlungen erscheinen –, wird nicht registriert.

Das Strafrecht ist zudem blind dafür, daß über die schleichende Vergiftung der Bevölkerung ganz allmählich das Überleben der gesamten Art zur Disposition gestellt wird. Auf dem Fertilitätssektor schrillen schon die Alarmglocken: Pseudo-Hormone in Form von Pestiziden aus Pflanzenschutzmitteln – mehrere Dutzend glaubt man mittlerweile entlarvt zu haben – beeinträchtigen markant die Fruchtbarkeit von Menschen und Tieren. Schon die Holzschutzmittel-Wissenschaftler hatten darauf hingewiesen, daß die hormonellen Störungen ihrer Patienten auf den Einfluß von Dioxinen zurückgeführt werden könnten, deren Struktur so sehr derjenigen der Schilddrüsenhormone ähnelte und die deshalb als endokrinologische Störer in Betracht zu ziehen waren. Wenn aber die Fortpflanzung der Menschen auch nur für ein halbes Jahrhundert unterbrochen wird, stirbt die Art aus.

Was immer mehr Wissenschaftler aktiv werden läßt, berührt die Justiz wenig. Noch steigt die Lebenserwartung der Menschen – jedenfalls in den Industrieländern. Daß aber gleichzeitig die sogenannten Allgemeinbeschwerden zunehmen, wird nicht zur Kenntnis genommen. Unser Milliarden DM teurer Medizinapparat steht für Versorgungssicherheit, als Gefahrensignal wird er nicht verstanden. Daß die Lebensgrundlagen der Menschen insgesamt immer mehr beeinträchtigt werden, ganze Ökosysteme wie beispielsweise die tropischen Wälder – aber nicht nur diese – in den Kollaps schlittern, um mit einer Schleppe von Sekundärwirkungen ein gigantisches Vernichtungswerk sowohl in der Atmosphäre als auch in den Ozeanen in Gang zu setzen, ist bisher im Strafrecht unberücksichtigt gelassen worden.

Wir zelebrieren immer noch den klassischen Mord und ignorieren die Vernichtung der gesamten Art. Und das, obwohl es sich dabei nicht, wie manche glauben machen wollen, um einen Selbstmord handelt. Dieses Argument ist zynisch. Es soll die Täter entlasten, von denen es stammt. Sie glauben, noch heil über die Runden zu kommen und haben sogar noch beste Chancen. Die Masse derjenigen aber, die ins Gras beißen werden, ist heute noch nicht geboren – und damit unschuldig.

Die Beeinträchtigung unserer wertvollsten Rechtsgüter muß das Strafrecht auf den Plan rufen. Ein weiteres essentielles Element vieler Produktschadensfälle – oder sagen wir besser: der modernen Massenschäden – gehört ebenfalls zur Grundausstattung des Strafrechts: Schuld. Wir reden von Schuldstrafrecht und meinen, daß Täter nur bestraft werden, wenn ihnen die Tat zum Vorwurf gemacht werden kann. Das Schuldmaß bestimmt schließlich das Strafmaß. Und das Maß der Schuld hängt beispielsweise vom Ausmaß der verursachten Schäden, aber auch von den Motiven des Täters und der Gesinnung, die aus der Tat spricht, ab.

Habgier, Bereicherungsabsicht und niedrige Beweggründe sind zentrale Begriffe unseres Strafrechts. Sie machen den Totschlag zum Mord und sind auch in anderen Fällen bei der Schuldbewertung von elementarer Bedeutung. Wer aus Not stiehlt, kommt vor jedem Gericht unseres Landes besser weg als der gutbezahlte Banker, der eine Flasche Champagner an der Kasse vorbeischmuggeln will.

Habgier und niedrige Beweggründe tauchen in den klassischen Produkthaftungsfällen immer wieder auf. Contergan wurde noch verkauft, als seine schädigende Wirkung längst bekannt war, denn es war ein Goldesel. Auf Rückruf- und Warnaktionen bezüglich der giftigen Holzschutzmittel wurde verzichtet, um die weiteren Geschäfte nicht zu stören und um sich keinen Ersatzansprüchen auszusetzen. Pestizide stehen für einen Milliardenmarkt und deshalb schönt man ihre toxikologischen Daten. Silikon ist im Zeitalter der genormten Körper ebenfalls ein Verkaufsschlager mit garantiertem Millionenprofit. Den will man nicht gerne durch Aufklärung der Patienten gefährden. Und Rinder, die mit billigen Tierabfällen gefüttert werden, sind natürlich preisgünstiger anzubieten und besser zu vermarkten als die teuren Stücke von der Ökoweide.

Produkthaftungsfälle sind schuldgeneigt. Sie spielen auf der Bühne der Marktwirtschaft und unterliegen der Logik des Profits. Für den tun wir alles, für den machen wir uns die Hände schmutzig, sogar blutig. Massenhaft Schuld findet sich in vielen dieser Fälle. Auch unter diesem Aspekt sind sie keine Peanuts. Einmal mehr ist das Strafrecht eingeladen.

Es sollte die Chance nützen, auch weil es dann endlich einmal die Möglichkeit hat, effektiv zu sein. Der Widerstand einer ganzen

Branche gegen das Holzschutzmittel-Verfahren signalisiert, wie empfänglich die neuen Adressaten für die Diktionen der Justiz sind. Was bei Angehörigen unterer sozialer Schichten – dem immer noch größten „Kundenkreis" des Strafrechts – nicht funktioniert, das klappt offensichtlich in den Zirkeln der weißen Kragen: die Beeinflussung menschlichen Verhaltens durch Strafrecht, die Verhinderung von Straftaten durch Abschreckung. Während die Schwachen und Kleinen, wie die unverändert hohen Rückfallzahlen zeigen, auf die Drohungen mit Prozessen und Strafen kaum noch reagieren, weil die Fallhöhe zwischen Trinkhalle und Knast nicht besonders groß ist, hat die Oberschicht vor dem Strafrecht Angst.

Schlimm genug, daß man schon als Nieten beschimpft wird. Als Kriminelle will man sich aber nicht abstempeln lassen. Das geht ans Geld. Das ruiniert das Image. Das verträgt sich nicht mit dem gewaltigen Machtanspruch der Männer in Nadelstreifen. Echte Kriminalität wirksam bekämpfen, das ist der Traum des Strafrechts.

Zum Schluß die Frage: schafft die Justiz das? Wird sie in der Lage sein, mit den modernen Delikten unserer Industriegesellschaft fertig zu werden? Mit den Straftaten, die oftmals unter dem Deckmantel komplizierter naturwissenschaftlicher Zusammenhänge und zusätzlich abgesichert durch unverdächtige, nämlich sozial gebräuchliche Handlungsmuster begangen werden? Kann sie dem technischen Fortschritt auf den Fersen bleiben, ihn überwachen, seine Risiken mindern und die enormen kriminellen Anreize, die er bietet, unter Kontrolle halten?

Wird die Justiz überhaupt bereit sein, den neuen Gegner zu akzeptieren, der so gar nicht dem klassischen Rechtsbrecher entspricht, weil er in Loden statt in Lumpen auftritt?

Wird sie vielleicht schon früh der Mut verlassen angesichts eines weiteren, für das Strafverfahren atypischen Tatbestandes: des Machtungleichgewichtes zu Lasten der Strafjustiz, das im Holzschutzmittel-Verfahren durch gut besetzte Verteidigerbänke, zahlreiche Helfer, ein eigenes Prozeß-Journal und sogar zwei eigene Stenographen so eindrucksvoll dokumentiert wurde?

Eine Strafjustiz, die sich auf diesem Gebiet eine realistische Chance ausrechnen wollte, müßte umfangreiche Kenntnisse in naturwissenschaftlichen Disziplinen haben, müßte mutig, kreativ, modern und flexibel sein. Hat sie das, ist sie das?

Machen wir uns einmal umfassend kundig. Was hält man draußen im Land von der Disziplin und ihren Akteuren? Die dort eingeholten Auskünfte sind vielleicht viel aussagekräftiger als alle wissenschaftlichen Analysen.

Die Gesellschaft hat ein ambivalentes Verhältnis zu ihren Juristen. Sie liebt sie und sie haßt sie. Sie nennt sie Rechtsverdreher. In diesem Begriff stecken gleichermaßen Abscheu und Bewunderung. Hochachtung vor denen, die mit den dicken Gesetzbüchern und komplizierten Gesetzestexten umgehen können, und Verachtung für diejenigen, die allein mittels Wortakrobatik jedes gewünschte Ergebnis erzielen.

Der Schriftsteller und Satiriker Ludwig Thoma äußert sich da schon etwas entschiedener: „Er war von Berufe ein Einser-Jurist und auch ansonsten von bescheidenem Verstande", beschreibt er eine seiner Romanfiguren. Der Herr der komplizierten Texte und rhetorischen Künste – ein intellektueller Versager, ein Dummkopf gar?

Noch kürzer, aber gleichermaßen vernichtend fällt die Kritik Werner Bokelmanns aus, eines Juraprofessors aus Bremen, der sich allerdings ins ferne Neuseeland zurückgezogen hat: „Juristen sind die Beharrlichsten der Konservativen."

Im Zentrum der Juristenkritik stehen die Staatsanwälte. Das muß hier ganz besonders interessieren, sind sie doch der Joker jeder Strafrechtsgeschichte: Wo kein Kläger, da kein Richter. Was sie nicht ermitteln und anklagen, kommt vor kein Gericht.

Die Staatsanwaltschaft, sagt man, ist die objektivste Behörde der Welt. Das ist zweifellos ein Kompliment. Allerdings heißt es aber auch: Die Staatsanwaltschaft ist die Kavallerie der Justiz – dumm, aber schneidig. Und das wiederum tut dem einen oder anderen der Angesprochenen weh. Mir beispielsweise hat die These, in modifizierter Form und live serviert, ganz am Anfang meiner Laufbahn einen gehörigen Schrecken eingejagt. Seinerzeit war ich im Aufzug des Gerichtsgebäudes D auf dem Weg zur Kantine Zeuge eines Gesprächs zwischen drei jungen Assessoren, vermutlich angehenden Richtern. Eine Dame berichtete von ihrem Bruder, der nach bestandenem Examen gerade in die Dienste der Hamburger Staatsanwaltschaft getreten sei. Das habe sie am Wochenende der in Hannover lebenden Mutter erzählt. Die habe daraufhin ganz überrascht reagiert und gefragt: „Ist er denn so gut?" Daraufhin brach im Aufzug ein ohrenbetäubendes Gelächter aus, das sich wahrscheinlich dauerhaft in mein akustisches Gedächtnis gegraben hat. Denn bis dahin kannte ich nur den Spruch von der Staatsanwaltschaft als der objektivsten Behörde der Welt.

Die drei im Aufzug stehen mit ihrer Auffassung von der Staatsanwaltschaft als einer eher unterbelichteten Größe nicht allein. Noch immer gehört ein betont kritisches Verhältnis gegenüber den staatlichen Strafverfolgern zum guten Ton innerhalb aufgeklärter, liberaler Kreise. In der ersten Reihe der Kritiker stehen die Journalisten. Von Gerhard Mauz, einem ihrer angesehensten Vertreter mit juristischen Vorkenntnissen und einem großen Erfahrungsschatz aus vielen Stunden in deutschen Gerichtssälen, und Gisela Friedrichsen, seiner Nachfolgerin als Justizberichterstatterin beim „Spiegel", stammen die pointiertesten Anmerkungen und die herbsten Kritiken. Da ist schon mal die Rede von Staatsanwälten, die bis zur Blödheit vereinfachen und von solchen, die nicht nur an Jahren jung sind. Und da heißt es über die Staatsanwaltschaft, sie sei die Panzerdivision des Vorurteils, der Emotionen und des blinden Zorns.

Auffällig auch, wie schlecht die Strafverfolger in Fernseh- und Kinofilmen wegkommen. Der unbeholfene Staatsanwalt mit Halbglatze und Mondgesicht als ewiger Verlierer im Kampf gegen den attraktiven Sunnyboy-Verteidiger in Jeans und ungebügeltem Sakko beherrscht den amerikanischen Film; der überordentliche, schon etwas ältere Kollege, der mit schneidender Stimme stets die Höchststrafe fordert und anschließend von einem besonnenen Gericht die Quittung erhält, hält in deutschen Produktionen immer noch die Stellung.

Mit einem Teil der Kritik kann man als Staatsanwalt leben. Wer, wie Mauz und Friedrichsen seine ganze Energie in die Entschuldigung der Täter steckt, wer sein Mitgefühl grundsätzlich der Verbrecherseite widmet und Schweinereien gerne als Ergebnis höherer Gewalt interpretiert, der braucht für die bei der Beschäftigung mit den schlimmen Taten seines Klientels notwendigerweise entstehenden Aggressionen ein anderes als das übliche Ventil. Daß daraus in Richtung Staatsanwaltschaft geschossen wird, ist nur zu verständlich. Und Filme haben bekanntermaßen ihre eigenen Gesetze.

Trotzdem: Die Abneigung gegen Strafverfolger, die zum Teil herbe Kritik an ihrer intellektuellen Fähigkeit und rechtsstaatlicher Verläßlichkeit ist auffällig weit verbreitet. Aber das soll zunächst einmal einfach so zur Kenntnis genommen werden.

Sondieren wir weiter. Wie wird man eigentlich Staatsanwalt? Kann man vielleicht schon aus dem Werdegang auf die späteren Erfolge oder Mißerfolge schließen?

Staatsanwälte, wie auch Richter und Rechtsanwälte, haben Rechtswissenschaften studiert. Obwohl der Staat massenhaft

Juristen ausbildet, schenkt er der Qualität der Ausbildung wenig Aufmerksamkeit. Noch immer läuft diese zweispurig. Zehn, zwölf oder vierzehn Semester Universitätsstudium und danach ein zweijähriger sogenannter Vorbereitungsdienst. Das Studium orientiert sich kaum an der Praxis. Die Studenten sollen die Dogmatik kennenlernen, sich mit den Denkweisen der Disziplin vertraut machen und das Prinzip der Rechtsanwendung verstehen. Und das heißt bis heute: Lernen anhand der alten Fälle.

Da ist zum Beispiel der Rose-Rosahl-Fall, der die Studenten mit der strafrechtlichen Irrtumsproblematik vertraut macht. Das Preußische Obertribunal hat ihn entschieden, 1855. Herr Rosahl beauftragte seinerzeit den Herrn Rose, Herrn Schliepe zu erschießen. Rose erschoß aber den Harnisch, den er irrtümlich für den Schliepe hielt. Pech für Harnisch, Glück für Schliepe – Glück auch für Rose und Rosahl? Ein schöner Fall, aber nicht mehr up to date. Den modernen Killern passiert das nicht mehr.

Oder der vielseitig abgewandelte Wilderer-Fall. Stets durchstreift ein Unberechtigter fremde Reviere, legt Schlingen, fängt Hasen oder Rehe, wird erwischt oder kann mit prallem Rucksack fliehen. Im deutschen Forst geht der Punk ab. Immer noch, obwohl der moderne Forstmann für jedes tote Reh, ob gewildert oder ordnungsgemäß erlegt, mehr als dankbar ist. Denn das Rotwild frißt dem Wald die jungen Bäume und damit den Nachwuchs weg. Horst Stern hat es schon vor über zwanzig Jahren gesagt: „Bambi ist ökologisch gesehen zum gefräßigen Reh geworden." Das Thema aber kommt in den Klausuren der Jurastudenten nicht vor.

Die Referendarzeit, die sich an das Studium anschließt, ist für viele angehende Juristen der erste Echt-Kontakt mit der Praxis – nicht selten eine schmerzhafte Erfahrung, auch weil sie deutlich macht, daß man zuvor sechs Jahre lang jede Menge Realität ausgeblendet hat. Bei der Staatsanwaltschaft, wo die Referendare drei Monate ausgebildet werden, fallen viele in besonders kaltes Wasser. Hier erleben sie Kriminalität und ihre staatlichen Bewältigungsversuche live, erfahren zu ihrer Überraschung, daß Täter und Opfer nicht mehr als A, B oder C daherkommen, wie in den meisten Fällen an der Universität – vom Rose-Rosahl-Fall einmal abgesehen –, sondern real existierende Personen mit richtigen Namen und oftmals sonderbaren Karrieren sind. Fast alles, was man jetzt braucht, kann man nicht. Das meiste, was man gelernt hat, so man es denn tatsächlich auch mitgenommen hat, braucht man nicht, braucht man nie mehr.

Das Problem ist lange schon bekannt. Es ist auch schon angegangen, aber nicht gelöst worden. Eine einphasige Ausbildung wollte man schaffen, Dogmatik und Praxis aufeinander abstimmen. Mittlerweile hat man resigniert. Die einphasige Juristenausbildung existiert nur noch als Schlagwort und ist wieder in weite Ferne gerückt. Hat der Staat Angst vor zuviel guten Juristen?

Nach dem Vorbereitungsdienst, während dem die Referendare den Status eines Beamten auf Widerruf haben und soviel verdienen, daß sie ihre Miete und ihr Kantinenessen bezahlen können, schließt das zweite Staatsexamen die Ausbildung ab. Eine Hausarbeit, Rechtsgebiet nach Wahl, fünf Klausuren – nicht kalkulierbar – und eine halbtägige mündliche Prüfung, ebenfalls unberechenbar. Wer danach als Volljurist die Bühne des Berufslebens betritt, der weiß von ganz vielen Dingen etwas, aber von nichts etwas genaues. Von daher tut man Juristen nichts Böses, wenn man sie überall einsetzt.

Verlieren wir aber den angehenden Staatsanwalt nicht aus den Augen. Will er sich auf seinen Job Hoffnungen machen, so muß er das zweite Staatsexamen mit einem Prädikat bestanden haben. Note 2,5 oder besser. Das ist im Unterschied zu anderen Studiengängen mit abweichender Benotungspraxis eine ganze Menge. Vielleicht 20 Prozent der Prüflinge genügen diesen Anforderungen.

Die Note ist immer noch das entscheidende Kriterium für die Einstellung. Erst danach spielen Neigungen und besondere Begabungen – vielleicht – eine Rolle. Die Note ist aber regelmäßig ein Zufallsergebnis und somit die Übernahme in den Staatsdienst Glückssache. Viele sensible junge Leute, die als Richter oder Staatsanwälte gute Arbeit machen würden, bleiben auf der Strecke, weil sie dem Examensstreß nicht gewachsen sind. Das nimmt man hin.

Auch mit Prädikatsexamen ist der Bewerber heutzutage gut beraten, wenn er sich nicht als Querdenker, allzu nachdenklicher oder kritischer Mensch zu erkennen gibt. Troublemaker haben minder gute Chancen. Das war nicht immer so. Anders ausgedrückt: Es war einmal kurzfristig anders. Als ich anläßlich meines Einstellungsgesprächs 1976 auf die Frage, was mich denn so sehr zur Staatsanwaltschaft ziehe, daß ich eine viermonatige Wartezeit in Kauf nähme – als Richter hätte ich sofort anfangen können – ganz blauäugig geantwortet hatte, daß ich ganz gespannt darauf sei zu erfahren, ob man aus dem Job auch etwas Sinnvolles machen könne, da gab es keine fallenden Mundwinkel. Im Gegenteil, der Sachbearbeiter nickte mir anerkennend zu, stellte mir meine Übernahme in den

Dienst der Staatsanwaltschaft in Aussicht und nahm mir sogleich noch ein paar Illusionen. Freunde, meinte er nämlich, würde ich unter diesen Umständen keine haben.

Das ist über 20 Jahre her, der liberale und weitsichtige Richter längst über eine Honoraraffäre gestolpert und sowieso ist heute alles anders.

Wer schließlich alle Hürden überwunden hat und als Staatsanwalt eingestellt ist, der bearbeitet in der Regel zunächst Verfahren aus der sogenannten allgemeinen Kriminalität: Diebstahl, Raub, Vergewaltigung, Betrug und Totschlag sind die Themen. Sie machen schon deutlich, daß es nicht um irgendwelche Peanuts geht. Später wechselt man meist in sogenannte Sonderdezernate, vielleicht in das Umweltdezernat, wo auch die Produkthaftungsfälle landen. Was könnte der erfolgreichen Bearbeitung gerade dieser – modernen – Kriminalität, der Kriminalität der Risikogesellschaft jetzt noch im Wege stehen?

Vielleicht, daß man dafür überhaupt nicht ausgebildet ist. Während das Verständnis für die sozialen Hintergründe von Kriminalität – ein Komplex, der ebenfalls nicht zum Ausbildungsschwerpunkt gehört – noch relativ rasch entwickelt werden kann, kann man sich mit medizinischen, chemischen und toxikologischen Fragen nur sehr viel schwerer anfreunden. Nebenbei gesagt: Jura hat man ja auch deswegen studiert, weil es in den naturwissenschaftlichen Fächern nicht hingehauen hat.

Schon wird es spannend. Den Sonderdezernaten fehlen die Sonderdezernenten. Spezialmaterie braucht spezielle Fähigkeiten. Die sind aber nicht vorhanden – woher sollen sie auch kommen? In großen Behörden findet sich vielleicht der eine oder andere Staatsanwalt, der Ökologie als Hobby betreibt und aus dem Chemie-Leistungskurs einiges herübergerettet hat, was vielleicht noch ausbaufähig ist. In kleineren Behörden aber muß man häufiger auf die Lernfähigkeit der Dezernenten vertrauen. Die klassische juristische Ausbildung liefert jedenfalls die entsprechenden Fachleute nicht. Wer sich seine Zeit mit dem Rose-Rosahl-Fall vertrieben und Wilderern nachgestellt hat, der weiß halt nichts von neuro-toxischen Pestiziden und chlorierten Kohlenwasserstoffen.

Der Staatsanwalt im Umweltdezernat, der mit den Fällen der Risikogesellschaft betraut ist, lernt schnell ein weiteres noch viel bedeutsameres Problem kennen: das seiner Weisungsabhängigkeit. Die Staatsanwaltschaft ist eine hierarchisch organisierte Behörde.

Staatsanwälte sind nicht wie Richter unabhängig, sondern hören auf die Stimme ihres Herrn. Und der Herren gibt es viele. Über dem Staatsanwalt sitzt zunächst der Abteilungsleiter, ein Oberstaatsanwalt. Der orientiert sich am stellvertretenden Behördenleiter, der wieder am Behördenleiter, dem der Generalstaatsanwalt – natürlich mit zwischengeschalteten rechten und linken Händen – im Genick sitzt. Dessen Schicksal schließlich liegt in den Händen des Justizministers. Erst jetzt ist Schluß. Theoretisch kann jeder der Genannten seinem Untergebenen sagen, was der bis zum Mittagessen gemacht haben muß; mit Ausnahme des einfachen Staatsanwaltes, der keinen Untergebenen mehr hat, sieht man einmal von dem ihm zugewiesenen Azubi – Fachjargon: Rechtsreferendar – ab, der in der Tat nicht selten vom kleinen Staatsanwalt als Befehlsempfänger benutzt wird.

Das ist die Theorie der Weisungsabhängigkeit. Die Praxis sieht schon etwas anders aus. Bei meiner Einstellung ließ mich der damalige Behördenleiter, ein zwar etwas zerstreuter, aber äußerst liebenswürdiger Herr, wissen, daß seine Mitarbeiter praktisch die gleiche Unabhängigkeit genössen wie die Richter. Denn sonst, so seine Rechtfertigung, bekomme er nicht genügend Leute für seinen Laden. Da hatte er nicht zuviel versprochen. Wir durften machen, was wir wollten, durften zum Beispiel kommen und gehen, wie es uns paßte. Hin und wieder maulte zwar mal der eine oder andere dazu Berechtigte – aber das änderte nichts an der großen Freiheit.

Anders wurde es in meinem Fall erst, als ich mit dem Holzschutzmittel-Verfahren befaßt war. Da meldete sich plötzlich die Hierarchie zu Wort – recht bestimmt und vor allem in Person der Generalstaatsanwaltschaft. Die Generalstaatsanwaltschaft ist die „vorgesetzte Behörde“. Sie hat das Sagen über alle Staatsanwaltschaften eines Bundeslandes. Die hessische Oberbehörde sitzt in Frankfurt am Main und besteht aus vielleicht dreißig Oberstaatsanwälten und Leitenden Oberstaatsanwälten sowie dem Generalstaatsanwalt und seinem Vertreter. Es sind allesamt sympathische, freundliche und hilfsbereite Beamte, die keiner Fliege etwas zu leide tun würden und nur einen einzigen Nachteil haben: ihre Bereitschaft, Bestehendes in Frage zu stellen, ist nur gering ausgeprägt. Angsthasen wird man sie dabei zwar nicht nennen dürfen, auch nicht Opportunisten. Aber ganz fern stehen sie diesen Begriffen nun auch wieder nicht. Man kann es so sagen: Sie sind das Kollektiv, das Professor Bokelmann seinerzeit beschrieben hat – zumindest sind sie arg konservativ und mit Innovation und Flexibilität haben sie es halt nicht.

Daß die Generalstaatsanwaltschaft die modernen Verfahren nicht mag, hat das Holzschutzmittel-Verfahren erfahrbar gemacht. Wesentliche Dinge sind schon berichtet worden. Immer wieder flatterten mir „Berichtsaufträge“ ins Büro. Dann mußte ich – stets „ausführlich“ – an die Auftraggeber und an den Justizminister über das Verfahren „berichten“, sprich: mein Ermittlungskonzept erläutern und rechtfertigen. Fast genauso oft wurde ich zum Generalstaatsanwalt zitiert. Abteilungsleiter, Behördenleiter und Vize wurden regelmäßig mitzitiert. Zu viert saßen wir dann einem feindlichen Kollektiv gegenüber, das über wenig Sachkenntnis verfügte, aber über den unbedingten Willen, dieses Verfahren nicht zur Anklage kommen zu lassen.

Meine Kollegen aus der Staatsanwaltschaft und meine dortigen Vorgesetzten haben mir in all der Zeit immer solidarisch zur Seite gestanden, die Männer des Generals – so die vielsagende Kurzform – waren letztlich nicht erfolgreich. Sie hätten ihren Willen durchsetzen können, indem sie das Verfahren einem gehorsamen Kollegen übertragen hätten, aber das wollten sie nicht. Trotzdem: Berichte schreiben ohne Pause, Besprechungen in regelmäßigen kurzen Abständen, der Ton immer insistierend, drängelnd, vorwurfsvoll – das ist der eigentlichen Ermittlungsarbeit nicht förderlich. Ein Großteil meiner Kraft habe ich seinerzeit in die Auseinandersetzung mit der Generalstaatsanwaltschaft investieren müssen.

Vielleicht eine Ausnahme, mag man einwenden. Wohl nicht. In der für sie typischen Art und Weise ist die Behörde mit dem Holzschutzmittel-Verfahren als einem gar nicht typischen Strafverfahren umgegangen. In den dortigen Köpfen gibt es nämlich ein strukturelles Problem. Was sich alles noch dahinter verbirgt, macht ein Fall transparent, der 1993 die Behörde erreichte.

Das Landgericht Darmstadt hatte im Spätherbst dieses Jahres einen 25jährigen Mann wegen Vergewaltigung schuldig gesprochen und zu einer Freiheitsstrafe von zwei Jahren und neun Monaten verurteilt. Nach den Feststellungen des Gerichts war der Angeklagte in den frühen Morgenstunden des 2. Mai 1993, einem Sonntag, gegen 2.30 Uhr in der Autobahnraststätte Gräfenhausen an der A 5 mit einigen jungen Leuten zusammengetroffen, die nach einem Disco-Besuch in Darmstadt vor dem Nachhauseweg noch einen Kaffee trinken wollten. Man kam ins Gespräch und als die Heimfahrt anstand, erbot sich der Angeklagte, eine junge Frau aus der Gruppe nach Hause zu fahren. Ein vernünftiger Vorschlag, der dem Chauffeur der im übrigen weder alkoholisierten noch narkotisierten Disco-Truppe einen weiten Umweg ersparte und den freundlichen Helfer nur unwesentlich belastete. Er wohnte nämlich ganz in der Nähe der 19jährigen. Der Rückweg führte zunächst zur Wohnung des jungen Mannes, wo man sich zum Reden und Kaffee trinken in den ersten Stock eines Mietshauses begab. Kaum hatte die 19jährige in Ermangelung anderer Sitzgelegenheiten auf dem Bett Platz genommen, passierte es. Der friedliche und sympathische junge Mann fiel über sie her, schlug auf sie ein, entkleidete und vergewaltigte sie. Danach wieder Schläge, erneute Vergewaltigung und so weiter. Vier Stunden dauerte das Martyrium des Mädchens, dann fuhr der Täter sein Opfer, dessen Nasen- und Jochbein nebst sechs Rippen gebrochen waren, blutüberströmt auf einen Parkplatz in der Nähe ihrer Wohnung.

Gegen das Urteil – zwei Jahre und neun Monate Freiheitsstrafe wegen Vergewaltigung in einem minderschweren Fall – hatte die sachbearbeitende Staatsanwältin aus Darmstadt Revision eingelegt. Es war jetzt Sache der hessischen Generalstaatsanwaltschaft, die Akten mitsamt des Rechtsmittels an den Bundesgerichtshof weiterzuleiten. Der Fall war mir zur Bearbeitung übertragen worden. Ich teilte die Empörung der Darmstädter Kollegin: Zwei Jahre, neun Monate für dieses Verbrechen – das war zu wenig. Und ganz entscheidend: Verurteilung wegen Vergewaltigung in einem minderschweren Fall mit der Begründung, der Täter sei erst 25 Jahre alt gewesen.

Man muß sich das einmal vorstellen: Das Opfer sitzt bei der Urteilsverkündung im Gerichtssaal. Die Tat ist noch frisch im Kopf, eine Chance, sie irgendwann im Leben einmal loszuwerden, gibt es nicht. Dann das Urteil, vom Strafmaß einmal abgesehen: Vergewaltigung in einem minderschweren Fall. Ein Gericht kann ein Opfer auch ein zweites mal verletzen oder vergewaltigen. Das war der Darmstädter Strafkammer hier gelungen. Welcher Teufel hatte die Richter geritten? Was hatte sie bewogen, aus einer so scheußlichen Tat einen minderschweren Fall zu machen? Aber es gab ja noch eine Korrekturmöglichkeit: Die Revision vor dem Bundesgerichtshof.

Doch mein Vorgesetzter beim Generalstaatsanwalt, ein Leitender Oberstaatsanwalt, mochte die Revision der Darmstädter Staatsanwältin nicht nach Karlsruhe weiterleiten. Der ginge es doch in erster Linie um die Erhöhung der Strafe, aber Strafmaßrevisionen möge der Bundesgerichtshof nicht. Daß es vor allem um die Aufhebung eines das Opfer diskriminierenden Urteils ging, um die Herstellung von Gerechtigkeit durch die Feststellung, daß es sich nicht um einen minderschweren, sondern furchtbar schlimmen Fall einer Vergewaltigung und Körperverletzung handelte, das leuchtete dem Leitenden Oberstaatsanwalt nicht ein. Er orientierte sich an den zahlreichen höchstrichterlichen Urteils-Leitsätzen, die er alle in seinem PC gespeichert hatte. Dort aber ist bekanntlich kein Platz für Peinlichkeiten, wie sie sich die Darmstädter Strafkammer geleistet hatte. Festplatten sind unsensibel.

Wir fanden trotzdem einen Kompromiß. Die Revision wurde dem Bundesgerichtshof vorgelegt. Die Staatsanwaltschaft rügte, daß das Landgericht das Alter des Täters strafmildernd berücksichtigt hatte. Denn 25 Jahre heißt: Schon vier Jahre voll schuldfähig, und damit basta. Es ging zwar um etwas anderes, aber egal. Der Fall kam nach Karlsruhe.

Bereits nach sechs Wochen kehrt die Akte zurück. Der zweite Strafsenat des Bundesgerichtshofes hat das Urteil aufgehoben. Aber nicht wegen der Geschichte mit dem Alter des Angeklagten, die es offenbar als nebensächlich angesehen hatte, sondern weil der Darmstädter Richterspruch aus einer furchtbaren Tat eine Bagatelle gemacht hatte. Was am Morgen des 2. Mai geschehen ist, sagen die Karlsruher Richter, ist um Himmels willen kein minderschwerer Fall. Jetzt muß neu verhandelt werden vor einem anderen Gericht, und das Opfer kann auf Rehabilitation hoffen.

Dieser Fall und auch die Geschehnisse rund um das Holzschutzmittel-Verfahren beschreiben das Problem der vorgesetzten Behörde als ein umfassendes: Dort führt eine skurrile Mischung aus Machtgehabe und Unterwürfigkeit, aus wilder Entschlossenheit und tiefer Resignation Regie. Vor den vermeintlichen Autoritäten kuscht man und gegenüber den kleinen Störenfrieden zeigt man Härte. Wer sich bei den Anträgen an die Gerichte am mutmaßlichen Willen dieser Instanzen orientiert, wie er sich problemlos dem PC entlocken läßt – und am PC hängen die Mitarbeiter des Generals wie die Junkies an der Nadel – der verzichtet auf die Geltendmachung und Durchsetzung eigener Überzeugungen. Was dort praktiziert wird, nennt man auch vorauseilenden Gehorsam. Wo Unterwürfigkeit zu Hause ist, bewegt sich nichts mehr.

Gerhard Zwerenz hat 1993 geschrieben, Fritz Bauer, der erste hessische Generalstaatsanwalt nach dem Krieg, sei heute aufgrund seines mutigen Engagements in Sachen Recht und Gerechtigkeit nicht mehr auf diesem Posten denkbar. Mit dieser Feststellung hat die Justiz keine Probleme: Fritz Bauer war Jude und Gerhard Zwerenz ist Kommunist. Der Autor der kritischen Zeilen hat aber unzweifelhaft gut beobachtet. Impulse gehen von unseren Spitzenstaatsanwälten nicht mehr aus. Die Hierarchie schweigt sich, von ein paar wenigen Aufsätzen in Fachzeitschriften abgesehen, zu Tode – aus lauter Angst, etwas falsch zu machen. Es gab während meiner Dienstzeit einen Generalstaatsanwalt, den ich nie gesehen habe. Gehört habe ich auch nicht viel von ihm und ich weiß heute nicht einmal mehr, wie sein Name geschrieben wird. Zwar stören solche Vorgesetzte auch nicht, aber sind sie nicht auch dazu da, Anstöße zu geben, Perspektiven aufzuzeigen, Mut zu machen? Geistige Führung zu übernehmen, Standpunkte zu vertreten, Farbe zu bekennen? Das meiste, was sich heute in den oberen Rängen rührt, bewegt sich nach rückwärts oder im Kreis, ist restriktiv und demotivierend.

Ließe sich das ändern? Und falls ja, wie? Vorweg aber die Frage: warum haben die Männer in den oberen Rängen der Justiz so wenig am Hut mit neuen Dingen, warum sind sie so unbeweglich und so wenig bereit, die Herausforderung anzunehmen, die sich aus den modernen gesellschaftlichen Verhältnissen ergeben? Daß der Staat und mithin auch seine Institutionen traditionell konservativ ausgerichtet ist, wenig Interesse an Veränderungen zeigt, liegt in der Natur der Sache. Aus Veränderung resultiert allzu schnell auch ein Verlust an Privilegien. Es gibt auch ganz einfach die Lust am Beharren, wie es auch den Spaß am Neuen gibt. Die Psychologie des Stillstandes ist kompliziert. Begnügen wir uns mit der Feststellung: Justiz hat wenig Bock auf Veränderung. Genauer: Die Obermacker der Strafverfolger möchten am liebsten alles beim alten lassen.

Aber warum haben sich die Grenzen bisher so extrem wenig verschoben, haben sich die alten Überzeugungen bis heute so vollständig erhalten? Staat hin, Staat her: Vieles, was bis vor kurzem noch als unveränderlich galt, ist mittlerweile in Bewegung geraten. Nur die Justiz hält unbeirrt die Stellung.

Die Macht der Starrköpfe hat entscheidend mit den Beförderungsregeln zu tun, mit den Gesetzmäßigkeiten, denen Justizkarrieren unterliegen. Wer in die Hierarchie will, benötigt das Placet seiner neuen Kollegen. Die Generalstaatsanwaltschaft entscheidet praktisch selbst, wer neu in ihren Reihen aufgenommen wird. Und dort hat man ein feines Gespür für Kontinuität entwickelt, hat man gelernt, Unruhestifter schon früh auszumachen um sie im Vorfeld abzuweisen.

Staatsanwälte, die zum Abteilungsleiter innerhalb der Staatsanwaltschaft oder zum Oberstaatsanwalt in der vorgesetzten Behörde befördert werden wollen, müssen ein halbes Jahr lang in der Oberbehörde arbeiten. Man wird dorthin abgeordnet, so die juristische Bezeichnung, und nennt sich dann „Durchläufer“. Als Durchläufer – bei der Frankfurter Generalstaatsanwaltschaft arbeiten ständig vier dieser Spezies – wird man mit Arbeit überhäuft. Täglich müssen Aktenberge erledigt werden, dreimal kommt der Wachmeister, immer voll bepackt. Stellungnahmen zu Revisionen und vor allem zu Rechtsbeschwerden, mit Ausnahmen recht überflüssige Dinge, weil man an sich nur als Vorlagebehörde fungiert: Man leitet die bereits von Staatsanwaltschaft und Verteidigung ausreichend kommentierten Vorgänge an die Obergerichte weiter. Da man aber gehalten ist, überall noch seinen eigenen Senf dazuzugeben, ist diese Tätigkeit enorm arbeitsintensiv.

Im Rahmen der Rechtsbeschwerden gegen Bußgeldbescheide zum Beispiel erwartet der Apparat, daß auch zu 50 DM-Bußgeldern seitenlange Stellungnahmen geschrieben werden. Im Straßenverkehrsrecht, wo die Geschwindigkeits- und Rotlichtverstöße dominieren, werden die immer wiederkehrenden Argumente der Raser-Kultur, daß man als Vielfahrer schließlich schneller fahren müsse als andere oder man habe einen wichtigen Termin wahrzunehmen gehabt, geduldig in ellenlangen Statements gekontert.

Wer das sechs Monate macht, wer ein halbes Jahr lang gegen seine Instinkte Pipifax-Arbeit verrichtet, Arbeit, die keinen Sinn macht oder die man sich, dürfte man frei entscheiden, als ökonomisch denkender Mensch schenken würde, wer sich schließlich so lange einreden läßt, daß er damit seine Fähigkeiten für Höheres unter Beweis stellt, obwohl ihm sehr wohl bewußt ist, daß er in erster Linie die Arbeit der festen Mitarbeiter verrichtet, der ist am Ende des Durchlaufs nur noch knetbare Masse. Dem ist das Rückrat erfolgreich gebrochen worden. Ein solcher Staatsanwalt ist weiter verwendbar, ist kein Risikofaktor mehr für den Leisegangbetrieb in der vorgesetzten Behörde. Wenn man sich dann noch die Knetbarsten der Knetbaren aussuchen kann, wo ist da noch ein Problem? Eine auf Kontinuität bedachte Oberbehörde, die sich ihre neuen Leute selbst aussuchen, und die ihre Kandidaten zuvor noch ein halbes Jahr lang im eigenen Labor auf Gen-Echtheit testen darf, die hat das Zeug zum Klonen.

Daß Staatsanwälte das alles mit sich machen lassen, gar auf Dauer mit sich machen lassen und nicht schon einmal den Aufstand gewagt, mit der Faust auf den Tisch geschlagen haben, was sie doch anderenorts ganz gut können, verwundert nur Branchenfremde. Insider wissen, daß die Betroffenen gute Gründe für ihr Verhalten haben; wissen, daß hinter dieser Haltung handfeste Zwänge stecken.

Es gibt die Geschichte von dem Medizinstudenten, der seine Studienfachwahl damit begründet, daß er endlich einmal auf der richtigen Seite der Spritze stehen will. Und es gibt die Statistik, die besagt, daß 90 Prozent der Mitglieder von Hundevereinen Arbeiter sind. In einer hierarchischen Ordnung einmal dort arbeiten zu dürfen, wo Befehle ausgegeben werden, Macht zu bekommen nicht nur über Beschuldigte, sondern auch über Mitarbeiter, das ist das eine. Aber es gibt noch einen weiteren, möglicherweise viel bedeutsameren Grund für das reibungslose Funktionieren des hierarchischen Justizsystems:

Für keine andere Sparte innerhalb der Justiz ist eine Beförderung so wichtig wie für die Staatsanwälte. Um alles in der Welt wollen sie wenigstens einmal in ihrem Leben befördert werden. Daran hängt ihr Herz. Für das große O vor dem StA, für die Bezeichnung Oberstaatsanwalt geben sie alles.

Die extreme Attraktivität des vom Kuschen abhängigen Karrieremachens innerhalb der Staatsanwaltschaft hat einmal zu tun mit dem immer noch schlechten Image der Staatsanwälte. Mit dem großen O ist man da aus dem Gröbsten schon mal raus. Und zum anderen:

Ohne Beförderung enden Staatsanwälte mit 60 oder 65 Jahren an demselben Schreibtisch, im selben Zimmer mit demselben Türschild, in dem sie mit 28 oder 30 Jahren angefangen haben. Das ist der Offenbarungseid in einer Gesellschaft, die auf Karriere setzt, für die Karrieren aus Beförderungen bestehen und wo sich Erfolg an Titeln und immer neuen und besseren Titeln und Berufsbezeichnungen festmacht. Staatsanwälte können mehrheitlich nicht auf solchermaßen attraktive Laufbahnen hoffen, denn es gibt zuwenig Beförderungsstellen. So wie das deutsche Schlachtschwein nicht ein einziges Mal in seinem Leben Geburtstag feiern kann, erleben Staatsanwälte mehrheitlich nicht eine einzige Beförderung. Da bricht eine Karriere, gerade daß sie angefangen hat, schon ab.

Auch das muß man sich anschaulich machen: Im Alter zwischen 18 und 28 Jahren geht es Schlag auf Schlag: Abitur, Studium mit diversen Zwischenprüfungen, erstes Staatsexamen, zweites Staatsexamen, eventuell Doktorprüfung, Einstellung in den Staatsdienst, drei Jahre später Ernennung auf Lebenszeit – und danach dreißig Jahre lang nichts mehr, obwohl man ein Prädikatsexamen gemacht hat, also zu den Besten seines Fachs gehört. Nur den Marsch durch die Abteilungen – allgemeines Dezernat, Rauschgift, Verkehr, Wirtschaft und so weiter. Diese Wechsel verkauft die Behördenleitung gerne als inoffizielle Beförderung. Der Betroffene glaubt es höchstens beim ersten Mal. Derweil verdienen die Prädikatsexamenskollegen in der Wirtschaft oder als selbständige Rechtsanwälte das Drei- und Vierfache.

Wie sehr das Herz der Männer und Frauen der objektivsten Behörde der Welt an dem großen Buchstaben hängt, sieht man dann, wenn die Kandidaten nach dem Durchlauf auf ihr Zeugnis warten. Das gibt es auch noch, es wird ihnen sogar von einem großen Tier eröffnet. Mittvierziger, die meisten schon vom spektakulären Mordprozeß bis zum wirtschaftlichen Großverfahren mit allen Wassern der Kriminalitätsbekämpfung gewaschen, warten schweißgebadet auf ihre Beurteilung durch die Männer der Behörde hinter den sieben Bergen. Wenn es dann am Ende des Zeugnisses heißt, der Kandidat sei hervorragend für eine Beförderung geeignet, werden die harten Männer von Glücksgefühlen überwältigt. Tränennaß sind sie fast am Ende ihrer Träume. Feuchte Augen haben aber auch die, in deren Zeugnis es heißt: gut geeignet. Denn das heißt im Klartext: ungeeignet. Und das bedeutet: sitzenbleiben. Wie begossene Pudel, der Verzweiflung nahe, ziehen die Looser wieder ab.

Für den großen Aufstand ist es dann zu spät. Resignation beherrscht die Bühne, Rückzug ist angesagt, innere Kündigung. Oder – nicht selten – sucht man woanders Trost: Wer Sorgen hat, hat auch Likör. Manche versuchen auch den Eindruck zu vermitteln, daß sie über den Dingen stehen. Das geht schief. So etwas kann man nicht spielen.

Aber auch die Winner haben noch lange nicht gewonnen. Sie müssen sich zunächst erst einmal anstellen. Und die Schlange vor dem Aufgang zur Glückseligkeit ist lang.

Von daher drängt sich eine Konsequenz geradezu auf: Wir brauchen den unabhängigen Staatsanwalt. Den Staatsanwalt, der – wie Richter auch – nur dem Gesetz verantwortlich ist. Der nicht ständig nach oben schielen muß, um sich zu vergewissern, daß es den dort sitzenden Herren, die – um ein Wort von Gisela Friedrichsen sinnvoll abzuwandeln – nicht nur an Jahren alt sind, auch gefällt, was er tut. Der frei ist in seiner Entscheidung, gegen wen er ermittelt und den man daher auch nicht hindern kann, die Großen, die Verantwortlichen in Wirtschaft und Politik zu belangen, wenn denn der Anfangsverdacht einer strafbaren Handlung gegeben ist. Der nicht fürchten muß, von seinen Vorgesetzen zur Ordnung gerufen zu werden, wenn er mit zwei Dutzend Polizeibeamten und einem richterlichen Durchsuchungsbeschluß in der Tasche bei dem größten Arbeitgeber vor Ort nach Beweismitteln sucht.

Wer die Hälfte seiner Zeit und seiner Kraft in die Auseinandersetzung mit Vorgesetzten investieren und Überzeugungsarbeit schon in den eigenen Reihen leisten muß, der wird im Kampf um die Sache nicht bestehen können. Wem man beigebracht hat, vor dem Abteilungsleiter zu kuschen, der kuscht erst recht vor dem Konzernboß.

Hingegen fänden Duckmäusertum, Jasagerei und vorauseilender Gehorsam in einer Behörde mit unabhängigen Staatsanwälten keine Lebensbedingungen mehr. Buckeln kann man nur vor einem Herrn. Freiheit und Eigenverantwortlichkeit setzen, wie man längst weiß, zudem Mut und Phantasie frei, sind somit einer guten Arbeit förderlich. In Bezug auf die Richterschaft ist das selbstverständlich und selbst in der privaten Wirtschaft hat man diese Zusammenhänge längst erkannt. Weil Kreativität Spielräume braucht, erhalten Mitarbeiter die erforderlichen Freiheiten. Sogar Querdenkern gibt man eine Chance. Nicht aus reiner Menschenfreundlichkeit, sondern aus marktwirtschaftlichen Überlegungen; aus purer Gewinnsucht, wenn man so will. Warum soll das, was für Richter und Ingenieure gilt, nicht auch für die Strafverfolger gelten?

Unabhängig davon braucht die Staatsanwaltschaft dringend auch ein anderes, nämlich leistungsorientiertes Beförderungssystem. Bei aller Schwierigkeit einer Leistungsbewertung innerhalb der Strafrechtspflege: Opportunismus und Pflegeleichtigkeit sollten aus dem Kriterienkatalog gestrichen – oder besser noch: mit einem Minuszeichen versehen werden.

Ist die Frage nach der Qualifikation der Justiz für die neuen Aufgaben mit der Forderung nach unabhängigen Staatsanwälten und einem gerechteren Beförderungssystem beantwortet? Erörterungen, die sich an den Verhältnissen in der Praxis orientieren, können nicht unberücksichtigt lassen, daß eine solche Reform gegenwärtig keine Chance hat. Über dieses Thema wird außerhalb der modernen „Neuen Richtervereinigung“ noch nicht einmal laut diskutiert. Die hierarchische Ordnung, um die es hier geht, ist zudem fest zementiert. Und die Inhaber der dadurch garantierten Privilegien werden ihre Position nicht freiwillig räumen. Reformen sind insoweit Fernziele.

Darüber hinaus: Zu glauben, eine organisatorische Änderung der diskutierten Art könnte quasi über Nacht eine neue Justizwirklichkeit schaffen, wäre arg blauäugig. Man darf das Zaudern und den Leisegang innerhalb der Strafverfolgungsbehörde zweifellos zu einem guten Teil auf Weisungsabhängigkeit, Beförderungszwänge und schlechte Verfassung der Oberbehörde zurückführen. Alles erklären diese Mißstände aber nicht.

Viele Kolleginnen und Kollegen lassen Mut und Widerspruchsbereitschaft in einem maximal erreichbaren Maß vermissen. Ich erinnere mich an meine Zeit als „Durchläufer". Da gab es Kolleginnen, die am Anfang ihrer Laufbahn viele fortschrittliche Dinge getan hatten. Hier nun, am Ort des Unfugs, wurden sie plötzlich still. Wenn die Karriere lacht, werden viele schwach.

Richard von Weizsäcker hat über die Tragödie des Dritten Reiches einmal gesagt, die Deutschen seien damals verführt worden – und hätten sich gleichzeitig auch verführen lassen. Ähnlich mag es sich im vorliegenden Fall verhalten. Mit dem Prinzip von Zuckerbrot und Peitsche werden Staatsanwälte zu Befehlsempfängern gemacht – und sie lassen es mit sich machen. Wie dem auch sei: Auf absehbare Zeit muß es unter den alten Bedingungen weitergehen.

Aber bedeutet die Fortsetzung der Arbeit unter den bekannten hierarchischen Vorzeichen das praktische „Aus" für eine flächendeckende Realisierung der neuen Kriminalitätsbekämpfung? Oder gibt es Hoffnung auf Besserung?

Betrachtet man die strafrechtliche Entwicklung der letzten zwanzig Jahre, so zeigt sich überraschenderweise auch Ermutigendes: Eher behäbig hat das Strafrecht Boden gutgemacht, hat Bereiche erobert, die anfänglich auch als modern und neu galten und der konservativen Führung suspekt waren.

Beispiel Wirtschaftskriminalität: Immer öfter müssen sich auch große Namen für die von Ihnen verursachten großen Schäden vor Gericht verantworten, müssen zahlen für ihre kriminellen Eskapaden. Noch nicht den vollen Preis, keine Frage, denn noch drücken sich Gerichte allzu oft, die gesamten Vorwürfe der Anklage abzuhandeln oder das Strafmaß an den enormen Schäden zu orientieren. Aber die Zeiten eines Graf von Gahlen sind vorbei. Der kam Anfang der achtziger Jahre noch wegen Veruntreuung von knapp einer Milliarde DM mit dreieinhalb Jahren Freiheitsstrafe davon und wurde nach Verbüßung der Hälfte der Zeit zudem noch begnadigt.

Beispiel Korruption: Bei der Frankfurter Staatsanwaltschaft wurde 1993 ein Sonderdezernat eingerichtet. Seitdem ermitteln vier Staatsanwälte in Angelegenheiten, die konservative Kreise schlicht leugneten und, wie der Abteilungsleiter, Oberstaatsanwalt Wolfgang Schaupensteiner es formuliert, als ausschließliches Problem der Länder mit hohem Sonnenstand – also der südlichen Staaten – bewerteten.

Beispiel Umweltkriminalität: Mit hohem Einsatz und mit Hilfe einer motivierten Polizei hat es die Frankfurter Umweltabteilung beispielsweise geschafft, der organisierten Abfallkriminalität Paroli zu bieten. Bildung krimineller Vereinigungen heißen die neuen Anklagevorwürfe, Beschuldigte sitzen in Untersuchungshaft, und es rollen endlich auch prominente Köpfe. Von diesen Erfolgen können andere Behörden nur träumen. Sie sind möglich geworden, weil entschlossene Staatsanwälte die Dinge in die Hand genommen haben.

Bei vielen dieser Verfahren waren nicht nur schwierige Rechtsprobleme und große Aktenberge zu bewältigen, sondern auch Widerstände in der eigenen Hierarchie.

Selbst die Bundesanwaltschaft, ehemals als Prototyp einer streng hierarchisch geführten Behörde berüchtigt, wagt sich aus der Deckung. In ihren Plädoyers im Berliner Mykonos-Prozeß wurden die Bundesanwälte politisch, beschuldigten den iranischen Staat, den Anschlag in Auftrag gegeben zu haben. Zugegeben: Iranische Mullahs Mörder zu nennen, dazu gehörte zu dieser Zeit in Deutschland insofern nicht viel Mut, weil man allseits auf Beifall hoffen durfte. Aber die Ankläger haben sich dadurch zweifellos in persönliche Gefahr begeben. Vor allem: Sie haben dem Strafrecht den Weg in die ehemaligen verbotenen Zonen der Regierungskreise geebnet. Die deutliche Sprache der Bundesanwälte, ihre Feststellung, daß Mörder auch sein kann, wer über einen Diplomatenpaß verfügt oder weit entfernt als Minister vom Schreibtisch aus die Fäden zieht, die konsequente Außerachtlassung wirtschaftlicher Gesichtspunkte, das war nicht selbstverständlich.

Selbstverständlich stehen diese Dinge nicht für eine umfassende Trendwende. Die Justiz ist immer noch mindestens beharrlich konservativ und mag Veränderungen aus Prinzip nicht. Gerade und vor allem auf dem Umweltsektor, einem Teilbereich, wo moderne Kriminalität beste Bedingungen vorfindet, gibt es immer wieder auch Entmutigendes. Im November 1997 tauschen sich deutsche Umweltstaatsanwälte in Stuttgart aus. Ihre Themen sind von vorgestern oder machen ob ihrer Exotik Gänsehaut: Ermittlungsverfahren gegen die Betreiber ungenehmigter Kleinkläranlagen; Fragen der Sorgfaltspflichten eines Energieversorgungsunternehmens im Zusammenhang mit der Entsorgung von Altfarben bei Korrosionsschutzarbeiten an Freileitungsmasten. Diebstahl von Sperrmüll gar. Sperrmüll auch in den Köpfen. Wie wäre es denn mit folgenden Themen gewesen: Strafbarkeit von Regierungsmitgliedern bei unterlassenen Maßnahmen zum Klimaschutz. Oder weniger futuristisch: Strafbarkeit von Landwirten und Behörden im Falle von Grundwasserverunreinigung durch Überdüngung?

Aber die Hoffnung-machenden Dinge mehren sich. Das Engagement der Frankfurter Wirtschafts- und Umweltstaatsanwälte ist beispielhaft schon dargestellt worden. Und es spricht vieles dafür, daß sich vor den dicken Mauern einer konservativen Tradition bereits massenhaft Widerstand angesammelt hat, der sich mehrheitlich noch nicht äußert, noch nicht zu erkennen gibt, aber schon zur Verfügung steht.

Zwei Faktoren könnten in Zukunft dafür sorgen, daß diese Kräfte stärker werden und die Mauer endlich einreißt: Ein insistierender Journalismus und eine nicht zu entmutigende, aufmüpfige Öffentlichkeit. An beiden herrscht in unserem Land kein Mangel.

Die Medien haben in der Vergangenheit mit großer Eindringlichkeit die zahlreichen einschlägigen Skandale im Lande recherchiert und detailliert der Öffentlichkeit präsentiert. Sie haben einzelne Themen, wenn Behörden und Justiz nicht für eine befriedigende Erledigung gesorgt haben, immer wieder aufs Tablett gehoben.

Der Effekt dieser Penetranz und Akribie liegt auf der Hand: In der Bevölkerung, aber auch innerhalb der Justiz, wächst das Wissen um die hohe kriminelle Qualität dieser Vorgänge, entsteht eine Vorstellung vom enormen Ausmaß der Schäden, von der aufgewendeten verbrecherischen Energie, kurz: von der Quantität und der Qualität des begangenen Unrechts.

Selbsthilfegruppen und Geschädigteninitiativen, wie im Holzschutzmittel-Fall die Interessengemeinschaft der Holzschutzmittel-Geschädigten (IHG) betreiben Aufklärung und schaffen Öffentlichkeit. Der IHG ist es darüber hinaus gelungen, den Staat und seine Organe, sowie Teile der Ärzteschaft abgrundtief zu beschämen, indem sie die Gesamtproblematik im Detail aufgearbeitet hat: toxikologische Problematik der Inhaltsstoffe, Beschreibung des Krankheitsbildes, Diagnose- und Therapiehinweise, Ärzte- und Anwaltslisten, Ernährungsvorschläge und so weiter. Bei ihr waren die Geschädigten so gut wie überhaupt möglich aufgehoben. Nur entschädigen konnte sie die Opfer nicht, und sie konnte auch die Täter nicht bestrafen.

Transparenz des Unrechts: Die Justiz muß schon arg blind sein, wenn sie dahinter keinen Handlungsbedarf erkennt. Das ist die Chance für die zukünftige Entwicklung.

Konfrontieren wir also weiterhin unsere Justiz, vor allem die Ermittlungsbehörden mit der Wahrheit der modernen Kriminalität, locken wir sie mit den scharfen Bildern vom Leid der Opfer aus ihrer emotionalen und gesellschaftspolitischen Reserve. Präsentieren wir ihr die Kriminalstatistik mit der großen Zahl verurteilter Kleiner und der kleinen Zahl verurteilter Großer, reizen wir sie mit der Diskrepanz zwischen eigener Leistung und gesellschaftlicher Erwartung, hämmern wir ihr ein, daß sie sich an ihrem Output, an der Bewertung ihrer Arbeit durch ihre Adressaten messen lassen, das heißt, daß sie den Menschen in vertretbarer Zeit zu ihrem Recht verhelfen muß. Daß die Kompliziertheit der Verfahren kein Grund ist, diese im Sand verlaufen zu lassen, selbst wenn sich dafür Paragraphen und juristische Floskeln finden lassen.

Die Gesellschaft sollte die Justiz aber auch an die gar nicht so wenigen Haben-Positionen in ihrer Bilanz erinnern. Vielleicht erwächst daraus ein eigenes, rechtsstaatlich eingebundenes Selbstbewußtsein, das sich von Hierarchien nicht mehr beeinflussen läßt. Ein Blick nach Italien könnte dabei hilfreich sein. Dort haben entschlossene Staatsanwälte den Kampf gegen die Mafia aufgenommen – und könnten demnächst die Sieger sein.

Die Bekämpfung der modernen Kriminalität, wie sie in Verbindung mit dem täglichen wissenschaftlichen und gesellschaftlichen Fortschritt auftritt, ist noch aus einem anderen Grund unverzichtbar.

Im Sommer 1991 schreibt ein Vater aus einer kleinen Gemeinde in Nordrhein-Westfalen an die Frankfurter Staatsanwaltschaft. Seine beiden Kinder sind aufgrund schwerster Nerven- und Hirnschäden in einem Heim untergebracht worden, seine Frau und er selbst schwer erkrankt. Die Familie wohnt in einem Haus, in dem große Mengen Holzschutzmittel verarbeitet worden sind. Am Ende des Briefes heißt es: „Wenn ich nicht wüßte, daß in Frankfurt gegen die Verantwortlichen ermittelt würde, wäre ich schon längst zum Terroristen geworden."

Was wird geschehen, wenn eine junge Generation – vielleicht in nicht allzu ferner Zukunft – begreift, daß sie ihrer Zukunft beraubt wurde von einem auf Habgier und Rücksichtslosigkeit aufbauenden System, das die gemeinsamen Vorräte verbraucht, die ökologischen Kapazitäten ausgereizt, die Altlasten in der Biosphäre bis zur Unbeherrschbarkeit vermehrt hat? Und daß dies alles unter den Augen einer untätigen Justiz geschehen ist, einer Justiz, die sich – anstatt gegen die für diese Ereignisse Verantwortlichen vorzugehen – an Schwarzfahrern und Ladendieben schadlos gehalten hat?

Die Justiz muß ihre Aufgabe ernst nehmen, und ihre Arbeit gewissenhaft erledigen. Tut sie es nicht, verliert sie immer mehr an gesellschaftlichem Rückhalt und steht schließlich zur Disposition. Weit ist es bis dahin nicht mehr. Dann nehmen andere die Dinge in die Hand. Der Ausgang dieses Experiments ist offen. Und vielleicht sind dann die Geschichten um Andreas Baader und Ulrike Meinhof nur Peanuts.

Was heißt hier Risikogesellschaft?

Von Prof. Dr. Hans See (Wirtschaftskriminologe), Vorsitzender von Business Crime Control e.V.

Wer von Juristen gefertigte Dokumente kennt, traut Vertretern dieser Berufsspezies nicht zu, spannend schreiben zu können. Doch Tatsache ist, daß viele große Schriftsteller – ich hebe aus gutem Grund nur Kafka und E.T.A. Hofmann hervor, obgleich auch Goethe in Frage käme – Juristen waren. Das vorliegende – spannende! – Buch ist jedoch kein Roman, keine Fiktion. Es handelt von allerdings kafkaesken, phantastisch anmutenden Realitäten, von der Wirklichkeit unserer „Risikogesellschaft".

Der Sozialwissenschaftler Ulrich Beck brachte diesen Begriff vor Jahren durch differenzierte Analysen unserer gegenwärtigen Lage in Umlauf. Inzwischen benutzen allerdings auch die das Schlagwort, die es als Risiko für den Standort Deutschland betrachten, wenn Bürgerinitiativen und Umweltpolitiker fordern, die Benzinpreise zu erhöhen, Grenzwerte von Umweltgiften zu senken, Nahrungsmittelkontrollen zu verschärfen, Atomkraftwerke abzuschalten und gentechnologische Experimente – insbesondere am Menschen – zu verbieten.

Risikofaktoren für den Standort Deutschland sind aus Sicht der Kapitalanleger also nicht die Menschen, die durch ihre Profitsucht, ihren Wachstumswahn und ihre Machtbesessenheit Umwelt und Gesundheit von Pflanzen, Tieren und Menschen gefährden und zerstören. Es sind vielmehr die Einzelkämpfer und Organisationen, die angesichts dieser Gefährdungen, konkreter Leiden und Schäden von Millionen und – global gesehen – Milliarden von Menschen höchste Anforderungen an Verbraucher-, Gesundheits-, Tier- und Naturschutz stellen und dafür durchaus bereit sind, niedrigere Renditen für Geldanleger und Nachteile für die Wettbewerbsfähigkeit der deutschen Wirtschaft in Kauf zu nehmen.

Der Begriff Risikogesellschaft ist also geeignet, auf alles und jedes angewandt zu werden. Er kann von jedem Versicherungsvertreter benutzt werden, dessen Job es ist, überschaubare und kalkulierbare Lebensrisiken zu Geld zu machen. Doch Beck meinte gerade nicht die Risiken, gegen die wir uns versichern können, obgleich wir ihnen täglich ausgesetzt, ja ausgeliefert sind. Er meinte die meist ganz legale Naturzerstörung, „die Skelettierung der Wälder, schaumgekrönte Binnengewässer und Meere, ölverschmierte Tierkadaver, Smog, Schadstofferosionen an Gebäuden, an Kunstdenkmälern, die Kette der Gift-Unfälle, Gift-Skandale, Gift-Katastrophen und die Medienberichterstattung darüber." Sarkastisch stellte er in seinem 1986 erschienenen Buch „Risikogesellschaft" fest: „Die Schad- und Giftstoff-Bilanzen in Nahrungsmitteln und alltäglichen Gebrauchsgegenständen werden immer länger. Die Dämme der 'Grenzwerte' scheinen mehr den Anforderungen an Schweizer Käse (je mehr Loch desto besser) als dem Gesundheitsschutz der Bevölkerung zu genügen."

Becks Analyse müßte ausreichen, veröffentlichte Meinung, Parteiprogramme, Gesetzgebung, Wirtschaftspraxis, Wissenschaft und die Justiz grundlegend zu reformieren, ja zu revolutionieren. Da aber, gemessen an dem, was national und international notwendig wäre, nahezu nichts geschieht, kommentierte der junge Schweizer Lyriker und Schriftsteller Peter Fahr in seinem Buch „Ego und Gomorrha": „Wenn Sozialkritiker neuerdings von Risiko- und Katastrophengesellschaft sprechen, meinen sie im Grunde ein System von Halsabschneidern, die weder vor Machtmißbrauch noch vor kriminellen Handlungen zurückschrecken, wenn es darum geht, eigene Scheinbedürfnisse zu befriedigen; ein System von Weltbürgern, die mit gefährlicheren materiellen Stoffen und geistigen Kräften spielen, ohne die Folgen ihres Spiels abzusehen; ein Weltsystem, das die vier Elemente verdirbt und die Energie- und Rohstoffvorräte des Planeten plündert bis zur bitteren Neige. Sie meinen eine Gesellschaft, die sich selbst umbringt, eine Suizidgesellschaft."

Ich finde dies sehr treffend. Denn tatsächlich vermeidet Ulrich Beck wie ein auf nichtstaatliche Forschungsgelder angewiesener Wissenschaftler die Auseinandersetzung mit den „Halsabschneidern." Folglich bleibt in seinem so wichtigen und vieldiskutierten Werk ein zentrales Problem nahezu vollkommen unbeachtet: die Wirtschaftskriminalität, der ganz konkrete, alltägliche Mißbrauch wirtschaftlicher Macht, die wirtschaftskriminellen Handlungen, einschließlich der Umweltkriminalität als eines der größten Segmente der Wirtschaftskriminalität.

Beck konzentriert sich – was völlig legitim, aber eben nicht genug ist – auf die legalisierte Naturzerstörung, legalisierte Menschengefährdung. Ein wichtiges Problem, ganz zweifellos, aber es scheint lösbar. Zumindest in Demokratien bestimmen die Bürger über die Zusammensetzung der Gesetzgebungsorgane, demokratische Gesellschaften können die Legalisierer unverantwortlicher Risiken abwählen. Tun sie es nicht, fällt die Verantwortung bei vordergründiger Betrachtung auf die Wähler zurück.

In Deutschland hat der sogenannte Souverän – das Volk – kurz vor Redaktionsschluß dieses Buches einen Regierungswechsel herbeigeführt. Während den einen die Vereinbarungen der rot-grünen Koalition zu weit gehen und sie große Gefahren für den Wirtschaftsstandort Deutschland sehen, greifen sie in den Augen der anderen zu kurz. Daß es in der Tat extrem schwierig ist, einen ganz anderen Polit-Kurs zu steuern, zeigt, worunter unsere Demokratie leidet: an dem strukturellen Widerspruch, daß es in ihrem noch immer national begrenzten politischen Herrschaftsbereich international operierende Wirtschaftsunternehmen gibt, die getrost als demokratiefreie Inseln betrachten werden können. Der international bekannte US-Amerikaner Noam Chomsky nennt sie daher Tyranneien. Tatsächlich erscheint es immer schwerer zu werden, sie auf die geltenden demokratischen Gesetze zu verpflichten, wenn diese nicht ausdrücklich den an oberster Stelle der Unternehmenspolitik stehenden Profitinteressen dienen.

Sobald ein verantwortungsbewußter Gesetzgeber den Versuch unternimmt, in das angeblich den Konsumentenwünschen verpflichtete Umweltvernichtungsprogramm regulierend einzugreifen, wird dies von fundamentalistischen Marktideologen als Eingriff in die unternehmerische Betätigungsfreiheit interpretiert. Die Abwehrschlachten des Kapitals werden begleitet von einem massiven legalen, aber auch illegalen – das heißt geheimen und mit dem Schmiermittel Geld wirksam erhöhten – Lobbyismus, durch Korruption, Politikerkauf, Erpressung. Mit kapitalgestützten Angstkampagnen, die vor allem vor Wahlen auf die Gefahren einer ökologisch orientierten Gesetzgebung für Arbeitsplätze und internationale Wettbewerbsfähigkeit hinweisen, wird die systematische Umweltzerstörung legalisiert, werden schärfere Kontrollen wirtschaftlichen Machtmißbrauchs erfolgreich abgewehrt. Und falls dies wegen öffentlichen Drucks nicht ganz gelingt, werden die Gesetze durchlöchert und ihre wirksame Umsetzung verhindert. In vielen Chefetagen wird es – einmal abgesehen von Tarifverträgen, Geschäftsabmachungen, Wettbewerbsregeln – nicht einmal mehr für nötig erachtet, die geltenden Strafnormen zu beachten. Warum auch? Die

Wahrscheinlichkeit, unentdeckt zu bleiben, ist groß, und noch größer ist die Chance, im Falle der Entdeckung weitgehend unbeschadet und billig davonzukommen. Warum Gesetze respektieren, wenn sie nicht einmal vom Gesetzgeber ernst genommen werden?

In seinem zweitem Buch zu diesem Thema („Gegengifte – Die organisierte Unverantwortlichkeit", 1988) schreibt Ulrich Beck über die kriminelle Seite unserer Wirtschaft, die ansonsten auf Rechtsstaatlichkeit, Rechtssicherheit und Modernität so viel Wert legt: „Nicht nur die Seehunde in Nord- und Ostsee sterben einen qualvollen Tod. Selbst bei den Pinguinen am Südpol ist die Chemie, zu der die zivilisatorische Welt im Innersten geworden ist, inzwischen reichlich angekommen. Doch die Justiz, eingemauert in das Selbstverständnis einer anderen Epoche, kann wie zu Dorfrichter Adams Zeiten erst dann eingreifen, wenn im chemischen Universum das traditionelle Relikt eines 'Einzeltäters' dingfest gemacht wurde."

Mit solch „organisierter Unverantwortlichkeit", wie Beck es formuliert, setzen sich unsere Sozialwissenschaftler nicht ernsthaft auseinander. Selbst in den Büchern des sonst so klugen Ulrich Beck ist die oben zitierte Bewertung die einzige Passage, in der er sich mit dieser Problematik auseinandersetzt.

Ganz anders verhält sich da der Jurist Erich Schöndorf, der gründlich, herausfordernd und wohltuend unjuristisch – also allgemeinverständlich – dieses vielen allzu heiße Eisen anpackt. Es ist ein großes Verdienst, klarzumachen, daß es sich beim Holzschutzmittel-Skandal um ein viele Menschen gesundheitlich und materiell schwer schädigendes Wirtschaftsverbrechen handelte.

Man muß Schöndorf für seine Aufarbeitung des Falles besonders dankbar sein, weil dieser – juristisch abgeschlossen – sich hervorragend eignet, die verwickelten Zusammenhänge sowie Macht- und Interessenstrukturen zu erörtern. Der Kampf der Interessengemeinschaft der Holzschutzmittel-Geschädigten (IHG) wäre zum Beispiel völlig aussichtslos gewesen, wenn nicht ein kämpferischer Staatsanwalt wie Erich Schöndorf, ein ebenso couragierter Wissenschaftler wie Prof. Dr. Otmar Wassermann, Leiter der toxikologischen Abteilung der Universität Kiel, aber auch namhafte Journalisten wie Herbert Stelz vom Hessischen Rundfunk, die Bedeutung dieses Falles begriffen, ihn aufgegriffen und sich für die Rechte der Opfer wirtschaftskrimineller Praktiken engagiert hätten. Und zwar trotz der Gefahr der Diskriminierung und Isolation. Das führte dazu, daß sogar Richter des Frankfurter Landgerichts es damals als erwiesen ansahen, daß die Angeklagten nach Gesetzeslage Straftäter sind. So weit wagten sich die Richter des Bundesgerichtshofes leider nicht.

Die Organisation „Business Crime Control e.V." (BCC) verlieh der IHG für ihren aufklärerischen Kampf um die Rechte der Opfer des Skandals 1995 ihren Preis. Ich schrieb damals an deren Vorstand, daß die von der IHG geführten Prozesse „trotz des Urteils des BGH doch auch Erfolge mit sich gebracht" haben. „So haben die Chemiekonzerne unter dem Eindruck dieser Prozesse inzwischen neue – und wie es heißt – ungefährlichere Holzschutzmittel auf den Markt gebracht. Das öffentliche Bewußtsein für die Gefährlichkeit von Marktprodukten, für unsere Wohnumwelt und damit auch Menschenvergiftung ist in hohem Maße sensibilisiert worden. Und vielen Menschen wurde vorbildhaft gezeigt, daß man sich wehren kann und muß, weil anders der Übermacht der Wirtschaft nicht zu begegnen ist. Durch Ihren Kampf mußten Staatsanwälte, Richter, Wissenschaftler und Politiker Position beziehen. So hat sich gezeigt, daß es auch unter diesen Einzelpersönlichkeiten gibt, die sich der Probleme und der Verantwortung unserer heutigen 'Risikogesellschaft' schon bewußt sind. Ausdrücklich sollen sie durch die Preisverleihung an die IHG mit geehrt werden."

Mit zu den Geehrten gehörte auch der Autor dieses Buches. Die IHG und ihre Mitstreiter errangen unglaubliche Siege, aber am Ende folgten auch schlimme Niederlagen. Daß Erich Schöndorf nicht bereit ist, die Aktendeckel zu schließen und den juristisch abgeschlossenen Fall noch einmal auf andere Weise aufrollt, beweist, daß es richtig war, ihn seinerzeit mit zu ehren.

Ich benutze noch einmal eine Figur Kafkas, den Landvermesser K. Im Roman „Das Schloß" muß er, wie die anderen Protagonisten auch, sein Leben unter dem Einfluß unzugänglicher Gesetze verbringen, findet aber keinen Einlaß in die Trutzburg, in der diese beschlossen und ausgelegt werden. Schöndorf schafft es mit dem vorliegenden Buch, den Leserinnen und Lesern Einblick in die Abläufe innerhalb dieser ganz real existierenden Trutzburg zu vermitteln und sie zu erklären. Dadurch nimmt unsere Risikogesellschaft erkennbar Gestalt an, zeigt nicht nur ihr hauptsächlich von der Chemieindustrie schön geschminktes Gesicht, sondern auch ihren von skrupellosen Geschäftemachern und „Halsabschneidern" verdorbenen Charakter, ihre fein ausgetüftelten, kaum greifbaren Macht- und Herrschaftsverhältnisse, ihre letztlich gewalttätigen Strukturen, deren Funktionen und fatale Folgen.

Der engagierte Staatsanwalt Schöndorf macht den Holzschutzmittel-Skandal zum herausragenden Studienobjekt für alle nur denkbaren aktuellen und künftigen Fälle, in denen – mit Ulrich Becks Worten – „eine mit Gesetzen überfütterte, offiziell gegenläufig programmierte Justiz mit ihren hochgestochenen bürokratischen Rechtsansprüchen nahezu perfekt Alltäterherrschaft in Freispruch verwandelt."

Wie ein solcher „Freispruch" aussieht läßt sich auch an dem im August 1998 in Frankfurt am Main geplatzten Giftmüllschieberprozeß studieren, bei dem es um Zehntausende Tonnen gepanschten Altöls ging. Die illegale Entsorgung und Korruption (es flossen rund 630.000 Mark Bestechungsgelder) rechtfertigte es nach Ansicht der Richter nicht, die Angeklagten in Untersuchungshaft zu halten. Nach Auffassung der Frankfurter Staatsanwaltschaft, die den Gerichtsentscheid anfechten will, sind laut Spiegel (Nr. 33/98) die Richter „in die Erhebung der Sachbeweise aus unerfindlichen Gründen bisher ernsthaft nicht eingetreten" und daher befangen. Wie übrigens auch der Gutachter, der den Angeklagten die ordnungsgemäße Entsorgung der toxischen Coctails bescheinigte.

Der von der Justiz, den öffentlichen und privaten Meinungsproduzenten als erledigt behandelte Holzschutzmittel-Skandal kann – wie uns dieses Buch frei von Pathos nahebringt – als ein Verbrechen unvorstellbaren Ausmaßes mit Langzeitfolgen für Generationen betrachtet werden; vielleicht als eine besondere Art von Giftgasanschlag auf Millionen von Menschen und deren Nachkommen. Wer wie Schöndorf einen solchen Fall von moderner Brunnenvergiftung, der friedliche Bürgerinnen und Bürger, die sich ein Heim schaffen wollten, ihrer Gesundheit beraubt, gründlich und aus den verschiedensten Perspektiven und Problemebenen beschreibt und analysiert, hat höchste Aufmerksamkeit verdient. Aber die großen Verlage tun sich schwer, ein so brisantes Buch auf den Markt zu bringen. Deshalb möchte ich an dieser Stelle auch das Engagement des in Umweltfragen erfahrenen Verlages Die Werkstatt hervorheben. Solange sich Politiker weigern, den Begriff der inneren Sicherheit auch mit wirtschaftskriminellen Bereicherungspraktiken in Verbindung zu bringen und hier die notwendigen Vorkehrungen zu treffen, sind derlei publizistische Aktivitäten nicht hoch genug einzuschätzen.

Ich versuche seit vielen Jahren vergeblich, vor allem Wissenschaftler, Politiker und seriöse Journalisten dazu zu bewegen, sich dieser Problematik anzunehmen. Insbesondere bemühe ich mich, den Begriff der Wissenschaftskriminalität gesellschaftsfähig zu machen. Die öffentliche Anerkennung dessen verhängnisvoller Rolle könnte den Zwang verstärken, den wegen ihrer Hochspezialisierung zu Aufklärungsmonopolisten aufgestiegenen Forscher und Gutachter endlich die Offenlegung ihrer Abhängigkeiten abzuverlangen. Die Gesellschaft muß wissen, wer wissenschaftliche Arbeit zu welchen Zwecken und mit welchen Zielen finanziert, welche Abhängigkeiten zwischen Wirtschaft und Wissenschaft existieren und wie sie sich auf die Durchsetzung von Interessen bis hinein in die vermeintlich so unabhängige Justiz auswirken.

Es ist ein nur schwer zu erklärendes Phänomen, daß sich angesichts der Fülle wirtschaftskrimineller Praktiken ein Klima der allgemeinen Oberflächlichkeit und Lethargie ausbreiten konnte. Dabei beweist dieses Buch eindrucksvoll, daß keineswegs jegliche Umweltzerstörung auf das Konto der Gesamtheit der Suizidgesellschaft gebucht werden kann. Vielmehr müssen bestimmte Umweltverbrechen eindeutig jenen zur Last gelegt werden, die ihre unternehmerische Entscheidungsfreiheit – auf der sie gegenüber sozialstaatlicher Demokratie, Arbeitnehmern, Gewerkschaften und nichtstaatlichen Organisationen mit aller Härte bestehen – auf kriminelle, zumindest aber in hohem Grade verantwortungslose Art mißbrauchen.

Bezieht man in den Klimabegriff auch Mikroklimata in dem Sinne ein, daß die Luft in unseren Wohn- und Schulräumen sowie öffentlichen Gebäuden davon mit erfaßt wird, so gewinnt das Wort Klimakatastrophe eine noch brisantere Bedeutung. Noch einmal der Autor Peter Fahr, der treffsicher formulierte: „Das Klima der allgemeinen Oberflächlichkeit und Lethargie ist die eigentliche Klima-Katastrophe dieser Zeit.“

Das Buch von Erich Schöndorf ist ein Schritt, dieser Geisteshaltung ein Ende zu bereiten.

Hinweise

Wer von Holzschutzmitteln geschädigt ist oder den Verdacht hat, von entsprechenden Giften betroffen zu sein, findet Beratung bei der

Interessengemeinschaft
Holzschutzmittel-Geschädigter e.V. (IHG)
Unter Staat 14
51766 Engelskirchen

Tel.: 02263-901422
Fax: 02263-901423.

Alternative Produkte sind erhältlich bei der

BIOFA NATURPRODUKTE GmbH
Dobelstr. 22
73087 Boll

Tel.: 07164-9405-0
Fax: 07164-940596.

Die Firma, die auch gesundheitsfördernde Nahrungsmittel vertreibt, bereitet ein Unterstützungsprogramm für Umwelt-, Natur- und Gesundheitsorganisationen vor: Ein bestimmter Prozentsatz der BIOFA-Einnahmen soll an die Initiativen, Vereine etc. zurückfließen, denen die Besteller angehören.

Der Autor

Dr. Erich Schöndorf, geb. 11. August 1947 in Greifenstein-Ulm im Westerwald. Abitur 1966 in Weilburg/Lahn. Studium der Rechtswissenschaften in Giessen/Lahn und Frankfurt/Main. Von 1977 bis 1996 Staatsanwalt in Frankfurt/Main, von 1983 bis 1985 im Wirtschafts- und Umweltdezernat, von 1986 bis 1996 im reinen Umweltdezernat. Seit 1996 Professor für Umweltrecht an der Fachhochschule in Frankfurt/Main.

Seit Ende der siebziger Jahre im Bund für Umwelt und Naturschutz Deutschland aktiv.

Danksagung

Ich habe vielen Menschen, die mir bei der Realisierung dieses Buches geholfen haben, zu danken.

Da ist zunächst einmal Jürgen Streich, der dem Projekt mit seinen vielfältigen journalistischen Erfahrungen eine professionelle Grundlage gegeben hat. Dank auch an die Interessengemeinschaft der Holzschutzmittel-Geschädigten (IHG), die bei den Recherchen behilflich war und mit zahlreichen guten Ratschlägen zur Verfügung stand. Auch der Einbandentwurf stammt von dort – Volker Zapke hat ihn mit viel Hintergründigkeit gestaltet. Professor Hans See, der meinen Text kommentiert hat, stand als Ratgeber ebenfalls immer zur Verfügung und war als Mutmacher unverzichtbar. Annegret Burkert, die das Manuskript getippt hat, konnte sich schließlich gegenüber allen Fachtermini behaupten.

Dank für die Unterstützung der Entstehung des Buches gebührt auch folgenden Laboratorien und Instituten, ohne deren analytisches Engagement das Holzschutzmittel-Rätsel nicht hätte gelöst werden können. Aufgrund meiner Erfahrungen kann ich sie mit bestem Gewissen weiterempfehlen:

Labor Dr. Schiwara und Partner, Ärzte für Laboratoriumsmedizin, Haferwende 12, 28357 Bremen;

Ambulanz für Gesundheit und Umwelt, Dipl.-Ing. K.-P. Böge, Probenahme – Messung – Begutachtung, Wesloer Str. 112, 23568 Lübeck;

UHST GmbH, Dr. rer. nat. W. Eckrich, Weinstraße 77, 67434 Neustadt/Weinstraße;

Bremer Umweltinstitut, Gesellschaft für Schadstoffanalytik und Begutachtung mbH, Wielandstr. 25, 28203 Bremen (Tel.: 0421-76665, Fax: 0421-71404, E-Mail: Brumi@t-online.de).

Bedanken möchte ich mich auch bei den beiden Naturfarbenherstellern Biofa-Naturprodukte und Hesedorfer bio-Holzschutz (Hirtenweg 50, 27366 Rotenburg/Wümme) für ihre Hilfestellungen. Beide haben Alternativen zu den gefährlichen Mitteln entwickelt und verfügbar gemacht – keine leichte Aufgabe vor dem Hintergrund der etablierten wirtschaftlichen Machtverhältnisse.